高等教育“十三五”精品规划教材
21世纪高等院校应用创新型人才培养系列教材·经管类

市场营销学

颜帮全　张尚民　主　编

图书在版编目(CIP)数据

市场营销学 / 颜帮全，张尚民主编. —天津：天津大学出版社，2018.1（2021.8 重印）

高等教育“十三五”精品规划教材 21世纪高等院校应用创新型人才培养系列教材·经管类

ISBN 978-7-5618-6034-2

Ⅰ.①市… Ⅱ.①颜… ②张… Ⅲ.①市场营销学－高等学校－教材 Ⅳ.①F713.50

中国版本图书馆CIP数据核字（2018）第015427号

出版发行	天津大学出版社
地　　址	天津市卫津路92号天津大学内(邮编:300072)
电　　话	发行部:022-27403647
网　　址	publish.tju.edu.cn
印　　刷	北京虎彩文化传播有限公司
经　　销	全国各地新华书店
开　　本	185mm×260mm
印　　张	19
字　　数	416千
版　　次	2018年1月第1版
印　　次	2021年8月第3次
定　　价	45.00元

编委会

主　编　颜帮全　张尚民

副主编　林雅军　李佛关　冉建宇　李建蓉　马晓燕

前 言

21 世纪是经济发展全球化、知识化、信息化的时代，企业的生存与发展环境发生了巨大的变化，企业要想在竞争激烈的现代化市场环境中生存和发展就需要重视市场营销。市场营销是企业在市场竞争中求生存、求发展的一门科学、一种技术和一门艺术。市场营销不仅提出了“顾客满意”的理念，更指出了多种更高效的实践方法。从企业经营管理的角度考虑，市场营销能力是企业综合竞争力的集中体现；从学生就业的角度展望，我国市场营销领域人才需求旺盛；从学生职业生涯规划的方向考虑，掌握市场营销学相关理论与方法，无论是求职就业还是做人做事，无论是成家立业还是治国安邦都将受益无穷。

本书在系统介绍市场营销理论的基础上，以能力培养为目标构建内容体系，同时吸收了新的营销理论，专门设置了营销新视野；增加了知识讲解的案例介绍，也增加了案例扩展阅读和案例分析；开发了营销实践小项目，增加了本书的针对性和应用性。

本书由多人共同完成。颜帮全、张尚民设计编写大纲，并进行统稿。各章节分工如下：颜帮全编写第 1、4 章；张尚民编写第 2、8 章和附录；冉建宇编写第 5、6 章；李建蓉编写第 3 章；林雅军编写第 7、9 章；李佛关编写第 11 章；西安思源学院马晓燕编写第 10 章。

本书在编写过程中，借鉴、参考了很多近年来国内外同类教材和相关出版物的内容以及在网络、报纸、杂志上公开发表的有关资料，在此向相关专家、学者致以由衷的谢意。本书在编写过程中得到了编者所在单位的大力支持和同事们的热情帮助，从而保证了编写出版工作的顺利进行，在此表示衷心的感谢。

由于编写时间较紧及编者水平有限，书中难免有欠妥之处，敬请广大读者和同行批评指正，以便进一步研究、修改和完善。

目 录

第 1 章 市场营销概论 …… 1
1.1 市场营销的核心概念 …… 2
1.2 市场营销学的产生和发展 …… 7
1.3 营销管理哲学及其演进 …… 11
1.4 顾客价值与营销管理 …… 17
第 2 章 战略规划与营销计划 …… 27
2.1 企业战略规划 …… 29
2.2 营销战略与营销组合 …… 34
2.3 市场营销计划 …… 41
第 3 章 市场营销环境 …… 51
3.1 市场营销环境的概念和特征 …… 52
3.2 直接营销环境 …… 55
3.3 间接营销环境 …… 58
3.4 市场营销环境分析 …… 64
第 4 章 市场购买行为分析 …… 71
4.1 消费者购买行为模式 …… 72
4.2 消费者购买行为的影响因素 …… 74
4.3 消费者购买决策过程 …… 78
4.4 组织市场购买行为分析 …… 82
第 5 章 竞争者分析 …… 90
5.1 竞争者分析内容 …… 91
5.2 企业的竞争性定位及战略策略 …… 96
第 6 章 市场营销调研 …… 108
6.1 市场调研 …… 108
6.2 市场营销调研程序 …… 111
6.3 市场调查的主要方法 …… 114
6.4 调查问卷的设计 …… 116
6.5 市场调研报告的撰写 …… 119
6.6 市场预测 …… 120

第 7 章　STP 营销战略 …… 129
7.1　市场细分 …… 130
7.2　目标市场选择 …… 136
7.3　市场定位 …… 140
第 8 章　产品策略 …… 152
8.1　产品 …… 153
8.2　产品组合策略 …… 157
8.3　产品生命周期理论 …… 159
8.4　品牌策略 …… 164
8.5　包装策略 …… 169
8.6　新产品开发 …… 172
第 9 章　定价策略 …… 193
9.1　影响定价的因素 …… 194
9.2　定价方法 …… 196
9.3　定价策略 …… 199
9.4　价格变动 …… 204
第 10 章　渠道策略 …… 214
10.1　分销渠道的含义和类型 …… 214
10.2　分销渠道的设计与管理 …… 218
10.3　中间商 …… 225
10.4　物流管理 …… 230
第 11 章　促销策略 …… 242
11.1　促销与促销组合 …… 243
11.2　人员推销 …… 248
11.3　营业推广 …… 260
11.4　公共关系 …… 271
11.5　广告策略 …… 274
附录　营销案例学习与分析 …… 288
参考文献 …… 293

第1章　市场营销概论

【知识目标】

1. 掌握市场营销的核心概念及其含义。
2. 了解市场营销学的产生和发展的过程。
3. 熟悉营销管理哲学及其演变。
4. 了解市场营销学的研究对象。

【技能目标】

1. 能够分析市场和市场营销的功能。
2. 认识市场营销活动的基本要点。
3. 利用市场营销开展工作。

【导入案例】

三个业务员开拓市场

美国一家制鞋公司想开拓国外市场，将一名业务员派到了非洲的一个岛国，让他了解一下能否将本公司的鞋子销售给该岛国人民。这名业务员到非洲后发回一封电报："这里的人不穿鞋，没有市场，我即刻返回。"于是，公司又派去另一名业务员。第二名业务员在非洲待了一个星期，然后发回一封电报："这里的人不穿鞋，鞋的市场巨大，我准备把本公司的鞋卖给他们。"公司总裁得到两种截然不同的反馈信息后，又派了第三名业务员去这个国家，以期了解真实的情况。这位推销员在非洲待了三个星期后，向公司总部发回一封电报："这里的人不穿鞋，是因为他们有脚疾；他们也想穿鞋，不过不需要我们生产的鞋，因为我们的鞋子太窄。我们必须生产宽一些的鞋，才能满足他们对鞋的需求。这里的部落首领不让我们做买卖，除非我们借助政府的力量和公关活动进行大市场营销。我们打开这个市场需要投入大约1.5万美元。这样我们每年能卖大约2万双鞋，在这里卖鞋能够赚钱，投资收益率约为15%。"

市场营销学是一门建立在经济科学、行为科学和现代管理理论基础之上的应用科学。具有边缘性、综合性、应用（实践）性等特点，产生于20世纪初。随着国际经济一体化趋势进程逐渐加快，市场的地域边界越来越模糊，企业要想求生存、图发展，就必须认识市场、了解市场、分析市场，遵循恰当的营销观念，采用适宜的战略与策略去适应市场、引导消费。

1.1 市场营销的核心概念

1.1.1 市场营销的含义

“市场营销”由英文“marketing”一词翻译而来。它有两层意思：一是指企业根据消费者的需求，生产适销对路的产品，扩大市场销售所进行的一整套经济活动；二是指建立在经济学、行为学、现代管理理论基础上的一门综合性、边缘性的应用学科。

市场营销关乎人类与社会需要的识别与满足。最简洁的市场营销定义是“有利可图地满足需求”。当谷歌发现人们需要更快、更有效地获取互联网资讯时，它创建了一个可以有效组织并优先排序查询的强大搜索引擎。当宜家家居发现人们想要以足够低的价格买到好的家具时，就推出了可拆卸家具。这两家公司的行为很好地诠释了营销技巧，它们都把私人的或社会化的需求转变成了可赢利的商业机会。

美国市场营销协会（American Marketing Association）为市场营销提供了正式的定义：市场营销是在创造、沟通、传播和交换产品中，为顾客、客户、合作伙伴以及整个社会带来经济价值的活动、过程和体系。

著名营销学家菲利普•科特勒教授认为，市场营销是个人和群体通过创造并同他人交换产品和价值以满足需求和欲望的一种管理过程。从这个定义中，可以归纳出市场营销概念的三个要点：

（1）市场营销的最终目标是“满足需求和欲望”；

（2）市场营销的核心是“交换”，交换是主动、积极地寻找机会，满足双方需求和欲望的社会过程和管理过程；

（3）市场营销的关键是企业创造的产品和价值满足顾客需求的程度和交换过程的管理水平。

1.1.2 市场营销的核心概念

要想正确理解市场营销的定义，必须弄清其涉及的相互关联的核心概念，其中主要有需要、欲望和需求，产品、效用和价值，交换和交易，关系和网络，市场以及营销与潜在顾客。

1. 需要、欲望和需求

人的需要和欲望是市场营销学的出发点。人们为了维持生存，需要空气、水、食品、衣服和住所。除此之外，人们对精神生活，如娱乐、教育等也有着强烈的欲望。

需要（need）是指人们没有得到某些基本满足的感受状态。人们在生活中需要食品、衣服、住所、安全、爱情以及其他一些东西。这些需要都不是社会和营销者所能创造的，它们存在于人自身的生理结构和情感条件中。

欲望（want）是指人们想得到这些基本需要的具体满足物的愿望。欲望是由一个人所处的社会塑造的，是个人受不同文化及社会环境影响所表现出来的对基本需要的特定追求。

日本人在饥饿时希望用米饭充饥，而美国人也许希望用面包充饥。营销活动虽然无法创造人的基本需要，但却可以采用各种营销手段来创造和改变人的欲望，并开发及销售特定的服务或产品来满足这种欲望。

需求（demand）是指人们有能力购买并且愿意购买某个具体产品的欲望。当具有购买能力时，欲望便转换成需求。许多人都想要一幢别墅，但只有少数人愿意并能够购买。因此，公司要估量有多少人想要本公司的商品，另外更重要的是应该了解有多少人真正愿意并且有能力购买。

由此可以看出，一个厂家的产品越是与消费者的欲望相吻合，其在商场竞争中的成功率就越大。需要并不是由营销创造的，而是存在于营销活动出现之前。营销者以及社会上的其他因素，只是影响了人们的欲望。他们向消费者建议，一辆轿车可以满足人们对社会地位和出行的需要。他们只是试图指出一个什么样的商品可以满足这方面的要求。营销者力图通过使商品富有吸引力、适应消费者的支付能力和容易得到来影响需要。

2. 产品、效用与价值

人类靠产品来满足自己的各种需要和欲望。因此，可将产品表述为能够用以满足人类某种需要或欲望的任何东西。人们通常用产品和服务这两个词来区分实体产品和无形产品。实体产品的重要性不仅在于拥有它们，更在于使用它们来满足我们的欲望。人们购买小汽车不是为了观赏，而是因为它可以提供一种叫做代步的服务。所以，实体产品实际上是向我们传送服务的工具。如果生产者关心产品甚于关心产品所提供的服务，那他就会陷入困境。过分钟爱自己的产品，往往会导致顾客忽略购买产品是为了满足某种需要这个事实。人们不是为了产品的实体而购买产品，而是因为产品实体是服务的外壳，即通过购买某种产品实体能够获得自己所需要的服务。市场营销者的任务，是向市场展示产品实体中所包含的利益或服务，而不能仅限于描述产品的形貌。否则，企业将导致“市场营销近视”，即在市场营销管理中缺乏远见，只能看见自己产品质量的优点，看不见市场需要在变化，最终使企业经营陷入困境。

案例 1-1　出卖“落后”

在日本一个偏僻的山区里，有一个小山村因山路崎岖，几乎与世隔绝，几十户人家仅靠少量贫瘠的山地过日子，生活极为贫苦。全村人虽然也想脱贫致富，却一直苦于无计可施。

一天，村里来了一个精明的商人，他立即感到这种落后本身就是一种可贵的商业资源，便向村里的长者献了一条致富的计策。于是，长者马上召集全村人，对村民们说：“如今，时代变了，咱村的人却还过着和原始人差不多的生活，我们深感内疚和痛心！不过，大都市里的人过现代化生活的时间长了，一定会感觉乏味。咱不妨走回头路，干脆过原始人的生活，利用咱的‘落后’出卖这‘落后’，定会招来许多城里人。咱们呢，也可借此机会来做生意赚钱。”这一计策博得了全村人的喝彩。

从此，全村人便开始模仿原始人的生活方式，在树上搭房，披兽皮，穿树叶制作的衣服。不久，那位商人便向日本新闻界透露了他发现的这个“原始人”小部落的秘密，立即引起了社会各界的关注。从此，成千上万的人都慕名而至，参观者络绎不绝，众多游客为部落带来了可观的财富。有经营头脑的人来了，他们来这里修公路，建宾馆，开商店，将这里开辟为旅游点。小山村的人趁机做起各种生意，终于富裕起来了。

过了若干年，这里的居民白天上树已成为一种工作，晚上回到地面，脱掉兽皮，穿上现代的服装，住在景点外围的豪宅里，过着现代化的生活。

3. 交换和交易

人们获取满足需求或欲望的事物可通过自产自用、抢夺、乞讨、交换等方式。其中，只有通过交换方式才存在市场营销。交换（exchange）是指从他人处取得所需之物，而以自己的某种东西作为回报的过程。交换的发生必须具备 5 个条件：至少有交换双方；每一方都有对方需要的有价值的东西；每一方都有沟通和运送货品的能力；每一方都可以自由接受或拒绝；每一方都认为与对方交易是合适或称心的。交换是一个价值创造的过程，即交换通常总是使双方变得比交换前更好。

交易（transactions）是交换的基本组成单位，是交换双方的价值交换。交换是一种过程，在这个过程中，如果双方达成一项协议，就称之为发生了交易。营销的本质就是开发令人满意的交易，使顾客和营销者从中都能获益。顾客希望从营销交易中获得比他付出的成本更高的回报和利益。营销者希望得到相应的价值，通常是交换产品的价格。通过买者和卖者的相互关系，顾客有了对卖者未来行为的期望。为了达成这些期望，营销者必须按自己的承诺来完成。随着时间的推移，这种相互关系就成了双方之间的相互依靠。

4. 关系和网络

关系是企业与其经营活动中的关键成员（顾客、供应商和经销商等）之间形成的一系列长期、稳定的交易关系。市场营销的目标不应仅停留在一次交易的实现上，而应通过营销的努力来发展同自己的顾客、供应商和经销商之间的关系，使交易关系能长期稳定地保持下去。

关系市场营销可定义为：企业与其顾客、分销商、供应商等建立、保持并加强关系，通过互利交换及共同履行诺言，使利益相关者各方实现各自目的。企业与顾客之间的长期关系是关系市场营销的核心概念。关系市场营销能使企业获利，但企业更应着眼于长远利益，因而保持并发展与顾客的长期关系是关系市场营销的重要内容。建立关系是指企业向顾客做出各种许诺。保持关系的前提是企业履行了诺言。发展或加强关系是指企业履行从前的诺言后，向顾客做出一系列新的许诺。

网络是指包括企业及所有与该企业建立互利关系的利益关系方（顾客、员工、供应商、经销商、广告商、金融机构和咨询机构等）。在现代市场营销活动中，网络的规模大小和稳定程度是形成企业市场竞争力的重要因素。

所谓市场营销网络是指企业及其与之建立起牢固的互相信赖的商业关系的其他企业所构成的网络。在市场营销网络中，企业可以找到战略伙伴并与之联合，以获得一个更广泛、更有效的优势。这种网络已经超出了纯粹的“市场营销渠道”的概念范畴。借助该网络，企业可在全球各地市场上同时推出新产品，并减少由于产品进入市场的时间滞后而被富有进攻性的模仿者夺走市场的风险。市场营销管理的目标也日益从过去追求单项交易的利润最大化，转变为追求与对方互利关系的最佳化。

5. 市场

市场（market）由那些具有特定的需要或欲望，而且愿意并能够通过交换来满足这种需要或欲望的顾客所构成。因此，市场取决于那些表示有某种需要，并拥有使别人感兴趣的资源，而且愿意以这种资源来换取其需要的人。具体来说，对于一切既定的商品，现实市场包含 3 个要素：有某种需要的人、为满足这种需要所具有的购买力和购买欲望，即市场由人口、购买力、购买欲望这 3 个要素组成。其表达式如下：

市场 = 人口 + 购买力 + 购买欲望

（1）人口。人口是构成市场最基本的条件。只有有人居住的地方，才会有各种各样物质和精神方面的需求，从而才可能有市场。

（2）购买力。购买力是构成营销市场的又一个重要因素。它是由消费者的收入决定的，有支付能力的需求才是有意义的市场。

（3）购买欲望。购买欲望是决定市场容量的最权威因素。人口再多，购买力水平再高，如果对某种商品没有购买欲望，也不能形成购买行为，这个商品市场实际上也就不存在了。

总之，市场的这 3 个要素是相互制约、缺一不可的，三者只有结合起来才能构成现实的市场，才能决定市场的规模和容量。一个国家或地区人口众多，但收入很低，购买力有限，则不能成为容量很大的市场，如某些发展中国家。反之，购买力虽然很高，但人口很少，也不能成为很大的市场，如瑞士、科威特。一个国家或地区只有人口多并且购买力高，才能成为一个有潜力的大市场。但是，如果商品不能满足需要，不能使人们产生购买欲望，仍然不能成为现实的市场。

6. 营销者与潜在顾客

营销者是指希望从他人那里得到资源并愿意以某种有价之物作为交换的所有人。在交换双方中，如果一方比另一方更主动、更积极地需要交换，则可将前者称为营销者，将后者称为潜在顾客。即营销者既可能是卖方，也可能是买方，如果买卖双方都表现积极，就把双方都称为市场营销者，这种情况被称为相互市场营销。

1.1.3 市场营销的范围

从市场营销的概念中得知，市场营销是一项协调生产与满足消费者需求的经济活动。市场营销的范围包括下列 10 个不同方面。

（1）商品（goods）。商品是满足需要的有形实体，是构成大多数国家市场营销总体的主要部分。例如，生活用品（粮食、水果、副食、日用品、家用电器等）、生产用品（水泥、钢材、机器设备等）。

（2）服务（services）。服务是一种无形的产品。随着经济的发展，服务在市场营销中占的比例越来越高。服务行业包括航空、旅店、理发、美容、维修、餐饮、物流、咨询等。

（3）体验（experiences）。通过协调多种类型的服务和商品，公司能够创造、表演和营销体验。迪士尼乐园的梦幻王国就是这样一种体验，人们可以拜访童话王国、登上海盗船或走进鬼屋猎奇。

（4）事件（events）。利用事件的影响力或魅力来为机构树立声誉或推荐产品。通常被利用来营销的事件有大型体育赛事，各种博览会、商展会，狂欢节，专题社会公益活动等。这些事件的主办单位可就其操办事件的赞助权、参展权、专用产品冠名权、特殊标志使用权等向社会招标拍卖，从而获得相应的收入及资金支持。

（5）信息（informations）。信息也可以像产品一样被生产和营销。百科全书和许多非小说性质的图书就是在销售信息。通过市场调查及时各种资料的整理和分析，向需要帮助的机构和个人，例如市场调查公司、咨询公司、剪报公司采集并有偿提供信息。目前，信息的生产、包装和分销已成为一种重要的社会行业。

（6）观念（ideas）。每个市场供应物的核心都是一个基本的观念。产品和服务则是传递一些观念或利益的平台，例如钻头的购买者实际上是想获得一个洞，社会营销家也在忙于促销这些观念，如“不要接触毒品”“挽救雨林”“天天锻炼”或“避开油脂食品”等。

（7）人物（persons）。致力培育目标市场对名人或权势人物的关注、好奇、偏爱所做的努力。这种营销在一个时期以来已变成一种重要行业，现在几乎每个有影响的影视明星、体育明星都有经纪人或公司。通过明星的影响力可以创造一种“形象文化”，于是各个企业不惜重金，精心挑选后隆重推出自己的产品或品牌的形象代言人。此外，当前各种艺术家、首席执行官、医生、律师和金融家以及其他专家，几乎从名人营销者那里获得帮助，包括向某些机构或工商企业出让自己的肖像权或冠名权。

（8）地点（places）。地点营销者（包括经济发展专家、房地产经销商、商业银行、本地区商业协会、广告和公共关系机构等）积极地争取吸引游客到特定的地区；政府等通过努力改善国家、城市的形象来吸引新的投资。

（9）财产权（properties）。财产权是指对所拥有财产的无形的权利，包括真实财产（如房地产产权）或金融资产（股票、债券）。财产权可以买卖，这个过程就包含了营销力量。

（10）机构（organizations）。机构组织试图影响其他人，让他们认同该机构的目标，接受机构的服务。采用机构营销的组织包括服务性机构（大学、医院、博物馆）和政府机构（公安局）。

营销新视野——印象与融入

营销人员现在在考虑提供三种方式供消费者选择：电视、网络和手机。令人惊奇的是，数字方式的兴起一开始并没有降低电视的观看率，正如咨询公司尼尔森（Nelsen）的研究所发现的，五分之三的消费者同时使用三种方式中的两种。

印象（impression）通常出现在消费者接触传播物时，是追踪传播覆盖广度和深度的衡量标准，同时也可以在各种类型的传播方式之间进行比较。不足之处是印象不提供任何观察传播结果的洞见。

融入（engagement）是消费者在传播过程中注意力集中与主动被吸引的程度。与印象相比，它能反映更多有效的回应，并且更有可能为公司创造价值。一些线上的融入度衡量方式有微信、QQ、微博或网站内容的分享。融入可以延伸到个人体验，增加或改变公司产品和服务。

1.2 市场营销学的产生和发展

市场营销学最早产生于20世纪初的美国，后来传到欧洲、日本等地，并在实践中得到不断完善和发展。

1.2.1 市场营销学的产生和发展

现代市场营销学是在19世纪末20世纪初，自由竞争资本主义向垄断资本主义过渡，资本主义基本矛盾日益尖锐化的基础上产生的，迄今经历了4个阶段。

1. 形成阶段

19世纪末到20世纪30年代是现代市场营销学的形成阶段。在这个阶段，随着垄断资本主义的出现以及先进科学的管理方法和生产技术的应用，企业生产率得到逐步提高，生产能力的增长超过市场需求增长的速度，一些产品的销售遇到了困难。为了解决产品的销售问题，一些企业根据企业销售活动的需要，开始重视商品推销和刺激需求，注意研究和采用推销术和广告术。与此同时，一些经济学者根据企业销售实际的需要，着手从理论方面研究商品销售问题，市场营销专著相继在美国出版，市场营销学课程也出现在美国一些大学的课堂上。

1905年克罗西在美国宾夕法尼亚大学讲授“产品市场营销”课程；1910年巴特勒在美国威斯康星大学讲授“市场营销方法”课程；1913年韦尔达在美国威斯康星大学讲授“农产品市场营销”课程；1912年美国哈佛大学教授赫尔特齐在讲授市场营销课程并走访一些大企业主的基础上，出版了《市场营销》教科书；1916年韦尔达出版《农产品市场营销》一书；1917年巴特勒出版《市场营销方法》一书。其中哈佛大学教授赫尔特齐的《市场营销》教科书的问世，被公认为是销售学作为一门独立学科出现的里程碑。但这一阶段的市场营销学主要研究有关推销术、分销及广告等方面的问题，而且仅限于某些大学的课堂中，并未引起社会的重视，也未应用于企业营销活动中。

2. 应用阶段

从20世纪30年代到第二次世界大战结束，是市场营销学逐步应用于企业产品销售过程的阶段。1929—1933年资本主义的经济大危机震撼了西方世界。由于生产严重过剩，产品大量积压，商品销售困难，导致企业大量倒闭。从20世纪30年代开始，主要资本主义国家明显出现供过于求的情况。面对尖锐的市场销售问题，企业需解决的不是如何扩大生产和降低成本，而是怎么样把产品卖出去。为顺应这个潮流，不仅企业广泛使用各种各样的推销术和广告术，营销学者也提出了“创造需求”的概念，并开始重视市场调查研究，分析、预测和刺激市场需求。

1926年，美国成立了全国销售学和广告学教师协会，并于1931年成立了美国销售学协会，专门开设了为企业管理人员讲授销售学的讲习班。理论与实践的结合促进了企业营销活动的发展，同时也促进了市场营销学的发展。但这一阶段的市场营销仍仅局限于产品推销、广告宣传和推销策略等，仅处于流通领域。

3. 变革阶段

从 20 世纪 50 年代开始，市场营销学的原理、概念发生了许多重大变革，逐步形成了现代市场营销学。随着第二次世界大战的结束，一方面由于美国军事工业转向民用工业；另一方面由于第三次科技革命的深入，劳动生产率大幅度提高，产品数量剧增，产品功能日新月异。同时，西方国家吸取了经济危机的教训，推行高工资、高福利、高消费以及缩短工作时间的政策，从而大大提升了人们的消费购买力，使西方国家的市场需求无论在数量上还是质量上都发生了重大变化。市场的基本特征和趋势是产品进一步供过于求，而消费者的需求和欲望则不断变化，从而市场竞争的范围更加广泛和深入，企业的经营压力有增无减。显然，原来的销售学越来越不能适应新形势的要求。许多市场学者纷纷提出了生产者的产品或服务要适合消费者的需求和欲望，以及营销活动的实质就是企业对于动态环境的创造性、适应性的观点，并通过他们的著作加以论述。从此，市场营销学已经大大超越原先的流通领域，延伸到生产领域和消费领域。市场营销学这一基本概念的变革，被西方学者公认为是市场营销学中的一次“革命”，并把其与工业革命相提并论。

在这一阶段，许多学者相继提出了 6 个全新的概念：1950 年尼尔•鲍顿首次提出的“市场营销组合”概念；1950 年乔尔•迪安提出的“产品寿命周期”概念；1955 年，西德尼•莱维提出的“品牌形象”概念；1956 年温德尔•史密斯提出的“市场细分”概念；1957 年约翰•麦克金特立克阐述的“市场营销”概念的哲学；1959 年艾贝•肖克曼提出的“营销审计”概念。

4. 创新、成熟阶段

20 世纪六七十年代以后，市场营销学日益与消费经济学、管理科学、心理学、社会学等理论密切结合起来，逐步成为一门成熟的综合性的经营、管理类学科，出版了一系列新的营销学著作，并得到了企业界的广泛重视和应用。市场营销的内涵也不断被更新和扩充，其中比较突出的是市场营销组合、“社会营销”观念和菲利普•科特勒的“大市场营销”理论。

这一时期对市场营销学理论做出突出贡献的代表人物有：杰罗姆•麦卡锡和菲利普•科特勒等。杰罗姆•麦卡锡在《基础营销学》一书中首次明确提出 4P 组合概念，即产品（Product）、价格（Price）、渠道（Place）和促销（Promotion）的营销组合。菲利普•科特勒是世界上著名的市场营销学专家之一，他所著的《营销管理》，自 1967 年首版后至今已多次再版，并被译成多国文字，对世界许多国家的营销理论研究和应用都产生了很大作用。

以上简单地阐述了市场营销学的演变过程。可以看出，市场营销学的演变过程是市场营销的理论与方法随着商品经济的发展与市场营销实践的深入而不断创新、不断丰富、不断发展和不断完善的过程，这也从一个侧面反映了企业经营管理从过去到现代的演变过程。可以预见，随着社会的发展，市场营销学的新观念还会不断涌现，也不可避免地会出现各种新的见解、新的观点和新的方法，营销理论定会向更深层次发展，从而更好地为市场营销的实践服务。

1.2.2 市场营销学在中国

20 世纪三四十年代，市场营销学在中国曾有一轮传播。现存最早的教材，是丁馨伯编译的《市场学》，由复旦大学于 1933 年出版。当时一些大学的商学院开设了市场学课程，教师主要是欧美留学归来的学者。由于长期的战乱及当时经济发展水平的限制，其研究和应用都有很大的局限性。中华人民共和国成立以后，由于西方的封锁和我国高度集中的计划经济体制，商品经济受到否定和抵制，市场营销学的研究在中国大陆基本中断。

党的十一届三中全会后，中国确立了以经济建设为中心，对外开放、对内搞活的方针，特别是 1992 年邓小平进行"南方谈话"后，确立了建立社会主义市场经济体制的基本改革目标，外资企业的进入、竞争的加剧、买方市场的逐渐形成，使市场营销学的理论研究和应用都得到了迅速发展。

市场营销学在中国的传播时间虽然不长，但已经取得了许多可喜的成果，主要体现在以下几个方面。

第一，市场营销学理论已经经历了一个由引进、介绍到借鉴、创新的过程。即由最初的单纯引进、介绍西方市场营销学原理与方法，转变为将西方市场营销原理同中国的客观实际相结合，并在局部有所创新，以便较好地指导中国企业的营销实践。

第二，全国高等院校和研究机构的专家、学者撰写出版了数量可观的专著、教材、辞典、论文等，对市场营销在我国的推广普及起到了积极作用。

第三，全国各种经济管理类大专院校和中专、干部管理学校，几乎都开设了市场营销学课程。部分院校还开设了市场营销专业，或招收研究生，或开办研究生班。全国已具备一批素质较高、规模可观的师资队伍，在培养营销人才、传播和研究市场营销理论及指导企业营销实践等方面起了相当重要的作用。

第四，全国各地先后成立了许多不同类型的市场营销学会、协会、研究会等组织机构，广泛吸引学术界、教育界、企业界人士参加，在推广、普及市场营销知识，总结我国企业营销实践经验，提高理论水平和技巧的同时，为企业提供咨询服务等方面发挥了积极作用。

第五，企业界人士充分认识到了市场营销对企业生存及发展方面的重要作用，并广泛参与到市场营销理论和方法的研究与应用中来。一些企业已将市场营销学原理灵活地运用到实践中去并获得了成功，为企业带来了良好的经济效益，提高了企业的知名度和美誉度，增强了企业的综合竞争实力，使企业在激烈的市场竞争中处于主动，从而促进了企业的发展。

第六，市场营销学的研究、应用方面也取得了很大成绩，其领域已经从消费品市场拓展到了工业品市场（其中包含医药产品市场）、旅游市场、服务市场等，并随着我国经济与国际市场的接轨，致力于各类企业的国际市场营销学的研究。

但是，需要指出的是，尽管我国市场营销学的研究和应用取得了上述可喜的成绩，但从总体上看，与西方一些经济发达的国家相比尚有一定差距，离创立具有中国特色的市场营销学的目标还比较远。由于我国社会主义市场经济制度的建立时间还不长，市场机制尚不完善，大多数企业，特别是国有大中型企业还没有很好地运用现代市场营销学理论来指导企业的经营管理实践，所以在国际和国内的市场竞争方面与国外企业相比显得活力不足。因此，我国市场营销学理论的研究和应用水平尚需理论界、企业界和政府部门共同努力，使之进一步提高，从而增加我国企业的市场综合竞争实力。

1.2.3 市场营销学的研究对象与研究内容

市场营销学是一门专门研究市场营销活动规律的学科，是一门实用性很强的学科，其产生和发展与企业的市场营销活动紧密联系在一起。市场营销学的理论是对成功企业实践经验的总结和提炼，企业的市场营销活动实践为市场营销学的生长提供了肥沃的土壤，市场营销学的发展为进一步有效指导企业市场营销活动提供了理论依据。

1. 市场营销学的研究对象

市场营销学的研究对象是以消费者为中心的，即在特定的市场营销环境中，企业以市场营销研究为基础，为满足消费者现实和潜在的需求，所实施的以产品、价格、渠道和促销为主要内容的市场营销活动过程及其客观规律性。

2. 市场营销学的研究内容

市场营销学要对下列三个问题展开研究：消费者的需求和欲望及其形成、影响因素、满足方式等（即消费者行为）；供应商如何满足并影响消费者的欲望和购买行为（即供应商行为）；辅助完成交易行为，从而满足消费者欲望的机构及其活动（即市场营销机构行为）。上述问题乃是完善市场营销系统，提高消费者福利的关键。具体包括：市场营销观念、市场营销环境、市场类型与购买行为分析、企业战略规划和市场营销管理、市场细分和目标市场选择、市场营销组合及产品策略、价格策略、渠道策略、促销策略、市场营销研究、市场营销组织与控制、服务市场营销、国际市场营销和国际战略联盟等内容。

但是，在市场营销学引进我国的初期，由于种种原因，我国有些学者认为市场营销学（最初多译为“市场学”）研究对象包括市场机制和市场供求关系等内容，从而同经济学或某些部门的经济学研究对象有所混淆。其实，现代营销学作为一门独立学科，有其独立的、与众不同的研究对象，早有定论。市场供求关系及其规律、市场运行机制等问题，是经济学的研究对象，如果市场营销学也以这些为对象，那就不称其为独立学科了。市场营销学虽然也研究市场，但研究的角度不同，它不是研究市场本身而是研究市场营销的。它的研究对象不是市场供求关系和市场机制的作用，更不是市场本身的起源、发展、功能以及社会再生产的实现过程等。市场营销学是一门以企业为本位的微观学科，即主要是研究企业的营销活动，并为企业营销管理服务而不是为宏观经济管理服务的学科。正像每个企业都有它特定的目标市场一样，市场营销学作为一门应用科学也有它特定的目标“市场”，这就是企业的营销管理。研究企业的营销活动并为企业的营销管理服务，是本学科的基本立足点。如果离开了这个立足点，它的存在和发展就会成问题，就会同其他学科发生冲突，就会失去本色，就不能很好地满足它所应满足的那部分需要，从而也就会丧失作为一门独立学科存在的价值。当然，从西方引进的市场营销学，在内容上可以而且应该联系中国实际进行选择和改造。但是，一门学科的研究对象是不可任意改变的，联系中国实际不等于改变学科的研究对象，中国的市场营销学仍然要以中国的市场营销为研究对象，不能任意改变或扩展本学科的研究对象；否则，就将是另外一门学科，而不是举世公认的“市场营销学（Marketing）”。

营销新视野——消费者和企业新能力

科技、全球化和社会责任这三股力量，已经极大地改变了市场，赋予消费者和企业新能力。

消费者新能力

信息、传播和流动性的扩展使得消费者可以更好地做决策并与世界各地的人分享他们的喜好和观点。

- 可以用网络作为强大的信息和购买支持。
- 可以用移动网络实现搜索、传播和购买。
- 可以利用社交媒体分享观点和表达忠诚。
- 可以主动与公司进行互动。
- 可以拒绝他们认为不合适的营销。

公司新能力

全球化、社会责任和科技生成了一组帮助公司应对和回应的新能力。

- 可以将网络作为强有力的信息和销售渠道。
- 能收集到更充分、更丰富的市场、顾客、潜在顾客和竞争者信息。
- 可以利用社交媒体和移动营销快速有效地到达顾客，并发送定向的广告、优惠券和信息。
- 可以改善购买、招聘、培训和内外部的传播。
- 可以节省开支。

1.3 营销管理哲学及其演进

市场营销作为一种有意识的经营活动，是在一定经营思想指导下进行的。这种经营思想可称之为“营销管理哲学”，它是企业经营活动的一种导向、一种观念，是企业在一定社会经济条件下进行市场营销活动的指导思想，也称企业理念、企业经营管理哲学。营销管理哲学是否切合实际需要，对企业经营的成败兴衰，具有决定性作用。

营销管理哲学是企业在一定时期、一定生产经营技术和市场环境条件下，进行市场营销活动，正确处理企业、顾客和社会三方利益方面的指导思想和行为的根本准则。营销管理哲学是在一定的历史条件下产生的，并随着生产发展、科技进步和市场环境的变化而不断发展变化。近百年来，营销管理哲学随着经济增长和市场供求关系的变化，大致形成了生产观念、产品观念、推销观念、市场营销观念和社会营销观念等不同市场营销观念。

1.3.1 生产观念

生产观念或称为生产导向，是一种传统的经营思想，在西方发达国家，于19世纪末和20世纪初（1920年以前）占支配地位。当时，由于生产效率还不是很高，许多商品的供应还不能充分满足市场需要，市场处于卖方市场（供给小于需求）状况。例如，当时小轿车产量很小，价格昂贵，因此，当时的工商企业把营销管理的重点放在抓生产、抓货源上，即以生产观念为导向。

生产观念认为，消费者可以接受任何买得到和买得起的产品，因而企业的一切经营活动以生产为中心，生产什么卖什么，生产多少卖多少；努力提高生产能力，扩大生产规模，降低产品成本，扩大销售，增加利润。生产观念的假设前提是：消费者只求“买得到”（解决供不应求问题）和“买得起”（解决购买力水平不高的问题）商品。企业以生产为中心，主要任务就是努力提高效率，降低成本，扩大生产。

例如，20 世纪 20 年代初，美国汽车大王亨利·福特的营销哲学就是：千方百计地增加 T 型车的产量，降低成本和价格，以便更多地占领市场，获得规模经济效益，至于消费者对汽车颜色等方面的爱好，则不予考虑，他的 T 型车只有黑色的。

生产观念产生和适用的条件是：市场商品需求超过供给，卖方竞争较弱，买方争购，选择余地不多；产品成本和售价太高，只有提高生产效率，降低成本，从而降低售价，方能扩大市场。也就是说，当市场的主要问题是产品的有无或贵贱问题，即当人们是否买得到或买得起成为市场主要矛盾时，生产观念适用。因此，随着科学技术和社会生产力的发展，以及市场供求形势的变化，生产观念的适用范围必然愈来愈小。如，到了 20 年代中期，福特的 T 型车销量大减，市场主导地位被通用汽车所取代，就是一个例证。资本家的逐利本性，促使供给迅速赶超需求，从而宣告该观念的终结。

案例 1-2

亨利·福特的经营观

亨利·福特去参观屠宰场，看见一整头猪被分解成各个部分，分别出售给不同的消费群体。受此影响，在福特的脑海中产生了灵感：为什么不能把汽车的制造反过来，将汽车的生产像屠宰场的挂钩流水线一样，把零部件逐一安装起来，组装成整车？福特把他的想法付诸实践，由原来单件小批量的生产转变成大批量生产，生产效率大幅度提高，产量大大增长，财富也高度积聚。亨利·福特甚至说：不论顾客需要什么类型的车，我们只提供黑色 T 型车。

1.3.2 产品观念

产品观念（或称产品导向）是另一种古老的经营思想。与生产观念一样，产品观念也是产生于产品市场供不应求的“卖方市场”形势下的。产品观念认为，只要产品质量高、功能强、有特色，就必定畅销。产品观念认为，消费者最喜欢高质量、多功能和具有某种特色的产品，企业应致力于生产高质量产品，并不断加以改进。因此，产品观念的特征是：不重产量重质量，致力于提高产品质量，改进性能，保证特色。此时，企业最容易导致“市场营销近视症”，即不适当地把注意力放在产品上，而非放在市场需求上，在市场营销管理中缺乏远见，只看到自己的产品质量好，看不到市场需求在变化，致使企业经营陷入困境。

产品观念片面强调产品本身，而忽视市场需求，以为只要产品质量好，技术独到，自然会顾客盈门。如，我国有些小生产者以为，只要死守“家传秘方”，就可永远立于不败之地，就是这种传统产品观念的反映。这种观念在商品经济不甚发达的时代或许有一定道理，但在现代市场经济高度发达的条件下，则肯定不适用。因为，第一，现代市场需要变化很快，并且是多层次的，如果不适合市场需要，再好的产品也不会畅销；第二，现代市场竞争激烈，不同于小商品生产时代，如果没有适当的营销活动，再好的产品也不可能持久地占领市场。例如，当空调普遍进入消费者家庭的时候，凉席无论多好也不会再畅销；当袖珍计算器大量上市后，再好的计算尺也无人问津。产品观念会导致“营销近视症”，它过于重视产品本身，而忽视市场的真正需要。因此，不应过分夸大生产的作用，而忽视市场营销。

生产观念和产品观念都属于以生产为中心的经营思想，其区别只在于：前者注重以量取胜，后者注重以质取胜，二者都没有把市场需要放在首位。在本质上仍然是以生产为中心。这里，企业“看”到的是消费者心理上的变化，要知道，需求必然与购买力相联系（需要和需求不是一回事），此时，消费者需求必然出现差异，而企业并未发现这一差异，注定了该观念的终结（产品滞销），第一次经济危机的爆发，起到了加速的作用。

案例 1-3

公文柜的产品观念

有一家办公用公文柜的生产商，过分迷恋自己的产品质量，追求精美。生产经理认为，他们生产的公文柜是全世界质量最好的，从四楼上扔下来都不会损坏。但当产品拿到展销会上推销时却遇到了强大的销售阻力，这使得生产经理难以理解，他觉得质量好的公文柜理应获得顾客的青睐。销售经理告诉他，顾客需要的是适合他们工作环境和条件的产品，没有哪一位顾客打算把它的公文柜从四楼扔下来。

1.3.3 推销观念

推销观念或推销导向，是生产观念的发展和延伸，表现为“我卖什么，顾客就买什么”。该观点认为，顾客通常表现出一种购买惰性或抗衡心理，如果任其自然发展，消费者一般不会足量购买某一企业的产品，因此，企业必须积极推销和大力促销，以刺激消费者大量购买本企业产品。20 世纪 20 年代末，西方国家的市场形势发生了重大变化，特别是 1929 年开始的经济大萧条，使大批产品供过于求，销售困难，竞争加剧，人们担心的已不是生产问题而是销路问题。于是，推销技术受到企业的特别重视，推销观念成为工商企业主要的指导思想。

推销观念与生产观念相比较，不同的是：后者是以抓生产为重点，通过增加产量，降低成本来获利；前者则是以抓推销为重点，通过开拓市场，扩大销售来获利。从生产导向发展为推销导向是经营思想的一大进步，但基本上仍然没有脱离以生产为中心、“以产定销”的范畴。因为它只是着眼于既定产品的推销，只顾千方百计地把产品推销出去，至于销售出去后顾客是否满意以及如何满足顾客需要，达到顾客完全满意，则并未给予足够重视。因此，在科学技术进一步高度发展、产品更加丰富的条件下，它就不能适应客观需要了。促销（诱导）的正反两面性和虚假广告等，促使消费者为“人权”而抗议，维权运动和维权组织纷纷诞生，且企业产品仍然滞销，这一切证明推销观念的极端错误性。

从20世纪初至20世纪40年代，企业所奉行的前三种经营思想都是早期市场营销观念，尽管三种营销思想各有侧重，但总的看来，都是以企业自身为出发点，属于“以产定销”的范畴。

1.3.4 市场营销观念

市场营销观念形成于20世纪50年代，是一种以顾客需要和欲望为导向的经营哲学，它把企业的生产经营活动看作一个不断满足顾客需要的过程，而不仅仅是制造或销售某种产品的过程。市场营销观念是“发现需要并设法满足它们”，而不是“制造产品并设法推销出去”；是“制造能够销售出去的产品”，而不是“推销已经生产出来的产品”。

市场营销观念取代传统观念是企业经营思想上一次深刻的变革，是一次根本性的转变。新旧观念的根本区别可归纳为以下4点（表1-1）。

表1-1 新旧观念的区别

指标	传统观念	新型观念
起点	产品	市场需求
中心	厂商自身	顾客（消费者）
目标	单一目标（利润最大化）	多重目标（需求是前提）
主要手段	单一手段	整合营销手段

（1）起点不同。按传统观念，市场处于生产过程的终点，即产品生产出来之后才开始经营活动；市场营销观念则以市场为出发点来组织生产经营活动，市场处于生产过程的起点。

（2）中心不同。传统观念都以卖方需要为中心，着眼于卖出现有产品，“以产定销”；市场营销观念则强调以买方需要即顾客需要为中心，按需要组织生产，“以销定产”。

（3）目标不同。传统观念以销出产品取得利润为终点；市场营销观念则强调通过顾客的满足来获得利润，因而不但关心产品销售，而且十分重视售后服务和顾客意见的反馈。

（4）主要手段不同。按传统观念，主要以广告等促销手段千方百计地推销既定产品；市场营销观念则主张通过整体营销的手段，充分满足顾客物质和精神上的需要，实实在在为顾客服务，处处为顾客着想。

市场营销观念的理论基础就是“消费者主权论”，即决定生产何种产品的主权不在于生产者，也不在于政府，而在于消费者。在生产者和消费者的关系上，消费者是起支配作用的一方，生产者应当根据消费者的意愿和偏好来安排生产。生产者生产出消费者所需要的产品，不仅可以增加消费者的福利，而且可以使自己获得利润，否则他们的产品就没有销路。这显然是在买方市场的前提下产生的，在卖方占支配地位的供不应求的市场上，难有真正的消费者主权。

树立并全面贯彻市场营销观念，有目标市场、整体营销、顾客满意和赢利率四个主要支柱。也就是说，市场营销观念是从选定的市场出发，通过整体活动，实现顾客满意，从而提高赢利率。

案例 1-4

通用汽车公司的经营观

第二次世界大战以前，福特汽车公司依靠老福特的黑色 T 型车取得了辉煌的成就，但老福特过分相信自己的经营哲学，不顾市场环境的变化及需求的变动。而通用汽车公司的创始人斯隆，觉察到战争给全世界人民带来的灾难，特别是从战场回来的青年人，厌倦了战争的恐怖与血腥，期望充分地享乐，珍惜生命。因而，对汽车的需求不再只满足于单调的黑色 T 型车，希望得到款式多样、色彩鲜艳、驾驶灵活、体现个性、流线型的汽车，通用公司抓住需求变革的时机，推出了适应市场需要的汽车，很快占领了市场，把老福特从汽车大王的位置上拉了下来，取而代之成了新的汽车大王。

1.3.5 社会营销观念

社会营销观念是对市场营销观念的补充、完善和发展，它从 20 世纪 70 年代起流行于西方各国。20 世纪 60 年代为了抵制工商企业在市场营销中为牟取暴利以次充好、虚假宣传、欺骗顾客、损害消费者利益，西方许多国家成立了消费者协会，以维护消费者的合法权益。在这种形势下，西方有些学者认为，消费者运动的兴起，证明某些企业并没有真正奉行市场营销观念。另外，许多学者也对市场营销观念产生了怀疑，并提出了一些问题，认为营销观念回避了消费者需求欲望的短期满足和长远的社会福利之间的矛盾，企业奉行的市场营销观念单纯强调市场需求这种短期欲望，往往会导致社会环境的污染、破坏，造成资源短缺、物资浪费，损害社会、消费者的长远利益。就是在这一社会背景下，学术界、企业界又提出了一种新型的营销观念——社会营销观念。该观念认为：企业在提供产品和服务时，不仅要真实地满足顾客的需求和欲望，而且要符合社会整体的长远利益，只有这样才会经营成功。这一观念强调了企业营销活动要兼顾社会、顾客、企业三者利益，并协调一致，以使社会、生产、消费的发展处于最佳状态。

总而言之，以上 5 种观念作为社会意识形态，是随着社会生产力和市场经济的发展而发展的。现代营销观念形成于发达的资本主义社会，但它们并非资本主义所特有的范畴，而是对一切市场经济都具有普遍意义的。

营销新视野——全方位营销观念

毫无疑问，营销新视野的趋势和力量正在引导企业接受新的想法和做法。全方位营销（holistic marketing）观念是对各种营销活动的广度和相互依赖性有清楚认识的情况下，对营销项目、过程和活动的开发、设计和执行。全方位营销观念认为，在营销中任何事情都很重要，因此一个广阔、整合的视角非常必要。因此，全方位营销观念识别并重新整合营销活动的范围和复杂性。

全方位营销由四个组成部分：关系营销、整合营销、内部营销和绩效营销。

关系营销。逐渐地，市场营销的重要目标是与直接或间接影响营销活动成功的人与组织建立深入、长久的关系。关系营销（relationship marketing）致力于与主要顾客建立互相满意且长期的关系以获得和维持企业业务。关系营销的四大主要成员是顾客、雇员、合作伙伴（渠道、供应商、分销商、经销商和代理商）和财务圈成员（股东、投资者、分析师）。营销人员必须在这些成员中创造财富并平衡利益相关者的回报。想跟他们建立稳健的关系需要了解他们的能力和资源、需求、目标和期望。关系营销的最终结果是形成一项独特的公司资产——营销网络（marketing network），即由公司及其利益相关者（顾客、雇员、供应商、分销商、零售商及其他建立互利共赢关系的业务伙伴）组成。其运作原则是：与核心利益相关者建立有效的关系网络。更多的公司选择打造品牌而不是有形资产，它们将核心业务保留在内部，同时将其他非核心工作外包给那些可以比自身做得更好且更廉价的公司。公司还在了解客户过往交易、人口特征、心理特征、媒体与分销偏好的基础上，为个体顾客打造个性化的产品、服务和信息。企业希望通过重点关注那些有利可图的客户、产品和渠道，实现利润的增长；通过建立顾客忠诚，从每一位顾客那里获取更大的支出份额。它们估计顾客的终身价值并设计产品和制定价格来从顾客那里终身获利。市场营销不仅需要巧妙地执行客户关系管理（customer relationship management，CRM），同时也要关注伙伴关系管理（partner relationship management，PRM）。公司正在深化与供应商、分销商之间的合作关系，将他们看作向终端客户传递价值的合作伙伴，从而使每一方都获益。

整合营销。当营销人员设计营销活动并整合营销项目来为消费者创造、传播和传递价值时，便出现了整合营销——“整体大于部分之和”。两大核心主题是：①多样化的营销活动可以创造、传播和传递价值；②营销人员在设计或执行任何一项营销活动时都应该考虑到其他活动。例如，当一家医院从通用电气医疗系统部门购买核磁共振机器时，它会期待购买之后良好的安装、维修和培训服务。公司必须制定一套整合渠道策略。它应该评估每个渠道的选择对产品销售和品牌资产的直接影响，以及该渠道与其他渠道选择的互动对产品销售和品牌资产的间接影响。公司的传播活动也必须得到整合以强化传播选择并让传播活动互相补充。营销人员也许会有选择地采用电视、无线广播、报纸广告、公共关系和事件以及网站等传播方式，以让每种方式得到自我提升，并提高其他方式的有效性。每种传播方式在与消费者的任何接触中也必须传递一致的品牌信息。

内部营销。内部营销是全方位营销的构成要素，是指雇用、培训和激励那些想要很好地服务于顾客的有能力的员工。聪明的营销人员知道公司内部的营销活动跟公司外部执行的活动具有同样重要，甚至更重要的作用。在公司员工真正做好准备之前承诺最好的服务是不合理的。只有当所有部门齐心协力实现顾客目标，营销才能成功：设计部门设计出合适的产品，财务部门提供适量的资金，采购部门采购适宜的原材料，生产部门在恰当的时间范围内制造出好的产品，预算部门以正确的方式计算出赢利能力。内部营销要求高级管理人员的垂直一致性和各部门的水平一致性，这样才能让每个人理解、认同并支持营销努力。

绩效营销。绩效营销要求理解营销活动和项目给企业和社会带来的财务和非财务回报。正如前面所述，高级营销人员逐渐开始不再以单一的销售收入作为检测营销效果的指标，他们还会解读市场份额、顾客流失率、顾客满意度、产品质量和其他衡量指标。他们也会考虑营销活动和项目的法律、道德、社会和环境影响。很多企业没有很好地履行法律和道德责任，消费者正在要求企业更有担当。一项调查报告指出，全球至少有三分之一的消费者认为银行、保险公司和食品加工公司应该受到更严格的监管。

1.4 顾客价值与营销管理

1.4.1 顾客价值

当对能够满足某一特定需要的一组产品进行选择时，人们所依据的标准是各种产品的价值。所谓价值即“顾客认知价值”，是指企业传递给顾客，且能让顾客感受到的价值。它一般表现为顾客总价值与顾客总成本之间的差额。顾客总价值是指顾客购买某一产品与服务所期望获得的一组利益，由产品价值、服务价值、人员价值和形象价值构成，其中每一项价值的变化均对总价值产生影响；顾客总成本是指顾客为购买某一产品所耗费的时间、精神、体力以及所支付的货币资金等要素，可分为货币成本与非货币成本（包括和时间成本、精神成本、体力成本等）两类。

由于顾客在购买产品时，总希望把有关成本包括货币、时间、精神和体力等降到最低限度，而同时又希望从中获得更多的实际利益，以使自己的需要得到最大限度的满足，因此，顾客在选购产品时，往往从价值与成本两个方面进行比较分析，从中选择出价值最高、成本最低，即“顾客认知价值”最大的产品作为优先选购的对象。企业要在竞争中战胜对手，吸引更多的潜在顾客，就必须向顾客提供比竞争对手具有更多“顾客认知价值”的产品，这样才能提高顾客满意程度，进而更多地购买本企业的产品。也就是说，树立正确的“顾客认知价值”观念，对于加强市场营销管理，提高企业经济效益具有十分重要的意义。

（1）顾客认知价值的多少受顾客总价值与顾客总成本两方面因素的影响。由于顾客总价值与总成本的各个构成因素的变化及其影响作用不是各自独立的，而是相互作用、相互影响的。因此，某一项价值因素的变化不仅影响其他相关价值因素的增减，从而影响顾客总成本的大小，而且还影响顾客认知价值的大小。因此，企业在制定各项市场营销决策时，应综合考虑构成顾客总价值与总成本的各项因素之间的这种相互关系，从而用较低的生产与市场营销费用为顾客提供具有更大顾客认知价值的产品。

（2）不同的顾客群对产品价值的期望与对各项成本的重视程度是不同的。企业应根据不同顾客的需求特点，有针对性地设计和增加顾客总价值，降低顾客总成本，以提高产品的实用价值。总之，企业应根据不同细分市场顾客的不同需要，努力提供实用价值强的产品，这样才能增加其购买的实际利益，减少其购买成本，使顾客的需要获得最大限度的满足。

（3）企业为了争取顾客，战胜竞争对手，巩固或提高企业产品的市场占有率，往往采取顾客认知价值最大化策略。追求顾客认知价值最大化的结果却往往会导致成本增加，利润减少。因此，在市场营销实践中，企业应掌握一个合理的度，而不应片面追求顾客认知价值最大化，以确保实现顾客认知价值所带来的利益超过因此而增加的成本费用。换言之，企业顾客认知价值应以能够实现企业的经营目标为原则。

1.4.2 价值传递过程

传统营销观念认为，公司生产产品，然后销售产品，市场营销发生在销售过程当中。奉行这种观点的公司只有在商品短缺的经济中才会获得成功，因为消费者不能对产品的质量、属性和风格进行挑选，如发展中国家的基本日常用品。

另一种经济条件下，有许多不同类型的人，而且每个个体的需求、认知、偏好和购买标准都存在差异，因此，明智的竞争者必须有一个定义明确的目标市场，然后为此设计和交付产品及服务。这提出了一个商业流程的新观点——商业计划始于市场营销，而不是始于生产和销售，同时，公司把自己看作价值传递过程的一部分。我们可以把价值创造和价值传递划分为三个阶段。第一阶段，在任何产品产生之前，营销人员必须做的"功课"是选择价值（choosing the value）。他们必须细分市场，选择适当的目标市场，开发要提供的价值定位。这就是战略营销的本质，即"市场细分、目标市场选择、市场定位"（segmentation，targeting，positioning，STP）模型。第二阶段是提供价值（providing the value）。营销必须确定特定的产品特色、价格和分销。第三阶段的任务是传播价值（communicating the value）。通过互联网、广告、销售团队和其他传播工具来宣传产品和开展促销活动。价值传递过程开始于产品诞生之前，并在产品开发的过程中和产品诞生之后持续。每个阶段都会发生相应的成本。

1.4.3 营销管理的任务

美国学者菲利普•科特勒将营销管理（marketing management）解释为：通过分析、计划、执行和控制，谋求和创造、建立及保持与目标市场之间互相有益的交换和联系，以实现营销的目标。也就是说，在营销的过程中，要充分运用现代管理理论、方法，积极发挥管理的计划、组织、指挥、监督和调节等职能的作用，使企业形成比较科学的营销战略，构成比较理想的营销环境，制定比较实际的营销策略，进而优化资源配置，扩大市场销售，树立良好的企业形象，高效率地实现企业营销目标。

市场营销管理是通过分析、计划、实施和控制，来谋求创造、建立及保持营销者与目标顾客之间的双赢关系，以实现营销者的目标。营销管理者的工作不仅仅是刺激和扩大需求，同时还包括调整、缩减和抵制需求，这要根据需求的具体情况而定。简言之，营销管理的任务，就是调整市场的需求水平、需求时间和需求特点，使供求之间相互协调，以实现互利的交换，实现营销的目标。因此，营销管理实质上是需求管理（demand management）。

根据消费需求的水平、时间和性质的不同，可归纳出八种不同的需求状况。在不同的需求状况下，市场营销管理的任务有所不同。根据需求状况和营销任务的不同，可分为八种不同的营销管理（见表 1-2）。

表 1-2　营销管理的类型与任务

需求种类	营销管理任务	营销管理类型	营销管理措施
负需求	扭转需求	扭转性营销	了解原因,“对症下药”
无需求	创造需求	刺激性营销	营造环境,刺激需求
潜在需求	开发需求	开发性营销	设计 4Ps 开发需求
下降需求	恢复需求	恢复性营销	多购、吸引竞争者的顾客、新购
不规则需求	配合需求	同步性营销	调整 4Ps 以适应
充分需求	维持需求	维护性营销	积极采取措施维持
过度需求	降低需求	限制性营销	降低质量、提价、少服务、网点、促销
有害需求	消灭需求	抵制性营销	不再营销

(1)扭转性营销(conversional marketing)。扭转性营销是针对负需求实行的。负需求是指全部或大部分潜在购买者对某种产品或服务不仅没有需求,甚至厌恶。例如,素食主义者对所有肉类有负需求;许多人对预防注射、节育手术有负需求;有些旅客对坐飞机有畏惧心理,也是负需求。针对这类情况,营销管理的任务是扭转人们的抵制态度,使负需求变为正需求。营销者必须首先了解这种负需求产生的原因,然后“对症下药”,采取适当措施来扭转这一情况。

(2)刺激性营销(stimulating marketing)。刺激性营销是在无需求的情况下实行的。无需求是指市场对某种产品或服务既无负需求也无正需求,只是漠不关心,没有兴趣。无需求通常是因消费者对新产品或新的服务项目不了解而没有需求;或者是非生活必需的装饰品、赏玩品等,消费者在没有见到时也不会产生需求。因此,营销管理的任务是设法引起消费者的兴趣,刺激需求,使无需求变为正需求,即实行刺激性营销。

(3)开发性营销(developmental marketing)。开发性营销是与潜在需求相联系的。潜在需求是指多数消费者对现实市场上还不存在的某种产品或服务的强烈需求,如,人们渴望有一种味道好而对身体无害的卷烟。因此,营销管理的任务是努力开发新产品,设法提供能满足潜在需求的产品或服务,将潜在需求变成现实需求,以获得极大的市场占有率。

案例 1-5

索尼公司的创造营销

公关专家伯内斯曾说,工商企业要“投公众所好”,这似乎成了实业界一条“颠扑不破且放之四海而皆准”的真理,但索尼公司敢于毅然地说“不”。索尼的营销政策并不是先调查消费者喜欢什么商品,然后再投其所好,而是以新产品去引导他们进行消费。因为“消费者不可能从技术方面考虑一种产品的可行性,而我们则可以做到这一点。因此,我们并不在市场调查方面投入过多的人力,而是集中力量探索新产品及其用途的各种可能性,通过与消费者的直接交流,教会他们使用这些新产品,达到开拓市场的目的”。

索尼的创始人盛田昭夫认为,新产品的发明往往来自于灵感,突然闪现,且稍纵即逝。现在流行于全世界的便携式立体声单放机的诞生,就出自于一种必然中的“偶然”。一天,井深抱着一台索尼公司生产的便携式立体声盒式录音机,头戴一副标准规格的耳机,来到盛田昭夫的房间。从一进门,井深便一直抱怨这台机器如何笨重。盛田昭夫问其原因,他解释说:“我想欣赏音乐,又怕妨碍别人,但也不能为此而整天坐在这台录音机前,所以就带上它边走边听。不过这家伙太重了,实在受不了。”井深的烦恼点亮了盛田昭夫酝酿已久的构想。他连忙找来设计师,希望他们能研制出一种新式的超小型单放机。

然而,索尼公司内部几乎众口一词反对盛田昭夫的新创意,但盛田昭夫毫不动摇,坚持研制。结果不出所料,该产品投放市场后,空前畅销。索尼为该机取了一个通俗易懂的名字——“Walkman”。日后每谈起这件事,盛田昭夫都不禁感慨万千。当时无论进行什么市场调查,都不可能由此产生“Walkman”的设想。而恰恰正是这种不起眼的小小的产品,改变了世界上几百万、几千万人的音乐欣赏方式。

索尼公司在“创立旨趣书”上写着这样一条经营哲学:“最大限度地发挥技术人员的技能,自由开朗,建设一个欢乐的理想工厂,这就是‘创造需求’的哲学依据。”

(4)恢复性营销(remarketing)。人们对一切产品和服务的需求和兴趣,都会有衰退的时候。在这种情况下,营销管理的任务是设法使已衰退的需求重新兴起,使人们已经冷淡下去的兴趣得以恢复。例如,美国铁路客运多年来呈现需求下降趋势,就极需有效的恢复性营销。但实行恢复性营销的前提是:处于衰退期的产品或服务有出现新的生命周期的可能性,否则将劳而无功。

(5)同步性营销(synchronal marketing)。许多产品和服务的需求是不规则的,即在不同时间、季节需求量不同,因而与供给量不协调,如运输业、旅游业等都有这种情况。对此,营销管理的任务是设法调节需求与供给的矛盾,使二者协调同步。例如,游乐场所的节假日需求量特别大,而平时营业清淡,可通过灵活的定价、广告和安排活动等办法,使供求趋于协调。如,游人多的时间,可适当提高价格;游人少的时间,适当降低价格,并多安排些吸引游人的活动,多做些广告宣传等。

(6)维护性营销(maintenance marketing)。在需求饱和的情况下,应实行维护性营销。需求饱和是指当前的需求在数量和时间上同预期需求已达到一致。但是,需求的饱和状态不会静止不变,常常由于两种因素的影响而变化:一是消费者偏好和兴趣的改变;二是同业者之间的竞争。因此,营销管理的任务是设法维护现有的销售水平,防止出现下降趋势。主要策略是保持合理售价,稳定销售人员和代理商,严格控制成本费用等。

(7)限制性营销(demarketing)。当某种产品或服务需求过剩时,应实行限制性营销。过剩需求是指需求量超过了卖方所能供给或所愿供给的水平,这可能是由于暂时性的缺货,也可能是由于产品长期过分受欢迎所致。如,对风景区过多的游人、市场过多的能源消耗等,都应实行限制性营销。限制性营销就是长期或暂时地限制市场对某种产品或服务的需求,通常可采取提高价格、减少服务项目和供应网点、劝导节约等措施。实行这些措施难免要遭到反对,营销者要有思想准备。

(8)抵制性营销(counter marketing)。抵制性营销是针对有害需求实行的。有些产品或服务对消费者、社会公众或供应者有害无益,对这种产品或服务的需求,就是有害需求。营销管理的任务是抵制和清除这种需求,实行抵制性营销或禁售。抵制性营销与限制性营销不同,限制性营销是限制过多的需求,而不是否定产品或服务本身;抵制性营销则是强调产品或服务本身的有害性，从而抵制这种产品或服务的生产和经营。例如，对毒品、赌品、迷信品、黄色书刊等，就必须采取抵制措施。

针对上述各种情况，营销管理者必须掌握一定的营销理论和方法，通过系统的营销调研、计划、实施与控制等活动来完成这些任务。

营销新视野——消费者创造价值：从观众到同盟

市场营销领域里最振奋人心的新发展就是消费者与营销者互动方式的演变。人们每天都在创造价值而不仅仅是购买商品——消费者正在变成广告导演、零售商以及新产品开发顾问。他们创作自己的产品广告（有些奉承的味道）并上传到网站上。他们与时尚设计师交流观点，在网上订制自己独特版本的产品。有些消费者甚至在微信、QQ 空间等骄傲地晒出自己最新买到的商品，或者拍摄一段视频上传到网上。这些变化意味着营销者需要调整对消费者的认识：不能再把消费者看作被动的观众，而应该开始把他们看成同盟，鼓励他们参与到公司产品的生产和消费中来。这些消费者中有一部分是准专业人士：他们分享的创意，更多的是觉得有趣和挑战自己，所以他们的动机不是物质收入，而是精神满足。

（1）社交网络（social networking）。社交网络正在以惊人的速度发展。在社交网络中，用户通过编辑网络个人资料展现自己，并提供和接收其他用户的链接，分享共同的兴趣爱好。这件事很有可能就发生在你和同学们之间，他们在上课前（或课上）查看你的 QQ 空间。今天，这种社会媒体平台十分流行，越来越多的广告商意识到它们是影响那些想跟朋友保持一致的受众的一个很好的方式。

（2）开源模式（open source model）。另一个相关的改变是开源模式的兴起，将我们关于产品和服务价值的常规假设连接到它的源头。这种模式起源于 Linux 系统这种突飞猛进的软件系统——甚至连 IBM 也在使用 Linux。跟微软使用的封闭代码不一样，开源开发人员将程序发布到公众网站上，并允许志愿者团体任意修改，使用代码开发出其他的应用程序，然后免费公布。比如说，微软的竞争对手免费发布火狐搜索引擎，从而获得了超过 20% 的市场份额。

【本章小结】

市场营销是个人和群体通过创造并同他人交换产品和价值以满足需求和欲望的一种社会和管理过程。其核心概念是交换，基本目标是满足需求和欲望。市场营销是企业最重要的职能。市场营销作为一门学科于 20 世纪初形成于美国，经过漫长的发展，不断充实、提高和创新，已经成为具有系统理论、策略和方法论的一门现代管理学科。

市场营销学最早产生于 20 世纪初的美国，后来传到欧洲、日本等地，市场营销学的产生和发展迄今经历了形成、应用、变革和成熟 4 个阶段，在党的十一届三中全会后，我国市场营销学的理论研究和应用都得到了迅速发展。

营销管理哲学是企业在一定时期、一定生产经营技术和市场环境条件下，进行市场营销活动，正确处理企业、顾客和社会三方利益方面的指导思想和行为的根本准则。随着经济增长和市场供求关系的变化，营销管理哲学大致经历了生产观念、产品观念、推销观念、市场营销观念和社会营销观念等发展阶段。市场营销管理过程是企业为实现企业任务和目标而发现、分析、选择、利用市场机会的管理过程，包括分析市场营销机会，研究和选择目标市场、市场定位，确定市场营销策略，制定市场营销规划及进行市场营销工作的组织、执行和控制。

【关键术语】

市场营销　市场　价值　需要　欲望　需求　市场营销观念　生产观念　产品观念　推销观念　社会营销观念　营销导向　交换　交易

【营销扩展阅读】

案例 1

老太太买苹果

一个老太太去市场买菜，买完菜路过卖水果的摊位，看到有两个摊位上都有苹果在卖，就走到一个商贩面前问道："你的苹果怎么样啊?"商贩回答说："你看我的苹果个头不但大而且还保证很甜，特别好吃"。

老太太摇了摇头，向第二个摊位走去，又向这个商贩问道："你的苹果怎么样?"第二个商贩答："我这里有两种苹果，请问您要什么样的苹果啊?"

"我要买酸一点儿的。"老太太说。

"我这边的这些苹果又大又酸，咬一口就能酸到流口水，请问您要多少斤?"

"来一斤吧。"老太太买完苹果又继续在市场中逛，好像还要再买一些东西。

这时她又看到一个商贩的摊上有苹果，又大又圆，非常抢眼，便问水果摊后的商贩："你的苹果怎么样?"

这个商贩说："我的苹果当然好了，请问您想要什么样的苹果啊?"

老太太说："我想要酸一点儿的。"

商贩说："一般人买苹果都想要又大又甜的，您为什么会想要酸的呢?"

老太太说："我儿媳妇怀孕了，想要吃酸苹果。"

商贩说："老太太您对儿媳妇可是真体贴啊，您儿媳妇将来一定能给你生个大胖孙子。前几个月，这附近也有两家要生孩子，总来我这买苹果吃，您猜怎么着? 结果宝宝都非常健康。您要多少?"

"我再来二斤吧。"老太太被商贩说得高兴得合不拢嘴了，便又买了二斤苹果。

商贩一边称苹果，一边向老太太介绍其他水果："橙子不但酸而且还含有多种维生素，特别有营养，尤其适合孕妇。您要给您媳妇买点橙子，她一准儿很高兴。"

"是吗? 好，那我就再来二斤橙子吧。"

"您人真好，您儿媳妇摊上了您这样的婆婆，真是有福气。"商贩开始给老太太称橙子，嘴里也不闲着。"我每天都在这儿摆摊，水果都是当天从水果批发市场批发回来的，保证新鲜，您媳妇要是吃好了，您再来。"

"行。"老太太被商贩夸得高兴，提了水果，一边付账一边应承着。

三个商贩都在贩卖水果，但结果却不同。

资料来源：http://www.taoke.com/article/43173.htm

思考：如何理解老太太的购买行为以及各商贩的做法?

案例2

三全:让老百姓的餐桌更丰富

三全公司董事长陈泽民是四川人,他的老家人人都喜欢做汤圆吃。到郑州工作后,陈泽民经常在家里自己加工汤圆,并送给同事品尝。大家都说,四川的汤圆很好吃,如果能够在市场上规模化生产,就可以让更多的人随时品尝这些美味的汤圆。受此启发,陈泽民创办了三全公司。

因为满足了消费者的需求,三全速冻汤圆自上市后,就一直供不应求。此后,为了满足北方消费者爱吃饺子的习惯,三全开发了速冻水饺;为了满足南方人爱吃粥的习惯,三全又开发了适合常温保存的皮蛋瘦肉粥、柴鱼花生粥、米酒椰果粥等粥系列;四川人爱吃火锅,三全推出了火锅料系列;端午节中国人都喜欢吃粽子,三全又推出了速冻粽子。可以说,公司的每一次进步,都和消费者的需求息息相关。

为了让老百姓的餐桌更加丰富,三全没少动脑筋。一直以来,三全开发的都是速冻、冷藏食品,但对于旅行中的消费者,还有广大的城乡居民以及家里没有冰箱的老百姓而言,食用速冻和冷藏食品就不太方便了。因此,三全开始考虑研发适应性更广的常温方便食品。

在产品开发方面,三全是有优势的。公司设有行业内唯一的一家国家级企业技术中心,拥有行业唯一的一家博士后科研工作站。同时,三全还是中国速冻食品行业生产标准的制定者和速冻食品行业物流标准的主要参与者。

从2005年开始,三全利用技术、人员、设备等各种优势资源,不断进行自主研发,成功开发出常温米饭、米饭套餐、出口白米饭和军需大浅盘米饭套餐4大系列、近50个品种的常温食品。

2008年9月,三全经历了两件大事:一是他们开发的常温米饭系列产品通过了有关科研部门组织的成果鉴定;二是党和国家领导人视察了三全,并对三全的研发技术和产品品质给予了高度评价。

2008年9月9日,中国食品科学技术学会组织专家委员会,在北京对三全的常温方便米饭系列产品进行了鉴定。中国食品科学技术学会名誉副会长尹宗伦、中国食品学会冷冻与冷藏分会理事长陆翔华等11名专家参加了鉴定。与会专家一致认为:该产品有效解决了常温方便米饭的工业化生产质量技术难题,在行业内居领先地位。产品不仅保持了米饭应有的风味、口感和良好的组织形态,还能在常温条件下根据需要保存6~18个月,可满足不同人群的需求。其生产工艺和生产设备均有创新,对我国方便米饭的产业发展和竞争力的提升以及国内外市场的拓展,有很大的促进作用,有显著的社会效益与经济效益。

与此同时,三全常温米饭产品还通过了英国零售商协会(British Retail Consortium,简称BRC)的认证,并批量出口到英国,成为国内同行业中唯一一家获得欧盟质量认可的常温方便米饭生产企业。如今,亚洲、欧洲、北美洲和大洋洲等地区的很多国家都成为三全的目标市场。

目前,三全常温米饭已经在北京、上海、济南、郑州、苏州、杭州等重点城市全面上市,并在郑州—北京、郑州—上海等动车组铁路线上面向广大消费者供应。在没有进行促销活动的情况下，三全常温米饭迅速赢得了众多的消费者的喜爱，销量相当不错。不少消费者评价说，现在出门在外，选择食品的空间更大了。尤其是很多不爱吃面的南方消费者，都表示以后再也不用老吃方便面了。

陈泽民表示，三全未来的目标，就是研发更多的、老百姓喜爱的方便食品，让老百姓的餐桌更加丰富。

资料来源：周新谟. 三全：让老百姓的餐桌更丰富 [J]. 新食品在线，2008(10).

思考：分析三全食品的市场营销观念。

案例 3

国航用什么让客户忠诚于自己？

提升客户忠诚度是一个企业的管理者要考虑的永恒的话题，因为客户是企业永远的财富。可见，在当今激烈的市场竞争中，稳定的客户群已经成为企业最重要的资源，谁拥有了客户，谁就赢得了市场，谁就能赢得利润。二八法则告诉我们，忠诚客户是多么重要。但是企业怎样才能获得客户忠诚并且将其保持住？企业又该如何衡量和提升客户的忠诚度？

国航用什么让客户忠诚于自己？这些年，随着中国经济的发展，航空运输业呈现飞跃式发展。客户出行可选择的航空公司增多，民航运输业的服务也开始遭遇客户越来越多的抱怨和投诉。由于在这样一个高速成长的市场中，很多航空企业会首先把高收益放在首位。但如果企业要保持可持续发展，就必定要思考如何平衡企业收益和客户关系。而没有牢固的和忠诚的客户关系，一旦进入成熟市场，企业的竞争力和可持续发展就会面临挑战。

市场在变化，客户也在不断变化，企业只有解客户的变化，才能提供真正让客户满意的服务，也才能让客户对自己越来越忠诚。

今天国航的常旅客已经超过 2 700 万，可以说是国航的一笔宝贵的财富。但是让这样的客户成为国航持续赢利的资本却不是容易的事情。并非有了这些客户的一些基础数据，就能保证这些客户会优先选择国航。客户需要的不一定很多，但是客户需要企业可以真正读懂自己的心。

对于客户忠诚度，靳英杰表示，很难有特别量化的指标。在一个开放的市场环境下，保持客户忠诚的核心问题，就是如何让客户与企业产生黏性。旅客对于企业忠诚与否，一方面是利益，一方面是对于品牌的感知。

而以往企业使用用户满意度的考量似乎更倾向于前者。现在常把客户忠诚度跟客户关系管理联系在一起，这在很多大型航空公司中也是非常大和重要的一部分。从原来的常旅客演变到客户忠诚度，现在开始我们把它融入一个大的 CRM，实际上也反映了一个企业对于客户认知的变化。今天，国航正在全面开展 CRM 的建设，靳英杰也亲身经历了企业对客户认知的不断变化。

而对于客户忠诚度的建立，通过长期的观察，靳英杰认为主要是源于与客户的沟通，也只有沟通才能建立与客户的内心交流。企业与客户沟通的渠道有很多，如果没有对与客户沟通渠道的管理,企业很难把握住客户忠诚度的信息。

航空公司的常旅客计划可以帮助企业获得一些客户的基础数据,航空公司也会通过自己的呼叫中心,定期为常旅客提供杂志、各种活动的推介等,这些都是在与客户进行沟通,也会在客户中产生影响,但是这种沟通多是单向的,没有真正形成企业和客户之间的互动。

需要将客户忠诚度和客户关系联系起来,而核心就是管理客户的沟通渠道,通过对沟通渠道的管理,获得客户对企业的认知。

事实上,航空业开始重视客户也是市场竞争和发展的结果。航空公司也正在从原来的坐商,发展到今天的行商。原来在航空公司和客户之间存在一大批代理,几乎70%~80%的销售渠道都在航空代理手中,客户的真实情况对航空公司来说是个谜。常旅客计划让航空公司开始掌握了客户购票、行程等方面的数据,这些数据对于未来航空公司深入地了解客户是非常有价值的,而且也不会影响代理人的商业行为。

在增加客户和航空公司的沟通中,今天的社会化媒体扮演着不可忽视的重要角色。在靳英杰看来,像微信、微博这样的社会化媒体的出现,为企业和客户的沟通创建了新的渠道,而这种比较私人性的沟通也能真正建立客户和企业之间的信任,从而带来客户心灵的感受,带来客户的黏性。靳英杰更愿意把客户忠诚度看成基于客户黏性的客户关系管理。

在日常对常旅客的运营管理上,国航是从搭建会员俱乐部开始的。这也是今天很多航空公司惯用的做法,根据会员飞行的多少、距离的长短,确定金卡、白金卡等不同级别。级别越高的客户,价值越高,数量也越少,管理相对容易,沟通也会更加密集,但这只是数据挖掘的前期。

在客户忠诚度的建立方面,靳英杰认为最大的难点是客户身份的识别。常旅客中不同级别的卡为航空公司在与客户的每个接触点上提供了好的客户识别条件。

但是客户的爱好是随着时间而变化的,如何将客户的变化迅速捕捉到,并对客户数据进行及时的更新和完善,则是很多航空企业都面临的一个大问题。

随着CRM系统的建立,要把这种跟客户数据的关联,延展到最前端。比如在值机柜台、售票柜台或者在网上,乘务员通过移动终端,实时更新客户资料。又比如记住你在飞机上曾经选用的咖啡,下次会主动提供。如客户愿意选择过道座位,下次也会主动预留等。今天民航旅客信息的补充,还是要通过乘务员填写资料回收以后完成。流程周期长,成本高。如果客户通过互联网订票,航空公司就可以分析旅客的购票和自助值机行为,也方便了企业后期针对性的服务推送。通过国航网站的客户订票服务,靳英杰感受到只有科技手段才能将客户的信息收集得更准确,企业服务也能更到位。

(资料来源:http://www.chinairn.com/news/20130725/094846396.html)

思考:分析国航的客户关系管理与市场营销的关系。

【营销实践小项目】

1. 作为学营销的学生,你有时会和同学讨论正在学习的课程。你的同学说:市场营销不就是卖东西吗?商家经常骗我们买东西。另一个同学也说:市场营销就是做广告,就是我们天天看的广告。做一个角色扮演练习，针对上述论调，提出你自己的观点。

2. 作为一个大学生，你受邀为某一网络媒体写一篇关于营销现状的短文，你觉得处理这个题目最好的方式就是回顾市场营销观念的演进。请就此写一篇小短文给网络媒体的编辑。

3. 福特汽车公司的董事会主席唐纳德•彼得森（Donald Petersen）曾经说过："如果我们不面向客户，我们的汽车就开不动。"请你解释其所反映的营销学概念。

4. 请你举出一个例子，说明生产导向型的企业有时也会成功。想一想为什么这样的企业在这样的行业中会成功？

5. 你家附近有一家超市，他们的宣传口号是"商店就是你的家"。可是当你要一位理货员帮忙找一袋薯片时，他说这不关他的事，让你自己仔细找找。在商店的出口处，你发现一个投诉地址。请你起草一封投诉信，说明若超市的职工不将商店的口号落到实处的话，那口号只是一句空话。

第 2 章　战略规划与营销计划

【知识目标】

1. 了解企业战略规划的概念。
2. 掌握战略规划的过程以及各阶段重点。
3. 掌握波士顿矩阵分析法。
4. 掌握营销管理过程与营销组合。
5. 掌握市场营销计划。

【技能目标】

1. 能根据实际情况分析企业战略规划。
2. 能利用营销管理与营销组合制订切实可行的营销计划。

【引入案例】

新东方的未来发展战略

一、定位英语培训

在全国进行地域扩张。中国目前约有 2 亿人在学习英语，英语培训市场总价值约为 60 亿元人民币，是整个培训市场上最为活跃的一块细分市场。其中新东方已经占据了全国留学英语培训市场的 50%，北京地区留学英语培训市场的 80%，同时开始涉足大学英语考试、全国公共英语等级考试、职称英语考试等细分市场，并在北京占据了很大的市场份额。当企业个体达到合理规模后，地域扩张就成为成长的主要方式。目前，新东方已经在全国大多一、二线城市建立培训点，但未进驻的城市市场潜力也不容忽视。新东方将加快扩张步伐，也可以通过收购、连锁经营或者设立分校的形式进行地域扩张，把英语培训做成一个全国的品牌。

二、把英语培训的品牌延伸到整个培训行业

从国外的成功培训企业来看，仅仅定位在英语培训的企业很少，这是因为培训的特殊性，培训行业在一次固定成本投入之后（如固定资产的购置、教室的建设或租用、管理人员的工资），变动成本（老师的工资）的变化随着规模的增加而发生跳跃的变化，与传统行业变动成本随产量的增加而增加不同。

这是因为一个老师可以教很多个学生，变动成本的跳跃和平均每个老师所教的人数相关。如果 1 个老师可以教 100 个学生，那么变动成本将在产量增加 100 后发生一次变动。

新东方学校并没有购置大量资产，其教室主要是租来的，所以成本主要是运营成本，包括教室及办公室的租借费用、管理人员工资和教师工资等。其中教室及办公室的租借费用、管理人员工资是固定的费用，而教师的工资是随着代课的时间和科目的增加而变化的。当规模增大时，会有很明显的跳跃规模经济产生。新东方定位培训行业可以产生更大的规模效应。

从品牌的角度来看,一个成功的品牌有其独特的核心价值与个性,若这一核心价值能包容延伸产品,就可以大胆地进行品牌延伸。当品牌获得成功延伸时,不仅可以减少广告和促销费用,而且可以为经营者打开市场,赢得较高的市场占有率,还可以增强核心品牌的形象,提高整体品牌家族的投资效益,使整体营销投资达到理想的经济规模。新东方在留学英语培训市场上已经有了一个很好的品牌,这个品牌具有其独特的核心价值——让你在留学考试中获得高分,以便获得留学机会。它与其他培训市场有着很高的关联度,例如考试培训市场、资格认证培训市场,这些培训的核心价值也是获取高分,获得资格或认证。如果新东方定位培训产业,则可以很顺利地实现品牌延伸。

定位于培训产业,将给新东方带来以下优势。

(1)降低成本:无论是做英语培训还是做IT培训、注册会计师培训、考研培训等,都是对老师、学生和教室的管理,当在一定限度内增加培训种类时,管理费用并不增加,从而可以降低整体成本。

(2)概念销售策略:把具有相关性的知识产品进行"捆绑销售(tie-in-sale)",降低销售成本。知识产品存在着互补性,那么基于知识互补性的知识产品定价策略就应当是有效的甚至是最佳的。找出产品之间的相关性,进行合理的排列组合,"捆绑销售"一定能够获得更好的业绩。

(3)降低营业收入的季节波动性:考试前的两三个月,是收入的高峰期。考试期间,是收入的淡季,当市场扩展到多种培训的时候,这种淡季将随着考试种类的增加被弱化。

(4)降低市场宣传成本和销售成本:培训产品是有形关联的,这些产品有着共同的客户、渠道、基础设施以及其他因素,相关业务之间的价值链活动有可能共享,共享销售力量的业务单元可能降低销售成本,或者可以使销售人员向客户提供独特的一揽子方案。共享可以产生规模经济效益。跨越细分市场的共享行为,可以产生相对于单一细分市场竞争对手的成本优势。

三、发展远程教育

在零散型行业中,如果技术变化造成规模经济或者市场需求的标准化,则集中就有可能发生。Internet技术和多媒体技术在教学中的应用,会带来两个方面的益处。

首先能够最有效地跨越教师和学员之间的时空障碍。很多学员由于师资不足、地域限制或者时间上的限制不能参加培训。新技术的应用可以完全解决这个问题,使最优秀的培训课程,不受时空限制,扩展到社会的每个角落,增加培训的受众人群。

其次是提供了一种实现市场需求标准化的崭新手段。培训是一种知识传播的媒体,每一种媒体都有自己的成本结构,其开发和发送成本,与使用该种媒体的人数有关。例如,为每个学生提供录像或者VCD媒体的传输成本随着学生数的增加而很快增加,但在传输网络覆盖的范围内,发送成本并不随着学生数的增加而增加,远程教育的成本构成中,其变动成本不随规模的扩大而增加。

四、通过培训带动学历教育,成为民办大学

政府在学历教育方面的投入严重不足,为投资教育提供了赢利空间。新东方如果能够获得学历教育的资格,必然能够进入一个壁垒较高的大市场。目前以培训为主的新东方，可以为未来的学历教育积累经验，一旦时机成熟，就可以发展为民办大学。这样做的好处如下。

(1)有较高的进入壁垒。无论政策怎样变化，国家对学历教育都会有严格的限制，培训机构必须要具有相当的资质，才能进入学历教育领域。

(2)培训和学历教育之间存在互补性。培训可以为学历教育带来生源，而学历教育可以使培训增值。

(3)增加收入的稳定性。学历教育通常是2年到4年的时间，一旦学员进入学校，学校就可以在很长一段时间里有可预期的收入。

(4)提高品牌在行业中的含金量。当新东方能给学员颁发国家承认的学历证书时，其品牌在培训行业中将产生深远的影响。

顺应民办教育不断产业化趋势和逐渐增长的需求，机会和潜力方面战略构想如下。

(1)横向：把英语培训的品牌延伸到整个培训行业。第一，可利用已建立新东方的先入优势和在消费者心中建立的良好形象，大胆地进行品牌延伸。新东方在留学英语培训市场上已经有了一个很好的品牌，这个品牌具有其独特的二重核心价值——一是让你在留学考试中获得高分，以便获得留学机会；二是融励志教育和技能培训为一体，充分发挥教书育人的积极作用。二者的良性循环使得新东方赢得了良好的口碑和未来将进入的其他培训市场的机会。第二，英语培训与其他培训市场有着很高的关联度，例如考试培训市场、资格认证培训市场，这些培训的核心价值也是获取高分，获得资格或认证。如果新东方定位培训产业，则可以很顺利地实现品牌延伸。

(2)纵向：发展远程教育和相关教材，图书出版。第一，由于目标客户群的重叠，企业本身在各业务版块已经形成规模效应。鉴于互联网的普及以及国际化趋势对外语人才的渴求，网络课程服务可以跨越地理障碍，并且提供更加物美价廉的服务，对现有目标客户群进行拓展。第二，可借助其在语言培训方面的优势，聚敛卓越培训人才，在互联网上提供最优秀的培训课程，借助网络课程进行培训方面的扩张，不受时空限制，扩展到社会的每个角落，增加培训的受众人群。同时也提供了一种实现市场需求标准化的崭新手段。同时，新东方出版的各种图书和杂志等，也在国内拥有了一大批忠实的客户。保证其品质优良，和培训服务良性互动，对新东方其他类型的服务也将起到一定的营销作用。

2.1 企业战略规划

企业战略规划是确定企业使命，根据企业外部环境和内部经营要素确定企业目标，保证目标的正确落实并使企业使命最终得以实现的一个动态过程。

2.1.1 企业战略规划概念和特点

企业战略规划是企业长期生存和成长的总体战略，是在企业的目标、能力和不断变化的市场营销机会之间，发展和保持某种战略适应性的过程。

因此，战略规划的有效性包括两个方面，一方面是战略正确与否，正确的战略应当做到组织资源和环境的良好匹配；另一方面是战略是否适合于该组织的管理过程，也就是和组织活动是否匹配，一个有效的战略一般有以下特点。

（1）目标明确。战略规划的目标应当是明确的，不应是模棱两可的，其描述的语言应当是坚定和简练的。

（2）可执行性良好。好的战略说明应当是通俗的和可执行的，它应当是各级领导的向导，使各级领导能确切地了解它、执行它，并使自己的战略和它保持一致。

（3）组织人事落实。战略规划要求一级级落实，直到个人。高层领导制定的战略一般应以约束的形式告诉下级，下级接受任务，并以同样的方式告诉再下级，做到一级级细化。个人化的战略计划明确了每一个人的责任，可以充分调动每一个人的积极性。

（4）灵活性好。一个组织的目标可能不随时间而变，但它的活动范围和组织计划的形式无时无刻不在改变。所制定的战略规划应当进行周期性的校核和评审，灵活性强使之容易适应变革的需要。

2.1.2 企业战略规划内容和步骤

企业战略规划包括认识和界定企业使命、区分战略经营单位、规划投资组合、规划成长战略几方面内容，具体步骤如图 2-1 所示。

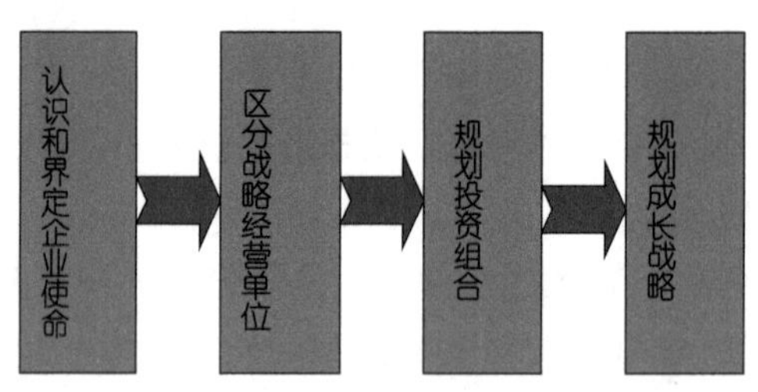

图 2-1 企业战略规划内容与步骤

1. 认识和界定企业使命

使命是对组织目的的表述，即组织在大环境中想要完成的事情。企业使命应以市场为导向并且从顾客需求角度来定义。

2. 区分战略经营单位

战略经营单位（strategic business units，SBU）就是企业值得为其专门制定一种经营战略的最小经营单位，即业务部门。

区分 SBU 的主要依据是各项业务之间是否存在共同的经营主线，注意贯彻市场导向，保证切实可行。

3. 规划投资（业务）组合

进行业务组合分析的第一步是鉴定企业的关键业务，即战略经营单位。第二步是管理部门评估企业各个战略经营单位的经营效果，以便做出资源配置决策。评价企业业务单位的方法有五大模型、SWOT 分析、波士顿矩阵（BCG）和通用电气公司法。

下面重点介绍波士顿矩阵（BCG）和通用电气公司法。

1）波士顿矩阵

波士顿咨询集团（Boston Consulting Group）是美国一流的管理咨询公司。其方法是使用“市场增长率—市场占有率”区域图，对企业的各个战略业务单位（strategic business unit）加以分类和评估，如图 2-2 所示。其中，纵向表示市场增长率，即产品销售额的年增长速度，以 10%（也可以设为其他临界值，视具体情况而定）为临界线分为高低两个部分；横向表示业务单位的市场占有率与最大竞争对手市场占有率之比，称为相对市场占有率，以 1.0 为分界线分高低两个部分。如果相对市场占有率为 0.1，则表示该业务单位的市场份额为最大竞争对手市场份额的 10%；相对市场占有率为 10，则表示其市场份额为最大竞争对手市场份额的 10 倍。市场增长率反映产品的成长机会和发展前途；相对市场占有率则表明企业的竞争实力大小。区域图中的圆圈代表企业的各个业务单位，圆圈的位置表示该业务单位市场增长率和相对市场占有率的现状，圆圈的面积表示该业务单位的销售额大小。

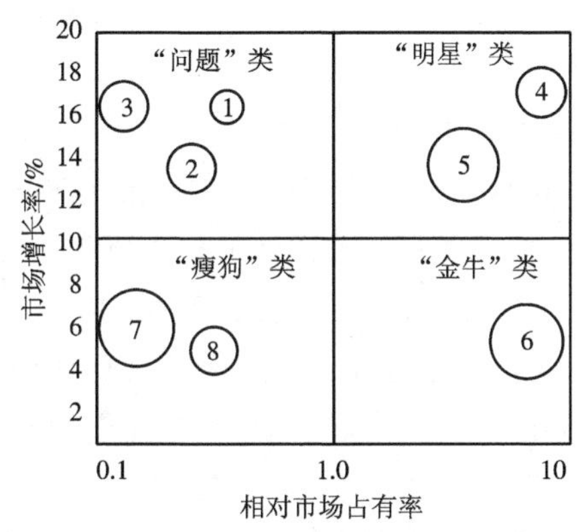

图 2-2　波士顿矩阵

区域图中的四个象限分别代表四类不同的业务单位。

“问题”类。市场增长率高但相对市场占有率低的业务单位。大多数业务单位最初都处于这一象限，这一类业务单位需要较多的投入，以赶上最大竞争对手和适应迅速增长的市场需求，但是它们又都前途未卜，难以确定远景。企业必须慎重考虑，是对它们继续增加投入，还是维持现状，或进行精简乃至断然淘汰。

“明星”类。问题类业务单位如果经营成功，就会成为明星类。该业务单位的市场增长率和相对市场占有率都较高，因其销售增长迅速，企业必须大量投入资源以支持其快速发展，需要大量的现金投入，是企业业务群中的“现金使用者”。待其市场增长率降低时，这类业务单位就 由“现金使用者”变为“现金提供者”，即变为“金牛”类业务单位。

“金牛”类。市场增长率低，相对市场占有率高的单位。由于市场增长率降低，不再需要大量资源投入；又由于相对市场占有率较高，这些业务单位可以产生较高的收益，支援其他业务的生存与发展。“金牛”业务是企业的财源，这类业务单位愈多，企业的实力愈强。

“瘦狗”类。市场增长率和相对市场占有率都较低的业务单位。它们或许能提供一些收益，但赢利甚少甚至亏损，一般难以再度成为“财源”，因而不应再追加资源投入。

图 2-2 中共有 8 个业务单位，其中“问题”类 3 个、“明星”类 2 个、“金牛”类 1 个、“瘦狗”类 2 个。这表明该企业的经营状况不容乐观，因为“问题”类与“瘦狗”类业务偏多，企业发展后劲不足。在对各业务单位进行分析之后，企业应着手制订业务组合计划，确定对各个业务单位的投资战略。可供选择的战略有以下四种。

①发展战略。目标是提高业务的市场占有率，必要时可放弃短期目标。适用于“问题”类业务，通过发展有潜力的“问题”类业务，可使之尽快转化为“明星”类业务。

②保持战略。目标是保持业务的市场占有率，适用于“金牛”类业务，该类业务单位大多处于成熟期，采取有效的营销策略延长其赢利期是完全可能的。

③缩减战略。目标是尽可能多地在有关业务上获取短期收益，而不过多地考虑长期效果。该战略适用于前景暗淡的“金牛”类业务，对于“问题”类业务和“瘦狗”类业务也适用。

④放弃战略。通过变卖或处理某些业务单位，把有限的资源用于其他效益较高的业务。该战略主要适用于“瘦狗”类业务或无发展前途、消耗赢利的“问题”类业务。

2)通用电气公司法

通用电气公司（GENEREL ELECTRIC CO) 提供的分析方法，称为“战略业务规划网格（Strategic Business Planning Grid)”，简称“GE 法”。根据这种方法，对每个战略业务单位都从市场吸引力和竞争能力两个方面进行评估。市场吸引力取决于市场规模、销售增长率、利润率、竞争者强弱等因素；竞争能力则由该业务单位的市场占有率、产品质量、分销能力、推销效率等因素决定。企业对以上两类因素进行评估，逐一评出分数，再按其重要性分别加权合计，就可计算出各业务单位的市场吸引力和竞争能力数据，然后加以分析。

在图 2-3 中，市场吸引力分为大、中、小三类，企业的竞争能力分为强、中、弱三档，共 9 个方格，可分为三大区域。

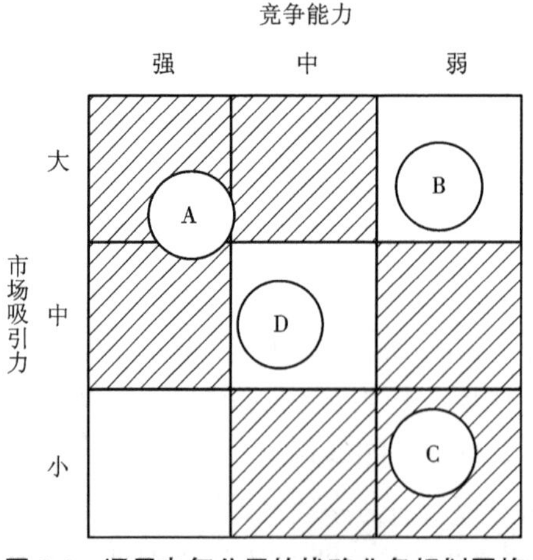

图 2-3　通用电气公司的战略业务规划网格

第一区：左上方 3 个方格，即“大强”“大中”和“中强”三档。这个区域的市场吸引力和业务单位的竞争能力都最为有利，如假设的业务单位A（圆圈的大小表示所在行业的规模的大小，圆圈中阴影部分表示该业务单位在本行业中所占的市场份额）。对于该区域的业务单位，企业应采取“发展”战略，即增加资源投入，促进其发展。

第二区：对角线上的3个方格，即“小强”“中中”和“大弱”三格。这个区域的市场吸引力和业务单位的竞争能力总的来说都是中等水平。如业务单位B和D。对该区域的业务单位应采取“保持”战略，即保持原投入水平和市场占有率。

第三区：右下方3个方格，即“小中”“小弱”和“中弱”三格。这是市场吸引力和业务竞争能力都弱的区域，如业务单位C。对该区域的业务单位应采取“缩减”或“放弃”战略，不再追加投资或断然收回投资。

以上是西方企业常用的评估和分析业务组合状况的两种方法。不论采用哪种方法，企业的营销管理者都要根据评估结果为各个业务单位确定经营目标和投资战略，然后再据以分配企业的资源。

4. 规划成长战略

企业一旦决定发展、扩大哪些业务，尤其是转移、撤退哪些业务，就要考虑发展新业务，以替代萎缩或被淘汰的业务，即规划成长战略。

（1）密集式成长。

密集式成长指公司在现有的业务领域里寻求未来发展机会。主要包括如下方面。市场渗透：在现有市场中，现有产品是否还能得到更多的市场份额。市场开发：是否能为现有的产品开发新市场。产品开发战略：是否能为其现有市场发展若干有潜在利益的新产品。

（2）一体化成长。

一体化成长又称企业整合战略，是指企业有目的地将相互联系密切的经营活动纳入企业体系中，组成一个统一的经济组织进行全盘控制和调配，以求共同发展的一种战略。即企业充分利用已有的产品、技术、市场的优势，向经营的深度和广度发展的一种战略。主要包括前向一体化、后向一体化和水平一体化。

①前向一体化指获得分销商或零售商的所有权或加强对它们的控制，也就是指企业根据市场的需要和生产技术的可能条件，利用自己的优势，对成品进行深加工的战略。在生产过程中，物流从顺方向移动，称为前向一体化，采用这种战略，是为获得原有成品深加工的高附加价值。一般是把相关的前向企业合并起来，组成统一的经济联合体。

②后向一体化指企业利用自己在产品上的优势，把原来属于外购的原材料或零件，改为自行生产的战略。在生产过程中，物流从反方向移动。即通过获得供应商的所有权或增强对其控制来求得发展。在供货成本太高或供货方不可靠或不能保证供应时，企业经常采用这种战略。

③水平一体化指在同一生产过程的同阶段上的企业扩展。它往往是通过建立同原有企业相同性质的新企业或兼并同行老企业来扩大生产规模，占有市场份额，从而获取更大的利润。

(3)多角化成长。

多角化成长是企业尽量增加产品种类,跨行业生产经营多种产品和服务,包括同心多角化、水平多角化、跨行业多角化。

①同心多角化。公司可以开发与本企业现有产品线的技术或营销有协同关系的新产品,以便这些产品可能吸引一群新顾客。

②水平多角化。公司可以研究某种能满足现有顾客需要的新产品,尽管这种新产品与公司的现有产品在技术上关系不大。

③跨行业多角化。公司可以开发某种与公司现有技术、产品或市场毫无关联的新业务。

案例 2-1

娃哈哈进入白酒行业

在白酒行业进入第二次调整期之时,娃哈哈投巨资涉足酒业,引得业界一片哗然。

其在茅台镇选择前身是汪家烧坊的金酱酒业进行合作,产品名叫"领酱国酒",让许多人惊叹不已,惊叹的不仅是上市速度,更有宗庆后怪异的做事风格。娃哈哈以往的新产品多是跟随性产品,因为开创和培育的成本和周期很长,但其绝不是简单的跟随,而是一种提前占位,如非常可乐对碳酸饮料广大农村市场的提前占位;娃哈哈格瓦斯对东北之外全国市场的提前占位;营养快线对乳品饮品使用用途(快速早餐)的提前占位。

没有选择浓香、清香,是因为这两个白酒品类的市场格局已基本形成,品牌化基本形成,而酱香的则是茅台一支独大,二三线、中低价位的品牌格局没有形成,增长潜力巨大。茅台镇的众多二线品牌的产能无法释放,正需要有人雪中送炭,在基酒价格、服务、政府支持等方面得到更多优惠。单从'领酱国酒'的起名,就是对茅台的一种挑战。此外,白酒的利润是远高于饮料的,这无疑会给娃哈哈的下游经销商一剂强心针,毕竟娃哈哈的低成本渠道优势有谁可以比拟呢?

在未来,娃哈哈"领酱国酒"的价格肯定会定位于中低端产品,将会改变大众对酱酒的口感和品质的认识,可能会带来行业的历史性变革。媒体广告也会随着铺市的推进而展开。

2.2 营销战略与营销组合

2.2.1 营销战略

1. 企业战略与营销战略

把战略引入企业经营称为企业经营战略,它是指为了实现企业长期的、全局性的经营目标,有效地利用企业内部资源,使之适应外部条件,指导整个企业的总筹划及总方针。简言之,它是对企业全局的谋划。企业经营战略作为指导企业各项生产经营活动的综合性战略,是由多种单项战略构成的,如企业发展战略、技术进步战略、劳动人事战略、市场营销战略等,其中最重要或影响面最大的战略就是市场营销战略。在市场竞争日趋激烈的情况下，市场营销战略关系到企业的全局，是企业经营战略的集中表现。如果一个企业的市场营销战略决策失误，必然导致这个企业一蹶不振。好比飞机的发动机一旦出现故障而无法排除时，不论其操作系统和机体如何完美，也难以逃脱机毁人亡的厄运。

企业经营战略和市场营销战略两者相互渗透、相互交叉，在一定情况下两者还可以相互转化。这种相互关系可以用“战略营销”和“营销战略”来表示。“战略营销”是指在企业经营战略形成的过程中，营销起着企业或机构的任何工作所不能替代的作用；“营销战略”是指为了实现企业经营战略而进行的营销系统设计。很明显，两者不是等同关系，无法相互取代；但两者“你中有我，我中有你”。“战略营销”制约着“营销战略”，是“营销战略”的灵魂和使命；“营销战略”是实现“战略营销”的根本内容和步骤。

2. 营销战略与营销策略

策略，即方略、战术。市场营销策略，是企业为实现市场营销战略，依据企业外部环境因素和企业内部条件，所做出的具体谋划和对策。它是指导企业日常营销活动的方针、原则，具有很强的现实性、灵活性及适应性。战略制约着策略，策略服务于战略。正确的策略不仅是实现战略的保证，而且可以对战略进行一定程度的调整和补充。市场营销战略作为企业较长时期内市场营销活动的总体谋划，一般不可随便变更和调整。而市场营销策略作为指导企业营销活动的方针、原则和实现战略目标的对策，具有针对性、应变性、局部性的特点。这正是战略与策略的不同之处。

2.2.2 营销管理过程

在现代市场经济条件下，企业必须十分重视市场营销管理，根据市场需求的现状和趋势，制订计划，配置资源。市场营销管理过程是企业为实现企业任务和目标而发现、分析、选择、利用市场机会的管理过程。市场营销管理过程见表 2-1。

表 2-1　市场营销管理过程

分析市场营销机会	研究和选择目标市场	市场定位	确定市场营销策略	制定市场营销规划	市场营销工作的组织、执行和控制

1. 分析市场营销机会

分析市场营销机会是市场营销管理的首要任务，它要求企业必须从环境机会中找到企业机会。因此，在市场营销机会分析中，要分析环境机会和企业机会两个方面。环境机会是指企业所处的市场环境所提供的机会。分析环境机会时，主要是分析各种环境因素的变化可能引起的需求及其变化。企业所处的市场环境一般由各种具体的环境因素构成，如人口因素、经济因素、自然因素、技术因素、政治法律因素、社会文化因素、竞争因素等。每一个因素的变化都可能创造某种需求，或让原来的需求发生变化。因此，只要环境因素的变化是向创造需求或向有利于原来的需求增大的方向变化的，这些环境的变化就会引起环境机会的出现。由于环境因素总是处于变动之中，所以环境机会是经常存在的。

企业机会是指与一个具体企业的内部条件相适应的环境机会。环境机会虽然是经常存在的，但并不是说环境机会就是企业机会。环境机会是否是企业机会，还必须对企业的内部条件进行分析。企业的内部条件实际上就是企业内部资源，主要包括资金、技术、生产、营销及组织管理等方面的能力。分析企业现有的和可以获得的这些方面的条件能否达到利用特定的环境机会所需要的条件，还要看利用某种环境机会的条件能否具有较强的竞争能力。如果环境机会变成了企业机会，企业就可以利用这种机会得到发展。

2. 研究和选择目标市场

研究和选择目标市场是对企业机会进行进一步的研究，以达到从中找到企业的目标市场的目的。研究和选择目标市场包括市场预测、市场细分和目标市场选择。

市场预测是对市场机会的定量化描述。通过市场预测，可以了解市场的需求规模及发展变化趋势，便于企业判断所选的市场对企业的吸引力以及企业进入该市场所需要投入多少资源。

市场细分是指将一个市场按照消费者需求的差异划分为一系列具有不同特征的细分市场的过程。市场细分针对不同的市场可以使用不同的细分因素。对市场进行细分以后，企业需要从不同的细分市场中选择自己要进入的细分市场，这种细分市场就是企业的目标市场。

在选择目标市场时，企业需要对不同的细分市场进行评价，评价的内容主要包括细分市场的规模及潜力、细分市场的吸引力及企业的目标和资源。当这些方面都符合要求时，这样的细分市场就可以作为企业的目标市场。

3. 市场定位

企业选定了目标市场后，接下来要做的营销管理工作就是在目标市场上进行产品的市场定位。企业需对所提供的产品在目标市场消费者心目中占据什么样的位置做出决策，即进行产品定位，以便企业在制定市场营销策略时突出企业产品的定位。在进行产品定位时，主要是要找到能吸引目标市场消费者需求的企业优势，使企业的优势能为企业创造更多的价值。

4. 确定市场营销策略

确定市场营销策略是指决定企业在市场中应处于什么样的竞争地位，企业的新产品投放市场以后，怎样经历不同的产品生命周期过程及企业如何开拓国际市场。

企业在市场中的竞争地位可以分为领导者、挑战者、追随者和补缺者 4 种。处于不同竞争地位的企业，所使用的市场营销策略不同。

新产品在投放市场以后，必然要经历不同的产品生命周期阶段，而在产品生命周期的不同阶段，由于市场环境的变化，企业必须修正其营销策略。开拓国际市场是我国在新形势下必须面对的问题。在国际市场营销策略中，应根据变化的国际市场环境，选择正确的进入国际市场的方式，制定正确的国际市场营销策略。

5. 制定市场营销规划

市场营销策略只有转化为市场营销规划后才能真正发挥作用。市场营销规划的内容包括市场营销费用、市场营销策略组合、市场营销组合、市场营销资源分配等方面的基本决策。

市场营销费用决策对企业营销目标的实现有决定性的影响。市场营销费用的决定可以采取多种不同的方法，如可以按照企业预期销售额的百分比决定，也可以参照竞争者营销费用的比例决定，还可以根据企业的营销能力及各方面营销目标的要求，计算出所需要的营销费用。

市场营销策略组合就是可控制的各种营销手段的综合应用。通常把众多营销手段概括为 4 种基本的营销手段，也称为市场营销策略，即产品策略、价格策略、分销渠道策略、促销策略。这 4 种营销策略的英文单词的第一个字母都是 P，所以简称为“4P”。4P 都是企业可控制的变数，市场营销策略组合实际上就是 4P 的最优组合。

市场营销组合是一种动态组合。由于每一个组合因素既是可变的，又是互相影响的，因此每一个因素的改变都会引起整体组合的变化，形成一种新的组合。市场营销者可以根据这种动态性的特点，灵活地选择符合营销目标的组合。

市场营销资源分配是指对企业可使用的营销资源在各种营销因素中进行分配。营销资源的分配和市场营销组合决策密切相关。在市场营销资源分配中，一般可参考本企业和其他企业的成功经验，然后在此基础上结合市场营销环境的变化进行调整。

成功的市场营销组合和市场营销资源分配方案应该是每一个因素都能适合消费者的要求。企业的市场营销组合和市场营销资源分配如果能达到消费者的这些要求，企业的市场营销工作肯定能够取得成功。

6. 市场营销工作的组织、执行和控制

市场营销工作的组织、执行和控制是保证企业的市场营销策略和规划顺利实施的重要条件。市场营销工作的组织是指根据企业市场营销工作的要求组织市场营销资源，建立市场营销组织。

市场营销工作的执行是指营销各职能部门按照营销计划的要求去完成各项营销工作。市场营销控制是指企业采取必要的信息反馈和控制措施，以确保企业所定的营销目标能够实现而进行的有关工作。

市场营销工作的控制一般包括计划控制、赢利性控制和策略控制三方面。计划控制是将反映企业营销目标的指标按时间阶段进一步具体化，定期检查这些指标的完成情况。赢利性控制是对不同产品、不同市场的赢利情况进行监控，以检查所制定的赢利目标是否能实现。策略控制是评价企业采取的营销策略是否适合市场环境的要求。

对市场营销工作无论实施哪些方面的控制，最主要的是通过营销审计和诊断，找出计划与实际执行情况的差距及产生这些差距的原因，以便“对症下药”，对企业的市场营销工作的不同方面进行调整。

案例 2-2

2007 年起，葵花药业面临的主要课题就是在“双品”（葵花牌胃康灵和护肝片两大品种）之后，如何打造出拥有与“双品”同样销售规模的第三品。

创意：葵花药业本来有一个专门的儿童药商标，但在开始推儿童药品牌的时候，最后还是沿用了“葵花”牌商标，采用了“单品牌，多形象”的策略，创作了小葵花的卡通形象来代表葵花的儿童药品牌。并用新代言形象，而不是新文字商标来推新品类。这样做的好处是可以尽量用一个品牌卖更多产品，发挥更大效益。

定位：根据葵花药业的品种资源，提出进军儿童药市场的战略。销售儿童药的系列产品，推出小葵花品牌，借此解决可持续性发展的问题。希望最终把小葵花打造成为中国儿童药的第一品牌。这个过程是一个布局和落子的过程。第一支产品——小儿肺热咳喘口服液的战略任务就是扎下金角，不仅自己要活下来，还要完成建立起葵花儿童药品牌的任务。第二支主打产品——健儿消食口服液的战略任务就是筑起银边，并与小儿肺热咳喘口服液互为呼应，使葵花儿童药产品家族渐成雏形。最终要形成儿童药品牌，把所有的儿童药品种装到这个品牌里。

搭台：借助“甲流”概念，当葵花牌小儿肺热咳喘口服液被黑龙江省卫生厅列为儿童抗“甲流”储备药后，葵花药业再次加大宣传力度，在全国各地电视台和36家主要新闻媒体同时宣传，并在全国市场开展以店员教育和小葵花活动为主要内容的宣传风暴。

执行：儿童药战略从企业战略到产品开发、品牌形象、包装设计、广告创意等，都是在一个团队、一个系统里一次成型。创意设计了小葵花卡通代言人形象；规划了儿童药的产品结构，并提出了新产品的开发创意；设计了所有的产品包装；策划了“小葵花妈妈课堂”，并将之发展成为一个品牌体验平台。

延伸：第一个葵花儿童药广告中的第一句话，就喊出“小葵花妈妈课堂开课啦！”开展“小葵花妈妈课堂”，通过与医院、社区和幼儿园及其他协作伙伴的合作，展开大量有关儿童健康的公益活动，形成丰富的内容；建立“小葵花妈妈课堂”专题网站，定位为“儿童用药专家”，是为了让消费者在这个搜索的时代进行品牌体验，把“小葵花妈妈课堂”打造成为中国家长儿童健康和安全用药的知识和互动交流平台。网络的发展极大地保护了消费者的权益，也相应地为优秀企业建立品牌提供了新的渠道。消费者在有需求时搜索获得资讯确定购买对象；可以对搜索已确定的购买对象查看其口碑；在使用后上网发表意见，分享使用评价，这都极大地降低了消费者获得资讯以及发表意见的成本。

效果：小儿肺热咳喘口服液已成为儿童咳嗽药的第一品牌，健儿消食口服液也在儿童消化市场成为主流品种，并直接带动了小儿化痰止咳颗粒等全线葵花儿童药产品。由于产品过硬，消费者认可，带来了滚动增长。葵花牌小儿肺热咳喘口服液覆盖率很高，占同类品种的60%左右。儿童医院占25%~30%，其他同类二甲医院资源占用率为50%~60%。特别是在甲流最严重的时期，黑龙江市场仅10天就销售1万件，相当于以往全年销售量。不到3年，小葵花已成为中国领先的儿童药品牌之一。

2.2.3 营销组合

在营销管理过程中，一个重要的因素就是制定营销组合。

1. 市场营销组合的含义

1953年，尼尔•波顿（Neil Borden）率先提出了“市场营销组合”（marketing mix）这一术语，意思是说市场需求在某种程度上会受到“营销变量（营销要素）”的影响，为了达到既定的市场营销目标，企业需要对这些要素进行有效组合。

2. 传统的 4P 营销组合

麦卡锡（McCarthy）于 1960 年在《基础营销》（Basic Marketing）一书所提出的 4P 组合，将市场营销要素概括为 4 类：产品（product）价格（price）、渠道（place）和促销（promotion）在市场营销组合观念中，4Ps 是指：产品策略（product strategy）、价格策略（price strategy）、渠道策略（place strategy）和促销策略（promotion strategy），4Ps 理论是营销策略的基础。

（1）产品的组合。主要包括产品的实体、服务、品牌、包装。它是指企业提供给目标市场的货物、服务的集合，包括产品的效用、质量、外观、式样、品牌、包装和规格，还包括服务和保证等因素。

（2）价格的组合。主要包括基本价格、折扣价格、付款时间、借贷条件等。它是指企业出售产品所追求的经济回报。

（3）渠道的组合。通常称为分销的组合，主要包括分销渠道、储存设施、运输设施、存货控制，它代表企业为使其产品进入和达到目标市场所组织，实施的各种活动包括途径、环节、场所、仓储和运输等。

（4）促销组合。促销组合是指企业利用各种信息载体与目标市场进行沟通的传播活动，包括广告、人员推销、营业推广与公共关系等。

4P（ 产品、价格、渠道、促销）是市场营销过程中可以控制的因素，也是企业进行市场营销活动的主要手段，对它们的具体运用，形成了企业的市场营销战略。

3. 市场营销组合的演变

（1）4Ps→6Ps 大市场营销。4Ps（产品、价格、渠道、促销）营销策略自 20 世纪 50 年代末由麦卡锡提出以来，对市场营销理论和实践产生了深刻的影响，被营销经理们奉为营销理论中的经典。而且，如何在 4Ps 理论指导下实现营销组合，实际上也是公司市场营销的基本方法。即使在今天，几乎每份营销计划书都是以他的理论框架为基础拟订的，几乎每本营销教科书和每个营销课程都把 4Ps 作为教学的基本内容，而且几乎每位营销经理在策划营销活动时，都自觉、不自觉地从 4Ps 理论出发考虑问题。

菲利普・科特勒自 1984 年以来提出了一个颇具创新性的理论，他认为企业能够影响自己所处的市场营销环境，而不应单纯地顺从和适应环境。因此，在市场营销组合的 4P 之外，还应该再加上两个 P: 权力（power）和公共关系（public relations）。

（2）7P 组合——服务市场营销组合。布姆斯和比特纳将服务业市场营销组合修改、扩充为 7 个因素：产品（product）、定价（price）、渠道（place）、促销（promotion）、人员（people）、有形展示（physical evidence）和过程（process ）。

（3）10P 组合——市场营销战略分析框架。科特勒又提出了战略营销计划过程必须优先于战术营销组合（即 4P 组合）的制定，战略营销计划过程也可以用 4P 来表示，分别是：探查（probing）——市场调查；分割（partitioning）——市场细分；优先（prioritizing）——选择目标市场；定位（positioning）——目标市场定位。

企业首先必须做好探查 、分割 、优先、定位 4 项营销战略计划，再精心组合产品 、地点、价格和促销 4 种营销战术，此外，还要善于运用公共关系和政治权力两种营销技巧。协同实现营销目标。

战略 4P ＋战术 4P ＋ 2P（公共关系 P、政治权利 P）。

（4）4C 组合。20 世纪 90 年代，美国营销专家劳特朋提出用新的 4C 组合（顾客（customer）、成本（cost）、便利（convenience）、沟通（communication ））取代 4P 组合。

4Cs 营销理论如下。

（1）瞄准消费者需求（consumer demands）。首先要了解、研究、分析消费者的需要与欲求，而不是先考虑企业能生产什么产品。

（2）消费者所愿意支付的成本（cost）。首先了解消费者满足需要与欲求愿意付出多少钱（成本），而不是先给产品定价，即向消费者要多少钱。

（3）消费者的便利性（convenience）。首先考虑顾客购物等交易过程如何给顾客方便，而不是先考虑销售渠道的选择和策略。

（4）与消费者沟通（communication）。以消费者为中心实施营销沟通是十分重要的，通过互动、沟通等方式，将企业内外营销不断进行整合，把顾客和企业双方的利益无形地整合在一起。

它强调企业首先应该把追求顾客满意放在第一位，其次是努力降低顾客的购买成本，再次是要充分注意到顾客购买过程中的便利性，而不是从企业的角度来决定销售渠道策略，最后还应以消费者为中心实施有效的营销沟通。

营销新视野：4R 营销理论。

美国 Don E.Schultz 提出了 4R（关联（relativity）、反应（reaction）、关系（relationship）和回报（reward））营销新理论，阐述了一个全新的营销四要素。

（1）关联（relevancy）。与顾客建立关联。在竞争性市场中，顾客具有动态性。顾客忠诚度是变化的，他们会转移到其他企业。要提高顾客的忠诚度，赢得长期而稳定的市场，重要的营销策略是通过某些有效的方式在业务、需求等方面与顾客建立关联，形成一种互助、互求、互需的关系，把顾客与企业联系在一起，这样就大大减少了顾客流失的可能性。特别是企业对企业的营销与消费市场营销完全不同，更需要靠关联、关系来维系。

（2）提高市场反应（reaction）速度。在今天的相互影响的市场中，对经营者来说最现实的问题不在于如何控制、制订和实施计划，而在于如何站在顾客的角度及时地倾听顾客的希望、渴望和需求，并及时答复和迅速做出反应，满足顾客的需求。目前多数公司倾向于说给顾客听，而不是听顾客说，反应迟钝，这是不利于市场发展的。

当代先进企业已从过去推测性商业模式，转移成高度回应需求的商业模式。面对迅速变化的市场，要满足顾客的需求，建立关联关系，企业必须建立快速反应机制，提高反应速度和回应力。这样可最大限度地减少抱怨，稳定客户群，降低客户转移的概率。网络的神奇在于迅速，企业必须把网络作为快速反应的重要工具和手段。在及时反应方面，日本企业的做法值得借鉴。日本企业在质量上并不一味追求完美，而是追求面向客户的质量，追求质量价格比。它们并不保证产品不出问题，因为那样成本太高。日本企业在协调质量与服务关系的基础上建立快速反应机制，提高服务水平，能够对问题快速反应并迅速解决。这是一种企业、顾客双赢的做法。

(3)关系(relationship)营销越来越重要。在企业与客户的关系发生了本质性变化的市场环境中,抢占市场的关键已转变为与顾客建立长期而稳固的关系,从交易变成责任,从顾客变成拥趸,从管理营销组合变成管理和顾客的互动关系。沟通是建立关系的重要手段。从经典的AIDA模型(注意(Attention)—兴趣(Interest)—渴望(Desire)—行动(Action))来看,营销沟通基本上可完成前三步,而且平均每次和顾客接触的花费很低。

(4)回报(reward)是营销的源泉。对企业来说,市场营销的真正价值在于其为企业带来短期或长期的收入和利润的能力。一方面,追求回报是营销发展的动力;另一方面,回报是维持市场关系的必要条件。企业要满足客户需求,为客户提供价值,但不能做"仆人"。因此,营销目标必须注重产出,注意企业在营销活动中的回执,一切营销活动都必须以为顾客及股东创造价值为目的。

2.3 市场营销计划

2.3.1 市场营销计划的概念

1. 市场营销计划的定义与地位

市场营销计划是指在研究目前市场营销状况,分析企业所面临的主要机会与威胁、优势与劣势以及存在的问题的基础上,对财务目标与市场营销目标、市场营销战略、市场营销行动方案的确定和控制。

企业的整体战略规划确定了企业的任务、目标、发展方向与增长战略,并对各业务单位做出安排。市场营销计划在其中起了关键性作用。为了使企业的营销努力能够有效地为整体战略规划服务,应该制订更为具体的营销计划,使企业能够平衡目标、资源及其各种环境机会之间的关系并保持一种可行的适应性,从而实现企业的市场战略目标。同时,营销计划也为营销实施提供了指导,为营销控制提供了参照系。

首先,营销计划是营销管理的首要职能和中心内容。营销管理是营销管理人员所从事的一种有目的、有意识的社会实践活动,在从事营销管理活动以前,必须明确营销活动的目标及实现目标的手段,这正是营销计划要解决的问题,没有营销计划,营销管理就是一种盲目的活动,就会导致营销活动的混乱和效率的低下。

其次,营销计划是营销管理的起点和基础。这是因为营销管理是以营销计划为依据的,在确定采用什么样的组织结构、选用什么样的人员、如何对营销人员加以引导和激励以及采取什么样的控制手段以前,首先要考虑计划所确定的营销目标是什么。营销组织、营销人员配备、营销人员的领导和激励、营销控制,都必须有利于企业营销目标的实现。

2. 市场营销计划的作用

营销计划的特殊地位,决定了它在营销管理中的特殊作用。

(1)市场营销计划规定了预期的营销目标和需要处理的各种工作。通过制订营销计划可以使企业明确前进的方向,使企业的各种营销活动都指向营销目标,从而减少盲目提高预见性，增强应变能力，使企业各部门之间保持协调一致，促使营销目标实现。

（2）市场营销计划可使企业进一步明确市场营销环境的影响，最大限度地减少风险。市场营销计划是在市场调研、分析和预测的基础上制订的，可使企业明确市场营销环境的影响，识别不利的市场趋势和有利的营销机会，在利用环境提供机会的同时，最大限度地降低风险，做到有备无患。

（3）市场营销计划明确了为达到营销目标而采取的营销策略和行动方案。这样便于营销人员进行任务分工，明确各自的职责、工作步骤，从而积极主动地去完成具体任务。

（4）市场营销计划使企业的营销活动变得经济合理。由于营销计划是用明确的目标和努力来代替不协调、分散的活动，因而可以使企业预先测知各种资源的需求量，并进行合理的分配，使营销费用降低到最低限度，使营销活动变得经济合理。

（5）市场营销计划是营销组织实施、控制、监督的依据。营销计划为营销控制提供了标准和依据，使企业管理者能有效地控制、监督、评价各种营销活动的进行和效果，保证企业营销任务和目标的实现。

3. 市场营销计划的分类

各企业的具体情况和经营模式不同，因此营销计划的具体表现形式也就多种多样。根据不同的划分标准，营销计划可以划分为以下几种类型。

（1）按时间跨度分类。按时间跨度，营销计划可分为长期计划、中期计划和短期计划三大类。①长期计划。这种计划一般是 5 年以上，有的长达 20 年甚至更长的时期。长期计划是企业对未来较长时期内的营销活动进行战略部署和安排的计划，它根据企业的总体目标和企业战略，制定出企业的营销战略目标和营销战略，是企业编制中期计划的依据。②中期计划。中期计划介于长期计划和短期计划之间，期限通常为 1 年以上 5 年以下。它根据长期计划的任务要求，确定分年度的实施步骤及具体目标。③短期计划。它以年度计划为主，期限通常为 1 年。短期计划是企业营销的具体行动计划，其主要内容是分析当前的营销形势、威胁和机会、年度的营销目标、营销策略、行动方案和预算等，即把中长期计划规定的任务进行详细分解，予以落实。

（2）按计划涉及的范围分类。按计划涉及的范围，可将营销计划分为总体营销计划和专项营销计划。①总体营销计划。这种计划是企业营销活动的全面、综合性计划，它反映企业的总体营销目标，以及实现总体目标所必须采取的策略和主要的行动方案，是制订各种专项营销计划的依据。②专项营销计划。专项营销计划是为解决某一特殊问题或销售某一产品而制订的计划，如市场调研和预测计划、产品计划、渠道计划、定价计划、促销计划、储运计划等。专项计划通常比较单一，涉及的面较窄，较容易制订，但在制订时，要特别注意与总体营销计划相衔接，否则会出现各单项计划彼此之间发生冲撞并与总体计划相抵触的现象。

（3）按计划的性质分类。按计划的性质，可将营销计划分为战略计划、策略计划和作业计划。①战略计划。战略计划是有关企业营销活动全局和长远的谋划，其期限一般较长、影响面较广，是企业其他各种营销计划的总纲。②策略计划。策略计划是就企业营销活动某一方面所做的谋划，带有局部和战术的性质。③作业计划。作业计划是企业各项营销活动的执行性计划，其特点是非常细致和具体的，如某一次具体的促销活动计划，对活动的内容、时间、地点、活动方式、参加人等，均做详细的规定和说明。

(4)按计划的作用分类。按计划的作用，可分为进入计划、撤退计划和应急计划。①进入计划。进入计划是企业准备开拓一个新营销项目的计划。②撤退计划。撤退计划是企业根据市场营销环境和内部条件的变化，准备从原来营销项目中撤出的计划。③应急计划。应急计划是企业针对市场可能发生的重大变化而适时地做出反应的计划。

2.3.2 市场营销计划的内容

市场营销计划要在详细分析当前宏观环境、竞争环境和市场需求状况以及产品(服务)、定价、分销渠道及促销因素等营销策略的基础上制订。

营销计划必须简明扼要，不宜冗长。关键部分是怎样实现营销目标，个别辅助计划如广告、促销计划等可保持一定篇幅，产品的销售计划、产品结构或服务应写得具体详细；营销战略与营销组合因素要有机联系。一份完整的市场营销计划应包括以下内容。

1. 营销环境状况分析

提供与市场需求、顾客购买特点、行业及竞争状况、宏观环境因素等有关的数据和背景资料。

2. 公司资源状况分析

对公司当前的产品与服务特点、生产能力、研发能力、销售状况、财务状况、人员结构、组织结构等内部资源状况加以分析，为制定战略和策略计划提供依据。

3. SWOT 分析

根据对公司营销环境状况和资源状况的分析发现公司面临的主要机会和威胁，找出自身所具有的优势与劣势。

4. 营销战略要旨

规划公司营销方向和目标，即指明公司未来的主要投资领域和产品类型是什么，公司的销售量、利润、市场份额、企业形象、产品策略、价格策略、分销渠道策略和促销策略等。

5. 行动方案和预算

详细描述应当做什么，谁来做，如何做，何时做，何地做等；同时估算所需的成本费用，制定营销预算。

6. 组织、执行与控制措施

计划的实施要有一定的人员，而人员需要加以组织才能合理分工，提高效率。营销执行中得到大量的反馈信息，凭借反馈系统可及时采取有效的控制措施加以调整，进一步保证目标的实现。

2.3.3 市场营销计划的程序

市场营销计划的程序包括分析营销机会，设计营销战略，选择目标市场，制定营销组合策略，组织、执行与控制措施等几个步骤。

1. 分析营销机会

分析营销机会包括环境分析、市场分析、竞争者分析等内容。企业要通过对环境的分析，识别机会和威胁，制定正确的市场营销决策。市场营销环境指影响企业市场营销活动的不可控制的参与者和影响力，参与者由企业、供应商、中间商、顾客、竞争者和公众构成，影响力指影响市场环境参与者的各种社会力量，如人口环境、经济环境、自然环境、技术环境、政治法律环境和社会文化环境等。市场分析的主要内容有购买者、购买对象、购买组织、购买目的、购买过程、购买时机、购买地点和影响购买的因素等。竞争者分析的主要内容是谁是竞争者、竞争者的战略、竞争者的目标、竞争者的优势与劣势、竞争者的反应模式等。

2. 制定企业战略

机会分析是企业战略制定的依据。战略是企业活动系统中根据企业条件、外部市场机会和限制因素，在企业发展目标、业务范围、竞争方式和资源分配等关系全局的重大问题上采取的决策，是企业选择目标市场和制定营销策略的指导。其内容为：①明确企业的任务或目的；②制定企业的战略目标；③确定战略性业务单位；④评估目前的业务投资组合；⑤确定企业的新业务计划。

3. 选择目标市场

目标市场是企业决定进入的市场，是企业决定为之服务的顾客群体。企业要根据自身资源和市场环境条件确定目标市场，充分发挥优势，增强竞争力，在充分满足目标市场需求的条件下实现利润最大化。

4. 制定营销组合策略

企业确定了目标市场以后，必须运用一切能够运用的因素去占领它。市场营销因素是企业在市场营销活动中可以控制的因素，分为产品（product）因素、价格（price）因素、分销渠道（place）因素和促销销售（promotion）因素四大类。企业通过综合协调地运用营销因素以吸引顾客、赢得竞争。

5. 组织、执行和控制措施

由于企业内部各部门往往强调各自业务的重要性并独立开展活动，降低了整体市场营销的效率，因此，必须建立一个能够有效执行市场营销计划的组织，实现各部门的协调统一。营销部门和营销人员必须有效地执行营销计划，把计划任务层层分解，落实到人，监督实施，检查完成情况。对内要注意营销部门和其他部门之间的整体配合，对外要动员经销商、零售商、广告代理商等给予有力的支持。营销执行是将营销计划转化为具体行动和任务部署，保证这些行动有效实施和完成以实现营销目标的过程。一个好的营销计划如果执行不当，就不可能收到预期效果。有效的营销执行要求将资源集中在对营销计划实现起关键作用的活动上，制定相关的营销策略，建立完善的运作程序和有效的监控评估和改善体系，确保市场营销目标实现。

【本章小结】

（1）市场营销战略是指企业在复杂的市场环境中，为了实现特定的市场营销目标而设计的长期、稳定的行动方案，它可以指导企业市场营销全局的奋斗目标和经营方针。

（2）市场营销战略的特征有全局性、长远性、竞争性和纲领性。影响企业营销战略的客观因素有宏观因素、中观因素和微观因素三个方面。

（3）市场营销战略规划过程是规定企业任务、确定企业市场营销战略目标、安排企业的业务经营组合和制定新业务发展规划。评价战略业务单位的方法主要有波士顿矩阵法和通用电气公司法。制定新业务发展规划主要有三大发展战略九种策略可以实施。

【关键术语】

战略　SBU（战略业务单元）　波士顿矩阵　使命　愿景　密集式成长

一体化成长　多元化成长　前向一体化　后向一体化　水平一体化　市场营销计划

【案例拓展阅读】

案例 1

金羚感冒片案例

一、市场形势

目前中国有 1 000 多家制药企业在生产不同种类的感冒药，仅消费者熟知的感冒药品牌至少有二三十种，如：康泰克、白加黑、三九感冒灵、康必得、感康、严迪、日夜百服宁、泰诺、海王银得菲、快克、感叹号、安瑞克、竹林众生等。

中国感冒药市场，基本形成了上有强势品牌的一统天下、中有二线品牌充分填充、下有地方品牌见缝插针的局面，铁桶般的感冒药市场对于新品牌来说，用“针插不进，水泼不入”来形容一点也不夸张。

对于 OTC 药品，消费者始终关注的是疗效和安全性，从而必然导致对大品牌的信赖以及依赖性。可以预见的是，在未来几年里个性鲜明、实力雄厚的品牌将逐渐吞并没有特色的区域性品牌，我国感冒药市场上品牌将由“百家争鸣”过渡到特色品牌的“诸侯争霸”。而就目前的市场情况来看，几个大的“诸侯品牌”也都找准了自己的核心诉求点，各占据消费者的一块心智。

PPA 事件的暴风骤雨席卷全国后，中美史克公司推出新康泰克，打出 12 小时持续有效的产品卖点，重整康泰克的山河；三九感冒灵第一时间打出不含 PPA 的卖点，超前的公关意识迅速地拉升了品牌影响力，应验了“公关第一，广告第二”；白加黑提炼出感冒药中导致瞌睡的成分氯苯那敏，打出早晚分服的概念，巧借卖点异军突起，驶向“蓝海”；康必得占位于中西医结合的卖点，通过持续的广告传播，欲将康必得做成中西结合的代名词；来自强生公司的泰诺则强调 30 分钟快速起效……

山东润华药业有限公司出品的“金羚感冒片”立足山东市场，多年来坚持走品牌路线，聘请著名表演艺术家侯耀华担任代言人，并且每年都有较大量的广告投入，在山东省已经成为一个家喻户晓的品牌，并且拥有不错的市场占有率。但是感冒药市场强者林立，上面有“白加黑”等一线品牌大树遮光，下面有各种小品牌不断搅局，中间则有“感叹号”“安瑞克”等新品牌不断冲击，金羚感冒片与“豺狼虎豹”共舞，市场压力越来越大。

金羚感冒片还存在一个问题：虽然在山东市场具有很高的知名度，但是由于多年来广告诉求点的分散，造成产品定位概念的模糊，金羚感冒片到底有什么好？我为什么要买金羚感冒片？这个问题始终没有向消费者明确。

一方面是“豺狼虎豹”之外患，一方面是自身定位模糊之内忧，在这种情况下，如何打破销售增长缓慢的现状，实现市场的快速突围？这个问题始终萦绕在润华药业郝信东董事长的心头。

二、营销策略整体思路

2006年7月2日，专家与润华药业郝信东董事长进行了一次短暂的会晤，就目前的市场形势进行了分析，并就金羚感冒片下一步实现市场突破的营销策略达成共识：

（1）作为一个功能性消费品，必须建立以产品卖点为核心的整合营销体系，因此，首要任务是为金羚感冒片找准一个鲜明的、坚持不变的产品卖点。

（2）由于金羚感冒片的零售价不高、终端利润不高，终端导购很少主动推销，因此，必须加强品牌传播，提高顾客的指名购买率。所以，有必要进行大规模的广告投放，迅速建立新的品牌认知。

（3）继续金羚感冒片的一贯明星代言路线，重新选择一个明星代言品牌。

在仔细的甄选下，最终选择了著名影视明星牛莉出任金羚感冒片的品牌代言人。如何为品牌寻找到一个鲜明的卖点，成为整体营销策略的重中之重。

三、寻求卖点

什么是卖点？我们认为，卖点就是产品价值信息的集中点。卖点就是利益，就是消费者购买产品的理由。我们认为，功能性消费品的营销传播必须以卖点为核心，无论是定位还是整合传播，都必须以卖点——利益点为核心，没有卖点的营销传播就没有价值利益的传达，就不是有效的营销传播。

那么，如何寻找卖点？寻找金羚感冒片的卖点，首先要搞清楚消费者购买感冒药的关注点在哪里，对手的卖点是什么以及我们产品自身的差异在哪里，这就是永恒的黄金三角分析模型。

1. 消费者购买感冒药的关注点是什么？

在寻找消费者的关注点的过程中，我们做了两手资料的收集分析，我们做了内部访谈、专家访谈、消费者调查、药店调查，最后，我们发现“白转悠”了一圈。因为，最后得到的结论是：消费者购买感冒药最关心的就是疗效！

是的，感冒了，身体很难受，所有感冒者的最强烈的想法就是：赶快好！所有人购买感冒药首先关注的当然是疗效！

解析：消费者使用感冒药最关心的是速效性，其次才是安全性，消费者要求感冒药能迅速消除其症状，使其能够从鼻塞、咳嗽、头痛等痛苦中解脱出来，所以，在消费者眼里，好的感冒药是迅速治标（缓解、消除症状）而不是治本。

2. 竞争者的卖点是什么？

机会分析：虽然它们都有各自不同的差异化概念作为卖点，但是所有的卖点都是在谈治疗，这与我们调查过程中发现的一个“新鲜点”存在差异：

当我们问郝信东董事长：“如果你感冒了或者家人感冒了时，你怎么办？”

郝董的回答是：“吃点金羚感冒片，多喝水，还会买点维生素C吃”。

“为什么还要买点维生素C吃？”我们紧接着问。

"感冒期间,身体抵抗力差,吃点维生素C,能够增强抵抗力,感冒会好得快一点。"郝董回答。

"请问你们如果感冒了都会吃点维生素C吗?"我们马上询问了在场的副总经理、总工程师、技术主管、营销总监等人。

"是的,不光我们做药的,还有当医生的多数都是这样。"大家回答。

不光要治疗,还要增强抵抗力,这会不会是我们的一个机会点?产品能支持这个概念吗?消费者会认可这个说法吗?

3. 金羚感冒片的独特差异点在哪里?

根据对目前市场上的感冒药进行对比分析,我们发现所有感冒药的成分无非分为三种:

(1)纯西药成分,如康泰克、白加黑;

(2)纯中药成分,如苦甘冲剂、竹林众生;

(3)中西药结合,如三九感冒灵、康必得。

在分析金羚感冒片的成分时,我们发现,金羚感冒片不但是中西药结合成分,而且还发现了一个非常"扎眼"的成分名词——维生素C。

我们请技术人员对200多种感冒药进行了成分检查,结果发现:主流竞争产品中,没有含有维生素C的感冒药。中西药结合,还有维生素C,这是产品自身所具备的一个大差异点。差异化营销告诉我们,如果产品自身有明显的差异,那就把这个差异点放大再放大。那么,这个差异点能被消费者所接受吗?

我们迅速进行了消费者认知调查,调查结果显示,几乎所有的消费者都认可这个观点:感冒期间,抵抗力差,需要增强抵抗力。同时,对于服用维生素C能够增强抵抗力,也被消费者所普遍认知。

用黄金三角模型,我们推导出了金羚感冒片的核心卖点策略:含有维生素的感冒药,不但能治疗感冒,还能增强抵抗力!

四、把卖点翻译成为简单易懂的传播语言

根据消费者信息行为中的"傻瓜"假设,消费者在接受信息时懒惰而无耐性,他们喜欢直观、简单易懂的信息,讨厌说教。因此,我们必须对卖点策略进行直观化"翻译"——翻译成消费者一看就明白的传播语言。

至此,金羚感冒片卖点诉求点诞生了:中药+西药+维生素,三种力量对抗感冒!

五、卖点表现,借力打力

卖点虽然找到了,但是卖点的诉求策略、表现策略似乎更为重要,因为,如果我们的卖点无法被消费者迅速认知,它就不是一个好卖点。

因此,在卖点的诉求策略上,我们把握了"借力"和"打力"两个要点。

第一,借力:在"中西药结合"的消费者认知大趋势下,我们必须跟这个风,因为我们本身也是中西药结合感冒药。

第二,打力:根据产品独有的"含有维生素"的特征,我们强调:对抗感冒,需要中西药结合的感冒药,但是这并不够,还需要补充维生素,增强抵抗力。这种诉求策略,既借了

"中西药结合"之风,又从侧面对单纯的"中西药结合"进行了打击,可谓一箭双雕。

在这个策略指导下,电视广告创意自然产生:

画面震动一下,画外音:"阿嚏! 又感冒了!"

男主人公:"对抗感冒,中西药结合……"

女主人公突然出现:"还不够! 还要补充维生素,增强抵抗力!"

女主人公:"中药,加西药,加维生素!"

女主人公:"3 种力量对抗感冒!"

女主人公:"金羚感冒片!"

画外音:"润华药业!"

平面广告既要准确传达卖点,又要保持与电视广告的统一性。

2006 年 8 月上旬开始,金羚感冒片的电视广告开始在山东电视台各频道以每月超过一百万的投放量高频度播出, 8 月底,户外广告、车体广告、墙体广告等全部到位, 1 000 家药店的终端布置也全部完成。

随着感冒药销售旺季的到来,随着新的卖点、新品牌代言人的大力度传播,渠道首先被注入了一股新动力,金羚感冒片迎来了一个发展的高峰:仅当年 10 月上旬的发货量已经是 9 月份整月发货量的 3 倍。

现在,金羚感冒片的出货量正以倍数递增,在强者林立的感冒药市场,金羚感冒片用卖点切割实现了市场越位,同时,依靠明星代言、广告拉动、终端传播迅速拉动了销售。

资料来源: http://www.njliaohua.com/lhd_86fiz9w6xq6j6mw9r6un_1.html

你从金羚感冒片的营销战略与计划思路中得到了什么启示?

案例 2

古井酒厂的组合战略

一、产品战略

产品战略的关键是抓好工业设计,调整产品结构,改进包装,积极开发新产品,使产品更有魅力,更能适应市场需求。

对高档酒,在确保其浓香型风格和进一步提高质量的同时,酒厂调整了多种度数古井贡酒的勾兑方式,扩大其产量,更好地带动中低档酒销售,制定好出口战略,增强创汇能力;对中档酒,继续抓好以古井贡酒和古井特曲为代表的中档酒的质量,形成新的风格,更好地适应市场；对低档酒，加强对液态白酒风味物质作用的研究，加强勾兑工作，重视对有关原料的分析研究和选购，严格执行勾兑工艺。

随着市场的不断变化，适时开发好新产品，目前古井研发推出了从幸福版到26年不同价位的一系列年份原浆，适应不同层次消费者的需求。不断地改进古井酒系列产品的包装。工业设计是产品开发的根本，市场经验表明，老面孔不行了，需要新面孔；老观念不行了，需要新观念。向工业设计要精品，力求新颖、独特、美观、大方，依靠工业设计开拓局面。

二、生产战略

生产战略的核心是提高全部产品的质量和名酒收得率；其主要途径是依靠科技进步、改进生产工艺。

主要战略思想有：继续更新观念，产量质量一齐上。处理好质量与数量的关系。数量是效益的基础，质量是效益的根本，数量和质量互为前提，相辅相成，没有质量就没有数量，没有数量也就没有效益。

以质量为中心，改进生产工艺。抓好制曲环节的技改工作，实现制曲工艺的标准化、规范化、程序化，改进大曲质量，提高名酒收得率；全面实施窖泥发酵新工艺，提高贡酒的产量和质量，使酒味更加绵软、醇厚，为勾兑奠定基础；进一步完善夏季压池子工艺，通过适当降低出酒率提高名酒收得率。

科研与生产紧密结合，加强科研工作。加强与科研单位、大专院校的联合与协作，在酿酒及其他有利于古井发展的产业，特别是在一些高新技术产业上，及时掌握科技信息与动态，积极参与科研项目的“中间试验”，使科学技术尽快转化为企业的生产力。搞好酿酒设备特别是锅甑的更新和改造，为提高产品质量服务。

三、销售战略

销售战略的主导思想是市场建设与市场开发并重，处理好限制与发展的关系，实行一省一策、一地一策的“两策策略”，力求达到市场的动静态平衡。

主要策略有：有效地推行代理商制，变乱中取胜为稳中取胜。主要措施是选择一些有相当经营实力的商业单位作为代理商，以便进一步提高产品的市场占有率。

实行“三定”销售法，巩固现有市场。所谓“三定”，就是定经销单位、定年销售量、定产品品种。这样可以有计划、有目的地推动高、中、低各档产品的销售，牢牢地掌握市场主动权，同时将对密切工商关系、巩固传统市场起到重要作用。

继续采取多渠道、多层次的销售方式，进一步培养和发展不太成熟的市场，积极开发新市场，广泛发展新客户和小客户，以最大限度地提高产品覆盖率。

依据不同市场，搞好网点选择。不论国有、集体或个体，谁的销售能力强、信誉好，就以谁为主，全方位发展业务关系。

推行销售承包责任制。合理地确定承包基数，进一步完善考核办法，增强销售人员的责任心，调动其积极性，确保销售目标的完成和货款的回笼。

进一步改善经营作风，搞好优质服务。坚持“产品越畅销，服务越优质”的思想，对顾客切实做到“六个一样”，即淡季旺季一个样，新老客户一个样，远近距离一个样，现在将来一个样，生意成否一个样，畅销滞销一个样。使优质服务经常化、系统化，让客户高兴而来，满意而归。

四、宣传战略

古井酒厂实施一种“立体宣传”战略，制定年度宣传计划和长远规划，增强计划性，减少盲目性，进一步提高广告推销意识。品牌高举高打，高端会议推广、赞助，公交车、社区等持续费用投入，2016年春节联欢晚会节目赞助提高品牌形象，增进品牌宣传。多角度宣传，突出产品宣传，烘托企业形象宣传，力求产生轰动效应。

在抓好产品广告宣传的同时，注重搞好企业形象的宣传，间接地提高产品知名度。

资料来源：吴金平. 古井酒厂的组合战略[J]. 企业管理，2016(6):68-69.

思考：古井酒厂的营销战略选择。

【营销实践小项目】

1. 假定你被授予一项任务：为一家运输公司制定营销战略。如果目标市场是：①没有个人交通工具的低收入职工；②公司国际商务旅行者；③需要将紧急文件或易腐烂的食品运送到客户手中的企业。营销组合的各个要素将会发生哪些变化？

2. 毕业后，你决定担任一家小型快餐食品生产企业的营销经理的职务。该快餐公司正处于成长期，这是它首次聘用一位营销经理。因而，没有合适的营销计划供你执行。为你的老板制订出一个基本营销计划的框架，让他了解你想要带领企业前进的方向。

3. 你的表哥打算开公司，但时间匆忙。他不打算制订书面的营销计划，因为他已经从你叔叔那里获得资金，考虑到书面营销计划花费时间太长，所以不需要这种正式的营销计划。试说明无论在何种情况下，书面营销计划都是重要的。

第3章　市场营销环境

【知识目标】

1. 掌握营销环境的概念。
2. 掌握营销环境和企业营销行为的关系。
3. 掌握间接营销环境的构成要素及对营销行为的影响。
4. 掌握直接营销环境的构成要素及对营销行为的影响。
5. 理解营销环境分析的基本方法。

【技能目标】

1. 能把握分析环境的基本方法。
2. 能运用环境分析方法,指出企业面临的问题,并制定营销竞争战略与策略。

【导入案例】

个人电脑市场

1980年，IBM决定开发个人计算机市场。在当时以大型计算机为主流的电脑行业中，IBM是当之无愧的领袖,占据了80%以上的市场份额,但在个人电脑领域,却处于落后位置。因为20世纪70年代中期,苹果、阿尔泰等公司已开始个人电脑的制作了。

IBM意与微软合作,在一年内将个人电脑推向市场。他们想向微软购买操作系统的许可使用权,而且要求几个月内完成。当时,微软手头并没有一套现成的操作系统,而编写一套可能要一年以上的时间。这时艾伦在西雅图电脑圈里了解到有一套圈内人自编的叫做QDOS的操作系统,便打电话给该软件的编写者,将他招入微软旗下,微软最后付了约5万美元买下这个系统,然后做了大幅修改,简称MS-DOS。微软当时曾建议IBM买下这个系统,但由于没有充分预见到个人电脑发展的无限前景，IBM放弃了这个机会,从而让当时不值几文的微软最终变成一家市值超过2 000亿美元的公司,让盖茨成为美国最富有的人。

在当时,盖茨就清醒地意识到个人电脑软件的巨大经济潜力,而且意识到个人电脑软件的前景不仅依赖于IBM这样重要的硬件销售商,而且更取决于个人电脑兼容机市场的发展。因为微软的目的不是要直接从IBM那里赚钱,而是要从出售MS-DOS特许权上赚钱,所有与IBM个人计算机兼容的机器,都可能成为MS-DOS特许权的购买者。IBM可以免费使用MS-DOS,但对未来升级版软件并不享有独占使用权和控制权。

微软允许IBM只交低廉的一次性费用,就让该公司在所销的许多计算机上使用微软公司的操作系统。这就使得IBM有了动力去推广MS-DOS并廉价地售出。于时,越来越多的顾客购买安装DOS的电脑,越来越多的软件制造商开始为DOS编写应用软件,有了更多的应用软件,顾客就更加愿意选择DOS。DOS产品进入了一个良性循环。

1983年,微软决定开发一个图形操作系统,使个人计算机的使用更为方便。但是苹果公司领先了一步。1984 年他推出第一个大众型图形平台:Macintosh 机。但苹果公司直到 1995 年都拒绝让任何别的厂商制造可以运行这种系统的硬件,用户只有购买苹果机的硬件,才可以获得软件。这种传统僵化思维模式,使苹果公司丧失了一次绝好的机会,否则 Windows 可能根本没有机会出现。1989 年年底,解决了内存不足问题的 Windows 推向市场,微软继续遵循其“优质、开放、低价”的市场战略,很快让 Windows 进入了正反馈循环。

虽然微软已经取得了巨大的成功,但它仍然推动着公司不断创造出更多的新产品。1995 年推出了全新的 Windows95,它提供的“即插即用”方式大大简化了添加硬件的烦琐操作。Office 是他最畅销的应用软件,拥有 70% 以上的市场份额。

3.1 市场营销环境的概念和特征

企业的市场营销活动是在一定的环境中开展的。社会制度和社会文化的不同使得企业的营销环境具有很大的差异。而环境又是处于不断变化之中的。环境的差异与变化就像一柄“双刃剑”,既给企业带来了新的市场机会,又给企业带来了威胁。通过市场营销环境的研究,发现环境变化的趋势,利用机会,防范威胁,使企业的生存和发展处于良性的环境中,从而提高企业竞争力。

3.1.1 市场营销环境的含义

所谓市场营销环境是指影响和制约企业营销活动的各种内部外部因素的集合。根据营销环境对企业市场营销活动发生影响的方式和程度,可将市场营销环境分成两大类:直接营销环境和间接营销环境。直接营销环境和间接营销环境的主要内容及相互关系如图 3-1 所示。

图 3-1 直接营销环境与间接营销环境的关系

1. 直接营销环境

直接营销环境亦称微观环境,是指与企业活动直接发生关系的组织和因素。由企业、供应商、营销中介组织、顾客、竞争者和社会公众等因素构成。这些因素与企业具有一定的经济联系,直接作用于企业,为目标市场服务。

2. 间接营销环境

间接营销环境亦称宏观环境,指影响企业营销的社会性力量和因素。由人口、经济、自然、技术、政治法律、社会文化等因素构成。这些因素与企业不存在直接经济联系,通过直接营销环境的相关因素作用于企业营销活动，对企业营销活动间接起作用。

环境影响和制约着企业的营销活动，但直接环境与间接环境之间并不是并列关系，而是包容和从属的关系。直接环境中的所有因素要受间接环境中各种因素的影响，而间接环境对企业的营销活动的影响要通过直接环境各因素为媒介才能发挥作用。

3.1.2 市场营销环境的特点

1. 动态性

动态性是营销环境的基本特征。构成营销环境的诸因素都是动态的，甚至是急剧变化的。例如消费者的需求偏好和行为特点在变，宏观产业结构在调整，能源资源的供给也在变化。几十年前，美日企业对石油危机的不同反应造成了它们的市场地位戏剧性变化。美国发达的汽车工业一直是美国人引以为傲的资本。但因为美国三大汽车巨头对能源危机的到来反应迟钝，在能源趋紧的环境条件下，依然生产着能耗高的大型车，而日本企业却能适时研制出小型节能车，成功地占领了大片美国市场。经过40年的改革开放，中国居民的个人可支配收入越来越高，消费者的消费倾向也逐渐由求廉转变为追求个性化，这会对企业的产品开发产生影响。

当然，市场营销环境的变化也是有大小快慢之分的。科技、经济因素变化相对较大较快，对企业营销的影响相对短而跳跃性大；而人口、文化、自然因素等变化相对较慢，对企业营销的影响相对长而稳定。在风云变幻的市场竞争中，企业营销活动的成败，营销目标能否实现，就在于企业能否适应环境变化，能否以创新的对策去驾驭变化的营销环境，做到"以变应变"。

2. 复杂性与关联性

市场营销环境各因素组成了一个大系统，系统中各因素不是孤立起作用的，而是互相联系、互相渗透的。这是因为社会经济现象的出现，通常不是由单一因素所能决定的。如一个国家的体制、政策与法律会影响科技、经济的发展速度和方向，经济的发展又会改变社会习惯及生活方式。这种关联性，给企业营销带来了复杂性。

3. 不可控性与可影响性

间接营销环境中诸多因素都是企业不能控制和影响的外部因素。如经济发展水平、人口数量结构、社会文化、政治体制、法律法规等因素都不可能由企业来决定。但这并不意味着企业完全无所作为，而应以不变应万变。对于这些环境因素，企业可以发挥主观能动性，借助营销研究手段认识并预测环境的变化趋势，及时调整营销方针及策略来适应它。例如，目前企业意识到消费者对自身健康和社会环境的关注将对市场需求产生深远影响，纷纷开发绿色产品来适应这一新的消费趋势。企业也可以通过各种沟通手段，如广告、公共关系等来创造需求，引导需求，促使某些环境因素向有利的方向发展变化。如牛仔服在刚进入我国时，被视为"精神污染"，与思想不道德、不务正业的形象联系在一起。但经过服装企业的营销努力，成功扭转了这一认识，给牛仔服赋予了"健康、时尚"的新的含义。

从营销实践看，企业对直接环境的影响比对间接环境的影响更容易做到。比如，供应商是企业的直接环境因素之一，但同时企业又是供应商的客户。企业可利用谈判、长期订单等方法影响或改善与供应商的关系，获得一定的优惠。又如，企业无法控制人口规模，但可以通过营销宣传影响特定顾客群的态度，刺激他们的购买欲望；无法控制人均收入，但可以通过分期付款等方式加快潜在需求向现实需求转化。

3.1.3 环境机会与环境威胁

营销环境变化对企业造成两种结果：环境机会和环境威胁。所谓环境机会，是外界环境变化趋势中对企业有吸引力的、积极的因素。企业应对环境机会做出恰当评价，并结合企业自身资源实力，及时将环境机会转化为企业机会。既有较大赢利概率，又有企业竞争优势的经营内容和领域。所谓环境威胁，是指外界环境变化趋势中对企业具有挑战的不利趋势，这种趋势会伤害到企业目前的市场地位。

每一个营销环境因素的变化，都可能为某些企业创造机会，也可能为另一些企业造成威胁。而且，由于营销环境具有动态性，环境机会和环境威胁在一定条件下还会相互转化。

案例 3-1

在世界范围内禁烟的呼声越来越高，针对烟草企业的限制措施也越来越多，这一环境因素对传统烟草企业带来压力和威胁，但却对开展香烟代用品的企业带来无限商机。我国从 2008 年 6 月 1 日起禁止生产使用超薄塑料袋，这对很多技术、环保不达标的小企业造成了威胁，但对于技术先进、环保条件好的大中型企业却是个利好消息，将会促使该行业的重新洗牌。2009 年 4 月起开始在北美洲肆虐的甲型 H1N1 型流感，对旅游业、航空业都带来了沉重的打击，但对洗手液、口罩等行业却带来无限商机。我国浙江义乌小商品市场抓住机遇，每天向全球出售约 100 万只一次性口罩。

企业对营销环境的能动性表现在，必须认清环境的复杂性和动态性，在营销活动中，既有对环境的依赖，又有对环境的改造，即采取积极主动的行为影响营销环境因素。在企业与环境的对应统一中，企业是居于主动地位的，善于适应环境就能创造竞争优势。

营销新视野：商业伦理与企业社会责任

由于竞争的激烈及其他多种因素，企业商业伦理的状况不容乐观，安然公司的财务丑闻更是为企业的发展敲响了警钟，在全球范围内掀起了一股强烈的对企业伦理和企业社会责任沉思的浪潮，企业商业伦理已成为全球企业共同面临的必须重视和亟待解决的问题。此外，最近十年来，国际社会和产业界为推动企业商业伦理的发展，做了大量工作，也取得了显著成效。《财富》杂志排名前 500 家企业中，95% 以上的企业有成文的伦理守则来规范员工的行为。

商业伦理（business ethics）也称企业伦理，是指蕴含在企业生产、经营、管理及活动中的伦理关系、伦理意识、伦理准则与伦理活动的总和。伦理关系包括企业与投资者（股东）、员工、消费者、上下游合作者（供应商、分销商、零售商）、竞争者、媒体等的关系；伦理意识包括企业的道德风气、道德传统、道德心理、道德信念等；伦理准则包括营销准则、分配准则、生产准则、信息准则等。

企业社会责任（corporate social responsibility，简称 CSR）是指在市场经济体制下，企业除了为股东（stockholder）尽追求利润的责任外，也应该考虑相关利益者（stakeholder）的利益。其中，雇员利益是企业社会责任中的最直接和最主要的内容。企业社会责任是企业基于自身形象考虑而对社会利益相关者的友好回应，是企业为改善利益相关者的生活质量而贡献于可持续发展的一种承诺。

3.2 直接营销环境

企业营销活动的最终目的是满足目标市场顾客的需求，从而获得利润。在这一过程中，企业要同各种组织和个人打交道。首先需要从供应商那儿获取原材料，从金融机构获得资金；然后经过企业内部各职能部门和车间的协作生产出产品；最后这些产品还要通过中间商送达消费者手中。同时，企业的营销活动还会受到竞争者策略的影响，并受社会公众态度的制约。所以，必须对这些因素进行分析。

3.2.1 企业

企业的营销目标的实现，除了营销部门自身的努力外，很大程度上还取决于营销部门与企业领导层、企业各个职能部门的相互协调、密切合作。所有这些相互关联的部门构成了企业的内部环境。

企业的营销计划只能在企业战略的框架内制订，营销计划的实施也必须有其他职能部门的密切配合和协作。财务部门负责解决所需的资金，并将资金在各品种、各品牌及各种营销活动中进行分配；会计部门负责成本与收益的核算，帮助营销部门了解企业利润目标的实现情况；研发部门在研究和开发新产品方面给营销部门以有力扶持；采购部门则在获得足够、合适的原料或其他生产性投入方面担当重要责任；而制造部门的批量生产则保证了适时地向市场提供产品。

3.2.2 供应商

供应商是向企业及其竞争对手提供各种资源的组织或个人。供应商对企业营销活动的影响体现在两个方面。

1. 资源供应的可靠性

资源能否及时供应，将会直接影响企业产品的交货期。不能按期交货，轻则损失了企业的销售额，重者则损害了企业的信誉。因此，企业必须和供应商保持良好而密切的关系，使货源的供应在数量和时间上得到切实保障。

2. 资源价格的稳定性

资源价格是企业产品成本的重要组成部分。若原料价格高，企业被迫提高产品价格，由此可能影响到企业的销售量和利润。但由于供求状况的影响，多种原材料价格都表现为波动起伏。为了获得相对稳定的资源价格，企业可以参与供应商协作改进原材料制造工艺，促进其对新技术的采用和生产能力的扩大等，以此来分担供应商风险，降低供应商成本。

对于供应商，传统的做法是选择几家供应商，按不同比重分别从他们那里进货，并使他们互相竞争，从而迫使他们利用价格折扣和优质服务来尽量提高自己的供货比重。这样做虽然能使企业节约进货成本，但也隐藏着巨大风险，如质量参差不齐，利润率降低使供应商放弃合作等。所以，现在越来越多的企业开始把供应商视为合作伙伴，设法帮助他们提高供货质量和及时性。

3.2.3 营销中介组织

营销中介是协助企业推广、销售和分配产品的组织和个人。他们包括中间商、物流机构、营销服务机构以及金融机构等。

1. 中间商

中间商是协助企业寻找顾客或直接与顾客进行交易的组织或个人。根据中间商是否拥有商品所有权，可以分为经销商和代理商两类。经销商购买商品，拥有商品所有权，出售商品；代理商只负责介绍客户或与客户磋商交易合同，并不拥有商品所有权。中间商是联系生产和消费的桥梁，他们直接与消费者打交道，最了解市场，协调企业与消费者所存在的数量、地点、时间、品种之间的矛盾。

2. 物流机构

物流机构是帮助企业实现实体分销的专业组织，包括仓储公司和运输公司。物流机构的作用在于使市场营销渠道中的物流畅通无阻，为企业创造时间和空间效益。近年来，随着仓储和运输手段的现代化，以及第三方物流的普及和迅速发展，实体分配单位的功能越来越重要。

3. 营销服务机构

营销服务机构是指协助企业推出并促销其产品到目标市场的组织或个人，包括广告公司、市场调研公司、咨询公司等。这些机构协助企业选择目标市场，与目标消费者进行有效沟通，并帮助推销产品。虽然有些企业自己亦设有相关部门或配备了专业人员，但大部分企业还是会选择专业的营销服务机构来获得这些服务。

4. 金融机构

金融机构包括银行、信贷公司、保险公司和其他协助融资或保障货物的购买与销售风险的组织或个人。在现代经济生活中，企业与金融机构有着密不可分的联系。企业的财务往来要通过银行账户结算；企业财产和货物要通过保险公司进行保险等。而信贷来源受限或利率上升都会使企业的资金周转或资金成本受到影响，并将影响到企业的日常经营。因此，企业必须与金融机构建立密切的良好的合作关系，以保证资金运转畅通，为企业经营活动提供安全保障。

3.2.4 目标顾客

目标顾客是企业的服务对象，是企业产品的直接购买者或使用者。企业与营销渠道中的各种力量保持密切关系的目的就是为了有效地向其目标顾客提供产品和服务。顾客的需求正是企业营销努力的起点和核心。因此，认真分析目标顾客需求的特点和变化趋势是企业极其重要的基础工作。

市场营销学根据购买者和购买目的来对目标顾客进行如下分类。

(1)消费者市场。消费者市场由为了个人消费而购买的个人和家庭组成。

(2)生产者市场。生产者市场由为了加工生产来获得利润而购买的个人和企业构成。

(3)中间商市场。中间商市场由为了转卖来获取利润而购买的经销商构成。

(4)政府市场。政府市场由为了履行政府职责而进行购买的各级政府机构构成。

(5)国际市场。国际市场由国外的购买者构成，包括国外的个人消费者、生产者、中间商和政府机构。

每种市场类型在消费需求方式上都具有鲜明的特色。企业的目标顾客可以是以上五种市场中的一种或几种。也就是说，一个企业的营销对象可以不仅包括广大的消费者，也包括各类组织机构。企业必须分别了解不同类型目标市场的需求特点和购买行为。

3.2.5 竞争者

任何企业都不大可能单独服务于某一目标市场，完全垄断的情况在现实中不容易见到。所以，企业在目标市场中的营销活动总会遇到其他企业的包围或影响。企业要想在市场竞争中获得成功，必须能比竞争者更有效地满足消费者的需求与欲望。菲利普•科特勒将企业的竞争环境分为如下四个层次。

(1)欲望竞争，即消费者想要满足的各种愿望之间的可替代性。如一个消费者在休息时可能想看电影、想旅游、想吃东西或想健身，每一种愿望都可能意味着消费者将在某个行业进行消费。

(2)类别竞争，即满足消费者某种愿望的产品类别之间的可替代性。假设前面那个消费者吃东西的愿望占了上风，他可以选择的食品很多：水果、烤鸭、比萨、炸酱面等。

(3)产品形式竞争，即在满足消费者某种愿望的特定产品中仍有不同的产品形式可以选择。假设消费者选中了饮料，则有可乐、果汁等多种产品形式可以满足他喝饮料的愿望。

(4)品牌竞争，即在满足消费者某种愿望的同种产品中不同品牌的竞争。假设那个消费者最终对果汁感兴趣，并偏爱美汁源品牌，则该品牌的产品在竞争中最后赢得了胜利。

品牌竞争是这四个层次中最常见和最显在的，其他层次的竞争则比较隐蔽和深刻。有远见的企业并不仅仅满足于品牌层次的竞争，还在关注市场发展趋势，在适当的时候积极维护和扩大基本需求。

3.2.6 公众

企业营销所面对的公众，是指对实现本企业营销目标有实际或潜在利害关系和影响力的一切团体或个人。公众可能会增强企业实现目标的能力，也可能妨碍这种能力。因此，企业应积极主动地采取措施，去成功地处理与主要公众的关系，而不是消极地应付等待。目前，许多企业建立了公共关系部门，专门筹划与各类公众的良好沟通，为企业营造宽松的营销环境。企业面临的公众包括以下 7 类。

（1）金融公众，即对企业融资能力有重要影响的团体，如银行、投资公司、信托公司、保险公司等。

（2）媒体公众，即报纸、杂志、广播、电视等具有广泛影响的大众传媒机构。这些公众对企业的声誉的宣传起着举足轻重的作用。

（3）政府公众，即负责管理企业业务经营活动的有关政府机构，如工商、税务、法律、物价、质量检验等部门。

（4）市民行动公众，即各种保护消费者权益组织、环境保护组织、少数民族组织、人权组织、动物保护组织等。

（5）社区公众，即企业附近的居民和社区组织。企业在营销活动中要避免与周围公众利益发生冲突，应指派专人负责处理这方面问题，并对公益事业做出贡献。

（6）一般公众，除了有组织的公众和社区公众外，其余都属于一般公众。一般公众并不会对企业采取行动，但他们对企业的印象却影响着消费者对企业及其产品的看法。因此，在一般公众心目中树立起良好的"公众形象"对企业的发展至关重要。

（7）内部公众，即企业内部所有人员，包括董事会、经理、职工等。企业应采取措施，经常向内部公众通报信息，以便对员工起到沟通和激励作用。内部公众对企业的态度也会影响到外部社会上的公众的态度。

3.3 间接营销环境

企业作为社会的细胞，它们的活动往往与其外部环境有着千丝万缕的联系。一方面，环境与企业相辅相成。营销环境及其正常变化可为企业细胞的新陈代谢提供必需的养料和条件；而无数企业细胞的正常活动又能促进营销环境的稳定。另一方面，环境与企业彼此制约。营销环境的异常变化有时可能超越企业细胞的承受能力，甚至会破坏企业细胞；而无数企业细胞的异常代谢或恶性增生又可能导致营销环境的恶化。因此，企业必须研究如何适应环境的变化，从而促进它的发展与成长。

企业的间接营销环境包括六大因素：人口、经济、自然、技术、政治法律与文化。营销者必须学会预测、理解和处理这些因素的变化，还必须了解各种法律限制，并对政治局势保持敏感。

3.3.1 人口环境

人口是市场营销人员最感兴趣的环境因素之一，因为市场是由人构成的。总人口、人口的地理分布和密度、家庭结构、年龄构成及人口增长率等对企业的营销计划都有显著影响。

1. 人口总量

人口问题是决定市场容量的主要因素之一。目前，世界人口已达 70 多亿，并以每年 1.2% 的速度增长，据此推算，至 2025 年世界人口将达 80 亿。世界人口问题的急剧增加，在给企业带来市场机会的同时也带来了环境威胁。首先,新增人口带来了基本生活资料需求,教育培训方面的需求增加,但同时也带来了资源的消耗增加,有限的资源可能不足以养活这么多人。其次,世界人口增长不均衡。增长最快的通常是不发达地区,而发达地区的人口出生率却为负增长。发达国家人口出生率下降,儿童减少,这势必造成儿童食品、服装及其他用品需求的下降,使生产婴幼儿产品的企业想方设法寻找其他出路。

2. 人口年龄结构

人口年龄结构是企业分析市场环境的主要内容之一,不同年龄层次的消费者因为生理和心理特征、人生经历、收入水平和负担状况的不同,有着不同的消费需要、兴趣爱好和模式。目前,人口老龄化是世界人口年龄结构变化的新特点。联合国认为,如果一个国家60 岁以上老年人口达到总人口的 10% 或者 65 岁以上老年人口占总人口的 7% 以上,那么这个国家就已经属于人口老龄化国家了。据了解,我国已经进入了老龄化国家的行列。

这一人口环境动向对市场需求的影响是十分深远的。市场对摩托车、体育用品等青少年用品的需求将会减少,但老年人的医疗和保健用品、生活服务、旅游和娱乐的市场需求将会迅速增加,构成一个庞大的、丰富多彩的新市场。

3. 人口地理分布

人口地理分布是指人口在不同地区的密集程度。任何一个城市、一个地区、甚至一个国家,其人口的分布绝不会是均匀的。中国的人口分布主要集中在东南沿海一带,人口密度向西北逐渐递减。

人们生活所在地区的自然和经济条件存在很大差异,对消费品的需求也不一样。在天气炎热的南方对空调和电风扇的需求量大,而在寒冷的北方则需要暖气设备和御寒服装;同样,农村居民和城市居民的消费偏好也有很大差异。对营销人员来说,尤其要注意到农民占中国人口的大多数,这是一个现实而潜在的巨大市场。同时还要注意到人口地理分布正在发生变化,总的趋势是从西北向东南,从内陆向沿海,从农村向城镇转移。

人口的地理分布同时也表明了不同的消费习惯及需求的特征。中国不同地区的食物结构就有很大不同,南方以大米为食,北方则以小麦为食。口味上也有“东辣西酸,南甜北咸”之分。人口的地理分布可以为企业准确地寻找自己的目标市场提供依据,对它的正确了解也可以有助于企业对产品的流向与流量做出判断。

4. 家庭单位和家庭人口数

一个地区或一个市场拥有多少家庭单位,与某些以家庭为单位的商品奔波人有密切的关系。例如:以每户家庭需要 1 台冰箱计算, 10 户家庭就需要 10 台冰箱,若 10 户家庭中又分离出 1 户家庭来,显然对冰箱的需求量又增加了 1 台。其他类似的商品还有很多。另外,家庭人口数的多少,对许多家庭用具的大小、容量有直接影响。目前,典型的中国家庭结构表现为三口之家,随着家庭规模的减小,带来了小包装食品、小容量电器等的热销。

随着职业女性的增加,引起市场上方便食品、速冻食品、节省家务劳动时间的用品以及照顾老人、儿童、家政服务的需求增大,从而为相关行业带来了良好的经营机会。

3.3.2 经济环境

对企业而言最主要的经济环境因素是社会购买力水平，购买力是构成市场和影响市场规模的一个重要因素。而整个社会购买力又直接或间接地受消费者收入、价格水平、储蓄、信贷等经济因素的影响。为此，企业要了解其所处的经济环境，就需要从以下三个主要经济因素展开分析：消费者收入水平、消费支出模式与消费结构、消费储蓄与消费信贷的状况。

1. 消费者收入水平

消费者的购买力来源于其收入。一个国家的个人收入平均水平是社会经济有关因素的综合反映。常用个人可支配收入和个人可任意支配收入两个指标，分析消费者的收入水平。同时，消费者并不是把全部收入用来购买商品或劳务，购买力只是收入的一部分。

个人可支配收入是指消费者的一切个人收入并不都是可以由自己支配的。个人收入中必须扣除应由个人缴纳的各种税款（如个人所得税等）以后，剩余部分才是个人可支配的收入。可见，个人可支配收入是真正影响消费者购买力水平的决定性因素。

个人可任意支配收入是指上述个人可支配收入实际上仍不是消费者所能任意支配的，因为其中的相当部分必须用来维持个人及家庭的生活或其他已固定的开支，如生活费、房租、保险费、通信费等，其后的余额部分才是个人可任意支配的收入。个人可任意支配收入是消费者用来扩大购买量及提高消费者水平的基础。

2. 消费支出模式与消费结构

随着消费者收入的变化，消费者支出模式会发生相应的变化，继而是一个国家或地区的消费结构也发生变化。西方一些经济学家常用恩格尔系数来反映这种变化。

$$\text{恩格尔系数} = \frac{\text{用于食物的支出}}{\text{全部消费者支出}}$$

食物支出占全部消费支出的比重越大，恩格尔系数越高，生活水平越低；反之，食物支出占全部消费支出比重越小，恩格尔系数越小，生活水平越高。可见，恩格尔系数是衡量一个国家、地区、城市、家庭生活水平高低的重要参数。

3. 消费储蓄和消费信贷的状况

消费者的购买力还要受储蓄和信贷的直接影响，当收入一定时，储蓄越多，现实消费量就越小，但潜在消费者量越大；反之，储蓄越少，现实消费者量越大，但潜在消费量就越小。可见，当收入一定时，消费储蓄影响着消费者的购买力在时间上的安排。作为企业营销者应当关注消费者的储蓄状况，合理制定营销策略，为消费者提供适时有效的产品和服务。

同时，消费者信贷对购买力也具有同样的影响。消费者信贷是消费者凭借信用先取得商品使用权，然后近期归还贷款，还款完毕即取得商品所有权。这实际上是消费者提前支取未来的收入，提前消费。

此外，一个国家或地区整个经济发展水平、经济体制及城市化程度也是企业必须关注的经济环境因素。一方面，企业的营销活动要受到国家或地区整体经济发展水平的制约。

经济发展阶段不同，居民收入不同，对产品的需求也不一样，从而在一定程度上影响企业营销。另一方面，不同经济体制对企业营销活动的制约和影响不同。一个国家的城市化程度高，有利于新产品、新技术在市场中的推广。

3.3.3 自然环境

任何企业的生产经营活动与自然环境息息相关，因为无论制造哪种产品都需要原材料、能源和水资源等。随着生产活动范围的扩大，同时也由于前些年对环境保护的忽视，中国的自然环境在几十年里已遭受了不可弥补的破坏。各种资源的短缺将对企业的生产和经营活动形成很大的制约。

案例 3-2

地球上的自然资源有三类。第一类是“取之不尽，用之不竭”的，如阳光、空气。目前这类资源面临被污染的问题。第二类是“有限但可更新”的，如森林、粮食。目前这类资源由于生产的有限性和生产周期长，再加上对森林滥砍滥伐，导致生态失衡，影响其正常供给。第三类是“有限又不可更新”的，如石油、煤等。这类资源都是初级产品，政府对其价格、产量、使用状况控制较严。对企业来说，面临两种选择：一是科学开采，综合利用，减少浪费；二是开发新的替代资源，如太阳能、核能。

政府与公众对环境保护的关心，一方面限制了某些行业的发展，另一方面也造成了两种营销机会：一是为治理污染的技术和设备提供了一个大市场；二是为不破坏生态环境的新的生产技术和包装方法创造了营销机会。

3.3.4 技术环境

技术环境变化对企业的生产和销售活动有直接而重大的影响，尤其是在面临资源严重短缺的今天，技术往往成为决定人类命运和社会进步的关键所在。

新技术革命的兴起，创造了许多新的市场和新的机会，同时又给许多传统行业带来环境威胁，如晶体管淘汰了电子管，数码技术淘汰了模拟技术。每一种新技术的出现都是对老技术市场毁灭性的打击。

当今世界正在发生着翻天覆地的变革，知识经济正在向我们走来。知识经济时代给企业带来全球性的、技术上和管理中的挑战。知识经济的出现，迫使企业要重新反思它的业务使命和营销战略。过去赖以制胜的市场假设、观念、技术和组织形式，如今要再发展和重组。当前，一句响亮的营销口号是“优秀的公司满足需要，而伟大的公司创造市场”。企业只有创新，才能不被时代淘汰，才能持续保持竞争力。技术创新是一项关系企业全局和长期发展的一件大事。

3.3.5 政治法律环境

案例 3-3

2001 年 9 月 11 日恐怖分子乘飞机撞击纽约世贸中心大楼和五角大楼的事件发生后，

美国的安全形象受到严重破坏。尽管事件发生在东海岸，但位于西海岸的加州却是重灾区。该州去年一年接待外国游客640万，旅游收入高达70亿美元，而“9·11”恐怖袭击事件使美国的旅游业遭受前所未有的重创，外国游客急剧减少，大量旅游计划取消，旅游业主叫苦不迭。

专家认为，美国旅游业这次所遭受打击的严重程度甚至超过了1991年海湾战争的冲击。这次打击更为严重的地方在于“心理打击”，负面影响需要一年的时间才能消除。

企业的经营活动是社会经济生活的组成部分，而社会经济生活总要受到政治法律生活的影响，因此，企业营销者要对政治法律环境有明确的了解，否则将招致不可逆转的损失。

企业市场营销的政治法律环境包括政治形势、经济形势和法律法规等。

政治环境是指企业营销的外部政治形势，包括目前国际、国内政治态势和走势。

经济政策主要指与营销有关的国家财政政策、货币政策、劳动工资政策与对外贸易和国际收支政策，如汇率、减税、资本和技术引进政策等。

法律法规主要指由政府颁布的与企业营销有关的各种法规、法令、条例等。从立法的目的来看，主要有三类：一类是为了保护企业相互之间的利益，防止不正当竞争的法规；一类是为了保护消费者利益，免受不公平商业行为损害的法规；一类是为了保护社会利益，以防不受限制的商业行为损害的法规。因此，企业营销者必须具有相关法律知识，使营销行为符合法律要求。

3.3.6 社会文化环境

每个人都生长在一定的社会文化环境中，并在一定的社会文化环境中生活和工作，他的思想行为必然受到这种社会文化的影响和制约。所谓社会文化环境，是指在一种社会形态下已经形成的信息、价值、观念、宗教信仰、道德规范、审美观念以及世代相传的风俗习惯等被社会所公认的各种行为规范。社会文化强烈影响着消费者的购买行为，社会文化环境对营销工作的影响主要体现在以下方面。

1. 文化价值观

文化价值观包含了人们的知识、宗教、信仰、生活价值观等。消费者的文化价值观来源于父母的言传身教，并通过社会舆论、公共媒体等渠道不断强化。文化价值观在人的少年时期就已经形成，而且一旦形成就具有高度持续性，很难改变，文化价值观对消费者行为的影响是决定性的。

2. 风俗习惯

不同国家、地区、民族的人们都有各自不同的态度和看法，风俗习惯也各异。因此导致人们对一些商品的需求产生很大差异。如西方人过圣诞节要吃火鸡，装扮圣诞树。而中国人过春节时要吃饺子，放鞭炮。如果企业营销者在进行营销决策时，不注意了解和考虑文化习俗差异对商品需求的影响就不可能取得成功。

案例 3-4

过去，我国出口的黄杨木刻一向用料考究，精雕细刻，以传统的福禄寿星或古装仕女图案行销亚洲一些国家和地区。后来出口到欧美一些国家,发现他们对中国传统的制作原料、制作方法和图案不感兴趣,因为与亚洲人相比,欧美人的价值观、审美观大不一样。因此,我国工艺品进出口公司一改过去的传统做法,用一般杂木做简单的艺术雕刻,涂上欧美喜爱的色彩,并加上适用于复活节、圣诞节、狂欢节的装饰品,很快在西方市场打开了销路。

3. 审美观念

不同国家、民族、文化层次的个人对商品好坏评价是不一样的,这也是由审美观念不同所造成的。审美观是人们对事物的好坏、美丑、好恶的评价。人们的审美活动可以通过数字、颜色、图案、音乐的喜好或忌讳来体现。如中国人喜欢6、8这几个数字,忌讳4,而西方基督徒则忌讳13;白色在西方被视为纯洁的颜色,通常出现在婚礼中,而在中国则是出现在葬礼中。

消费者个人的审美活动实质上反映了一个时代、一个社会、一种文化中的人们共同的审美观念和审美趋势。这种审美观会随着环境和物质条件的变化而变化。比如,传统的中国美女是瓜子脸、大眼睛、樱桃小口,但如今我国年轻一代在审美方面追求个性化、时代感。

4. 宗教

宗教对于人的生活方式、价值观念、购买商品的种类和购买行为都具有深刻的影响。在西方,大多数国家圣诞节前夕是消费者购买的高峰期;而在东方,如中国、越南等则在春节前购买各种商品。这些不同的节日都直接影响着企业销售的日程。

5. 语言

人类的全部思想通过语言来交流。一种语言只能在一些国家和地区被理解和使用。所以语言是文化中最重要的要素,语言被称为“文化的镜子”。

案例 3-5

不同国家使用不同的语言文字,语言文字的转换是信息沟通的基本前提。可口可乐进入中国市场时,先根据 Coca Cola 的英文发音,译成“可渴可蜡”。产品投放中国市场销量很低,因为没人愿意口渴时喝一口蜡。在精通英文的中国专家帮助下,改译为“可口可乐”,这种翻译音准佳,博得人们的喜爱。

营销新视野:绿色营销

1993 年 Water Codington 提出了绿色营销的内涵是“将环境管理认知并作为事业发展的义务和成长机会的营销活动”。这便是早期的绿色营销观念,它是环境问题强化的产物。英国威尔斯大学 Ken Peattie 教授在其所著的《绿色营销——化危机为商机的经营趋势》一书中指出:“绿色营销是一种能辨别、预期及符合消费的社会需求,并且可带来利润及永续经营的管理过程。”

国内学者主要从三个角度进行了系统概括。

(1)绿色营销的主体是企业。企业进行绿色营销的出发点和落脚点在于经营活动后实现赢利,特别是在新经济危机形势下寻求摆脱经济困窘,这与市场经济条件下企业经营本质契合。

（2）绿色营销的对象是消费者（广泛意义上的消费者）。企业通过市场调查、产品开发、定价和分销以及售后服务等一系列手段，最终使消费者让渡价值获得使用价值，企业自身让渡使用价值而获得价值。

（3）绿色营销客观上有利于有限资源的优化配置，保护社会环境和消费者（广泛意义上的消费者）的心理环境，实现消费者、企业、社会"魔术三角"利益的有机结合。

3.4 市场营销环境分析

企业对营销环境的适应，既是营销环境的客观性要求，也是企业营销观念的要求。在客观环境面前，适应环境就能创造竞争优势。企业的决策活动有赖于对市场营销环境的分析。企业的营销活动从本质上说，就是企业利用自身可控的资源不断适应外界环境不可控因素的过程。

案例 3-6

20 世纪 70 年代末，美国消费者由于意识到交通拥挤问题和环境污染问题，乘公共汽车的人和骑自行车的人逐渐增多，这对整个汽车行业都是个极大的威胁。丰田汽车公司分析了这一威胁的严重性，认识到这种倾向背后的深层原因，推出了"皇冠"汽车，该车停靠方便，转向灵活，油耗极低，备受消费者青睐，成功地变"威胁"为"机会"。顺利进入了美国市场。

3.4.1 环境分析的基本态度

市场营销环境的动态性，使企业在不同时期面临着不同的市场营销环境。对营销环境的分析和评价，始终是营销者制定营销战略、策略和计划的依据。高明的营销都严密地监视和及时预测相关环境的发展变化，善于分析、评价和鉴别由于环境变化造成的机会与威胁，以便于工作采取相应的态度和行为。一般而言，企业营销者对环境分析的基本态度有两种。

1. 消极适应

消极适应认为环境是客观存在的、变化莫测的、无规律可循的。企业只能被动地适应而不能主动地利用。因此，企业只能根据变化了的环境来制定或调整营销策略。持这种态度的营销者忽视人和组织在营销环境变化中的主观能动性，而始终跟在环境变化的后面走，维持或保守经营，缺乏开拓创新精神，故而难以创造显著的营销业绩，容易被激烈竞争的市场所淘汰。

2. 积极适应

积极适应认为在企业与环境的对立统一中，企业既依赖于客观环境，同时又能够主动地认识到适应和改造环境。营销者能动地适应环境，主要表现在三个方面：一是认为不可控的环境因素的发展变化是有规律可循的，企业可以借助于科学的方法和现代营销研究手段，提示环境发展变化规律，预测其趋势，及时调整营销计划与策略；二是把适应环境的重点放在研究环境发展的变化趋势上，根据环境变化趋势制定营销战略，使得在环境发展发生实际变化时，不至于措手不及，也不会跟在变化了的环境后头而被动挨打；三是通过各种宣传手段，来创造需求、引导需求，以影响环境、创造环境，促使某些环境因素向有利于企业目标的方向发展。

任何企业都面临着若干环境威胁和市场机会。然而，并不是最近以来所有的环境威胁都一样大，也不是所有的市场机会都有同样的吸引力。企业的最高管理层可以用“环境威胁矩阵”和“市场机会矩阵”来加以分析、评价。

3.4.2 市场机会分析

对市场机会进行分析评价基于以下两点：机会的潜在吸引力和市场机会实现的可能性。市场机会评价矩阵如图 3-2 所示。

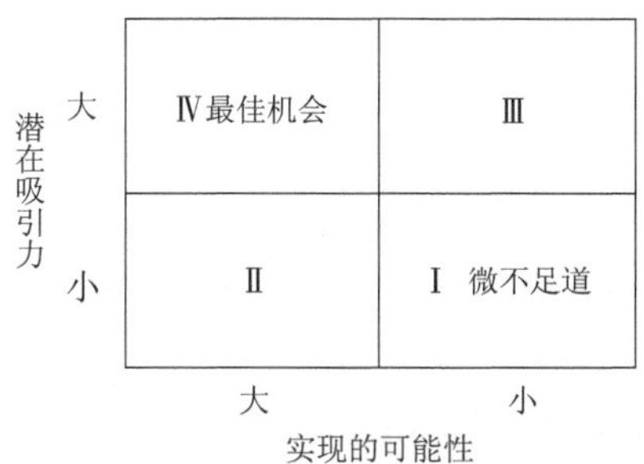

图 3-2 市场机会评价矩阵

将有可能成为本企业的市场机会描绘在矩阵上，然后按照机会所处位置，采取相应的对策。图 3-2 中，Ⅳ象限是最好的市场机会，其潜在吸引力和成功的可能性都大；而Ⅲ象限的潜在吸引力虽然大，但其成功的可能性小；Ⅱ象限虽然成功的可能性大，但潜在的吸引力小；而第Ⅰ象限的潜在吸引力与成功可能性都小，这种市场机会不宜利用。

3.4.3 环境威胁分析

如图 3-3 为环境威胁分析与评价矩阵。

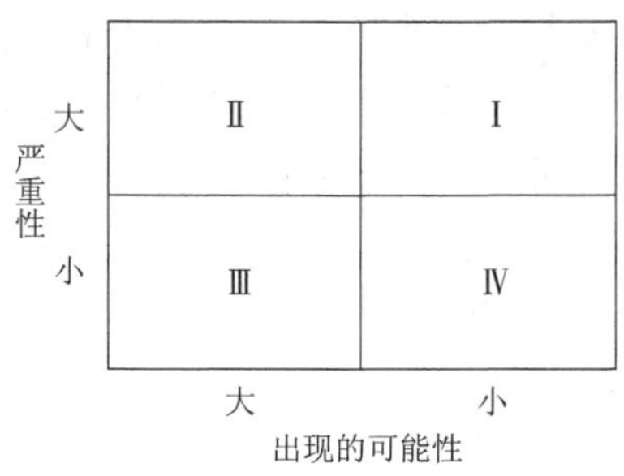

图 3-3 环境威胁分析与评价矩阵

据图 3-3 可知，Ⅳ象限威胁最小，企业可不予理会；Ⅰ、Ⅲ象限威胁性适中，企业应予以一定的重视，并且必须防止威胁出现的可能性和其潜在的严重性由小变大；Ⅱ象限的威胁最大，应予以足够重视，应制定相应措施，尽量避免损失或使损失降为最小。

3.4.4 威胁—机会综合分析

企业在经营过程中，环境机会与环境威胁通常是相伴相随的。在机会与威胁的双重影响下，可能得出4种不同结果。图3-4为环境分析综合评价矩阵。

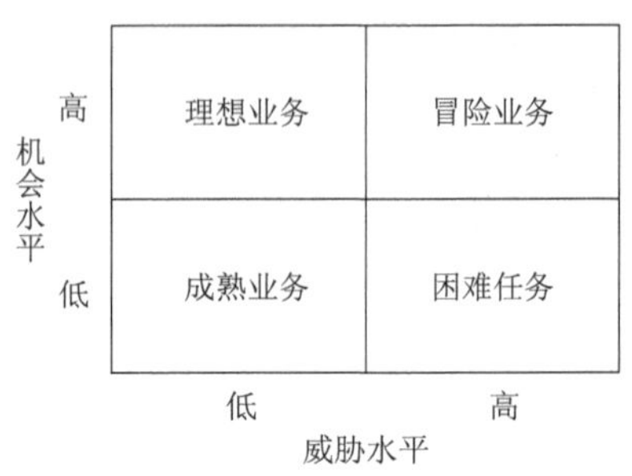

图3-3 环境分析综合评价矩阵

（1）理想业务：必须抓住机遇，迅速行动。

（2）冒险业务：应全面分析自身优势与劣势，扬长避短，创造条件，争取突破性发展。

（3）成熟业务：作为企业常规业务，维持企业正常运转，为开展理想业务和冒险业务准备必要条件。

（4）困难业务：努力改变环境，走出困境；立即转移，摆脱困境。

营销新视野：金字塔底部的机会

BOP的英文全称为“bottom of the pyramid”，即（经济）金字塔的底层。根据财富和收入能力，位于金字塔顶端的是富人，拥有大量获取高额收入的机会；超过40亿每日收入不足2美元的庞大人口群体，生活在金字塔的底层。

在过去的50多年里，世界银行、捐赠国、各种国际援助机构、各个国家的中央政府以及稍后加入的民间社团组织都想尽办法要消灭贫困，但无一达到目标。

意识到这一令人沮丧的事实，C.K.普拉哈拉德（C.K.Prahalad）在他的著作《金字塔底层的财富》（*The Fortune at the Bottom of the Pyramid*）里提出了一项非常简单却极其革命性的主张：不要再把贫困群体看作受害者或社会负担，而要把他们视为有活力、有创造力的企业家和有价值的消费者，那样一个崭新的机会之门就将打开。

Prahalad认为，40亿贫困人口将是下一轮全球贸易和繁荣的发动机，将是无穷无尽的创新之源。服务金字塔底层的消费者，需要大公司与民间社团组织、地方政府的通力协作。此外，金字塔底层市场的发展也将孕育成千上万个草根企业。

Prahalad将自己的这一消除贫困主张称之为“共同创造（Co-Creation）”的解决方案，即经济发展的同时实现社会变革。

3.4.5 应对环境威胁的策略

1. 反抗策略

反抗策略即企业通过一定手段限制或扭转不利局面的发展。如通过各种方式促使政府通过某种法令或达成某种协议，或制定某项政府来改变环境的威胁。例如，长期以来日本的汽车、电器等产品源源不断地流入美国市场，而美国的产品，尤其是农产品却遭到日本贸易保护政策的威胁，美国的牛肉、柑橘等不能自由进入日本市场。美国政府为了打破这一严重的环境威胁，一方面，在舆论上提出美国消费者愿意购买日本优质汽车、家电产品，美国政府不加限制，为何不让日本消费者购买便宜的美国牛肉和柑橘？另一方面，美国向有关国际组织提出了起诉，要求仲裁。同时提出，日本政府如不改变农产品贸易保护政策，美国也将对进口日本工业品采取限制政策，最终迫使日本放开了国内市场。

2. 减轻策略

减轻策略即企业通过改变营销策略，以“减轻环境威胁”的程度。例如，世界上有很多国家都不允许烟草企业做商业广告。因此，很多烟草企业采用做公益广告、从事公益事业、赞助影视剧等方式来宣传产品，抵消这一环境威胁带来的不利。

3. 转移策略

转移策略即将产品转移到其他赢利更多的产品行业，实行多元化经营。例如，美国强生公司多年来的服务对象主要是婴儿，但是随着美国人口出生率的降低，人口呈老龄化趋势，市场对儿童服装、玩具、食物等商品的需求呈下降趋势，这对强生公司造成威胁。因此，公司采取转移策略，将婴儿食品、玩具等商品大量销往国外，转移到国外市场。同时，在国内开展老年人寿保险、饭店、旅游等多项业务，从而保证了该公司的持续发展。

【本章小结】

所谓市场营销环境是指影响和制约企业营销活动的各种内部及外部因素的集合。根据营销环境对企业市场营销活动发生影响的方式和程度，可将市场营销环境分成两大类：直接营销环境和间接营销环境。

直接营销环境主要包括企业、供应商、顾客、竞争者、营销中介和社会公众。

间接营销环境主要包括人口环境、经济环境、自然环境、科技环境、政治法律环境和社会文化环境。

市场营销环境分析主要是对机会和威胁分析，并根据分析采取应对策略。

【关键术语】

市场营销环境 恩格尔系数 恩格尔法则 可支配收入 可自由支配收入

【案例扩展阅读】

案例 1

日本电视机进入中国

1979 年，我国放宽对家用电器的进口。当时，日本电视机厂商首先分析了中国市场需求特点，从市场营销角度将市场视为由人口、购买力及购买动机构成的，认为中国有 10 亿人口，人均收入虽较低，但中国人有储蓄的习惯，已形成了一定的购买力，中国消费者有着对电视的需求。日本电视机厂在分析中国电视机市场需求特点的基础上，制定了相应的市场营销策略以满足中国消费者的需求。如果说到这个地方还不能称之为真正的市场营销，下面看看日本人是怎么做的，你就会明白市场营销的作用了。日本人从下面四个方面对自己进入中国市场进行分析和计划。

(1)在产品策略方面，日本人分析：中国电压系统与日本不同，必须将 110 伏改为 220

伏；中国电力不足，电压不稳定，需配置稳压器；要适合中国住房面积小的特点，应以12~14英寸电视机为主；要提供质量保证及修理服务。

（2）在分销策略方面，日本人分析：当时国内还未设立国营商店分销进口电视机的渠道，故由港澳国货公司和代理、经销商推销；通过港澳同胞携带电视机进内地，由日本厂商用货柜直接运送到广州流花宾馆。

（3）在促销策略方面，日本人分析：主要采用广告策略，在香港电视台发动宣传攻势；在香港《大公报》《文汇报》等报刊大量刊登广告；在香港电视台介绍有关日本电视机的知识。

（4）在定价策略方面，日本人分析：考虑当时中国尚无外国电视机的竞争，因此，价格比中国同类电视机的要高。日本电视机厂在有针对性地采取市场营销策略的基础上，将电视机源源不断地推向中国市场 。

从以上分析中，企业可以有哪些借鉴？

案例2

最新人口普查

2011年4月28日上午10时，国务院新闻办举行新闻发布会，国务院第六次全国人口普查领导发布第六次人口普查数据。

小组副组长、国家统计局局长马建堂发布2010年第六次全国人口普查主要数据公报（第1号），并答记者问。

国家统计局当日发布第六次全国人口普查主要数据公报，数据显示，全国总人口为1 339 724 852人。与2000年第五次全国人口普查相比，十年增加7 390万人，增长5.84%，年平均增长0.57%，比1990年到2000年的年平均增长率1.07%下降了0.5个百分点。数据表明，我国人口增长处于低生育水平阶段。

老龄化进程逐步加快。这次普查显示，60岁及以上人口占全国总人口的13.26%，比2000年上升2.93个百分点。

城镇人口比重大幅上升。这次人口普查显示，居住在城镇的人口为66 557万人，占总人口的49.68%，居住在乡村的人口为67 415万人，占50.32%。同2000年相比，城镇人口比重上升13.46个百分点。

流动人口大量增加。这次人口普查显示，同2000年相比增加11 700万人，增长81.03%。

这次人口普查覆盖大陆31个省、市和自治区。根据人口普查主要数据公报（第1号），将港、澳、台2010年底人口数据计入在内的全国人口总数为1 370 536 875人。

资料来源：http://baike.so.com/doc/2224717-2353991.html

思考：从这次人口普查数据中，你能发现哪些营销机会和威胁？

案例3

二孩政策

2015年12月21日，全国人大常委会审议《中华人民共和国人口与计划生育法修正草案》：全国统一实施全面二孩政策，提倡一对夫妻生育两个子女！符合政策生育的夫妻可获得延长生育假的奖励或其他福利待遇。草案还删除了“晚婚晚育夫妻、独生子女父母可获得奖励”的条款。十二届全国人大常委会第十八次会议12月21日至12月27日在北京召开，此次会议初次审议了《中华人民共和国人口与计划生育法修正案草案》，该修正案于2016年1月1日起施行。

2015年10月29日下午，中共十八届五中全会公报决定全面实施一对夫妇可生两个孩子的政策。消息一出，就受到全国人民的高度关注，连朋友圈都被刷屏了。这其中，最高兴的莫过于正处在婚育年龄的“80后”“90后”们，到底要不要再生一个小孩的话题已经充斥着大街小巷。而“二孩政策”一放开，受益最大的无疑是婴幼儿奶粉行业，国产奶粉也有望在与洋品牌的新一轮竞争中扳回一局，实现华丽转身。

“全面二孩”政策自2016年1月1日起正式实施，在二孩政策的首秀之年，母婴产业链上的各路力量都紧盯着二孩经济这一巨大的蛋糕，奶粉、纸尿裤、儿童服装等婴童产品生产商都铆足了劲，母婴店及母婴电商也在摩拳擦掌，躁动的还有资本方。据国家卫计委最近公布的生育意愿调查显示，超八成人想生二孩，易观智库发布的数据报告表示，从今年开始婴儿的出生会迅速增加，预计到2017年会有1 784万新生儿诞生，2018年则会有1 808万，以后还会逐年递增。庞大的婴幼儿数预示着愈加丰富的市场需求，2016年为母婴市场的决战元年。

作为婴幼儿成长的刚需产品、高频次消费产品，婴幼儿奶粉生产商无疑是二孩政策启动后最直接的受益者，二孩政策带来的市场增量让被价格战和高库存困扰的婴幼儿奶粉生产商看到了光明。

一大波奶粉企业争相开拓在中国市场的销售渠道。1月6日，荷仕兰（中国）乳业有限公司宣布，将在中国市场推出两款从澳洲原装进口的中高端婴幼儿奶粉，瞄准中高端消费人群。除了荷仕兰大力进入中国市场外，新西兰一些奶粉品牌也正在考察进入中国市场的机会。而随着欧洲取消了实施30年的牛奶配额制度，欧洲婴幼儿配方奶粉也将涌入中国市场，行业竞争加剧。

在巨大的市场前景面前，曾因为三聚氰胺事件元气大伤的国产奶粉生产商则酝酿着逆袭。2015年中国奶粉市场前五名“清一色”都是外资品牌，可喜的变化是，国产奶粉伊利、飞鹤乳业都挤进了前十名，分列奶粉市场排名第六位、第七位，而打出的“更适合中国宝宝的奶粉”的旗号成了国产奶粉品牌“逆袭”外资品牌的不二选择。

《2016—2021年中国母婴O2O市场前瞻与投资战略规划分析报告》指出：当前国内消费者对国产奶粉的消费信心依旧不足，进口奶粉市场份额持续增加。加之二孩政策放开，市场空间增大以及新政即将出台、行业洗牌提速等因素影响，预计今年下半年或明年上半年，将会有越来越多的原装进口奶粉进入中国市场，争夺市场份额，行业竞争将会更加激烈。

想要全力抓住二孩政策全面启动带来的巨大的市场机遇不只有婴幼儿奶粉生产商，纸尿裤、孕婴童服装等领域的企业都在摩拳擦掌。除了实物生产商，围绕着孕婴童的服务提供商也成为一股不容小觑的力量。婴幼儿奶粉、纸尿裤的市场已经成为红海，未来教育、健康等领域将成为蓝海。

服务类的需求将快速地进行整个产业的进一步的裂变和发展。数据显示，2015年母婴市场交易规模是2.3万亿，线上部分为3 600亿，由于人口增速的提升，整体母婴行业市场出现30%的增速。渠道商则是另一片新天地。在对二孩市场的争夺战中，超市、大卖场等传统零售渠道的力量正被削弱。以孩子王、乐友孕婴童为代表的母婴店以及最近两年涌现的母婴电商成了中坚力量。

2014年、2015年母婴电商的市场规模出现3位数的增长，这也意味着每年母婴电商的交易规模都在翻倍。受益于消费升级和中等收入群体崛起的人口红利，母婴电商呈现爆发式增长，但由于在供应链上与国外差距甚远的母婴电商处在一片混战中，最先尝到人口红利甜头的线下母婴店也开始寻求出路。电商崛起，实体店并非失去了自己的优势，实体店和网商这两种渠道其实是并存的，以前零售业不发达，好的商品往往要加价好多倍去卖，这自然对消费者不利。如今要通过买手的方法给商品做组合，并且通过规模效应打造高效的供应链，而不是靠牺牲自己的利润，因为这是不能长久的。未来渠道所获得的佣金将无限趋近于零，只有真正可以创造价值的渠道才有存在的必要。

母婴市场在巨大的市场前景的感召下，资本也狂热起来。2015年几家规模较大的母婴公司疯狂扩张势力，其背后是资本力量在推动。数据显示，截至2015年11月，母婴行业当年共完成投融资项目34个，融资金额超70亿元，大部分融资项目都在C轮以上。市场的巨大增量空间加速了投资方的狂热，伴随着二孩政策不但机会在增加，也问题也在增加。

在万亿级的市场和巨大的增速面前，母婴行业最终将成为一个巨头行业已成为共识，生产商、零售商、渠道商、服务商、资本方都在摩拳擦掌，在混战中有望诞生新的巨头。

资料来源：http://www.srssn.com/ZhengCeGaiGe/484253.html

思考：评估中国二孩政策带来的营销机会。

【营销实践小项目】

1. 调查学校所在区域居民收入状况以及对未来经济预期，根据调查结果，对在该区域从事保健品销售的企业提供一份应该如何改变营销组合的报告。

2. 举3个例子说明科技如何有助于企业。举例说明不紧跟科技变化给企业带来的负面影响。

3. 观看3~5年的中央电视台的3.15晚会，你能说出哪些领域的消费者权益需要保护吗？

第4章　市场购买行为分析

【知识目标】

1. 了解消费者市场、组织市场的购买行为的内容、特点。
2. 掌握刺激—反应模型。
3. 掌握影响消费者购买决策的主要因素。
4. 掌握消费者购买决策过程的具体步骤与内容。
5. 了解组织市场购买行为的影响因素与决策过程。

【技能目标】

1. 学会应用影响不同市场购买行为的主要因素分析不同市场的购买决策过程。
2. 能根据各类市场特点制定市场营销策略。

【导入案例】

史玉柱的《征途》

2004年10月,盛大公司的一批研发人员走出去寻找投资。史玉柱连忙投入2 000万元网罗这批人才,开发起一款名为《征途》的游戏。开发这款游戏,史玉柱不只是一个简单的投资人,而且是一个研发的领军人物。

从顾客那里获得创业经验。没有经验,是史玉柱从事所有创业的资本。他不需要经验,他只需要把自己与繁华的世界隔离开来,专注于网游研发。史玉柱了解顾客的方式:找玩家聊天。据说,史玉柱坚持在开发这款游戏的过程中与2 000个玩家聊天,每人至少2小时。按2小时计算,2 000个人,就是4 000个小时。一天按10个小时计算的话,也要聊天400天。

绝不凭想象理解每一位潜在顾客。如此浩大的工程!史玉柱本可以找十几个人聊聊天就行了,其他凭借想象,也可以有个八九不离十。可史玉柱不这样想。每个人都是一个宇宙,都有闪光点,把分散在许多人身上的闪光点汇集在一起,就有了无人匹敌的竞争力。有目的地用400天去了解2 000人,绝对需要毅力。跟人聊天很容易,尤其是目的性不强的聊天,很可能是难得的消遣。可是真要咬定目标去与新新人类聊400天而不生出厌倦来,史玉柱怕是第一人。

了解什么?

在4 000多个小时的聊天过程中,他洞悉了网游的乐趣、激情、义愤、郁闷、心跳、欢畅、紧张、算计、张狂、好奇、窃喜、嫉妒、悔恨、无奈、宣泄、控制、霸气、说一不二、依剑昆仑、饮马天河的干云豪气等。所有这些复杂的甚至对立的情绪,他先前还没有体验过,甚至连想象都不可能,现在他却了如指掌。给所有这些情绪一种载体,一种释放机制,正是《征途》最吸引人的地方。40多岁的史玉柱,平心静气地进入了十几岁少年的情怀。对人性的这种把握和定力,是史玉柱主导的《征途》不同于任何一个网游的根本所在。

基于顾客分析的营销对策。

(1)市场选择。一般人通常会把网游的市场定在城市,而史玉柱却偏偏把它定义为农村市场和中小城市市场。

(2)全国设立了1 800个推广办事处,一年之间将推广队伍扩充到2 000人。

(3)游戏海报贴到每一个农村网吧。农村网吧土气,是被人忽视的角落,有商家上门免费送张贴画,网吧老板们乐呵呵地接过《征途》游戏海报,在网吧显眼处张贴。

(4)"定期"包机农村网吧,全国统一组织比赛——将网吧内所有机器全部包下来只允许玩《征途》游戏。全国5万个网吧同时参加活动,一个月的费用上百万。农村网吧上座率低,包场当然是求之不得的天大好事。

(5)价格折扣。推出了网吧分享卖《征途》点卡的10%的折扣。打出了"给玩家发工资"的广告。只要玩家每月在线超过120小时,就有可能拿到价值100元的"全额工资"。工资虽以虚拟货币的方式发出,但玩家可以通过与其他玩家的交易而获得现金。

在史玉柱看来,公司的头号问题,不是技术,不是战略,不是模式,不是体制,而是客户需要的变化。

4.1 消费者购买行为模式

4.1.1 不同市场分类

对于市场分类,可以采取不同方法和按照不同标准进行,但既然我们所讲的市场是指对商品或服务有需求的人或组织,那么,对市场的分类也就应以谁在市场上购买为依据。

由于市场上的购买者有两大类,即个人和组织,从而根据购买主体的不同就可以将整个市场分为两大市场,即个人市场和组织市场。个人市场的购买主体是个人或家庭,其购买商品的目的是为了满足个人或家庭成员的生活消费需要,因此,个人市场也称为消费者市场或生活资料市场。组织市场的购买主体是团体或组织,包括生产企业、商业企业、服务企业、政府机构市场等。

组织市场是由各种组织机构形成的对企业产品和劳务需求的总和。根据组织市场上购买者的购买目的不同,它可分为三种类型,即产业市场、中间商市场和政府市场。

产业市场又叫生产者市场、组织市场或生产资料市场。它是指一切购买产品和服务并将之用于生产其他产品或服务,以供销售、出租或供应给他人的个人和组织。

中间商市场是指那些通过购买商品和劳务以转售或出租给他人获取利润为目的的个人和组织。

政府市场是指那些为执行政府的主要职能而采购或租用商品的各级政府单位。也就是说,一个国家政府市场上的购买者是该国各级政府的采购机构。

消费者需求是人类社会的原生需求,组织市场需求都由此派生而来。因此,消费者市场是最终消费市场,它是现代市场营销理论研究的主要对象。成功的市场营销者是那些能够有效地发展对消费者有价值的产品,并运用富有吸引力和说服力的方法将产品有效地呈现给消费者的企业和个人。因而,研究消费者市场的特点、影响消费者购买行为的主要因素及其购买决策过程,对于开展有效的市场营销活动至关重要。

4.1.2 消费者市场需求及消费者购买行为的特点

相对于组织市场而言,消费者市场需求及消费者购买行为具有以下特点。

(1)购买者多。从理论上讲,有多少个社会成员,就有多少个购买者。

(2)购买批量少批次多。消费者市场的购买是属于小型购买,每次购买的数量少,购买的次数多。

(3)分布广泛。人的足迹遍布世界的各个角落,就使得生活资料商品的购买者在地理分布上非常分散,这种情况使得生活资料商品有比较长的销售渠道,有比较多的中间商。

(4)非专家式的购买。购买过程中较多感情型、冲动型的购买,并易受舆论和广告宣传的影响。

(5)需求弹性较大,可诱导性强。

4.1.3 消费者购买行为的刺激反应模型

消费者的实际购买行为是千差万别的,但其中有许多人的购买行为却非常相似,这就构成了不同消费群体的购买行为模式。研究消费者购买行为的理论中最具有代表性的是刺激—组织—反应(S—O—R)理论模型(如图 4-1 所示)。

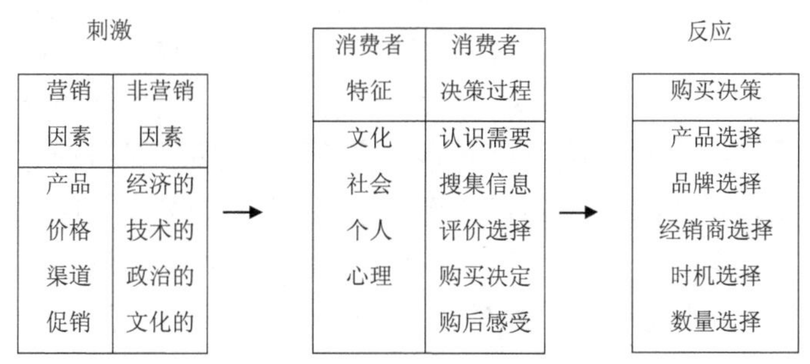

图 4-1 消费者购买行为模式

该理论认为:消费者的购买行为是在受到某种刺激后做出的一种反应。刺激因素归为两种类型:①营销因素,包括产品、价格、渠道和促销等因素;非营销因素,包括经济、技术、政治以及文化等因素。消费者在购买过程中做出的决策是对产品、品牌、经销商、购买时间及数量做出的选择,是对刺激因素的“反应”。现在的问题是,对于同样的刺激因素,消费者的反应往往并不一样。这是因为对于相同的刺激或不同的刺激,不同行为个体的心理反应不同,就会产生行为的差异。由于企业不能对特定个体的心理完全了解,在消费者购买行为中,这种现象被称为购买者“黑箱”(black box)。 购买者“黑箱”包括两个部分,第一部分是购买者的特性。购买者特性受到许多因素的影响,并进而影响购买者对刺激的理解和反应,不同特性的购买者对同一种刺激会产生不同的理解和反应。第二部分是购买者的决策过程。它直接影响最后的结果,本章所要着重研究的就是这部分。

在瞬息万变的市场上，营销人员不可能完全了解市场上成千上万的消费者“黑箱”，但是通过对行为中带有规律性的反应的观察和分析，能够基本掌握行为的规律性。这正是建立“消费者购买行为模式”的意义。同时，通过建立这个行为模式，也能得到如何研究消费者购买行为的基本方法：通过分析购买者“黑箱”中“购买者行为特征”的影响因素和“购买者决策过程”这两个行为心理过程，来掌握消费者购买行为的形成与变化规律。

4.2 消费者购买行为的影响因素

消费者购买行为及其决策不仅仅是消费者个人的事情，在很大程度上还受到环境因素的综合影响。消费者购买行为主要受营销组合因素和非营销组合因素的影响。这里侧重分析文化、社会、个人和心理等非营销组合因素的影响。

4.2.1 文化因素

文化、亚文化和社会阶层等文化因素，对消费者的行为具有最广泛和最深远的影响。文化因素对消费者行为的影响最难以识别，且是最广泛、最深远的。文化是人类欲望和行为最基本的决定因素，低级动物的行为主要受其本能的控制，而人类行为大部分是通过学习而获得的，在社会中成长的儿童通过其家庭和其他机构的社会化过程，学到了一系列基本的价值、知觉、偏好和行为的整体观念。社会阶层是重要的文化因素之一，社会阶层是指社会中按等级排列的具有相对同质性和持久性的群体，每一阶层的成员具有类似的价值观、兴趣爱好和行为方式。具体来说，社会阶层有以下特点：①相同社会阶层中人的行为要比两个不同社会阶层中人的行为更为接近；②人们以所处的社会阶层来判断一个人的地位；③某人所处的社会阶层是由职业、收入、财产、教育和价值取向等多种变量而不是由其中的一种变量决定的；④个人可以改变自己所处的社会阶层。这种改变的幅度随各社会阶层森严程度而各异。正因为社会阶层具有这样的特点，市场营销者才可以通过对社会阶层的识别来进行市场细分，从中选择目标市场，并进行恰当的市场营销策略安排。

4.2.2 社会因素

消费者的购买行为也受到诸如参照群体、家庭、社会角色与地位等一系列社会因素的影响。在中国，消费者购买香烟受参照群体影响很大，尤其是在年轻人中更为明显。

1. 参照群体

参照群体是指那些直接或间接影响某消费者个人的看法和行为的群体。参照群体分为直接参照群体和间接参照群体。直接参照群体是某人所属的群体或与其有直接关系的群体。直接参照群体又分为首要群体和次要群体。首要群体是指与某人直接且经常接触的一群人，一般都是非正式群体，如家庭成员、亲戚朋友、同事、邻居等。次要群体是对其成员影响并不频繁但一般都较为正式的群体，如宗教组织、职业协会等。间接参照群体是指某人的非成员群体，即此人不属于其中的成员，但又受其影响的一群人。

2. 家庭

家庭是消费者最主要的参照群体。一个人一般要经历两个家庭,一个是父母的家庭,一个是自己的家庭。一般来说,受父母家庭的影响是间接的,受自己家庭的影响是直接的。

3. 社会角色与地位

每个人都担当着不同的社会角色,并有其相应的地位。每一个角色及其相应的地位都不同程度地影响其购买行为。一个人在单位可能吸烟,回家后可能就不吸烟。在单位吸食高档烟,回家后可能吸食低档烟。

案例 4-1

韩都衣舍集团旗下拥有韩风系品牌群、欧美系品牌群、东方系品牌群,韩都衣舍规划在2020年,通过自我孵化、兼并收购、时尚云平台的搭建,完成基于服饰品类的50个以上品牌的布局。

韩都衣舍作为互联网快时尚第一品牌,自2012年确立多品牌运营战略以来,相继推出了针对女装、男装、童装、中老年服装等不同类目的品牌。从2014年下半年开始,公司加快向"基于互联网的多品牌孵化平台"的战略升级,加速并购或参股"小而美"的互联网细分定位品牌,多种方式培育更多优质品牌。所有品牌均以产品设计和品牌营销为核心工作,集团在供应链系统、IT系统、仓储系统、客服系统等方面以平台的方式给予全方位支持。

韩都衣舍的高性价比首先在于商品本身定价的实惠,同时,韩都衣舍还用常规的折扣促销提升重复消费的黏性,拓展用户价值的广度和深度。

4.2.3 个人因素

个人因素是消费者购买决策过程最直接的影响因素。消费者购买决策也受其个人特性的影响,特别是受其年龄、职业、经济状况、生活方式、个性以及自我观念的影响。

1. 生命周期阶段

年龄不同的消费者,需要与欲望是有很大不同的,即使相同,其需求量也有很大的差别。例如,青年吸烟者的每日吸烟量远远大于老年吸烟者。家庭也有生命周期阶段,不同阶段也影响着消费。

2. 职业

职业对消费的影响往往是显而易见的。蓝领工人与公司经理的消费是有很大差异的。营销人员应设法找出那些对其产品有非同一般需求兴趣的职业群体。为了某一特定的职业群体的需要,公司甚至可以专门为他们设计产品。

3. 经济状况

经济状况包括收入、储蓄、资产、债务、借贷能力以及对待消费与储蓄的态度等。消费者的经济状况既与个人能力有关,也与整体经济形势有关。例如,收入高的消费者往往吸食高档烟,而收入低的消费者一般吸食低档烟。

4. 生活方式

生活方式就是人们在活动、兴趣和思想见解上表现出的生活模式。根据研究的目的不同，生活方式可以从不同的角度进行划分。一些社会学和心理学方面的研究成果可以作为市场营销者的借鉴，但市场营销者若能根据本企业营销标的特点和营销策略的意向性有针对性地进行生活方式的划分，对市场营销活动就会更有意义。

4.2.4 心理因素

消费者购买行为主要受动机、知觉、学习以及信念与态度等主要心理因素的影响。

1. 动机

动机是引起人们为满足某种需要而采取行动的驱动力量。动机产生于未满足的某种需要，这时心理上就会产生一种紧张感，驱使人们采取某种行动以消除这种紧张感。行为科学认为，最缺乏的需要常常是行为的主要动机。因此，关于消费者动机的研究主要集中在需要的研究方面。

人的需要、动机与激励的研究已形成非常丰富的学术成果，并得到较为广泛的实践应用，其中包括马斯洛的“需要层次论”、赫茨伯格的“双因素理论”和弗洛伊德的“潜意识理论”等。这些理论对市场营销都具有一定的借鉴意义。

马斯洛认为，人的需要是以层次的形式出现的。按其重要程度的大小，由低级需要逐级向上发展到高级需要，依次为生理需要、安全需要、社会需要、自尊需要和自我实现需要。一个人首先要使自己最重要的需要得到满足，一旦成功地实现了这一愿望，第一需要就不再是一个激励因素了，这个人也就会向下一个最重要的需要寻求满足。

赫茨伯格提出了动机的“双因素理论”，这种理论区分了不满意因素（产生不满意情感的因素）和满意因素（产生满意情感的因素）。对“满意”与“不满意”是要严格加以区分的。他指出，“没有不满意”并不就是满意。满意可以起到激励作用，而“没有不满意”则不能。当我们把市场营销看作是一种激励过程的时候，这种区分就非常具有指导意义。举例来说，为促进卷烟销售，我们实行“买一包烟，送一个打火机”的促销活动，消费者开始对得到一个打火机感到满意，受到激励后可能再次购买该产品，当促销活动结束后，购买该产品不再赠送打火机，消费者虽然“没有不满意”，但他再次购买的欲望可能大打折扣。

弗洛伊德的“潜意识理论”是指人们行为的真正压力大多是无意识的。他看到人们在成长过程中，往往要会压制许多欲望，这些欲望从没有减少或得到了有效控制，在梦境中、脱口而出的话语中以及神经质的行为中常常会得到表现。弗洛伊德的“潜意识理论”应用于营销学上的最重要成果就是用下意识动机来解释购买情况和产品选择。

2. 知觉

人通过视、听、嗅、味、触五种感官对刺激物的反应是感觉。随着感觉的深入，将感觉到的材料通过大脑进行分析综合，从而得到知觉。知觉有以下特点。

（1）知觉的选择性。由于客观事物的多种多样，各人的背景、兴趣和经验不同，在一定的时间和环境条件下，人们对客观事物往往不是全面吸收，而是有所选择地把事物的少数方面作为知觉的对象。以卷烟消费者为例，老板、经理们注重卷烟的品牌，低收入者注重的则是卷烟的价位。

（2）知觉的理解性。知觉不仅包括对事物的感知，还包括对这一事物赋予的意义。人们往往用自己的知识、经验和需要来理解事物。因此，这种知觉可能是正确的，也可能是错误的。例如，将产品的价格定价为9.98元，而不是10元，就是利用知觉的理解性的一种定价技巧。

（3）知觉的恒常性。人们一旦形成对某一事物的知觉，其后就会继续以这种知觉去认识这一事物。这种特点对建立顾客的忠诚非常重要，一旦顾客对某种产品产生好印象，他（她）就会有继续购买这种产品的倾向；反之，第一印象不好，以后再使他（她）对该产品建立好印象就难上加难了。

3. 学习

学习是指由于经验而引起的个人行为的改变。一个人的学习是通过驱使力、刺激物、诱因、反应和强化的相互影响而产生的。例如，第一次消费某品牌的卷烟觉得好，下次还会消费；反之，第一次消费某品牌的卷烟觉得不好，下次就不会消费了。正强化或负强化激励人们重复某种行为或避免某种行为。由于市场营销环境不断变化，新产品、新品牌不断涌现，消费者的购买行为必须经过多方收集有关信息之后，才能做出购买决策，这本身就是一个学习过程。

4. 信念与态度

信念与态度是同价值观念紧密相关的概念。信念是指一个人对某些事物所特有的描述性思想。态度是指一个人对某些事物或观念长期持有的好与坏认识上的评价、情感上的感受和行动倾向。态度是由许多相关的信念构成的，所以它比信念更复杂、更持久。要改变消费者的品牌态度有三种方式。

（1）改变消费者对这一品牌特征的信念。例如，消费者认为某品牌卷烟吸味很好，但包装不佳，这时厂家要做的就是继续保证吸食口味，同时改进包装，改变消费者对该品牌包装方面不好的信念。一般来说，消费者对产品的态度比较容易改变，但对服务的态度则难以改变，因为服务的特性是模糊和难以捉摸的。

（2）改变所有信念中对态度最重要的信念。例如，在经济落后的农村地区，消费者对卷烟最看重的是价格，只有价格低廉的卷烟才能受到欢迎。

（3）增加新的观念。例如，环保型卷烟，“环保”就是在人们对卷烟的一般信念基础上新增的信念。

案例 4-2

雀巢速溶咖啡出现后，省去了人们磨、煮、过滤的麻烦，且味正价廉。按理说应该大受欢迎，但它推出5年之久，仍然没有多少人愿意购买。究其原因，是受到了传统咖啡文化的抵制。既然产品打不过文化，一种文化才能代替另一种文化，那么，必须把速溶咖啡做成另一种更强大的文化。

第二次世界大战期间，雀巢公司通过几轮谈判说服美国政府，将速溶咖啡作为美军的配给物资。在战场上，速溶咖啡的方便省时性得到了充分的体现。美国大兵开始认同并喜欢这种产品。

战后，大量改变了咖啡饮用习惯的美国退伍军人，把对雀巢咖啡的偏爱带回国内，雀巢咖啡迅速成为美国人的饮料。

20世纪70年代，美国实用主义文化对世界文化的影响达到高潮，饮用简便的雀巢咖啡终于成为一种世界流行时尚。

雀巢公司终于把生意做成了文化。今天，雀巢咖啡已行销101个国家，全世界每天要喝掉3亿多杯雀巢咖啡。

营销新视野：感官营销的力量

感官营销就是指企业经营者在市场营销过程中，利用人体感官的视觉、听觉、触觉、味觉、嗅觉，开展的以“色”悦人、以“声”动人、以“味”诱人，以“情”感人的体验式情景营销，并让消费者参与其中，为消费者在消费前和消费中留下难忘的体验与印象，从而引起消费者即兴购买的欲望。

区别于以往的营销策略，感官营销以消费者需求为出发点，以消费者忠诚为目标，以消费者主动参与为手段，是一种全新的营销策略。感官营销创新策略主要包括视觉营销策略、听觉营销策略、触觉营销策略、味觉营销策略和嗅觉营销策略。

研究发现，品牌与顾客的感官接触点越多，与顾客的联系就越紧密，它相应的价格也会越高。在全球进入体验式营销的今天，感官营销逐渐成为主流，对消费者产生越来越多的影响。毕竟，营销就是给消费者找感觉。

4.3 消费者购买决策过程

市场营销者在分析了影响购买者行为的因素之后，还需要了解消费者如何真正做出购买决策，即要了解做出哪些购买决定、谁做出购买决策、购买决策的类型以及购买过程的具体步骤等内容。

4.3.1 消费者购买决策的参与者

在消费者购买决策过程中，构成购买决策群体的角色各有不同。一般包括如下几种。

（1）发起者，即首先提出或有意购买某商品或服务的人。

（2）影响者，即其看法或建议对最终决策具有一定影响力的人。

（3）决定者，即对是否购买、为何买、如何买、何时何地买等方面的购买决策最终做出完全或部分决定的人。

（4）购买者，即实际采购商品的人。

（5）使用者，即实际消费或使用商品或服务的人。

4.3.2 消费者购买行为类型

消费者对于不同类型的商品，购买决策行为是有很大的差异的。如购买一袋盐和一套房子，其购买决策行为就有很大的不同。前者基本不加思考，随时就可以购买，而后者要广泛收集信息，反复比较选择。根据购买者的介入程度和产品品牌差异程度，消费者购买行为可以分为4种类型。

1. 复杂的购买行为

复杂的购买行为是指消费者在购买价格高昂、购买频率低、不熟悉的产品时，会投入很大精力和时间，如电脑、汽车、商品房等。一般来说，如果消费者不知道产品类型，不了解产品性能，也不知晓各品牌之间的差异，缺少购买、鉴别和使用这类产品的经验和知识，则需要花费大量的时间收集信息，学习相关知识，做出认真比较、鉴别和挑选等购买努力。

对于复杂的购买行为，营销者应制定策略帮助购买者掌握产品知识，运用各种途径宣传本品牌的优点，影响最终购买决定，简化购买决策过程。

2. 减少不协调感的购买行为

减少不协调感的购买行为指消费者在购买产品时的介入程度较高，且并不认为各品牌之间有显著差异，但在购买后容易产生后悔、遗憾，并设法消除这种不协调感。比如有些产品价格高但是各品牌之间并不存在显著差异，消费者在购买时不会广泛收集产品信息，也不会投入很大精力去挑选品牌，购买过程迅速而简单，但是在购买以后容易认为自己所买产品具有某些缺陷或觉得其他同类产品有更多的优点而产生失调感，怀疑原先购买决策的正确性。服装、首饰、家具、房内装饰材料和某些家用电器等商品的购买大多属于减少不协调感的购买行为。此类产品价值高，不常购买，但是消费者看不出或不认为某一价格范围内的不同品牌有什么差别，没有必要在不同品牌之间精心比较和选择，购买决策过程迅速，可能会受到与产品质量和功能无关的其他因素的影响，如因价格便宜、销售地点近而决定购买。购买之后，会因使用过程中发现产品的缺陷或听到其他同类产品的优点而产生不协调感。

对于这类购买行为，营销者要提供完善的售后服务，通过各种途径经常提供有利于本企业各产品的信息，使顾客相信自己的购买决定是正确的。

3. 寻求多样化的购买行为

寻求多样化的购买行为是指消费者在购买某些价格不高但各品牌间差异显著的商品时，容易有很大的随意性，频繁更换品牌。比如饼干这样的产品，品种繁多、各品牌间差异大、价格便宜，消费者在购买前不做充分评价，就决定购买，待到入口时再做评价。但是在下次购买时又转换其他品牌。转换的原因是厌倦原口味或想试试新口味，是寻求产品的多样化而不一定有不满意之处。

对于寻求多样化的购买行为，市场占有率高的企业力图通过占有货架、避免脱销和提醒购买的广告来鼓励消费者形成习惯性购买行为。而对于市场占有率一般的企业则会以价格、赠券、免费赠送样品和强调试用新品牌的广告来鼓励消费者改变原习惯性购买行为。

4. 习惯性的购买行为

习惯性的购买行为是指在购买价格低廉、品牌间差异性小的商品时，消费者的介入程度会很低，并且会形成购买习惯，如酱油、啤酒等。对于类似的低度介入的产品，消费者没有对品牌信息进行广泛研究，也没有对品牌特点进行评价，对决定购买什么品牌也不重视；相反，他们只是在看电视或阅读印刷品广告时被动地接受信息。消费者不会真正形成对某一品牌的态度，他（她）之所以选择这一品牌，仅仅因为它是熟悉的。产品购买之后，由于消费者对这类产品无所谓，也就不会对它进行购后评价。

对于习惯性购买行为，营销人员可以从以下几个方面来实施营销策略。

（1）利用价格与销售促进吸引消费者试用。

（2）投放大量重复性广告，加深消费者印象。为了提高效果，广告信息应简短有力且不断重复，只强调少数几个重要论点，突出视觉符号与视觉形象。

（3）增加购买参与程度和品牌差异。例如，洗发水如果仅有去除头发污渍的作用，则属于低参与产品，与同类产品没什么差别，只能以低价展开竞争；若增加去除头皮屑的功能，则参与程度提高，即使提高价格也能吸引消费者购买；若再增加防脱发的功能，则参与程度和品牌差异都会进一步提高。

4.3.3 消费者购买决策的一般过程

在复杂型购买行为中，消费者购买决策过程由确认需要、收集信息、评价方案、决定购买和购后行为五个阶段构成。

1. 确认需要

购买者的需要往往由两种刺激引起，即内部刺激和外部刺激。市场营销人员应注意识别引起消费者某种需要和兴趣的环境，并充分注意到两方面的问题：一是注意了解那些与本企业的产品实际上或潜在有关联的驱使力；二是消费者对某种产品的需求强度会随着时间的推移而变动，并且被一些诱因所激发。

2. 收集信息

一般来说，消费者的需要不是马上就能满足的，消费者需要寻找某些信息。消费者信息来源主要有个人来源（家庭、朋友、邻居、熟人）、商业来源（广告、推销员、经销商、包装、展览与展示）、公共来源（大众媒体、消费者评比机构）和经验来源（处理、检查和使用产品获得的体验）等。市场营销人员应对消费者使用的信息来源认真加以识别，并评价其各自的重要程度，以及询问消费者最初接到品牌信息时的感觉等。针对这个阶段，企业营销的关键是要能掌握消费者在收集信息时会求助于哪些信息源，并能通过这些信息源向消费者施加影响力。

3. 评价方案

消费者对产品的判断大都是建立在自觉和理性基础之上的。消费者的评价行为一般要涉及产品属性（产品能够满足消费者需要的特性）、属性权重（消费者对产品有关属性所赋予的不同的重要性权数）、品牌信念（消费者对某品牌优劣程度的总体看法）、效用函数和评价模型等方面。

4. 决定购买

评价行为会使消费者对可供选择的品牌形成某种偏好，从而形成购买意图，进而购买所偏好的品牌。但是，在购买意图和决定购买之间，有两种因素会起作用，一是别人的态度，二是意外情况。也就是说，偏好和购买意图并不总是导致实际购买。尽管二者对购买行为有直接影响，但消费者修正、推迟或者回避做出某一购买决定，往往是受到了可觉察风险的影响。可觉察风险的大小随着冒这一风险所支付的货币数量、不确定属性的比例以及消费者的自信程度而变化。市场营销人员必须了解引起消费者有风险感的那些因素，进而采取措施来减少消费者的可觉察风险。

5. 购后行为

消费者在购买产品后会产生某种程度的满意感或不满意感，进而采取一些使市场营销人员感兴趣的买后行为。所以，产品在被购买之后，就进入了购后行为阶段。在此阶段，消费者在使用商品的过程中会经历购后评价，形成购后感受，并进一步影响购后行为的发生（如图 4-2 所示）。此时市场营销人员的工作并没有结束。

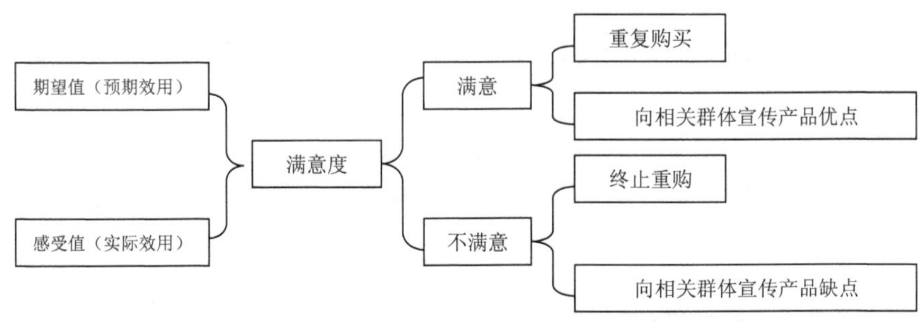

图 4-2 消费者购后评价、感受与行为关系

（1）购后评价与感受。购买者对其购买活动的满意感（S）是其产品期望（E）和该产品可觉察性能（P）的函数，即 $S=f(E,\ P)$。若 $E=P$，则消费者会满意；若 $E>P$，则消费者不满意；若 $E<P$，则消费者会非常满意。消费者根据自己从企业、朋友以及其他来源所获得的信息形成产品期望，如果企业夸大其产品的优点，消费者将会感受到不能证实的期望，这种不能证实的期望会导致消费者的不满意感。E 减去 P 的值越大，消费者的不满意感也就越强烈。

（2）购后行为。消费者购后评价与感受直接决定其购后行为发生作用的性质和程度。一般来说，满意的消费者在类似需要再次发生时，会毫不犹豫地重复购买，并通过人际传播方式向相关群体传递关于企业和产品的良好口碑，从而成为其他消费者收集信息的重要来源，进而为本企业带来更多顾客。反之，不满意的消费者在类似需要再次发生时，会毫不犹豫地中止重购，并通过人际传播方式向相关群体传递关于企业和产品的坏的口碑，从而影响其他消费者对本企业产品或服务的认同，进而让本企业丧失更多顾客。

（3）企业应高度重视消费者的购后行为。正是基于消费者购后评价（感受）与行为对企业市场营销的可持续发展有重大影响，企业营销者应宣传其产品优点时留有余地，使其产品真正体现出其可觉察性能，使消费者能产生高于期望的满意感，并树立起良好产品形象和企业形象。对于消费者的“满意”评价信息，企业要及时收集，妥善宣传。对于消费者的“不满意”评价信息，企业同样要及时收集，并及时传递更多有利信息，以纠正或支撑消费者信念，提升消费者满意度；同时，企业要认识分析消费者的“不满意”信息，积极研制、开发新产品，以及时解决消费者问题。

营销新视野:行为决策理论

近 30 年来,营销界最活跃的研究领域之一就是行为决策理论(behavioral decision theory,简称 BDT)。行为决策理论的起步始于阿莱斯悖论和爱德华兹悖论的提出,是针对理性决策理论难以解决的问题另辟蹊径发展起来的。行为决策理论的一般研究范式为:提出有关人们决策行为特征的假设—证实或证伪所提出的假设—得出结论。这就决定了行为决策理论的发展与决策行为的研究及其研究方法应该存在着一些密切的联系。

下面我们简要摘录一些研究成果。

当选择组中增加了一个相对较次的产品选择(如一个稍好但明显更贵的电脑)后,消费者更有可能选择备选品。

经过考虑之后,消费者更有可能选择一个特定选择组中的折中产品,尽管该产品在任何方面都不是最好的。

消费者的选择影响他们对自己的品位与偏好的评估。

将人们的注意力集中至两个备选品中的一个,往往会提高该备选品的感知吸引力和被选可能性。

4.4 组织市场购买行为分析

除了消费者市场以外,还有组织市场。组织市场是由各种组织机构形成的对于企业产品和服务新求的总和。它分为三种类型,即生产者市场、中间商市场、政府市场和社会团体市场。本节将侧重分析生产者市场。

4.4.1 生产者购买行为的特征

生产者市场又称产业市场,是由所有购买产品和服务并将其进一步用于生产其他商品和服务,以供销售、出租或供应给他人的组织构成。其主要行业包括农业、林业、渔业、矿业、制造业、建筑业、运输业、通信业、金融业、保险业等。生产者市场在市场结构与需求、购买单位性质、决策类型与决策过程及其他各方面与消费者市场有着明显差异。

(1)与消费者市场比较,生产者市场上购买者的数量较少,购买者的规模较大。在消费者市场上,购买者是消费者个人或家庭,购买者必然为数众多,规模很小。在生产者市场上,购买者绝大多数都是企业单位,其数目必然比消费者市场少得多,购买者的规模也必然大得多。而且,由于资本和生产集中,许多行业的生产者市场都由少数几家或一家大公司的大买主所垄断。

(2)生产者市场上的购买者往往集中在少数地区。

(3)生产者市场的需求是引申需求。这就是说,产业购买者对产业用品的需求,归根结底是从消费者对消费品的需求引申出来的。

(4)生产者市场的需求是缺乏弹性的需求。在生产者市场上,产业购买者对产业用品和服务的需求受价格变动的影响不大。

(5)生产者市场的需求是波动的需求。产业购买者对于产业用品和服务的需求比消费者的需求更容易发生变化。在现代市场经济条件下,工厂设备等资本物品的行情波动会加速原料的行情波动。

(6)专业人员购买。由于产业用品特别是主要设备的技术性强,企业通常都雇用经过训练的、内行的专业人员负责采购工作。企业采购主要设备的工作较复杂,参与决策的人员也比消费者市场多,决策过程更为规范,通常由若干技术专家和最高管理层组成采购委员会领导采购工作。

(7)直接购买。产业购买者往往向生产者直接采购所需产业用品(特别是那些单价高、有高度技术性的机器设备),而不通过中间商采购。

(8)互惠。在现实市场中,生产者既是商品的购买者,又是商品的出售者。这种既买又卖的特殊身份,使生产者在购买生产资料时就会考虑未来产品的出售问题,因而往往要求供应商同时购买自己的产品,使买卖双方实现"互惠"交易。由于有时买卖双方并不是直接的互惠者,从而还会导致出现三边甚至多边的互惠交易。

(9)产业购买者往往通过租赁方式取得产业用品。机器设备、车辆、飞机等产业用品单价高,通常用户需要融资才能购买,而且技术设备更新快,因此企业所需要的机器设备等有越来越多的部分不采取完全购买方式,而是通过租赁方式取得。

4.4.2 生产者购买决策的参与者

生产者购买决策不仅要了解谁在市场上购买和产业市场的特点,而且要了解谁参与产业购买者的购买决策过程,他们在购买决策过程中充当什么角色、起什么作用,也就是说,要了解其顾客的采购组织。

在任何一个企业中,除了专职的采购人员之外,还有一些其他人员也参与购买决策过程。所有参与购买决策过程的人员构成采购组织的决策单位,市场营销学称之为采购中心。企业采购中心通常包括五种成员。

(1)使用者,即具体使用欲购买的某种产业用品的人员。例如,公司要购买实验室用的电脑,其使用者是实验室用技术人员。使用者往往是最初提出购买某种产业用品意见的人,他们在计划购买产品的品种、规格中起着重要作用。

(2)影响者,即在企业外部和内部直接或间接影响购买决策的人员,他们经常协助企业的决策者决定购买产品的品种、规格等。企业的技术人员是最主要的影响者。

(3)采购者,即在企业中有组织采购工作(如选择供应商、和供应商谈判等)的正式职权人员。在较复杂的采购工作中,采购者还包括参加谈判的公司高级人员。

(4)决定者,即在企业中有批准购买产品权利的人。在标准品的例行采购中,采购者常常是决定者;而在较复杂的采购中,公司领导人常常是决定者。

(5)信息控制者,即在企业外部和内部能控制市场信息流到达决定者。使用者如企业的购买代理商、技术人员等。

4.4.3 生产者购买行为的类型

生产者的购买行为类型大体有三种,即直接重购、全新采购、修正重购。其中,一种极端情况是直接重购，基本上属惯例化采购；另一种极端情况是全新采购，需要做大量的调查研究；介于直接重购与全新采购之间的是修正重购，这种购买行为也需要做一定的调查研究。

（1）直接重购。直接重购即企业的采购部门根据过去和许多供应商打交道的经验，从供应商名单中选择供货企业，并直接重新订购过去采购的同类产业用品。此时，组织购买者的购买行为是惯例化的。在这种情况下，被选定的供应商不再需要经常性地对采购者进行新的营销活动，但必须保证所供产品的质量和服务水平，以维持已经建立起来的交易关系。而未被选中的供应企业，则应力图推出新产品或改进买方不满意的环节，设法率先打开缺口，取得采购者的部分订单，然后逐步扩展供货范围和规模，以获取更大的市场份额。

（2）修正重购。修正重购即企业的采购经理为了更好地完成采购工作任务，适当改变要采购的某些产业用品的规格、价格等条件或供应商。这种变更一般是由生产和销售的需要变化引起的。这种行为类型较复杂，因而参与购买决策过程的人数较多。面对这种购买，过去未被选中的供应企业应当机立断，利用这一有利时机迅速跻身于供应商行列；而原来被认可的企业则会产生危机感，将尽全力设法保住自己的供应商地位，保护自己的既得利益。

（3）全新采购。全新采购即企业第一次采购某种产业用品。全新采购的成本费用越高、风险越大，那么需要参与购买决策过程的人数和需要掌握的市场信息就越多，这种行为类型最为复杂。作为供应企业，应及时向购买者发布有关本企业产品的质量、价格、服务以及使用该产品的效率和效益等方面的信息，派出优秀推销小组或销售人员，并尽量接触那些对采购决策起关键作用的人物，以促进成交。

4.4.4 影响购买者决策的主要因素

产业购买者确定购买决策时受一系列因素的影响。

（1）环境因素，即一个企业外部周围环境的因素。

（2）组织因素，即企业本身的因素。

（3）人际因素。如上所述，企业的采购中心通常包括使用者、影响者、采购者、决定者和信息控制者，这五类成员都参与购买决策过程。

（4）个人因素，即各个参与者的年龄、受教育程度、个性等。这些个人的因素会影响各个参与者对要采购的产业用品和供应商的感觉、看法，从而影响购买决策、购买行动。

4.4.5 生产者购买决策的一般过程

在直接重购这种最简单的行为类型下，产业购买者购买贻误的时段最少；在修正重购情况下，购买过程的阶段多一些；而在全新采购这种最复杂的情况下，购买过程的阶段最多，要经过八个阶段。

（1）认识需要。在全新采购和修正重购情况下，购买过程是从企业的某些人员认识到要购买某种产品以满足企业的某种需要开始的。

（2）确定需要。所谓确定需要，也就是确定所需品种的特征和数量。确定标准品的特征和数量的方法比较简单易行。至于复杂品种，采购人员要和使用者、工程师等共同研究，确定所需品种的特征和数量。供货企业的营销人员在此阶段要帮助采购单位的采购人员确定所需品种的特征和数量。

（3）说明需要。企业的采购组织确定需要以后，要指定专家小组，对所需品种进行价值分析，做出详细的技术说明，并将其作为采购人员取舍的标准。

（4）物色供应商。在全新采购情况下，采购复杂的、价值高的品种，需要花较多时间物色供应商。供货企业要加强广告宣传，千方百计地提高本公司的知名度。

（5）征求建议书。征求建议书即企业的采购经理邀请合格的供应商提出建议。如果采购复杂的、价值高的品种，采购经理应要求每个潜在的供应商都提交详细的书面建议。采购经理还要从合格的供应商中挑选最合适的供应商，要求它们提出正式的建议书。因此，供货企业的营销人员必须善于提出与众不同的建议书，以引起顾客的信任，争取成交。

（6）选择供应商。采购中心根据供应商产品质量、产品价格、信誉、及时交货能力、技术服务等来评价供应商，选择最有吸引力的供应商。采购中心做最后决定以前，也许还要和那些较中意的供应商谈判，争取较低的价格和更好的条件。最后，采购中心选定一个或几个供应商。

（7）选择订货程序。选择订货程序即采购经理开订货单给选定的供应商，在订货单上列举技术说明。需要数量、期望交货期等。现代企业日趋采取“一揽子合同”，而不采取“定期采购交货”。

（8）评价合同履行。采购经理最后还要向使用者征求意见，了解他们对购进的产品是否满意，检查和评价各个供应商履行合同情况。然后根据这种检查和评价，决定以后是否继续向某个供应商采购产品。

营销新视野：政府购买

政府购买是指各级政府购买物品和劳务的支出，它是政府支出的一部分。政府支出的另一些部分如转移支付、公债等都不计入GDP，理由是政府购买是通过雇请公务人员、教师，建立公共设施，建造舰队等为社会提供服务，而转移支付只是简单地把收入从一些人或一些组织转移到另一些人或另一些组织，没有相应的物品或劳务的交换发生。如政府给残疾人发放的救济金，不是因为这些人提供了服务，创造了价值，而是因为他们丧失了劳动能力，要靠救济生活。在非营利性组织的收入中，因政府购买取得的收入不属于免税收入的范围。

政府购买大致有两种：①从居民那里购买劳务；②从企业或公司购买商品。因此，这种公共支出包括工作人员和武装人员的薪资支付和购买各种公用物资的开支。但各种转移支付不能包括在政府购买项目之内，因为它不是政府为了购买目前的商品和劳务而支出的款项。政府用所购买的这些商品和所雇用的这些劳动组合起来，生产各种各样的公共物品（公共教育、警务、消防和国防等）。

由于公共物品通常不是在市场上按价格出售的，从而国民收入计算者采取了一个简单的算法，即一件公共物品，生产它时花费了多少货币单位，它就值多少货币单位。所以政府购买的总值，就是所有公共物品的总值。西方经济学家也认为，没办法表明这个算法是“正确”的，但也没人提出更好的计算方法。政府购买是西方国家宏观经济政策中财政支出政策的重要内容，它的扩大和减少，有助于克服萧条和消除通货膨胀。

【本章小结】

通常地，根据购买主体的不同就可以将整个市场分为两大市场，即个人市场和组织市场。个人市场是终极消费市场。组织市场包括生产企业、商业企业、服务企业、政府机构市场等非营利机构。组织市场由派生需求构成。

消费者购买行为模式实质上是一种“刺激—组织—反应”模式，消费者分析实质上就是对“购买者黑箱”的研究。影响消费者购买行为的主要因素有：文化因素、社会因素、个人因素和心理因素。这些方面的各种相关因素综合作用于不同消费者，从而产生多种多样的购买行为。购买者完整的决策过程由引起需要、收集信息、评价方案、决定购买和购后行为五个阶段构成。

与消费者市场相比，生产者市场在市场结构与需求、购买单位性质、决策类型与决策过程及其他各方面都存在明显差异。生产者的购买行为类型大体有直接重购、全新采购、修正重购三种。完整的购买过程包括八个阶段：认识需要、确定需要、说明需要、物色供应商、征求建议书、选择供应商、选择订货程序和评价合同履行。

生产者市场营销与消费者市场营销在产品、定价、分销渠道、促销等方面存在很大差别。

【关键术语】

刺激反应模型　感觉　参与度　文化　社会阶层　参照群体　意见领袖
家庭生命周期　态度　消费者满意

【案例扩展阅读】

案例 1

小米的“为发烧友而生”

小米公司所针对的顾客群体是对智能手机极为爱好、但又不愿意承担过高消费的发烧友。他们热衷于高配置手机所带来的科技方面的便捷，同时又缺少购买其他高端智能手机的经济实力。而小米正是集中于这部分人群，打造高配低价的手机。因此，从购买者角度来讲，其潜在的议价能力稍弱，有利于小米的低价占有大量市场份额之后再依靠软件和服务以赢利的战略实施。

小米手机的产品定义是“为发烧友而生”。小米公司把他们手机的受众定位于一群喜欢玩手机、喜欢折腾手机的人。而且，这个群体玩的是智能机，因此，小米公司通过其自主研发的基于安卓深度订制的 MU 系统，以此来吸引他们手机的受众群体买小米这部手机，因为小米手机不仅提供手机这一硬件，还提供了 MU 和 Android 这两个系统，并且在官网上基本上每周都会更新一次。基于这两个系统的开放性，又有很多应用软件，因此，这种软硬件相结合的方法，可以吸引许多的受众购买。当然，小米手机所针对的这一群消费者对手机的性能有着很大的要求，但因为他们基本上都是一群青年人，在资金上也比较有限，因此，小米手机又把其价格定得比较低，相对于苹果 4 000 多元的定位，小米手机把自己定位于2 000元左右的价格。总而言之,小米手机想要以最低的价格去满足消费者最高的需求。我认为小米手机的定位整体是成功的,它抓住了自己是一家以互联网公司为基业的起点,通过自己的优势,准确地把握自己的目标消费者,推出了目标消费者需要的手机。所以,小米手机的客户定位非常明确,就是手机发烧友。

小米有着出色的客户识别,在推出手机前,已经推出了自己深度优化的手机系统。客户是企业真正的老板,为企业带来利润和销售额。小米手机使用了自己研制优化了的MIUI系统,拥有超高配置的硬件手机,完全满足了客户的个性化需求。

资料来源:http://wenku.baidu.com/view/1989ac0df46527d3240ce0db.hml?from=search

案例2

"90后"的消费新主张——新人类

"90后""95后"的消费群体相比以前注重产品的实用性和周期性,更追求个性化、体验化与个人情怀主义。营销的目的是促进销售,目的过于利益化难免会遭受年轻群体的排斥,特别是在广告泛滥的今天,如何在做广告的同时隐藏广告感,让目标群体在不知不觉中"被广告",甚至对内容产生情感上的共鸣或触动,显得尤为重要。同时,在内容消费上,新的消费观念催生新的消费习惯,移动应用经历从工具、娱乐、消费到服务时代的发展历程,移动手机与消费者的沟通也越来越普遍,拉动移动营销规模急剧增长。而消费者的个性化需求势必会引导广告主的个性化诉求,催生移动广告形态的多元化发展,而移动本身所具有的天然优势,可创建更多互动场景,满足更多推广目的的需要。数字营销不再单单承担一个传播的作用,而是分为两部分:前端是利用技术,创意把营销策略做漂亮,渗透出情怀,让用户主动参与其中;后端则是数据,明确到底定位为怎样的人群中。

在当下的市场环境中,"90后""95后"年轻消费群体在各个行业达到了很高的市场比重,而品牌想要成功,便要获得年轻消费者的认同。然而,年轻消费者的认同点似乎比前辈们更加"多元化",不一定要有多大的格局,多么浮夸的渲染,一点点小小的感动,便能抓住年轻人的心里;从最日常但却不平常的出发点去捕捉一些灵感,再注入一些娱乐精神,就会更符合年轻人的口味,从而达到更精准有效的传播,这就是我们所说的品牌年轻化。

资料来源:郑晓东.90后消费新主张下的营销趋势[J].声屏世界:广告人,2016(7):154.

案例3

老干妈的消费者洞悉

老干妈采用"饥饿式营销"的策略模式,一方面延展扩大了市场的规模,提高了销量;另一方面通过饥饿感的创造,提升了消费者和销售品牌忠诚度。把握社会和消费主体的需求变化趋势,努力做好时尚化建设。不仅在口感上能够满足消费者物理层面的需求,同时还要求产品能够从便利、时尚、匹配等附加精神层面满足消费者的需求。

香、辣、咸是中国消费者的普适性口味,老干妈一方面同时拥有这三个口味,另一方面对这三个口味进行了结构性的调整,突出香味,以微辣和适口咸为辅助,构建起老干妈的口味地位,并成为行业的标准性口味,香辣酱品类的代表,并逐渐成为具有行业代表性的强大品牌力。在佐餐酱领域没有一家企业能够像老干妈那样拥有强大的消费者认知;老干妈利用消费者认知所形成的强大品牌势能,构建起对渠道的强大话语权,同时,利用这些品牌势能和有效的营销策略,老干妈在调味品渠道的博弈中始终处于优势地位。

产品线较齐全,占据主流价格带,形成下行无利润,上行无市场的封杀局面。老干妈占领了佐餐消费群体的习惯性消费支出的主流价位区间:5~6 元 / 瓶,7~8 元 / 瓶,9~10 元 / 瓶,同时,利用强大的终端消费者品牌认知,构建起对主流消费群体的有效满足。这样,老干妈通过充分利用规模优势、品牌优势的综合力量把跟随者封杀在上下两极区域,最终形成竞争对手无论从力量积累还是从规模发展上都难以真正形成对老干妈的挑战。在老干妈价格封杀带的影响下,很多企业采用了上行路线,贴近老干妈价格带,寻求一定的发展空间,这些企业大多采用"消费群体定位"的目标市场差异化策略走学生路线、礼品路线、特产路线等;也取得了一定的发展,但是整体来看,和老干妈的差距越拉越远。

资料来源:http://wenku.baidu.com/view/84f6cf56b9f3f90f77c61b7c.html?from=search

案例 4

儿童三精口服液

三精制药对儿童补钙市场进行了周密调查,发现中国儿童的蛋白质、钙、锌、铁、维生素 A、维生素 B 摄入量普遍不足,有相当数量的儿童缺少的不止一种营养素。据 1992 年中国第三次营养调查发现,95% 以上的儿童膳食中钙的摄取量严重不足,与正常发育所需推荐钙摄入量相差一半左右。由于钙的摄入不足,专家估计儿童轻型佝偻病的发病率在 10% 左右,总体上北方多于南方,冬天多于夏天。

中国 14 岁以下儿童约有 3.4 亿人,大、中城市儿童补钙意识较强,但大部分三类城市和农村市场还处于起步阶段,可以预见,儿童补钙保健食品市场在中国具有很大的发展潜力。同时,综合型补充儿童缺乏元素的产品的市场前景也较好。

1996—1997 年间,苏州立达制药生产的"钙尔奇 D"、上海施贵宝生产的"金施尔康"已把补钙及补充微量元素的观念传播给了中国的老百姓。三精制药经过调查发现:①大多数消费者认为补钙产品都是保健食品;②消费者普遍知道补钙对儿童尤为重要,但不知道如何选择;③家庭用药及保健食品的主要消费者和购买者是 24~45 岁的妇女;④药店店员和消费者认为真正适合儿童的补钙药少;⑤大多数消费者认为孩子不愿吃补钙药主要是口感的问题;⑥大约 70% 的药店店员认为他们可以影响购买者的选择;⑦消费者能说出一些补钙药品的名字,但不能描述其具体特点。

葡萄糖酸钙口服液的目标使用者是婴幼儿,而吸收和安全对他们来讲应该是最重要的。由此,企业确立了产品宣传推广的市场切入点——引导消费者科学补钙、加强消费者的补钙意识。进一步,将产品定位于"吸收好,安全可靠",并进行宣传。同时,树立消费者科学补钙的观念,强调葡萄糖酸钙口服液是针对儿童研制的,其水果口味及含钙量都特别适合于儿童服用。

资料来源:http://wenku.baidu.com/view/c7391b23aaea998fcc220ee3.html?from=search

【营销实践小项目】

1. 回忆一下你经历过的购买产品时出现认知不一致时的情景。给朋友写一封信,描述该事件,并解释你是如何做的。

2. 假设你是一位刚上任的营销经理,你所在的公司是一家生产运动鞋的公司,目标消费者是在校大学生。在递交给老板的备忘录中,列出一些可能吸引该人群的产品属性,以及消费者购物过程中的步骤,并推荐一些可能影响他们决策的营销战略。

3. 假设你参与了下列消费者决策:①选择一家快餐店,与你新结识的朋友一起去用餐;②购买牛仔裤,穿着这条牛仔裤去上课。列举一些可能影响你在上述决策中的因素,并解释你的反应。

4. 请分析这户人家不同的购买角色和营业员的销售技巧。

某一天,在该厂设立的老年服装店里来了大约四五位消费者,从他们亲密无间的关系上可以推测出这是一家人,并可能是专为老爷子来买衣服的。老爷子手拉一位十来岁的孩子,面色红润、气定神闲、怡然自得,走在前面,后面是一对中年夫妇。中年妇女转了一圈,很快就选中了一件较高档的上装,要老爷子试穿;可老爷子不愿意,理由是价格太高、款式太新,中年男子说反正是我们出钱,不用管价钱高不高。可老爷子并不领情,脸色也有点难看。营业员见状,连忙说:“老爷子你可真是好福气,儿孙如此孝顺,你就别难为他们了。”小男孩也摇着老人的手说:“好看好看,就买这件好了。”老爷子说:“小孩子懂什么好坏。”但脸上已露出了笑容。营业员见此情景,很快将衣服包装好,交给了中年妇女,一家人高高兴兴地走出了店门。

第5章　竞争者分析

【知识目标】

1. 了解竞争者分析的步骤。

2. 掌握竞争者的识别与分析方法。

3. 了解市场领导者、市场挑战者、市场追随者和市场利基者的概念、特点。

4. 掌握不同竞争地位的竞争战略。

【技能目标】

1. 能根据企业特点制定企业竞争的最佳策略。

2. 通过对竞争对手的分析寻找市场机遇。

【导入案例】

百事可乐和可口可乐的世纪大战

在第二次世界大战前,可口可乐统治着美国的软饮料行业。那时的确没有值得一提和处于第二位的饮料公司。

“在可口可乐意识下,百事可乐很难有任何一点被认知的火花”,百事可乐是一种新饮料,制造成本较低,与可口可乐相比口味差一些。百事可乐主要的销售宣传要点是用同样的价格可以得到更多的饮料。百事可乐在它的广告中强调“五分钱可买双倍饮料”。百事可乐的瓶子不美观,上面贴着纸制标签,搬运中经常被污损,从而给消费者造成一种印象,认为百事可乐是第二流的软饮料。

第二次世界大战期间,百事可乐和可口可乐都随着美国国旗飘扬在世界各地而同时增加了销售量。战后,百事可乐的销量与可口可乐相比开始下降。百事可乐的问题是由很多因素造成的,包括它不良的形象、较差的口味、马虎的包装和差劲的质量管理。而且由于成本增加,百事可乐不得不提高售价,这使它的成交条件不如从前。当时,百事可乐的士气相当低落。

在这关头上,商界素享盛誉的艾尔弗雷德·N. 斯蒂尔出任了百事可乐的总经理。他和他的同事认为,他们的主要希望在于把百事可乐从可口可乐的廉价仿制品转变为第一流的软饮料。他们也承认这个转变需要若干年的时间,他们设想了一个向可口可乐发动的大攻势,它分两个阶段进行。第一阶段,采取下列步骤:第一,改进百事可乐的口味;第二,重新设计和统一百事可乐的瓶子和商标;第三,重新设计广告活动以提高百事可乐的形象;第四,斯蒂尔决定集中进攻可口可乐所忽视的“购买回家”的市场。最后,斯蒂尔选定了25个城市进行特别的推销以争取市场份额。

到20世纪50年代后期,百事可乐所有的主要弱点被克服,销售量大幅上升,于是斯蒂尔准备了第二阶段进攻计划。第二阶段计划包括向可口可乐的“堂饮”市场发动直接进攻,特别是对迅速成长的自动售货机和冰瓶细分市场的进攻。另一个决策是引入新规格的瓶子,使“购买回家”市场的冰瓶市场的顾客更加方便。最后,百事可乐对想要购买和安装百事可乐自动售货机的装瓶商提供财务帮助。这以后,百事可乐的销售量大幅度增长,发展速度加快。如今的百事可乐加紧了与可口可乐争夺第一把交椅的竞争。

竞争是自然界和人类社会的基本法则。自从有了人类,就有了竞争;自从有了商品,就有了市场竞争。竞争没有把人类打垮,相反,越竞争人类越发达。同样,可口可乐与百事可乐打了100年的饮料战,两家都发展成为了规模非常大的跨国公司。

竞争是市场经济的基本特性,市场营销不仅要求企业提供能满足顾客需要的产品或服务,而且还要求企业比竞争对手做得更好。市场竞争所形成的优胜劣汰机制是推动市场经济运行的强制力量,它迫使企业不断研究市场、开发新产品、改进生产技术、更新设备、降低经营成本、提高经营效率和管理水平、获取最佳效益并推动社会的进步。企业必须认真研究竞争者的优势与劣势、竞争者的战略和策略,明确自己在竞争中的地位,有的放矢地制定竞争战略,才能在激烈竞争中求得生存和发展。

5.1 竞争者分析内容

知己知彼,百战不殆。企业要制定正确的竞争战略和策略,就要深入地了解竞争者,就必须明确谁是自己的竞争者,他们的战略和目标是什么,他们的优势与劣势是什么,他们的反应模式是什么,从而确定自己应当攻击谁、回避谁。

竞争者分析主要有六个步骤:识别企业的竞争者、识别竞争对手的战略、判断竞争者的目标、评估竞争者的优势和劣势、判断竞争者的反应模式、选择要攻击和要回避的竞争者。

5.1.1 识别企业的竞争者

识别竞争者似乎是一件很容易的事,但是企业的现实和潜在竞争者的范围是极其广泛的,如果不能正确地识别,就会患上“竞争者近视症”,即仅仅看到现实竞争者而未看到潜在竞争者。实际上,企业被潜在竞争者击败的可能性往往大于现实的竞争者。迈克尔•波特针对企业面临的竞争环境,提出了“五种竞争力量模型”(又称波特模型),我们可以从这五种竞争力量来更广泛地识别企业的竞争者。

行业或产业是指由于产品类似而相互竞争以满足同类买主需要的一组企业。企业在市场上的竞争地位以及企业可能采取的竞争战略,往往要受到企业所在行业竞争状态的影响。而行业的竞争状态取决于五种基本竞争力量,即现有企业之间的竞争、潜在进入者的威胁、替代品的威胁、供方讨价还价的能力和买方讨价还价的能力。这些力量汇集起来决定着该行业的最终利润潜力。

1. 现有企业之间的竞争

大部分行业中的企业相互之间的利益都是紧密联系在一起的,而各企业竞争战略的目标都在于使自己获得相对竞争优势。所以,在竞争战略的实施中就必然产生冲突与对抗现象,这些冲突与对抗就构成了现有企业之间的竞争。现有企业的竞争常常表现在价格、广告、产品介绍、售后服务等方面。

2. 潜在进入者的威胁

新进入者在给行业带来新生产能力、新资源的同时，也希望在已被现有企业瓜分的市场中赢得一席之地，这就有可能会与现有企业发生原材料与市场份额的竞争，并最终导致行业中现有企业赢利水平降低，甚至有可能危及这些企业的生存。

竞争性进入威胁的严重程度取决于两方面的因素，即进入新领域的障碍大小与预期现有企业对进入者的反应情况。进入障碍主要包括规模经济、产品差异、资本需要、转换成本、销售渠道建立、政府行为与政策六个方面；预期现有企业对进入者的反应情况，主要是采取报复行动的可能性大小，而这一可能性又取决于有关厂商的财力情况、报复记录、固定资产规模、行业增长速度等。

3. 替代品的威胁

两个处于不同行业中的企业，可能会由于所生产的产品互为替代品而在它们之间产生相互竞争行为，这种源于替代品的竞争会以各种形式影响行业中现有企业的竞争战略。第一，现有企业产品售价以及获利潜力的提高，将由于存在着能被用户方便接受的替代品而受到限制；第二，由于替代品生产者的侵入，使得现有企业必须提高产品质量，或者降低成本来降低售价，或者使其产品具有特色，否则其产品销量与利润增长的目标就有可能受挫；第三，源自替代品生产者的竞争强度，也受到买主转换成本的影响。总之，替代品价格越低，质量越好，用户转换成本越低，其所能产生的竞争压力就越大。

4. 供方讨价还价的能力

供方主要通过提高投入要素价格与降低单位价值质量的能力来影响行业中现有企业的赢利能力与产品竞争力。一般来说，满足如下条件的供方企业会具有比较强的讨价还价能力：①供方行业被一些具有比较稳固市场地位而不受市场激烈竞争困扰的企业所控制，其产品的买主很多，以至于每个买主都不可能成为供方的重要客户；②供方各企业的产品各具特色，以至于买主难以转换或转换成本太高，或者很难找到可与供方企业产品相竞争的替代品；③供方能够方便地实行前向一体化，而买主难以进行后向一体化。

5. 买方讨价还价的能力

买主主要通过压价和要求提高产品和服务的质量，来影响行业中现有企业的赢利。一般来说，满足如下条件的买主可能具有较强的讨价还价能力：①买主的总数较少，而每个买主的购买量较大，占了卖方销售量的很大比例；②卖方行业由大量相对来说规模较小的企业组成；③买主所购买的基本上是一种标准化产品，同时可向多个卖主购买产品，在经济上也完全可行；④买主有可能并有能力实现后向一体化，而卖主不可能实现前向一体化。

5.1.2 识别竞争对手的战略

战略群体是指在一个行业里采取相同或类似战略，且在同一个特定目标市场中的一群企业。例如，在手机行业中，摩托罗拉、诺基亚等欧美公司属于相同的战略群体。每家公司都注重产品的功能多样性和耐用性，还有完善的服务支持体系，大部分产品的价格都较高。反之，索尼等日本手机生产商则属于另一类的战略群体，它们生产的手机价格便宜，产品功能较少，且质量要求相对不高，但易于使用，外形款式比较新潮。各战略群体的战略差别表现在产品线、目标市场、产品档次、性能、技术水平、价格、服务、销售范围等方面。企业最直接的竞争者是那些处于同一行业同一战略群体的企业。

区分战略群体有助于认识以下三个问题。

（1）不同战略群体的进入与流动障碍不同。比如，某企业在产品质量、声誉和纵向一体化方面缺乏优势，则进入低价格、中等成本的战略群体较为容易，而进入高价格、高质量、低成本的战略群体较为困难。

（2）同一战略群体内的竞争最为激烈。处于同一战略群体的企业在目标市场、产品类型、质量、功能、价格、分销渠道和促销战略等方面几乎没有差别，任一企业的竞争战略都会受到其他企业的高度关注并在必要时做出强烈反应。

（3）不同战略群体之间存在现实或潜在的竞争。①不同战略群体的顾客会有交叉，即顾客的细分市场会有重叠。例如，无论其战略是什么，所有手机制造商都会选择消费者的职业和使用习惯等来细分市场。②消费者可能看不出各个群体所提供的产品之间的差异。例如，消费者在使用前可能无法察觉诺基亚、摩托罗拉与索尼公司在产品质量上的不同。③每个战略群体都试图扩大自己的市场，涉足其他战略群体的领地，在企业实力相当和流动障碍小的情况下尤其如此。例如，诺基亚也可能加入到功能较少、价格便宜的手机竞争中来。企业必须不断地观察竞争者的战略而修改自己的战略。

5.1.3 判断竞争者的目标

竞争者的最终目标当然是追逐利润，但是每个企业对长期利润和短期利润的重视程度不同，对利润满意水平的看法也不同。有的企业追求利润“最大化”目标，有的企业追求利润“满意”目标，达到预期水平就感到满意而不会再付出更多努力。具体的战略目标多种多样，如获利能力、市场占有率、现金流量、成本降低、技术领先、服务领先等，每个企业有不同的侧重点和目标组合，这种侧重点的不同必然导致竞争者目标和行为的差异。了解竞争者的战略目标及其组合可以判断它们对不同竞争行为的反应。比如，一个以低成本领先为目标的企业对竞争企业在制造过程中的技术突破会做出强烈反应，而对竞争企业增加广告投入则不太在意。

竞争者的目标由多种因素决定，包括企业的规模、历史、经营管理状况、经济状况等。

5.1.4 评估竞争者的优势和劣势

对竞争者优势和劣势的评估主要包括两项内容。

1. 对竞争者资源的分析

竞争者资源条件的强弱，通常只有在与本企业的比较中才能确认，企业将竞争者的每一项资源要素与己方一一对比，在产品、分销、促销、定价、企业信誉、成本、技术、组织与管理、人员素质、财务实力等方面指出竞争者的强项和弱项。战胜竞争者以扩大市场份额的方法是定点超越（Benchmarking），即找出竞争者在管理和营销方面的最好做法并以此为基准，然后加以模仿、组合和改进，力争超过竞争者。

2. 对竞争者假设的分析

每个企业都有一套关于自己和市场的假设，例如，企业可能把自己看作是行业的领导者，或者是本行业最低成本者，或者有最强的销售能力，或者顾客有较高的忠诚度、信誉最好等；企业可能认为“顾客偏爱产品线齐全的企业”“顾客欢迎物美价廉的产品”“顾客认为服务比价格更重要”等。竞争者的这些假设可能是准确的，也可能是不准确的，当过些假设不准确的时候，就为企业提供了可乘之机。对竞争者假设的分析也就是识别其在认识环境中的偏见与盲点，以便捕捉到市场机会。

5.1.5 判断竞争者的反应模式

在了解竞争者目标和优劣势的基础上，需要进一步判断竞争者对企业战略可能做出的反应模式。竞争者的反应模式不仅受其目标和优劣势的制约，而且受到企业文化、企业价值观、经营观念等因素的影响。在竞争中，常见的竞争者反应模式有以下几类。

1. 从容不迫型竞争者

他们对某一特定竞争者的行动没有迅速反应或者反应不强烈，其原因可能是认为自己产品的顾客忠诚度高，或者是敏感度不高，没有发现对手的新举措，也可能是缺乏资金等。

2. 选择型竞争者

他们可能对竞争对手某些方面的进攻做出反应，而对其他方面的进攻不加理会。例如，对降价竞销会做出针锋相对的回击，而对竞争对手增加广告费用则不加理会。了解竞争者在哪些方面做出反应有利于企业选择最为可行的攻击类型。

3. 凶狠型竞争者

他们对竞争对手的任何进攻都会做出迅速而强烈的反应。这类竞争者的信念是：“最好别逼我，否则有你好瞧的！”

4. 随机型竞争者

它们不会表现出可预知的反应行为，反应模式难以捉摸。在某种情况下，它们也许会反应，也许不会反应，根据其经济、历史或其他因素来看，均无法预测它们到底会出现什么反应模式。

在某些行业里，各竞争者和谐地生存；而在另一些行业里，竞争者之间经常出现激战。了解主要竞争对手如何反应，可为如何做出最佳攻击或如何捍卫企业目前的地位提供线索。

5.1.6 选择要攻击和要回避的竞争者

企业根据目标顾客、分配渠道和营销组合战略做出的决策已经大致选择了它的主要竞争者，而且这些决策也确定了企业属于哪一个战略群体。管理者必须确定哪些竞争者会与其进行最激烈的竞争，这样企业可把注意力集中在某一类竞争对手上。企业要攻击的竞争者不外乎下列三类之一。

1. 强竞争者或弱竞争者

大部分企业总是将它们的攻击目标指向弱小的竞争者，因为这样做需要的资源和时间较少，但是在此过程中，企业能力的提高和利润的增加也比较少。从理论上讲，企业还应该与强大的竞争对手抗衡，以磨炼本身的能力，提高自己的生产、管理和促销能力，更大幅度地提高市场占有率和利润水平。况且，即使实力再强大的对手也会有弱点，不断地对抗它们，往往能得到较大的回报。

2. 近竞争者或远竞争者

大多数企业都与相近似的竞争者展开竞争，但同时还要避免摧毁一个实力相当的竞争者，要防止竞争者被迫卖给较大的企业，否则竞争胜利会招来更难对付的竞争者。

3.“好”竞争者或“坏”竞争者

从某种意义上说，竞争者的存在对企业是必要的和有益的。竞争者可能有助于增加市场总需求，可分担市场开发及产品开发的成本，并协助推出新技术；竞争者可能为吸引力较小的细分市场提供产品，可导致产品差异性的增加；竞争者还会降低反托拉斯活动带来的风险，并改善与劳工组织或管制机构的谈判能力。

然而，并不是所有的竞争者都是有益的。在每个行业里，都会有“品行良好”的竞争者和“具破坏性”的竞争者。“好”竞争者的特点是：遵守行业规则；对行业增长潜力提出切合实际的设想；按照成本合理定价；喜爱健全的行业，把自己限制在行业的某一部分或某一细分市场中；推动他人降低成本，提高差异化；接受为他们的市场份额和利润规定的大致界限。“坏”竞争者的特点是：违反行业规则；企图靠花钱而不是靠努力去扩大市场份额；敢于冒大风险；生产能力过剩仍然继续投资。总之，他们打破了行业平衡。企业应支持好的竞争者，攻击坏的竞争者。

案例 5-1

微信支付和支付宝的大战

2013 年 8 月 5 日，随着微信 5.0 版上线，微信支付正式面世，相比于 2003 年问世的支付宝，时间上晚了不少。但微信初期便接入当当、易迅、优酷等多家企业。支付宝也不甘落后，拉拢银泰推出当面付。二者不断抢占线下资源，加速与线下百货开展合作。

目前接入支付宝的品牌包括家乐福、沃尔玛、711 等 70 多个，微信支付线下门店接入总数也已超过 15 万，可谓平分秋色。2015 年双方加紧烧钱圈地，8 月份，支付宝与微信支付均推出无现金打折活动。微信支付推出 8 月 8 日“无现金日”，支付宝将整个 8 月设为无现金月。

2013 年 12 月，万达影城、金逸影城相继进驻支付宝钱包公共服务平台，并开启线下自助机声波购票的新功能。在万达与支付宝合作的前一天，微信也上线了电影票购买服务，截止到 2014 年 6 月，微信合作影院超过 2 000 家。

2013 年 12 月，支付宝和快的打车在出租市场推广移动支付功能。次年 1 月，滴滴打车和微信支付宣布合作。2015 年 6 月 18 日，滴滴与快的打通双平台，可兼容支付宝与微信支付。2015 年 6 月，支付宝与微信分别与虹桥机场和浦东机场达成战略合作，用户可在手机端查询航班信息、值机甚至航班延误保险的赔付等。8 月 12 日，微信于首都机场开展微信支付优惠活动。业内人士猜测或许是在模仿支付宝春节期间在全国各大交通枢纽派发红包的行为。

2014 年春节,支付宝推出“发红包”和“讨彩头”功能, 1 月 26 日,微信推出公众账号“新年红包”,但反响明显是微信更胜一筹。2015 年 2 月 2 日,支付宝联合新浪微博推出微博支付功能,除夕当夜送出一亿元现金红包;微信则傍上春晚,据统计,央视春晚微信摇一摇互动总量达 110 亿次。2016 年双方斗争似乎格外激烈, 2 月 4 日下午,支付宝增加了支付红包在微信和 QQ 的分享入口,但仅仅几个小时后,这个功能就被微信封杀了。

2014 年 5 月,支付宝推出“未来医院计划”,用户可在线挂号、缴费及查询信息。截至 2015 年 5 月初,已有六家三甲医院与支付宝开展了此项合作,支付宝预计今年年底全国加入“未来医院”的医疗机构数量将超过 100 家。2015 年 5 月左右,由北京市卫生计生委、北京市医院管理局联合北京银行共同发起的“京医通”推出微信服务号,正式接入微信智慧医疗体系,并首先在北京世纪坛医院试点运营,同样可支持挂号费、检验费、医药费的支付。

时尚领域对支付宝和微信来说还算块新大陆,不过距离被攻陷也不太远了。6 月份,微信在全港 100 多家门店推广支付宝支付。微信快马加鞭,最近又与快时尚品牌热风(hotwind)达成合作,但支付宝早在 2013 年就已经拿下了美邦,在门店推广“当面付”。下一步或许还会有更多的时尚连锁品牌加入进来。

资料来源:http://business.sohu.com/20151113/n426316049.shtml

5.2 企业的竞争性定位及战略策略

根据企业在市场上的竞争地位,现代市场营销理论把企业分为四种类型,即市场领导者、市场挑战者、市场追随者、市场利基者,而市场竞争战略则取决于企业所属的类型。

5.2.1 市场领导者

市场领导者(market leader)是指在相关产品的市场上占有率最高的企业,它在价格变动、新产品开发、分销渠道建设和促销战略等方面对本行业其他企业起着领导作用。例如,美国汽车行业中的通用汽车公司、软饮料行业的可口可乐公司、快餐行业的麦当劳公司。中国家电行业的海尔集团等就是市场领导者。这种领导地位是在竞争中自然形成的,而且不是固定不变的。市场领导者所具备的优势包括:消费者对品牌的忠诚度高、营销渠道的建立及其高效运行以及营销经验的迅速积累等。

占据着市场领导者地位的企业常常成为众矢之的,面临竞争者的无情挑战。为了维护自己的优势,保住自己的领先地位,市场领导者通常可采取三种战略:一是扩大市场需求总量;二是保护市场占有率;三是提高市场占有率。

1. 扩大市场需求总量

市场领导者占有的市场份额最大,在市场总需求扩大时受益也最多。扩大总需求的途径是开发新用户、开辟新用途和增加使用量。

1）开发新用户

企业可以从以下三个方面开发新的使用者。

（1）转变未使用者是指说服那些尚未使用本企业产品的人开始使用，把潜在顾客转变为现实顾客。这是一种市场渗透战略。比如，有人担心电淋浴器使用不安全而不愿购买，企业可大力宣传它装有多重安全保护装置，绝对不会发生意外，将这部分潜在购买者转变为现实购买者。

（2）进入新的细分市场。新的细分市场是指该细分市场的顾客使用本企业产品，不使用其他细分市场的同类产品和品牌。这是一种市场开发战略。美国强生公司婴儿洗发水的扩大销售就是开发市场的一个成功范例。当美国出生率开始下降时，该公司制作了一部电视广告片向成年人推荐婴儿洗发水，取得了良好效果，使该品牌成为市场领导者。目前强生公司婴儿洗护用品的包装上都注有“宝宝用好，您用也好”（Best for baby，Best for you）这样的语句，用以提示成年人也同样适用。

（3）地理扩展。它是指寻找尚未使用本企业产品的地区，开发新的地理市场。这也是一种市场开发战略。例如，小屏幕彩色电视机在城市已经少有购买者，可着重开发农村市场；轿车在发达国家已经趋于饱和，可向发展中国家和不发达国家转移。

2）开辟新用途

企业可通过发现并推广产品的新用途来扩大市场，这是一种产品开发战略。杜邦公司的尼龙就是这方面的典范，每当尼龙进入产品生命周期的成熟阶段，杜邦公司就会开辟新用途。尼龙首先是用作降落伞的合成纤维，然后是女性丝袜的纤维，接着成为男女衬衫的主要原料，再后来又成为汽车轮胎、沙发椅套和地毯的原料。每项新用途都使产品开始了一个新的生命周期，这一切都归功于该企业为发现新用途而不断进行的研究和开发计划。

同样，顾客也是发现产品新用途的重要来源，例如凡士林在刚问世时是做机器润滑油，但在使用过程中，顾客发现凡士林还有许多新用途，如可以用作润肤霜、药膏和发蜡等。因此，企业必须留心顾客对本企业产品使用的情况。

3）增加使用量

增加使用量是指说服消费者提高使用频率、增加每次使用量或者在更多使用场合使用该产品，从而在顾客规模不变的条件下增加产品销量。这是一种市场渗透战略。例如，果汁营销人员说服顾客不仅在待客时饮用果汁，而且平时也要饮用果汁以增加维生素，这样就提高了使用频率；牙膏生产厂家劝说人们每天不仅要早晚刷牙，最好每次饭后也要刷牙；洗发水生产企业提醒顾客，在使用洗发水洗发时，每次将使用量增加一倍，效果更佳。这样就增加了产品每次的使用量。再如，电视机生产企业宣传在卧室和客厅等不同房间分别摆放电视机的好处，如观看方便、避免家庭成员选择频道的冲突等，是美好生活的需要，是生活水平提高的表现，这些使有条件的家庭乐于购买两台以上的电视机。

2. 保护市场占有率

市场领导者在努力扩大市场总需求的同时，还必须时刻防备竞争者的挑战，保卫自己的市场阵地。市场领导者任何时候也不能满足于现状，必须在产品的创新、服务水平的提高、分销渠道的畅通和降低成本等方面，真正处于该行业的领导地位。即使不发动主动进攻，至少也要加强防御，堵塞漏洞，不给挑战者可乘之机。防御战略的目标是：减少受攻击的可能性，使攻击转移到危害较小的地方，并削弱其攻势。主要的防御战略有以下六种。

（1）阵地防御。它是指围绕企业目前的主要产品和业务建立牢固的防线，根据竞争者在产品、价格、渠道和促销方面可能采取的进攻战略制定自己的预防性营销战略，并在竞争者发起进攻时坚守原有的产品和业务阵地。这是一种静态的防御，是防御的基本形式，但不能作为唯一的形式。如果单纯采用消极的静态防御，只保卫自己目前的市场和产品，是一种“市场营销近视症”，最后可能导致失败。当年亨利•福特固守 T 型车的阵地就惨遭失败，使得年赢利 10 亿美元的公司险些破产。企业更重要的任务是技术更新、新产品开发和扩展业务领域。

（2）侧翼防御。它是指市场领导者除保卫自己的阵地外，还应建立某些辅助性的基地，以此作为防御阵地，并在必要时作为反攻基地。特别是要注意保卫自己较弱的侧翼，防止对手乘虚而入。超市在食品和日用品市场占据统治地位，但是在食品方面受到以快捷、方便为特征的快餐业的蚕食，在日用品方面受到以廉价为特征的折扣店的攻击。为此，超市提供广泛的、货源充足的冷冻食品和速食品以抵御快餐业的蚕食，推广廉价的无品牌商品，并在城郊和居民区开设新店以击退折扣店的进攻。

（3）以攻为守。它是指在竞争对手尚未构成严重威胁或在向本企业采取进攻行动前抢先发起攻击以削弱或挫败竞争对手。这是一种先发制人的防御，这种战略主张预防胜于治疗。具体做法是，当竞争者的市场占有率达到某一危险的高度时，就对它发动攻击，或者是对市场上的所有竞争者全面攻击，使人人自危。有时这种方法是利用心理攻势来阻止竞争者的进攻，而不发动实际攻击。不过，这种虚张声势的做法只能偶尔为之。

（4）反击防御。当市场领导者遭到对手发动降价或促销攻势，或改进产品、占领市场阵地等进攻时，不能只是被动应战，应主动反攻入侵者的主要市场阵地，以切断进攻者的退路。反击战略主要有：正面反击、攻击侧翼、钳形攻势、退却反击、围魏救赵等。例如，当康佳电视机在四川市场发动进攻时，长虹电视机也进攻广东市场。

（5）机动防御。它是指市场领导者不仅要固守现有的产品和业务，还要扩展到一些有潜力的新领域，以作为将来防御和进攻的中心。市场扩展可通过以下两种方式实现。①市场扩大化。它是指企业将其注意力从目前的产品上转到有关该产品的基本需要上，并全面研究与开发有关该项需要的科学技术。但市场扩大必须有一个适当的限度。②市场多角化。它是指向无关的其他市场扩展，实行多角化经营。

（6）收缩防御。它是指企业主动从实力较弱的领域撤出，将力量集中于实力较强的领域。当企业无法坚守所有的市场领域，并且由于力量过于分散而降低资源效益的时候，可采取这种战略。其优点是在关键领域集中优势力量，增强竞争力。

3. 提高市场占有率

市场领导者设法提高市场占有率，也是增加收益、保持领导地位的一个重要途径。一般而言，如果单位产品价格不降低，而且经营成本不增加，企业利润会随着市场份额的扩大而提高。但是，市场占有率达到一定水平后，其增长会与获利率成反比，因为这时再要扩大市场份额，成本会迅速上升。原因是：①当领导企业的市场份额扩张到一定程度后，坚持不买的顾客可能是不喜欢本企业，或忠于其他竞争者，或有某种特殊偏好，这些倾向往往是难以改变的；②竞争者也可能为保卫其仅有的市场份额做出各种努力，这样，企业若顽固坚持继续扩张市场份额，必须要花费更高昂的公关、广告等促销成本；③许多国家有反垄断法，当企业的市场占有率超过一定限度时，就有可能受到指控和制裁。1984 年，电信巨头、市值达 1 500 亿美元的巨无霸公司——美国电报电话公司（AT & T）被一分为八的遭遇就是前车之鉴。另外，IBM、微软都曾被指控垄断，险些被拆分。所以，精明的企业家应善于把握火候，适可而止，及时转移战略重点。

总之，市场领导者必须善于扩大市场需求总量，保卫自己的市场阵地，防御挑战者的进攻，并在保证收益增加的前提下，提高市场占有率，这样，才能持久地占据市场领导者地位。

5.2.2 市场挑战者

市场挑战者（market challenger）是指在行业中占据第二位及以后位次，有能力对市场领导者和其他竞争者采取攻击行动，希望夺取市场领导者地位的企业。如美国汽车行业的福特公司、软饮料行业的百事可乐公司等。市场挑战者首先必须确定自己的战略目标，然后再选择适当的挑战战略。

1. 确定战略目标和挑战对象

战略目标与进攻对象密切相关，一般来说，挑战者可在下列三种企业中选择攻击对象，并确定相应的战略目标。

（1）攻击市场领导者。这一战略风险大，潜在利益也大。当市场领导者在其目标市场的服务效果较差而令顾客不满或对某个较大的细分市场未给予足够关注的时候，采用这一战略带来的利益更为显著。

（2）攻击与自己实力相当者。规模相当的企业可以说是挑战者最主要的敌手，挑战者要选择那些创新不足、经营不佳、财力拮据的同类企业，依靠产品创新及价格折扣等策略，迅速夺取市场份额。

（3）攻击地方性小企业。对一些地方性小企业中经营不善、财务困难者，可夺取它们的顾客，甚至这些小企业本身。

2. 选择挑战战略

在确定了战略目标和挑战对象之后，挑战者还需要考虑采取何种挑战战略。选择挑战战略应遵循“密集原则”，即把优势兵力集中在关键的时机和地点，以达到决定性的目的。

（1）正面进攻。它是指集中全力向对手的主要市场阵地发动进攻，进攻对手的强项而不是弱项。比如，以更好的产品、更低的价格、更大规模的广告攻击对手的拳头产品。在这种情况下，进攻者必须在产品、广告、价格等主要方面大大超过对手，才有可能成功，否则，不能采取这种进攻战略。正面进攻的胜负取决于双方力量的对比。正面进攻的另一种措施是投入大量研发经费，降低产品成本，从而以降低价格的手段向对手发动进攻，这是持续开展正面进攻最可靠的基础之一。

(2)侧翼进攻。它是指集中优势力量攻击对手的弱点。有时可采取"声东击西"的战略,佯攻正面,实际攻击侧面或背面。侧翼进攻可分为两种情况:一种是地理性的侧翼进攻,即在全国或全世界寻找对手力量薄弱地区,在这些地区发动进攻;另一种是细分性侧翼进攻,即寻找领导企业尚未为之服务的细分市场,在这些小市场上迅速填空补缺。侧翼进攻符合现代市场营销观念——发现需要并设法去满足它。侧翼进攻也是一种最有效和最经济的战略,比正面进攻有更多的成功机会。

(3)包围进攻。包围进攻也称为包抄进攻、多面进攻,是指在多个领域同时发动进攻以夺取对手的市场。比如,向市场提供竞争对手所能提供的一切产品和服务,并且更加质优价廉,同时配合大规模促销。这是一个全方位、大规模的进攻战略,挑战者在拥有优于对手的资源,并确信包围计划的完成足以打垮对手时,可采用这种战略。

(4)迂回进攻。它是指避开对手的现有业务领域和现有市场,进攻对手尚未涉足的业务领域和市场,以壮大自己的实力。这是一种最间接的进攻战略。具体办法有三种:一是发展无关的产品,实行产品多角化;二是以现有产品进入新地区的市场,实行市场多角化;三是发展新技术、新产品,取代现有产品。

(5)游击进攻。它是指向对手的有关领域发动小规模的、断断续续的进攻,逐渐削弱对手,使自己最终夺取永久性的市场领域。游击进攻适用于小企业打击大企业。主要方法是在某一局部市场上有选择地降价、开展短促的密集促销、向对方采取相应的法律行动等。游击进攻能够有效地骚扰对手、消耗对手、牵制对手、误导对手、瓦解对手的士气、打乱对手的战略部署而己方不冒太大的风险。适用条件是对方的损耗将不成比例地大于己方。采取游击进攻必须在开展少数几次主要攻击或一连串小型进攻之间做出决策,通常认为,一连串的小型进攻能够形成累积性的冲击,效果更好。

一个挑战者不可能同时运用所有这些战略,但也很难单靠某一种战略取得成功。通常是设计出一套战略组合即整体战略,借以改善自己的市场地位。

5.2.3 市场追随者

市场追随者(market follower)是指那些在产品、技术、价格、渠道和促销等大多数营销战略上模仿或跟随市场领导者的企业。在很多情况下,追随者可让市场领导者和挑战者承担新产品开发、信息收集和市场开发所需的大量经费,自己坐享其成,减少支出和风险,并避免向市场领导者挑战可能带来的重大损失。许多居于第二位及以后位次的企业往往选择追随而不是挑战。因此,扮演市场追随者与挑战者角色的企业实力往往难分伯仲,它们的主要区别在于对待市场领导者的态度不同,挑战者采取积极进攻的姿态,而追随者则默认领导者地位,只求维持自己现有市场份额。

当然,追随者也应当制定有利于自身发展而不会引起竞争者报复的战略。追随者战略可分为三类。

(1)紧密跟随。它是指追随者尽可能地在各细分市场及营销组合方面模仿领导者,完全不进行任何创新。由于他们利用市场领导者的投资和营销组合策略去开拓市场,自己跟在后面分一杯羹，故被看作依赖市场领导者而生存的寄生者。有些紧密跟随者甚至发展成为“伪造者”，专门制造赝品。

（2）距离跟随。它是指跟随者在基本方面模仿领导者，但在包装、广告和价格上又保持一定的差异。如果模仿者不对领导者发起挑战，领导者不会介意。在钢铁、肥料、化工等同质产品行业，距离跟随战略使用得最普遍。

（3）选择跟随。它是指跟随者在某些方面紧跟市场领导者，在某些方面又自行其是。它们先接受领导者的产品、服务和营销战略，然后有选择地改进它们，避免与领导者正面交锋，选择其他市场销售产品。也就是说，它不是盲目跟随，而是在择优跟随的同时还要发挥自己的独创性，但又不进行直接的竞争。这种跟随者通过改进并在别的市场壮大实力后有可能成长为挑战者。

虽然追随战略不冒风险，但也存在明显缺陷。研究表明，市场份额处于第二、第三和以后位次的企业与第一位的企业在投资报酬率方面有较大的差距。

案例 5-2

达利和其正：挑战？跟随？

到底要直接“清火气，养元气”，还是要“预防上火”？到底要和其正还是要王老吉？或许这是现在消费者选择凉茶的一个困惑。自 2003 年以来，凉茶便由广东沿海席卷全国，引领消费者饮料时尚的同时，从单一的品类划分中更胜一筹，通过“非物质文化遗产”的申报成功，一举成为国人饮料中必不可少的角色。如此诱人的蛋糕面前，敏锐的厂商们当然不会放过，顷刻间，凉茶市场风起云涌，大有群雄逐鹿之势。纵观凉茶争夺战，最具战斗震撼精神的，非“王老吉”和“和其正”莫属了。

和其正聪明地采用了“站在巨人肩膀上”的策略，一出手便以行业老大为对标者，用消费者非常熟悉的、与“王老吉”同出一辙的产品包装及设计，火红的包装，寻找的，不是与其他产品一样别出心裁的想给消费者“眼前一亮”的感觉，而是反其道行之，让消费者觉得“似曾相识”，同样的红色，同样的黄字，让消费者感觉，去火凉茶都是这个包装。

王老吉已经是凉茶业的第一品牌，至今还没有强势的第二品牌出现，还存在很大的市场机会。达利就抓准这个机会点，推出凉茶产品和其正。和其正一出手就希望做一名市场颠覆者。其实，和其正与王老吉如出一辙，采取高举认打策略，从央视到地方卫视，对王老吉采取贴身战术，只要是王老吉出现的地方，就有和其正的身影。通过高频率高密度的广告投放，周密有效的市场行销，让新品在第一时间脱颖而出，紧紧锁定大众眼球。

资料来源：新业. 和其正“伐谋”王老吉 [J]. 中国品牌，2009(1):92-96.

5.2.4 市场利基者

规模较小且大企业不感兴趣的细分市场称为利基市场。市场利基者（market nicher）也称为市场补缺者，是指专门为规模较小的或大企业不感兴趣的细分市场提供产品和服务的企业。市场利基者的作用是拾遗补缺、见缝插针，虽然在整体市场上仅占有很少的份额，但是比其他企业更充分地了解和满足某一细分市场的需求，能够通过提供高附加值而得到高利润和快速增长。企业处于发展初期还比较弱小时大多采用这种策略。由于利基市场有利可图，许多大中型企业也设立专门的业务部门或分公司进入这一市场。

利基者赢利的主要原因是能够比其他大众化营销的企业更好地了解和满足了顾客需要，当大众化营销者取得高销量的时候，利基者取得了高毛利。

理想的利基市场具备以下特征：①具有一定的规模和购买力，能够赢利；②具备发展潜力；③强大的企业对这一市场不感兴趣；④本企业具备向这一市场提供优质产品和服务的资源和能力；⑤本企业在顾客中建立了良好的声誉，能够抵御竞争者入侵。

市场利基者战略的关键在于实行专业化，主要途径如下。

（1）最终用户专业化。它是指企业专门为某一类型的最终用户提供服务。例如，航空食品公司专门为民航公司生产飞机乘客的航空食品。

（2）垂直专业化。它是指企业专门为处于生产与分销循环周期的某些垂直层次提供服务。例如，铸件厂专门生产铸件，铝制品厂专门生产铝锭和铝制部件。

（3）顾客规模专业化。它是指企业专门为某一规模（大、中、小）的顾客群服务。例如，有些小企业专门为那些被大企业忽略的小客户服务。

（4）特殊顾客专业化。它是指企业专门向一个或几个大客户销售产品。例如，许多小企业只向一家大企业提供其全部产品。

（5）地理市场专业化。它是指企业只在某一地点、地区或范围内经营业务。

（6）产品或产品线专业化。它是指企业只经营某一种产品或某一类产品线。例如，美国的 Wrigley 公司专门生产口香糖一种产品，日本 YKK 公司只生产拉链这一类产品。

（7）产品特色专业化。它是指企业专门经营某一种类型的产品或者产品特色。例如，某书店专门经营“古旧”图书，某企业专门出租儿童玩具。

（8）客户订单专业化。它是指企业专门按客户订单生产特制产品。

（9）质量—价格专业化。它是指企业专门生产经营某种质量和价格的产品，如专门生产高质高价产品或低质低价产品。

（10）服务专业化。它是指企业向大众提供一种或数种其他企业所没有的服务。例如，某家庭服务公司专门提供上门疏通管道服务。某银行可以别出心裁地接受客户用电话申请贷款，并送现金上门。

（11）销售渠道专业化。它是指企业只为某类销售渠道提供服务。例如，某软饮料公司决定只生产大容器包装的软饮料，并且只在加油站出售。

有心的市场利基者只要能发现被别人忽视的专业化领域，并专心开发，就会在强手如林的市场竞争中占有一席之地，逐渐发展为市场挑战者以至市场领导者。

营销新视野：博弈论

博弈论是二人在平等的对局中各自利用对方的策略变换自己的对抗策略，达到取胜的目的。博弈论思想古已有之，中国古代的《孙子兵法》等著作就不仅是一部军事著作，而且是最早的一部博弈论著作。博弈论考虑游戏中的个体的预测行为和实际行为，并研究它们的优化策略。

博弈论的要素如下。

（1）局中人：在一场竞赛或博弈中，每一个有决策权的参与者均为一个局中人。只有两个局中人的博弈现象称为“两人博弈”，而多于两个局中人的博弈称为“多人博弈”。

（2）策略：一局博弈中，每个局中人都有选择实际可行的完整的行动方案，即方案不是某阶段的行动方案，而是指导整个行动的一个方案，一个局中人的一个可行的自始至终全局筹划的一个行动方案，称为这个局中人的一个策略。如果在一个博弈中局中人总共有有限个策略，则称为“有限博弈”，否则称为“无限博弈”。

（3）得失：一局博弈结局时的结果称为得失。每个局中人在一局博弈结束时的得失，不仅与该局中人自身所选择的策略有关，而且与全局中人所选定的一组策略有关。所以，一局博弈结束时每个局中人的“得失”是全体局中人所取定的一组策略的函数，通常称为支付（payoff）函数。

（4）对于博弈参与者来说，存在着一博弈结果 。

（5）博弈涉及均衡：均衡是平衡的意思，在经济学中，均衡意即相关量处于稳定值。在供求关系中，某一商品市场如果在某一价格下，想以此价格买此商品的人均能买到，而想卖的人均能卖出，此时我们就说，该商品的供求达到了均衡。所谓纳什均衡，它是一稳定的博弈结果。

博弈论研究的假设：决策主体是理性的，最大化自己的利益；完全理性是共同知识；每个参与人被假定为对所处环境及其他参与者的行为形成正确信念与预期。

【本章小结】

本章第一部分主要介绍了竞争者分析的六个步骤——识别企业的竞争者、识别竞争对手的战略、判断竞争者的目标、评估竞争者的优势与劣势、判断竞争者的反应模式、选择要攻击和要回避的竞争者分段。第二部分主要介绍了企业的竞争性定位及竞争战略——市场领导者战略、市场挑战者战略、市场追随者战略和市场利基者战略。

【关键术语】

竞争者　强竞争者　弱竞争者　“好”竞争者　“坏”竞争者　市场领导者　市场跟随者

市场挑战者　市场利基者

【案例扩展阅读】

案例 1

出租车与网约车

当下，互联网出行正如火如荼地发展，出租车和网约车之间冲突不断，其竞争也趋于白热化。纵观各行业发展规律，不难发现只有遵循“优胜劣汰、适者生存”的法则，才能成为最后的赢家。

随着滴滴出行、优步、首汽约车等打车软件的不断兴起，曾经垄断市场的出租车行业面临威胁。传统的出租车行业，在如此激烈的竞争环境中又将如何应对呢？

当出租车“撞上”网约车

今年 6 月初，西安市发生了出租车罢工抵制网约车事件，有大量出租车聚集；6 月 15 日，青岛则发生出租车“隐身”罢运抵制网约车，不少乘客的出行受到影响；而今年 5 月底，重庆发生滴滴快车遭出租车围堵事件。此类事件可谓一波未平、一波又起，从表面看，这是两个对立端的矛盾，实则是出租车抵制私家车的事件，出租车司机的做法表明只有出租车才能享受网约车的“待遇”，而私家车进行网络约车的服务则不合法，属于“黑车”。

自打车软件诞生以来，出租车行业可谓是终日惶恐不安，全国多地发生出租车罢工抵制网约车事件，但值得一提的是，群众出行并没有因此而受到影响，反而调侃“出租车罢工了道路通畅了很多”“他们经常就在罢工”等言论。据了解，出租车饱受诟病，是由于有些出租车司机经常以不顺路、路太堵等理由拒载乘客，恶劣的服务态度、不完美的乘坐体验早已成为出租车的代名词。但出租车司机张师傅诉苦道：“不是我们有意要拒载，实在是份子钱太高了，不拒载就难以维持生计。”了解到，北京地区的出租车司机需向公司缴纳 5 000 元 / 月，甚至更高的“份子钱”。所谓“份子钱”就是出租车司机上缴给出租车公司的承包费用，既是前者的运营成本，又是后者的主要收入来源。

多种因素导致网约车和出租车的矛盾不断升级，如何平衡规范好这两者是目前的重中之重。据悉，原应在今年 5 月份出台的《网络预约出租汽车经营服务管理暂行办法》（简称《管理办法》），却好似“羞答答的玫瑰”迟迟不肯露面。目前，国家不断出台网约车的相关政策，但网约车和出租车仍然冲突不断。

网约车与出租车的最大不同就是，网约车基本以私家车为主，而出租车大部分都是出租车所在公司的车。前者的车内环境更加整洁干净，司机具有较文明的驾驶习惯，且从手机端 app 打车还可获得相应的优惠，以上原因使得出租车行业占有的市场份额逐渐被削弱。

打车百态，各有千秋

“你赞同的，我未必认可，而我喜欢的，也未必是你爱的”，这句话同样适用于出租车和网约车行业。从事广告行业的刘女士指出，她出行还是愿意选择出租车，由于网约车被数次报道过发生女性遇袭事件，因此她会选择相对安全的出租车。在外企上班的杨女士表示，她并不认同，一是出租车司机态度恶劣，且车内环境不整洁，二是网约车平台会不定时地发放优惠券，且一键打车很是方便，节省时间。

出租车和网约车犹如曹植在《七步诗》中所云：“本是同根生，相煎何太急。”据相关调查表示，习惯街边招手打车的乘客占比为 31%，出租车仍然拥有很大的市场。许多乘客表示，如果出租车司机愿意改掉拒载、绕路等不文明恶习，乘客还是愿意选择出租车，出租车有齐全的运营证件和专门的管理公司，选择出租车就是选择安心。

然而，网约车平台的发展并不顺利，从最开始的明令禁止到现在的合法行驶，从不被认可到受欢迎可谓一波三折。例如，现在滴滴出行从司机端到乘客端都能够被熟练地使用，也正是滴滴让司机从最不互联网化的群体变成互联网程度最高的一个群体。通过“互联网 + 交通”的方式帮助司机降低了空驶率，提高了运营效率和收入，而私家车主可以利用碎片化的时间赚取外快。

吴师傅就是享受打车软件带来“红利”的众多司机之一。他是一位在北京生活多年的安徽人，一名滴滴的专职司机，年近 50 岁的他已儿孙满堂。他表示，自从做了滴滴司机后，收入比平时工作收入翻了几番，现在全家的支出费用全靠他的收入。在他看来，互联网约车让他的生活不再枯燥乏味，每天可以和不同的人交流，同时也丰富了他的阅历。但天有不测风云，吴师傅苦笑地告诉记者他被乘客投诉的遭遇。有一次他在首都国际机场抢了一单，定神一看是3个小时之后的预约单，由于机场停车时间的限制，他便致电给顾客说能否取消订单，顾客不仅不同意还投诉了他，最终导致的结果就是被滴滴方面限制出行一周。但吴师傅仍然乐观地表示，滴滴改变了他曾经一成不变的生活。

狭路相逢"勇者"胜

十二届全国人大代表、清华大学社会科学学院政治经济学研究中心主任蔡继明在两会上提出"关于大力发展网约车，转变政府监管模式"的建议。对于2015年10月10日，交通部发布的《网络预约出租汽车经营服务管理暂行办法（征求意见稿）》首先肯定了网约车的合理合法地位。在接受采访时蔡继明表示，他平时出行也会选择便捷的网约车，不仅有效地缓解了打车难的问题，还进一步缓解了城市道路拥堵的情况。网约车的出现充分利用了社会闲置的私家车资源，真正地做到了物尽其用。

在全民互联网化的时代，实体经济加上互联网都处在见证奇迹的时刻。而"互联网＋交通"让人们的出行变得更加智能化、便捷化，但无疑让传统的出租车行业雪上加霜。今年是供给侧结构性改革的攻坚之年，供给侧改革好比做蛋糕一样，不仅要做大蛋糕，还要做好蛋糕。有人说，网约车是来抢出租车的蛋糕的，但是如果出租车做好做大自己的蛋糕，自然不愁有顾客来买，也不会给网约车留有抢蛋糕的可乘之机。

随着分享经济的发展，共享出行已经成为一波浪潮。网约车刺激了出租车行业转型升级，让出租车行业走出发展困局。但目前"一山难容二虎"的局面，仍需破局。

国外如何对待网约车

在国企上班的施女士表示，她经常会利用假期时间出国散心，在众多国家中，对日本的"好感"颇深。她说，在语言不通的情况下，当地的出租车不仅没有拒载客人的现象，且服务态度非常好。施女士表示，日本的出租车会提前在指定地点等待乘客，并且将乘客的大件行李主动放在后备箱里，车辆擦洗得一尘不染，车内环境整洁，当然优质的服务匹配的自然是高昂的车费，反观国内的出租车则逊色很多。这也是国内网约车存在的主要原因之一，日本出租车的服务、车技、人品、环境都是一流的，自然也就不需要网约车。在日本，出租车无须向公司缴纳"份子钱"，每月只需按一定比例上交收入。正是由于日本出租车服务优良，有关法律规定，私家车不得进行收取报酬、具有经营性质的活动。

在2015年，韩国国会通过一项法案，禁止私家车主提供出租汽车服务，该法案成为韩国首部宣布优步等打车软件服务为非法的全国性立法。同年3月，优步在韩国正式停运。

而在新加坡，每一家出租车公司均有自己的app打车软件，从而阻断了外来打车软件的侵入。据悉，新加坡在打车软件的管理方面，主要措施包括注册管理和打车费用、防拒载等，并且要求司机必须持有出租汽车驾照，必须提前在新加坡陆路交通管理局申请注册，申请成功者将获得有效期三年的资质证书。

乘客都不约而同地表示，如果国内的出租车能把服务质量提升，还是愿意选择乘坐出租车。由此可见，服务质量、车内环境成为制约出租车发展的掣肘，出租车若想受到社会公众的欢迎，还应该从自身做起。

资料来源：于芳妮. 网约车搅局传统出租车市场 [EB/OL].[2016-7-19] http://www.jingji.

com.cn/html/news/cjxw/47271.html

思考:网约车与出租车的竞争给消费者带来了什么?未来发展如何?

案例 2

“双簧战”:聚美优品 vs 乐蜂网

2013 年的春天来得有些早,随着气温回暖,一场美妆垂直 B2C 领域的营销 From EMKT.com.cn 大战在互联网上成为热点。如果说在之前的微博口水战中,聚美优品“为自己代言”的陈欧体和乐蜂网的“不美不活”体谁也没有明显占到上风,那么当 3 月 1 日聚美优品网站长时间无法访问时,乐蜂大概可以轻蔑一笑了。铺天盖地宣传了几个月,把消费者胃口吊足,却在活动当天掉链子,对于用户体验至关重要的电商,无疑是给了自己一记耳光。但乐蜂笑完转过身去也会感到一丝心酸,因为只有流量足够大才有资格宕机,假如不是被黑的话。

宿怨不是两三天

作为国内化妆品垂直 B2C 电商的前两位领先者,聚美优品和乐蜂网的明争暗斗由来已久。早在 2012 年 6 月,聚美优品 CEO 陈欧与乐蜂网创始人李静就在微博中针锋相对。李静在微博中称对方利用黑客手段攻击乐蜂网,而陈欧则暗讽乐蜂网技术支持不给力,致使双方矛盾激化。

随后,乐蜂网发布化妆品电商行业白皮书,曝光行业生存逻辑、运营成本、定价方法、采购链条等诸多内幕,看似为消费者考虑,实则是以此证明自己“根正苗红”,是博取消费者信任的营销手段,同时打击竞争对手。乐蜂网在白皮书中表示,电商销售化妆品正品的价格下限约为专柜价格的七折左右,若长期或过多低于此折扣则可能有问题,变相质疑聚美优品涉嫌售假。与此同时,自称聚美优品前采购员工在天涯上“爆料”,指责聚美优品 90% 是假货。陈欧在回应中暗指乐蜂网雇佣网络水军冒充聚美优品离职员工抹黑。2012 年年底,聚美优品的超长励志广告片在湖南卫视黄金时段播出,广告立意和情感触点准确切中年轻的目标消费群体,“为自己代言”陈欧体在社交网络掀起一阵模仿改编热潮,广告视频的网络播放量在短时间内不断上升,是一个电视、视频与社交媒体整合传播的成功营销案例。

与此相对应,乐蜂网在 2013 年年初也推出新的电视广告片,通过凭借当红综艺节目《我是歌手》再次受到瞩目的尚雯婕作为主角,说出“不美不活”的广告语。该广告同样在湖南卫视黄金时段投放,颇有摆开阵势与聚美优品正面竞争的意味。

2 月 25 日,乐蜂网在其官方微博上声称,收到多家供应商投诉,某同行美妆电商要挟供应商“不得向乐蜂网提供同等或更高的促销支持,否则所有损失将由供货商承担,且将面临账期延长或停止合作”,矛头指向聚美优品。

双方在微博上的口水仗也打得如火如荼。乐蜂将聚美优品的“我为自己代言”恶搞为“我为自己带盐”,而聚美随后也暗讽乐蜂网的达人经济模式,乐蜂又以“不论你有没有品,我要正品”等“不美不活”体予以回应,不但引来众多网友围观、转发,甚至很多明星也来凑热闹。双方你来我往,唇枪舌剑,不但没有伤到彼此半分,反而将各自的标志性广告语进行了推广,造成话题效应,可谓不分胜负,双双赚足眼球。

两虎相争，不伤反赢

诸多业内人士曾预言，2012—2013 年中国电商将经历一轮大规模洗牌，尤其是垂直电商。几乎每天都有新的电商出现，有的电商消亡。虎嗅网曾总结出一份在 2012 年发展碰壁的垂直电商名单，其中既有著名如佳品网、维棉网，也有更多还没来得及被人知道就消失的草根电商。

纵观化妆品垂直电商行业格局，聚美优品、乐蜂网、米奇网、天天网都自称是行业之最，但从知名度、销售额、会员数量等方面综合看，只有聚美优品和乐蜂网真正有实力竞争第一把交椅。艾瑞网发布的数据显示，2011 年乐蜂网、聚美优品的销售额分别为 6.3 亿元和 4 亿元，位居化妆品垂直 B2C 前两位。经过 2013 年开春营销战役后，两强格局已经确立。日前，陈欧在采访中称聚美优品 2012 年销售额为 25 亿元，已经赢利，预计今年销售额为 60 亿 ~ 100 亿元，利润超过 10 亿元。未来行业资本及品牌商资源将愈加向少数领先企业集中，而落后者若继续在同一条跑道上将更难参与竞争，甚至会被淘汰出局。

资料来源：徐铱璟."双簧战"：聚美优品 vs 乐蜂网 [J]. 新营销，2014(4)：40-42.

思考：聚美优品和乐蜂网的竞争与针锋相对是如何做到共赢的？

【营销实践小项目】

1. 请同 3~5 位同学组成一个小组。每个小组选择一个个人电脑生产厂家，然后到该企业的网站上，获得尽量多的竞争信息。每个组都根据他们对竞争的分析准备一个 5 分钟的口头陈述。

2. 根据项目 1 的信息收集，找到个人电脑市场上的不同企业竞争定位，并根据不同企业的竞争定位撰写一份个人电脑竞争状况分析报告，特别要分清市场领导者、市场挑战者、市场跟随者、市场利基者，以及他们采用的竞争战略。

第6章　市场营销调研

【知识目标】

1. 了解市场营销调研的方法与步骤。

2. 掌握调查问卷和调研报告编制。

3. 了解市场预测的内容和基本方法。

【技能目标】

1. 能根据项目要求撰写市场调研方案和调查问卷的编制。

2. 能完成市场调研报告的撰写。

【引入案例】

日本人巧探大庆油田

大庆油田是我国在20世纪60年代勘探开发的大油田。当时,绝大多数中国人都不知道大庆油田在哪里,但日本人却对其了如指掌。

日本人首先从中国画报刊登的铁人王进喜的大幅相片上推断出大庆油田在东北三省偏北处,因为相片上的王进喜身穿大棉袄,背景是遍地积雪。接着,他们从另一幅肩扛人推的照片,推断出油田离铁路沿线不远;从《人民日报》的一篇报道中看到一段话,王进喜到了马家窖,说了一声:"好大的油海啊,我们要把中国石油落后的帽子扔到太平洋里去!"据此,日本人判断,大庆油田的中心就在马家窖。

大庆油田什么时候产油了呢?日本人判断:1964年。因为这一年王进喜参加了第三届全国人民代表大会。

日本人还准确地推算出大庆油田油井的直径大小和大庆油田的产油量。依据是《人民日报》一幅钻塔的照片和刊登的国务院政府工作报告:把当时公布的全国石油产量减去原来的石油产量,日本人推算出大庆油田的石油年产量为3 000万吨,与大庆油田的实际年产量几乎完全一致。

有了如此多的准确情报,日本人迅速设计出适合大庆油田开采的石油化工设备。当我国政府向世界各国征求开采大庆油田的设计方案时,日本人一举中标。

6.1　市场调研

市场竞争日趋激烈,消费需求复杂多变,企业只有密切关注营销环境的变化,了解竞争的态势,把握消费需求的动向,才能发现营销机会,规避可能存在的威胁,制定正确的营销决策,才能在市场中占据主动地位。因此,做好市场调研成为企业关注的重点。

6.1.1 市场调研的定义与作用

市场调研就是运用科学的方法，有目的、有计划地收集、整理、分析和研究市场信息，了解市场的发展状况及变化趋势，发现市场机会和问题，为市场预测和企业经营决策提供科学的依据。其作用主要表现在以下几个方面：

（1）为企业经营决策和管理提供科学依据；

（2）有助于企业开拓市场，开发新产品；

（3）有利于企业在市场竞争中占据有利地位；

（4）促使企业不断提高管理水平，提高企业竞争力。

6.1.2 市场调研的原则

市场调研是通过收集、整理、分析和研究市场相关信息，为企业经营决策提供正确依据的活动，需要遵循以下原则。

1. 科学性原则

市场调研不只是简单地收集情报、信息的活动。为了在有限的时间和经费情况下获得更多更准确的资料和信息，必须对调查的过程进行科学的安排；调查所采用的方法、对资料所做的分析都需要认真研究，以准确反映调查结果，使调研结论是全面的、具有内在的逻辑性，而不是个别的、偶然的。

2. 系统性原则

市场调研是全面收集有关企业经营活动过程中的信息资料的活动，既要了解企业的经营实际，还要了解竞争对手的有关情况；既要认识企业内部因素如组织机构、人员配备、管理方式和素质等对经营活动的影响，又要认识社会环境因素如政治、法律、科学技术、社会文化等对企业和消费者的影响。因此，市场调研一定要建立在系统研究的基础上，考虑市场环境的相互关系，缺乏系统的市场调研往往是导致企业决策失误的重要原因。

3. 准确性原则

市场调研收集到的资料必须真实、准确、具有时效性；对调查资料的分析必须实事求是，尊重客观事实，切忌以主观臆造代替科学分析；同时，任何片面的、以偏概全的做法也是不可取的。

4. 经济性原则

这是一切经济活动都必须遵循的原则。市场调研不仅需要人的脑力和体力的支出，还要利用一定的物质手段，以确保调研工作的顺利进行和调查结果的准确，是一项费时、费力、费财的活动。但市场调研也要讲求经济效益，力争以较少的投入获得最好的效果。

案例 6-1

清嘴含片

清嘴含片，在上市之初，经过调查研究后将消费群体锁定为青年人，因为他们追求浪漫。对于初步的成功，“清嘴”没有进行有效的维护，而是将消费群体扩大，相继推出“儿童型清嘴”“老年型清嘴”，遭到了消费者的排斥。

6.1.3 市场调研的内容

一般来说，市场调研主要包括以下内容。

1. 营销环境

营销宏观环境包括人口环境、经济环境、政治法律环境、社会文化环境、技术环境、自然环境等。通过对宏观环境的变化及其对企业的影响进行调研，寻找企业新的发展机会，同时及早发现可能出现的威胁，以做好应变准备。

2. 市场需求

市场需求调查包括需求量调查、消费结构调查、消费者行为调查等。

3. 产品调查

产品调查主要包括产品生产能力调查、产品本身各种性能的好坏程度调查、产品的包装调查、产品生命周期的调查、产品价格的调查等。

4. 竞争调查

主要调查竞争者的类型、经济实力、生产能力、产品特点、市场份额、销售策略、竞争的优势和劣势以及竞争战略等。

5. 营销活动调查

主要就分销渠道、促销活动以及销售服务等方面进行调查。

营销新视野：营销信息系统

市场营销信息系统提供有用信息，是供企业营销决策者制定规划和策略的，由人员、机器和计算机程序所构成的一种相互作用的有组织的系统。

根据对市场信息系统的要求和市场信息系统收集、处理和利用各种资料的范围，其基本框架一般由四个子系统构成。

1. 内部报告系统（internal records）

内部报告的主要任务是由企业内部的财务、生产、销售等部门定期提供控制企业全部营销活动所需的信息，包括订货：销售、库存、生产进度、成本、现金流量、应收应付账款及盈亏等方面的信息。企业营销管理人员通过分析这些信息，比较各种指标的计划和实际执行情况，可以及时发现企业的市场机会和存在的问题。企业的内部报告系统的关键是如何提高这一循环系统的运行效率，并使整个内部报告系统能够迅速、准确、可靠地向企业的营销决策者提供各种有用的信息。

2. 市场营销情报系统（marketing intelligence）

企业的市场营销情报系统是指企业营销人员取得外部市场营销环境中的有关资料的程序或来源。该系统的任务是提供外界市场环境所发生的有关动态信息。企业通过市场营销情报系统，可能从各种途径取得市场情报信息，如通过查阅各种商业报刊、文件、网上下载；直接与顾客、供应者、经销商交谈；与企业内部有关人员交换信息等方式。也可通过雇用专家收集有关的市场信息、通过向情报商购买市场信息等。系统要求采取正规的程序提高情报的质量和数量，必须训练和鼓励营销人员收集情报，鼓励中间商及合作者互通情报，购买信息机构的情报，参加各种贸易展览会等。

3. 市场营销研究系统(marketing research)

市场营销研究系统是完成企业所面临的明确具体的市场营销情况的研究工作程序或方法的总体。其任务是:针对确定的市场营销问题收集、分析和评价有关的信息资料,并对研究结果提出正式报告,供决策者有针对性地解决特定问题,以减少由主观判断可能造成的决策失误。因各企业所面临的问题不同,所以需要进行市场研究的内容也不同。根据国外对企业市场营销研究的调查,发现主要有市场特性的确定、市场需求潜力的测量、市场占有率分析、销售分析、企业趋势研究、竞争产品研究、短期预测、新产品接受性和潜力研究、长期预测、定价研究等项内容,企业研究得比较普遍。

4. 市场营销分析系统(information analysis)

市场营销分析系统是指一组用来分析市场资料和解决复杂的市场问题的技术和技巧。这个系统由统计分析模型和市场营销模型两个部分组成,第一部分是借助各种统计方法对所输入的市场信息进行分析的统计库;第二部分是专门用于协助企业决策者选择最佳的市场营销策略的模型库。

通过以上市场营销信息系统的四个子系统所研究的内容及这些子系统之间的关系的分析,可以看出企业的市场营销信息系统具有以下重要职能:集中——搜寻与汇集各种市场信息资料;处理——对所汇集的资料进行整理、分类、编辑与总结;分析——进行各种指标的计算、比较、综合;储存与检索——编制资料索引并加以储存,以便在需要时查找;评价——鉴明输入的各种信息的准确性;传递——将各种经过处理的信息迅速准确地传递给有关人员,以便及时调整企业的经营决策。

6.2 市场营销调研程序

市场营销调研程序是指在具有一定规模的调查中,从调研准备到调研结束整个活动过程的具体步骤。市场调研按照正确的程序进行,有助于提高调研工作的效率和质量。由于市场调研目的、范围和内容不同,市场调研的程序也不完全相同。在这里,我们仅就一般情况,把市场调研分为三个阶段。

6.2.1 调研准备阶段

调研准备是整个过程的开端。在这个阶段,主要是确定需要调研的具体问题。问题确定得准确与否,决定着调研能否取得成效。如果问题确定得不准确,整个调研将是无效劳动。所以在正式调研之前,必须做好调研准备工作,确定市场调研的主要问题,即制定调研课题。具体可以分为以下步骤。

1. 发现问题

发现问题是解决问题的前提。所谓的问题就是主观与客观的不适应,企业营销存在的问题就是企业营销与市场环境的不适应,例如产品质量问题、价格问题、促销方面的问题等。营销问题一般会在市场销售中表现出来。发现问题有多种渠道,可以来自经营者的观测,可以来自信息资料的分析,也可以来自业务部门或用户的反映。注意确定的问题不要太宽，也不能太窄。

2. 问题分析

发现经营中存在的问题以后，接着要对问题进行分析，判断问题的症结所在，弄清应该调查什么。

3. 确定调研课题

对所要调查的问题比较明确了，就可以有针对性地把确定的问题转化为调研课题。调研课题要注意以下几点：①调查的课题必须是企业营销中的关键问题或主要问题；②必须是企业的可控因素；③应该是企业力所能及的。根据调研课题确定具体的调研提纲。

4. 制订调研计划

制订详尽的调研计划是搞好营销调研的保证。调研计划中应确定以下问题。

（1）资料来源。根据调研内容来确定具体资料的来源。营销调研所收集的资料分为第二手资料和第一手资料两种。第二手资料是指企业在以往营销过程中收集、整理、可以运用、保存起来的信息，以及存在于企业外部有关市场营销信息的政府资料、商业资料、行业资料。第一手资料是为特定的调研目标而专门收集的信息。

（2）调研方法。当企业决定需要收集第一手资料时，可以采用的方法主要有：询问法、观察法和实验法。可根据调研内容来确定具体的方法。

（3）调研工具和方式。在收集第一手资料时，可以使用的调研工具主要有调查问卷，问卷就是根据调查目的和对象而设置的调查表。一般的营销调研都是采用抽样调查的方式，这就需要决定样本大小即向多少人进行调查的问题。

（4）调研日程安排。调研日程的安排涉及三个要素：人员、时间和活动。调研日程一般是以流程图为基础安排的。根据调研任务，可以利用流程图把从事某项调研的有关活动、所需时间和人员分工有机结合起来进行具体安排。

（5）调研费用预算。在编制调研预算时，通常先把某项调研的所有活动或事件都一一列明，然后估算每项活动的费用，最后再汇总；或者先估计完成每项活动所需的时间，再乘以标准小时工资或日工资，最后再汇总。预算仅仅是一种估计，所以应有一定的灵活性，即预算金额要有一个上下差异幅度。如某调研项目的预算为（58000±58000×10%）元。

6.2.2　正式调查阶段

这一阶段的主要任务是组织有关人员深入实际，按照调研计划要求，系统地收集各种可靠的资料。这一阶段可按下列内容进行。

1. 明确调查任务、要求

市场调查是一项繁杂而细致的工作，因此要进行合理的分工协作，更重要的是让调查人员明确每一阶段自己的调查任务，了解每项调查内容的要求，掌握应用的调查技术。

2. 收集现成资料

第二手资料是他人调查和整理的现成资料，取得这部分资料比较容易，付出的精力也比较少。在市场调查中，应该根据调查要求，组织调查人员收集第二手资料，即现成资料，尽量减少那些不必要的劳动。只有在二手资料难以提供决策所需信息的情况下才有必要去收集原始资料。二手资料的收集应该按照“自内而外，由近及远”的原则行事。即先从企业内部收集，再从企业外部收集；先收集时间相隔较近的，再收集时间相隔较远的。具体资料来源如下。

（1）内部来源。有企业档案包括会计记录、推销员报告和其他各种报告。以发票为例，销售发票是企业有关销售的会计记录的基础；从销售发票里我们可以找出诸如客户名称、客户地址、货物名称、成交数量、金额、折扣、装运日期、运输方式、销售地区等信息。有企业内部知情人包括企业内部的推销员、技术员、调研人员、产品经理、公关经理和企业的代理商、经销商和广告代理商等都可以提供有关信息资料。

（2）外部来源。可以分成组织机构、文献资料、网络信息、企业外部知情人和专业营销调研公司。在企业外部有许多能向企业提供营销资料的机构，如图书馆、各级商会、贸易促进机构、同业公会、研究所、银行、消费者协会和其他企业等，上述各类组织机构提供的资料大多来自他们的各种出版物和网站。

3. 收集第一手资料

第一手资料是通过自己进行调查取得的原始资料，取得这部分资料投入大，时间也长。但第一手资料的优点在于资料的及时性、准确性和可靠性。这一步骤就是进行现场的实地调查。在收集第一手资料时，应该根据调查方案确定的调查方式，选择好被调查对象，运用适当的调查方法，准确收集有关资料。收集第一手资料，是调查人员运用具体的调查方法取得资料的活动。由于选择的调研方法不同，资料收集技术的要求、难易程度也是不同的。

6.2.3 资料处理阶段

它是调查活动的最后阶段。这一阶段如果草率行事，就会前功尽弃。所以，必须重视这个阶段的工作。

（1）资料的整理。对所搜集的资料一是要审核其真实性和准确性；二是要将资料分类、统计和制成图表，以便利用。

（2）资料的分析。对收集的资料进行整理后，运用“回归分析”“相关分析”“因素分析”“判断分析”“聚类分析”来进行研究。对营销环境各因素的分析要客观、全面、准确。具体来说，分析出影响营销活动的营销环境因素有哪些，这些因素对企业的营销活动会产生什么影响；分析在这些因素中哪些是有利因素，哪些是不利因素；分析它们各自的影响程度如何，它们各自出现的概率有多大等等。

（3）提出结论汇成调研报告。调研的目的在于寻找市场机会，避开环境威胁，为营销决策提供依据。因此，调研结果必须提出结论，写成调研报告。调研报告是调查基本情况的陈述和提出调研结论，调研结论是调研报告的核心内容。

案例 6-2

“新飞”对消费者市场需求的考虑

在我国，电力紧张早已是不争的事实。由于电价上涨，作为家庭“耗电大户”的电冰箱，其节能效果也因此越来越受到人们的关注。新飞公司新近推出的“慧眼”系列电冰箱不仅以精确的控温效果满足了市场需要，更因其超群的节电效果受到消费者的欢迎。

据介绍，“慧眼”电冰箱是“新飞”以节能效果著称的金鹰系列中一款装备有电脑智能控温节能系统的产品。它使用了电脑控温系统，可以保证控温调节更加精确，在电脑系统准确计算电冰箱内储藏的食物和电冰箱内部环境之后，自动判断所需电量，准确地进行控温，从而在保持食物新鲜和营养的同时，最大限度地降低耗电量，保证了更好的节能性能。而且，“慧眼”电冰箱有两个独立的制冷循环系统，用户可以分别对两套系统进行调温控制，也有利于电冰箱的节能效果。

作为“慧眼”电冰箱的“眼睛”，新飞公司在显示屏的设计上也投入了很大的力度。“慧眼”电冰箱的显示屏更大，并采用了彩色动态显示效果，可以同时显示出冷冻和冷藏两套系统的运行情况，方便了用户的操作。通过显示屏及其两侧的按键，用户可以方便地对冷冻和冷藏两套系统的工作情况进行设定和调节。用户可以根据电冰箱中储藏的食物设置运行状态，使节能更有针对性。如果没有时间进行手动设置，“慧眼”电冰箱还设计了“智能运行”按钮，通过它可使电冰箱进入自动运行状态。在自动运行状态下，“慧眼”电冰箱将根据电冰箱内的不同食物自动选择适当的设置，自动运行在节能和保鲜的平衡点上。除了智能化控制外，“慧眼”电冰箱的其他方面也同样体现了它的人性化设计。它有可拆卸式的门封条，方便清洗，又装备有独立的透明果菜盒、全透明抽屉和可调式搁架，方便用户自由使用电冰箱内的空间。而高效节能压缩机、优化的制冲系统、超厚发泡层和绝热门封也保证了其卓越的节能效果。

显然，“慧眼”电冰箱是新飞公司洞悉消费者需求后的上乘之作，各个方面的设计都臻于完美，再加上其可以让消费者普遍接受的价位，也就难怪能够吸引消费者的广泛注意了。

6.3 市场调查的主要方法

市场调查方法是调查人员取得第一手资料的技术手段。在市场调查中，常用的调查方法有观察法、访问法、实验法。

6.3.1 观察法

这是指调查人员对调查对象认真地察看和客观地记录分析。它可分为三种具体形式。

（1）直接观察法。调查人员直接到调查现场进行观察。例如，在柜台前观察消费者的购买行为，记录他们对商品的挑选情况；在橱窗前观察过往顾客对橱窗的反应，分析橱窗设计的吸引力；在大街上观察人们的穿着和携带的商品，以分析市场动向、并用以开发新产品。

（2）痕迹观察法。在调查现场观察和分析被调查者活动后留下的痕迹。这种方法在各种调查中广泛应用，也应用于市场调查。例如，从居民的垃圾中分析居民的消费水平；国外有的汽车商派人观察汽车上收音机的指针停留的位置，以便选择受司机欢迎的电台做广告。

（3）行为记录法。通过有关仪器，对调查对象的活动进行记录和分析。例如，美国尼尔逊广告公司，通过电子计算机系统在美国各地 12 500 个家庭中的电视机上装上电子监听器，每 90 秒扫描一次。每一个家庭只要收看 3 秒钟电视节目就会被记录下来，据此选择广告的最佳时间。在我国，有的大专院校用录像机录下消费者购买行为，以分析消费者的购买动机和购买意向。

观察法的优点是取得的资料客观，反映的问题接近实际；但是，只能观察一些表面现象，不容易了解调查对象的内在因由，特别是难以了解消费者的心理动机。

6.3.2 询问法

这是调查人员通过口头或书面形式向被调查者提出问题，从而取得资料的调查方法。询问法是营销调研中用得最多的一种，它是从具有代表性的样本中收集信息的方法。询问法主要有访问调查法、电话调查法、邮寄问卷调查法。

（1）访问调查法。调查人员同被调查者直接接触，通过谈话所需信息。访问调查可采用个别访问和集体座谈两种形式。个别访问常常用在探索性调查中。如企业遇到重要问题，走访有关专家，寻找一些解决问题的思路。也可以就市场有关需求向消费者了解其购买倾向、特点、要求等。个别访问又可分为预约访问和街头拦截访问。集体座谈一般找三五个人在一起。集体座谈可以相互启发，集思广益，但应注意不要让有影响的人物左右局势，形成一边倒的虚假意见。访问调查法的结果是否正确，与被调查人的认识水平和诚实程度有密切关系。

（2）电话调查法，通过电话进行调查。电话调查法一般是根据抽样的要求，了解一些比较简单的问题。如企业一项措施的出台，用电话询问对方的反映。电话调查迅速及时，可在较短的时间内，调查较多的人，同时费用也低。但难以进行深入的调查。

（3）邮寄调查法。将设计好的调查表或问卷，邮寄给被调查者，让其在规定的时间内填好寄回。这种调查方法的优点是不受地理条件限制；被调查者有充分的考虑时间进行回答；费用较低；同时比较客观，不受调查人员情绪和态度的影响。这种调查方法的缺点是回收率低，寄出的问卷往往不能如数收回；产生了误解也无法说明。利用这种方法要注意问卷要简单明了，还可以利用有奖征答的形式，既能起到广告宣传作用，又能达到调查的目的。

6.3.3 实验法

这是指在给定的条件下，通过实验对比，进行观察分析的一种方法。具体方法如下。

（1）实验室实验法。把被调查对象召集在实验场所进行心理和行为方面的实验。例如，在测定一个新的广告效果时，可在不受外界干扰的室内，发给被试者一本广告样本，让他们在规定的时间内从头到尾翻阅，然后再让他们回答哪一种形式的广告给他们留下的印象最深和能够引起购买欲望。这种方法常用于研究消费者的心理。

（2）市场实验法。把市场作为实验场所进行实验性调查。例如，在测定某种商品的具体形式时，可以把所设计的不同规格、款式、价格、颜色的商品，在选定的市场上进行试销，观察购买者的反应，然后根据消费者的意见，决定采用何种规格、何种款式、何种价格和何种颜色。这种方法获得的资料真实准确，但调查成本很高。

（3）模拟实验。利用电子计算机进行市场模拟实验。这种调查方法是把企业营销诸因素编制在一定的程序中，通过输入不同的环境变量，求得输出结果进行分析。目前，这种方法只在理论研究中使用，尚未用于市场调查的实践中。

营销新视野：数据挖掘(data mining)

企业的营销信息包括内部客户交易数据库，也包含外部可获取的数据库。这些数据库通常都非常大。目前，为了利用这些可获取的大量数据，很多公司都首选一种叫做数据挖掘的复杂分析技术。数据挖掘是一个分析过程，指分析人员通过数据来筛选信息，从而识别出不同客户组中的独特行为模式。

数据挖掘使用的是可运行复杂程序的计算机，因此分析人员可将不同数据库结合在一起来解读购买决策、营销信息的曝光度以及店内促销之间的关系。这些操作十分复杂，以至于公司往往需要建立只用来储存和处理数据的数据仓库（花费超过 1 000 万美元）。强大的客户数据生成公司如谷歌、雅虎、脸书（Facebook）及推特（Twitter）的营销者对数据挖掘技术的应用一流。例如，雅虎每天收集 12TB 到 15TB 的数据，且脸谱可以获取超过 5 000 万用户转发的有价值信息。两家公司都想用数据来促进客户的目标广告的投放，这些客户乐意出大价钱从而让他们的在线广告出现在有可能买他们产品的人们面前。

对营销者来说，数据挖掘有 4 个重要应用。

（1）顾客获取：许多公司都将顾客的人口统计特征和其他信息包括在他们的数据库中。例如，许多超市为其“会员”提供每周特价折扣，但这些超市的会员申请表要求顾客填写年龄、家庭规模和地址等信息。超市可利用这些信息判断现有顾客中的哪类人对特定的产品和服务最感兴趣，然后向具有相同人口统计特征的潜在顾客发出同样的产品和服务特价信息。

（2）顾客黏性及忠诚度：公司可以识别出花费较多的顾客并针对他们提供其他顾客收不到的特价商品及优惠信息。让最有利可图的顾客成为回头客是获得商业成功的重要方式，因为留住优质顾客所花费的成本远低于不断寻找新顾客所花费的成本。

（3）剔除顾客：尽管听起来可能很奇怪，但有时公司希望顾客到别处消费，因为为这些顾客提供服务的成本过高。现在，人们流行将其称之为“解雇顾客”。例如，百货商店可能会利用数据挖掘技术来识别低利润顾客——那些花钱不多或退货率较高的顾客。

（4）购物篮分析：公司基于哪类顾客购买过何种特定产品的记录来制定聚焦促销战略。例如，惠普公司会仔细分析哪些顾客最近购买了新打印机，然后锁定他们并为他们发送墨盒特价信息和更好使用打印机技巧的邮件。

6.4 调查问卷的设计

调查问卷是营销人员在向调查对象做访问调查时用以记录调查对象的态度与意愿的

书面形式。调查问卷是按一定项目和次序，系统记载调查内容的表格。它是完成调查任务的一种重要工具，也是进行调查的具体依据。采用调查问卷的形式进行调查，可以使调查内容标准化和系统化，便于资料的收集和处理，而且它又具有形式短小、内容简明、应用灵活等优点，所以在市场调查中被广泛采用。

6.4.1 调查问卷的构成

在市场调查中，设计调查问卷是一项重要的工作，调查问卷设计得是否科学和完善，直接影响调查效果的好坏。因此，必须重视调查问卷的科学性和完善性。一张完善的调查问卷，通常包括以下几个部分。

（1）被调查者的基本情况。掌握被调查者的基本情况，是为了便于对调查资料进行归类和具体分析。被调查者基本情况包括：姓名、性别、家庭人口、文化程度、职业、工作单位、居住地区等项目。调查问卷列出的项目，应根据不同的调查目的和要求确定，不需要和无法取得的不宜列入。例如，一张眼镜需求的调查表，家庭人口这个项目不必列入，而性别则是需要列入的。

（2）调查内容的具体项目。这是调查表的基本组成部分，是调查内容的明确化和具体化。如何确定合理的调查项目和怎样命题，是取得准确和完善资料的关键。例如，在服装消费需求的调查问卷中，应该把调查内容具体化成购买成衣类别、购买档次、购买区域、购买样式和对现在服装市场的态度等项目。

（3）填表说明。这部分内容包括填表的目的要求、调查项目的含义、调查时间、被调查者应该注意的事项，其目的是让被调查者理解填表方法和要求，更好地配合调查。

（4）编号。有些调查表需加编号，以便分类归档，或便于电子计算机处理。需要指出的是，有些内容比较简单的调查表可以省略某些部分。

6.4.2 设计调查问卷的原则

调查问卷要按照调查目的的要求设计调查项目，它虽然没有固定的格式，但应该按下面的原则进行。

（1）精简性。调查问卷设计的每个项目，都是为了取得必要的资料。因此，所列项目，要围绕调查课题选定，可列可不列的项目要去掉，同时还要避免重复，应该尽量减轻填表人的负担。尤其是街头拦截调查一般控制在十个项目左右。

（2）准确性。调查问卷中所提的问题，应力求明确，用语应避免使用含混不清或有弹性的词语。例如，“您觉得金狮牌自行车怎么样？”这样的提问就得不到准确的答复，会出现各种混合的回答。因为评判自行车质量的标准有许多，如耐用程度、式样、颜色、喷漆、电镀等。如果改成这样提问：“您对金狮牌自行车的式样是否满意？”这就较为明确了。此外，还要避免使用引导性或暗示性的提问。例如，“大家都说上海牌手表好，您喜欢上海牌手表吗？”这样提出问题，容易把回答引向喜欢上海牌手表的方向上去。不如把手表的品牌列出若干，问其喜欢哪一种。

（3）可接受性。调查问卷的设计，要易于为被调查者所理解和接受。为此，要注意被调查者的身份和文化水平，避免提出被调查者难以回答的问题。例如，某商场调查消费者对香皂颜色的偏好，列出几种不同的颜色，问："您认为哪种颜色比较温和？"回答令人啼笑皆非："都一样！"因被调查者不理解此种"温和"的含义是指颜色的冷暖感，而把它理解成为温度的高低。

（4）可利用性。调查问卷的设计还应该便于调查单位对资料的整理、传递和存档。特别是在当前电脑技术被普遍运用以后，问卷的形式更应有利于电脑读入和进行数据处理。

（5）技巧性。调查问卷的设计要用新颖的形式和巧妙手段吸引被调查者参与。例如，提问的语气要自然温和，有礼貌，所提问题要先易后难，由浅入深，逐步把调查引向深入。原则上把一些涉及私人性质的问题放在较后提出，以免引起被调查者的防范心理。

6.4.3 调查问卷的设计程序

调查问卷的设计程序是否被严格遵循，关系一张问卷的质量，进而影响调查的结论。调查问卷设计的基本程序是：

（1）充分了解调查的目的；

（2）决定调查的具体内容和所需要的资料；

（3）逐一列出各种资料的来源；

（4）从被调查者的角度，考虑这些问题是否能得到确切的资料，哪些问题便于被调查者回答，哪些问题难以回答；

（5）按照人们的逻辑思维，排列发问次序；

（6）决定每个问题的提问方式；

（7）写出问题，一个问题只涉及一项内容，同时考虑问答时的方便；

（8）审查提出的各个问题，消除含义不清、倾向性语言和其他疑点，考虑提出的问题，语言是否自然、温和、有礼貌和有趣味性；

（9）考虑将得到的资料是否对分析问题、解决问题有帮助；

（10）调查问卷进行小规模的事先预试；

（11）审查预试的结果，既要着眼于所收集的资料是否易于统计，又要着眼于资料的质量，看是否有不足之处需要改进；

（12）修改调查问卷并正式打印出来。

以上步骤是一般的工作顺序，如遇特殊情况，还应视情况的特殊性增加一些额外的环节。

6.4.4 调查问卷的类型和提问方式

调查问卷可以分为两类：一类是开放式的，即问卷所提的问题没有事先确定答案，由被调查者自由回答。这类问卷可以真实地了解被调查者的态度与情况，但调查不易控制，五花八门的答案很难归纳统计。另一类是封闭型的，即问卷内的题目调查者事先给定了可供选择的答案或范围。这些问卷虽然呆板，但便于归纳统计。在问卷调查中用的较多的是封闭型问卷，尤其在拦截式调查中只能运用这种类型的问卷。

6.4.5 被调查者有关资料的设计

任何营销调查都是有目标的，被调查者的有关资料是营销调研的重要构成部分。需要对被调查者所了解的有：姓名、性别、年龄、职业、文化程度、工资收入、家庭生活情况等。当然，这些情况在一般情况下被调查者是不意愿提供的，尤其是与调查人不熟悉。这就要求调查人如何以自己的诚意、技巧来了解更多的资料，但在调查问卷中还是要设计较全面的被调查者的信息资料。

6.5 市场调研报告的撰写

市场调研报告是调研人员对市场调研成果的总结以及调研结论的说明，是综合反映市场调研成果的文字表现形式。撰写市场调研报告是市场调研的一个重要步骤。

6.5.1 撰写调研报告应遵循的原则

（1）真实性原则。报告内容应该真实、客观地反映实际情况，不故意隐瞒真相，也不夸大其词，以事实来说话。

（2）目的性原则。报告应反映调研目的，不要遗漏需要说明的事项，也不要添加与调研目的无关的事项。

（3）准确性原则。报告所使用的数据应准确无误，避免使用含糊不清、空洞和抽象的文字。

（4）简明性原则。报告应力求简洁，内容清晰，语言精练，层次分明，便于理解。

（5）逻辑性原则。报告结构安排要合理，推理要正确。

6.5.2 市场调研报告的格式

调研报告的格式根据调研组织单位的要求和调研目的来确定，一个完整的市场调研报告一般包括以下几个部分。

1. 封面

封面，也称扉页，主要记载调研报告的标题、调研实施单位的名称、报告的日期等内容。

调研报告通常可以采用正、副标题形式，一般正标题表达调查的主题，副标题具体表明调查的单位和问题。标题的形式有以下三种。

（1）直叙式标题。直叙式标题是反映调查意向的标题。这种标题简明、客观，一般市场调研报告多采用这种标题，如："关于重庆空调市场的调研报告"。

（2）表明观点式标题。表明观点式标题是直接阐明作者的观点、看法或对事物的判断、评价的标题，如："空调削价竞争不可取"。

（3）提出问题式标题。提出问题式标题是以设问、反问等形式，突出问题的焦点，以吸引读者阅读，并引发思考的标题，如：×× 牌空调为何如此畅销？

2. 目录

当调研项目较大，调研报告较长的时候，应该使用目录或索引列出主要纲目及页码，编排在报告题目的后面，以便阅读。报告中的表格和统计图也应编写相应的图表目录。

3. 序言

序言主要说明调研的由来或接受委托的情况、调研目的、调研项目、调研对象、调研范围、调研起止时间、调研方法、调研主要人员等内容。

4. 正文

正文是市场调研报告最重要的部分，应根据具体的调研目的和内容充分展开。主要包括的内容有：调研过程概述、调查资料说明、调查资料分析：调研结论与建议。正文部分是根据对调查资料的统计分析结果所进行的全面、准确的论证，包括问题的提出及引出的结论。

5. 附件

附件是调研报告正文包含不了或对正文结论的说明，是正文报告的补充或更为详细的专题性说明。附件可以是大量的、一系列的文件，例如，在附件中收录问卷样式、抽样技术、参考文献、详细的统计表等。

6.5.3 撰写调研报告应注意的事项

撰写调研报告是充分体现调查质量的关键环节。如果报告写得拙劣，即使是最好的调查材料也会黯然失色，因此一篇高质量的调研报告，除了符合其一般的格式，具有很强的逻辑性以外，还必须具有一定的撰写技巧、写作风格及表现手法。通常应该注意以下事项。

（1）调研报告既不是流水账，也不是数据资料的堆积。撰写时不能只停留在表面就事论事，过于简单；也不要过多地堆积数字，运用数据要适当。调研报告的论证部分必须与调研报告的主题相符，必须以明确的观点统帅数据，通过定量和定性分析的结合，达到透过现象看本质的目的。

（2）调研报告切忌面面俱到地分析，要突出重点。资料的收集要有选择性，不能反映主题的就坚决地予以剔除。

（3）调研报告的篇幅长短应根据调研的目的和内容来确定，做到宜长则长，宜短则短。

（4）语言要求流畅自然、逻辑严谨、用词恰当，避免使用专业性过强的术语。

6.6 市场预测

在技术飞速发展，消费需求千变万化、市场竞争白热化的今天，市场预测已成为企业生存与发展的关键。

6.6.1 市场预测的含义及作用

1. 市场预测的含义

市场预测是指根据市场发展过程的历史和现实，以准确的调查统计资料和市场信息为依据，运用定性分析和定量分析的方法，研究市场发展过程中的客观规律，对市场现象之间的联系及作用做出科学的分析，并揭示市场现象未来发展的可能途径和变化程度的方法。

2. 市场预测的作用

在市场经济条件下，市场预测是经济预测中最基本、最主要的内容，是经济预测的核心。随着经济的发展、市场的不断更新，市场预测在经济决策和企业经营管理中发挥越来越重要的作用。

（1）市场预测是发展生产、满足需求的重要手段。

（2）市场预测是制订经济计划的重要依据。

（3）市场预测是充分发挥市场调节作用的重要保证。

（4）市场预测是企业改善经营管理的重要措施，是提高企业素质、增强企业应变能力和竞争能力的重要途径。

（5）市场预测是合理配置资源、提高经济效益的重要手段。

6.6.2 市场预测的内容和类型

1. 市场预测的内容

市场预测的内容十分广泛且丰富，从宏观到微观，二者相互联系、相互补充。从企业的角度来看，主要包括以下内容。

（1）市场需求预测。市场需求预测是指在一定时期、一定市场范围内的消费者和社会集团对某种商品或某种生产资料的有支付能力的需求的预测，大致可以分为消费品市场需求预测和生产资料市场预测两大类。

消费品市场需求预测，主要是针对消费者和社会团体对消费品未来的需求和需求变化的原因及其变动趋势的预测。它主要包括消费品的结构、数量、品种、规格、款式、质量、品牌及所需时间等方面的预测。

生产资料市场需求预测，主要研究物质资料生产部门对生产资料未来的需求，分析影响需求变化的原因及其变动趋势。如从农业方面来看，它包括对可耕地面积、农业内部结构变化、农民收入水平、农业贷款、农业新产品和新技术的发展等方面的预测。

（2）市场供给预测。市场供给预测是对在一定时期内可以投放市场以供出售的商品的品种、数量、质量和时间的预测。它主要包括对进入市场的商品资源总量及其构成、各种具体商品的市场可供量的变化趋势的预测。市场供给预测同市场需求预测结合起来，可以预测未来市场供求矛盾的变化趋势。

（3）市场商品销售情况预测。市场商品销售情况预测是指对市场商品的价格、销售量、商品的市场生命周期、市场占有率等及其变动趋势的预测。

（4）营销环境的预测。企业的生产经营活动总是在一定的环境中进行的，环境的变化必然对企业的经营产生影响。企业对营销环境的预测主要包括如下内容。

①科学技术发展前景预测。科学技术发展前景预测是关于现代科学技术的未来发展和重大突破所引起的对社会、经济、市场等生产、生活各方面造成的影响的分析和预测。它有助于企业了解市场、分析市场和预测市场，并进行科学决策。

②经济政策调整动向预测。经济政策调整动向预测是指对国家或地区未来的经济政策调整变化趋势和变化程度方面所做的预测。企业经营者对新政策、法令的颁布和重大经济改革措施出台的前兆做出反应，预测它们正式启动的时间及效果，并在经营等方面做好准备。

③外贸进出口的发展和变化预测。外贸进出口的发展和变化预测是指关于对外贸易进出口商品总额、重要商品进出口数量、价格及其贸易收支变动趋势的预测。企业通过外贸进出口的发展和变化预测，特别是对本行业或同类产品进出口数量等方面的预测，可掌握市场需求和供给的结构变化，从而制定相应的经营对策。

此外，政治形势的变化、文化教育事业的发展、就业人员的比例、社会风俗习惯等的变化，都是影响市场未来变化的重要因素，也都应当作为市场预测的内容。

2. 市场预测的类型

市场预测的类型很多，可按不同的标志进行分类，大体可分为以下几种类型。

（1）按市场预测的方法分类，可分为定性预测和定量预测。

①定性预测，是依据预测者对市场有关情况的了解和经验及分析，主观判断做出的市场预测。

②定量预测，是根据大量的历史观察值，用数理统计分析手段建立数学模型，进行市场预测的方法。

（2）按市场预测时间的长短分类，可分为近期预测、短期预测、中期预测和长期预测。

①近期预测一般是指以周、旬或月为时间单位的市场预测。要求其预测结果必须做到及时、准确，对市场的变化要有敏感的反映，以便企业能适当安排商品生产和组织市场营销活动。

②短期预测一般是指一年以内的市场预测。它是企业编制各种年度计划的重要依据之一。

③中期预测一般是指一年以上、五年以下的市场预测，它是制订年度计划和修订长期计划的依据。

④长期预测一般是指五年或五年以上的市场预测，它适合于对市场长期趋势的分析和规划工作。主要是对市场未来的发展变化趋势和运行规律做出综合性的分析和判断，以此为依据明确宏观经济或企业发展的方向和具体目标。

6.6.3 市场预测的过程

市场预测应遵循一定的程序和步骤以使工作有序化、统筹规划和协作。其过程大致包括以下步骤。

1. 明确预测目标

明确预测目标，是开展市场预测工作的第一步。因预测的目的不同，预测的内容和项目、所需要的资料和所运用的方法都会有所不同。明确预测目标，就是要确定预测的内容、范围、要求和时间范围。

2. 收集分析资料

在市场预测计划的指导下，调查和搜集预测有关资料是进行市场预测的重要一环，也是预测的基础性工作。根据预测目标，确定应收集的信息、数据资料等内容；在完成收集整理工作之后，就应对资料进行科学的分析，去粗取精，去伪存真，全面客观、真实、准确地占有有关资料。

3. 选择预测方法，建立预测模型

根据预测的目标以及各种预测方法的适用条件和性能，选择出合适的预测方法。预测方法的选用是否恰当，将直接影响预测的精确性和可靠性。运用预测方法的核心是建立描述、概括研究对象特征和变化规律的模型，根据模型进行计算或者处理，即可得到预测结果。

4. 预测值的分析、评价、修正及确定

一般情况下，在得出初步预测值以后，还应对其进行进一步的分析、检验和评价。在分析评价的基础上，修正初步预测值，得到最终的预测结果。

5. 编写预测报告

预测报告应该概括预测的主要活动过程，包括预测目标、预测对象及有关因素的分析结论、主要资料和数据，预测方法的选择和模型的建立以及对预测结论的评估、分析和修正等。最后还应附上所使用的原始资料及记录。

6.6.4 市场预测的方法

市场预测的方法大致分为两大类：定性分析预测法和定量分析预测法。

1. 定性分析预测法

定性分析预测法，又称判断分析预测法，是凭借预测者在市场活动实践中所获得的经验、知识和综合分析能力，通过对有关资料的分析推断，对未来市场发展变化趋势做出性质上和程度上的估计和测算的方法。在市场预测实践中，它是对各种市场现象和影响市场变化的各种因素进行综合预测所必不可少的重要方法，包括许多具体的预测方法和技术。

（1）判断预测法。判断预测法是以企业管理人员和基层业务人员的经验和判断为基础，通过分析综合判断未来的市场情况的方法。此方法的优点是：在短时间内能集中有关人员的意见，做出迅速判断，简单易行。这种方法在缺乏预测资料时特别有用，如果决策者有较丰富的经验和分析判断能力，并且对各方面的情况比较熟悉，就可以得到较好的预测结果。此法的缺点是主观意志较多，客观的数据和资料不足，容易发生偏差。例如，基层销售人员的意见，多从完成销售任务出发，对市场估计偏低。同时，判断预测多用于一般性预测，内容不够细致，对市场变化、消费者意向等难以细分。判断预测法可细分为两种形式。

①个人判断法。个人判断法就是由企业决策人或基层业务人员根据对客观情况的分析和自己的经验，对市场需求的情况做出主观判断，预测未来的情况。参加判断的人员，可以是企业中主管经营业务的经理和有关部门主管干部，也可以是企业基层的营业员、推销员及有关的业务人员。主管人员在预测时，应充分利用企业现有资料，熟悉市场情况，掌握商情动态，对于不同的预测结果，应在相互讨论、相互比较的基础上，修正原始意见，做出一个较可靠的估计。基层业务人员在第一线工作，直接接触消费者，预测判断结果较具体，贴近实际，但由于接触面窄，容易出现以偏概全的情况，在实际预测过程中应注意纠正。

②综合判断法。这是综合主管人员、基层业务人员及其他有关方面的判断而确定的预测结果，它首先由企业负责人召集销售、计划、生产、财务等部门的负责人或销售人员广泛交换意见，预测产品销售量，然后将不同人员的预测值进行综合，得出预测结果。因为各类人员所处的工作环境不同，判断各有优缺点，如能全面综合，则预测效果会更好。

（2）专家意见调查法。专家意见调查法也称德尔菲法，这种方法是以专家的经验和判断进行预测。此方法在国外使用较为普遍，主要特点是：向一组专家分别征询意见，专家之间互不见面，只直接和调查预测单位联系。具体工作步骤如下。

①拟订调查课题。由预测组织者拟订出需要预测的课题，列成调查表，并提供有关背景资料。一次调查的问题不宜过多、过杂。

②组成专家调查组。所选择的专家应具有与预测课题有关的专业知识、工作经验、预测分析能力和一定的声望。专家们应在专业、水平、年龄、职务、性格、社会背景等方面具有广泛的代表性，以便取得较全面的信息。专家的人数由十几人到几十人不等，具体人数应视预测课题的复杂性而定。

③进行第一轮调查。主持预测单位将调查表邮发给专家，专家根据通知的要求，对所预测事物提出个人的判断与分析，并说明依据与理由。

④进行第二轮调查。主持预测单位把搜集到的专家意见加以整理，将不同的预测结果及其依据与理由，以匿名的方式再分送给各专家，进行第二轮征询，要求专家补充、修改各自的预测，并加以说明或评论。

⑤反复多次征询调查，得出一致意见。专家根据各方面的资料、数据、意见，提出自己的补充或修改预测意见，并说明其依据与理由。这种不记名的反复征询，一般经过四至五轮，意见便逐渐趋向一致，最后得出比较切合实际的集中答案。

由于专家调查法具有匿名的性质，可以保证信息的交流不受权威、资历、口才等原因的影响；由于调查是循环反复进行多次，可以使每个人不仅知道集体答案的分布情况，并能了解持有不同意见者的理由，促使被调查者可充分进行思考和修正自己的意见；由于预测结果是综合全体专家的意见，因而可使预测结果具有较大的可靠性和权威性。

（3）购买者意见调查法。这是通过直接询问潜在购买者的购买倾向和意见，据此判断销售量的一种预测方法。此方法由于能够直接了解潜在购买者的意向，而他们又最清楚自己未来的购买量。因此，如能获得完整资料，预测的准确性较高。

调查购买者意向的具体方法很多，如直接访问、邮寄调查、电话调查、专业用户调查、组织消费者座谈会等。总的来说，由于潜在购买者数量很多，不可能逐个调查，故较多采用典型调查或抽样调查的方法，即通过对有代表性的购买者、市场或抽取出来的样本进行调查，然后再推算出商品需求量。此方法调查单位少，人力物力节省，情况汇总快，但对调查的技术性要求较高，并且只有当购买者有清晰的意图，愿付诸实施并能告诉调查访问者时，该种调查法才显得特别有价值，若不能取得被调查者的真诚合作，得不到真实可靠的情况与资料，则预测误差会很大。

（4）市场试销法。在购买者并无详细的购买计划、购买意向变化无常或专家估计也难以准确预测的情况下，可直接进行市场试销。在预测某种新产品的销售量，或预测新产品在某一新地区或通过某种新渠道的销售前景时，市场试销法比较适用。

2. 定量分析预测法

定量分析预测法，是根据一定的数据资料，运用数学方法来确定各市场变量之间的数量关系，并依此来预测市场未来变化的方法。由于直接应用数理统计的理论和方法，预测过程较严谨，具有较强的科学依据，因此预测结果比较准确，预测效率比较高。但也具有一定的局限性，诸如对预测项目的历史数据资料要求较高，不能量化的因素不能计入预测模型，对预测人员的科技水平和能力要求较高等。

定量分析预测法大致分为两大类：时间序列分析法和因果关系分析法。

（1）时间序列分析法。时间序列分析法是将历史资料、数据按照时间顺序排列成一系列，根据时间序列所反映的经济现象的发展过程、方向和趋势，将时间序列外推或延伸，以预测经济现象未来可能达到的水平的方法。时间序列又称动态序列，是将某个经济变量在不同时间发展变化的数值按照时间先后顺序排列所形成的数列，如商场计算商品销售额时按月排列数据。

（2）因果关系分析法。因果关系分析法是根据市场现象中变量之间所存在的因果关系，通过统计分析和建立数学模型来揭示预测变量与其他有关的经济变量之间的数量变化关系，据此进行预测的方法。因果关系分析法包括回归分析预测法和经济计量预测法。

【本章小结】

市场调研就是运用科学的方法，有目的、有计划地收集、整理、分析和研究市场信息，了解市场的发展状况及变化趋势，发现市场机会和问题，为市场预测和企业经营决策提供科学的依据。

我们一般把市场调研分为调研准备、正式调研和资料整理三个阶段，常用的调研方法包括观察法、访问法和实验法。

市场调研中要注意调查问卷的编制和调研报告的撰写。

市场预测是指根据市场发展过程的历史和现实，以准确的调查统计资料和市场信息为依据，运用定性分析和定量分析的方法，研究市场发展过程中的客观规律，对市场现象之间的联系及作用做出科学的分析，并揭示市场现象未来发展的可能途径和变化程度的方法。

【关键术语】

市场调研　观察法　实验法　调查问卷　调研报告　时间序列分析法　市场试销法

【案例扩展阅读】

案例 1

润妍:宝洁难以愈合的伤口

宝洁希望:“黑发就像一颗钻石,只是蒙上了尘埃,只要将它擦亮,就可以让钻石发出光芒”。可惜,还没有来得及绽放,这颗钻石就被伊卡露的到来打入了冷宫

润妍诞生于宝洁全球增长停滞的大背景之下。在中国市场,宝洁自 1996—1997 年达到顶峰后,连续三年出现零增长甚至负增长,一些合资的品牌“熊猫”“浪奇”等逐渐退出宝洁舞台;牙膏“佳洁士”长期徘徊在 5% 左右的市场占有率,而眼睁睁地看着“高露洁”扶摇直上;洗衣粉如“汰渍”则不断被“雕牌”“立白”等越抛越远;而洗发水更是面临着丝宝、联合利华的强大挑战。此时,宝洁急需一个新的增长点以改变中国的市场局面。

1997 年,宝洁开始确定新品战略,并从此开始长达 3 年的市场调研与概念测试。宝洁在新产品开发上采取其一贯的做法,从消费者到竞争对手,从品牌到包装等无不经过科学与严格的市场测试。

2001 年 9 月 10 日“润妍”新品在杭州面世,其定位于不同于当时在市场占主导地位的二合一洗发水,此款产品不含任何润发成分,强调对头发的彻底清洁,正因为它本身不含润发成分,所以也同时强调和润妍润发露的配合使用。其实,二合一洗发水也是润妍产品系列的主要构成,之所以此次仍要推出单独的纯净单洗型洗发水是因为润妍相信彻底洁净每一根头发是获得完美、健康秀发的第一步。外界环境的污染,定型产品如摩丝、啫哩等的长期频繁使用等都会在我们的头发上积累一些肉眼看不出、不易清洗的“脏”东西,因此需要像润妍纯净单洗型洗发露这样的产品,彻底打开头发表面鳞片,深入清洁每一根头发里里外外的污垢,也令头发表面达到吸收营养的最佳状态,然后配合润妍润发露,深入滋润秀发,令秀发变得乌黑润泽。

2001 年 5 月,宝洁收购伊卡璐,表明宝洁在植物领域已经对润妍失去了信心,也由此宣告了润妍的消亡,2002 年 4 月,润妍全面停产,一个经历 3 年酝酿、上市刚刚 2 年的产品就这样退出了市场。到目前为止,宝洁在中国的 18 个品牌,均是其已有的国际化品牌。宝洁 1988 年登陆中国以来,针对中国消费者研发却又因为种种原因退出市场的品牌里,润妍是第一个,也是唯一的一个。

案例 2

重视市场调查的李维斯公司

Levi’s 是美国西部最闻名的品牌之一。它也是世界第一条牛仔裤的发明人 Levi Strauss(李维·斯特劳斯)的名字。1847 年,年仅 17 岁的李维·斯特劳斯从德国移民至纽约,几乎完全不会讲英语的他在美国的起初几年是为他的两名兄长打工。他在纽约及肯塔基一带的偏僻市镇和乡村到处贩卖布料及家庭用品,他有时甚至露宿路边或在空的房车里过夜。加州淘金热的消息使年轻的斯特劳斯相当入迷,他于 1853 年搭船航行到三藩市,随身携带了数卷营帐及篷车用的帆布准备卖给迅速增加的居民。但他发现帆布有更

好的用途，因为有一名年老的淘金人告诉他应该卖的是能承受挖金用的长裤，于是他把卖不完的帆布送到裁缝匠处订制了第一件 Levi's 牛仔裤。就在那一天，Levi's 的传奇诞生了。

由于当时淘金工所穿的衣服皆为一般棉布衣，较易磨。牛仔裤则以其坚固、耐久、穿着合适获得了当时西部牛仔和淘金者的喜爱，大量的订单纷至沓来。李维·斯特劳斯于 1853 年成立了牛仔裤公司，以"淘金者"和牛仔为销售对象，大批量生产"淘金工装裤"。

刚开始，李维·斯特劳斯用厚实的帆布裁出低腰、直裤腿、窄臀围的裤子；后来，他放弃帆布，改用斜纹粗棉布，那是一种在法国纺织以不变色靛蓝染料织成的强韧棉布，穿起来更舒适。由于此种裤子精悍利落，因此也深得牛仔们的喜爱，渐渐便成为牛仔们的特色。

从 1860 至 1940 年期间，李维斯公司对原创设计做了不少改良，包括铆钉、拱形的双马保证皮标以及后袋小旗标，如今这些都是世界著名的正宗 Levi's 牛仔裤标志。目前，Levi Strauss 公司的确已成美国传统，对全世界的人来说，它代表的是西部的拓荒力量和精神。

李维斯公司在发展历程中，始终坚持搞好市场调查，树立牢固的市场观念，按用户需要组织生产的市场决策。根据市场调查和长期积累的经验，李维斯公司认为，应该把青年人作为目标市场。为满足青年人的需要，李维斯公司坚持把耐穿、时髦、合体作为开发新产品的主攻方向，力争使自己的产品长期占领青年人市场。在 20 世纪 60 年代，他们了解到许多美国妇女喜欢穿男士牛仔裤。根据这种情况，李维斯公司经过深入调查，设计出适合妇女穿的牛仔裤、便装和裙子，1978 年的妇女服装销售情况很好，销售额增加了 58%。

为了满足市场需要，李维斯公司十分重视对消费心理的分析。1974 年，为了拓展欧洲市场而研究市场变化趋势，了解消费者爱好，向德国顾客提出了"你们穿李维斯的牛仔裤，是要价钱低、样式好还是合身"的问题。调查结果表明，多数人首要的是"合身"。于是，公司派专人在德国各大学和工厂进行实验，一种颜色的裤子，竟生产出了不同尺寸、不同规格和 45 种型号，大大拓展了销路。公司还根据市场调查获得的各种有关用户的信息资料，制订出五年计划和第二年度计划。虽然市场竞争相当激烈，但由于李维斯公司积累了相当丰富的市场调查经验，所制订的生产和销售计划同市场实际销售量只差 1% ~ 3%，基本做到了产销统一。李维斯公司的销售网遍及世界 70 多个国家，他们对所属的生产和销售部门实行统一领导。他们认为产销是一个共同体，二者必须由一个上级来决定，工厂和市场之间要建立经常性的情报联系，使工厂的生产和市场的需求保持统一。为此，公司设立了进行市场调查的专门机构，在国内外进行市场调查，为公司的决策提供依据。

正确的市场决策，带来了李维斯公司的大发展。公司在 20 世纪 40 年代末销售额只有 800 万美元，1979 年增加到 20 亿美元，30 年增加了 250 倍。近 20 年来，李维斯公司已发展成为活跃于世界舞台的跨国企业，公司按地区分为欧洲分部、拉美分部、加拿大分部和亚太分部。各分部分管生产、销售、市场预测等项事宜。李维斯公司拥有 120 家大型工厂，设存货中心和办事处以及 3 个分公司（美国李维斯牛仔裤公司、李维斯国际公司和 BSE 公司）。分公司有规模庞大、设备先进的生产厂 42 家，最大的一家年生产能力达到 1 600 万条。1979 年，李维斯公司在美国国内总销售额达 13.39 亿美元，国外销售赢利超过 20 亿美元。

思考：李维斯公司成功的关键在于什么？

【营销实践小项目】

1. 指出下列方法的毛病，并给出更加恰当的方法：①一家超市想要对自身的形象进行调查，他们在把顾客购买的商品装进袋子之前，在每个袋子中放一份简短的调查问卷；②一家商场为了了解他们的市场范围，让调查人员每周一和周五等在停车场旁边，当看到有人在那停车，调查人员就走上前去向他们索取联系地址；③为了了解一部新电影的受欢迎程度，制作组雇了一批人向 900 个人打电话询问，问他们是否喜欢并将再次观看或者不喜欢。每打一个电话支付他们 2 元。

2. 3~5 人为一个小组，娃哈哈计划在校园内推广其苏打水，根据学校实际情况，为娃哈哈公司设计一个大学生校园市场苏打水消费情况调研报告。

第 7 章　STP 营销战略

【知识目标】

1. 掌握市场细分的原理、方法。

2. 了解市场细分、目标市场选择对企业营销活动的意义。

3. 掌握常见的目标市场战略。

4. 掌握市场定位的概念，定位步骤与方式以及定位策略。

【技能目标】

1. 能根据实际情况进行市场细分。

2. 能从实际情况出发，选择相应的目标市场并制定战略。

3. 能对产品或品牌进行定位。

【导入案例】

万宝路香烟的定位

20 世纪 20 年代的美国，被称为“迷惘的时代”。经过第一次世界大战的冲击，许多青年都自认为受到了战争的创伤，并且认为只有拼命享乐才能将这种创伤冲淡。“万宝路”这个名字也是针对当时的社会风气而定的。“Marlboro”其实是“Man Always Remember Lovely Because of Romantic Only”的缩写，意为“男人们总是忘不了女人的爱”。其广告口号是“像五月的天气一样温和”。用意在于争当女性烟民的“红颜知己”。

为了表示对女烟民的关怀，菲利普·莫里斯公司把“Marlboro”香烟的烟嘴染成红色，以期广大爱靓女士为这种无微不至的关怀所感动，从而打开销路。然而几个星期过去了，几个月过去了，几年过去了，莫里斯心中期待的销售热潮始终没有出现。热烈的期待不得不面对现实中尴尬的冷场。“万宝路”从 1924 年问世，一直至 20 世纪 50 年代，始终默默无闻。

抱着心存不甘的心情，菲利普·莫里斯公司开始考虑重塑形象。公司派专人请利奥—伯内特广告公司为“万宝路”做广告策划，以期打出“万宝路”的名气与销路。“让我们忘掉那个脂粉香艳的女子香烟，重新创造一个富有男子汉气概的举世闻名的‘万宝路’香烟！”——利奥—伯内特广告公司的创始人对一筹莫展的求援者说。一个崭新大胆的改造“万宝路”香烟形象的计划产生了。产品品质不变，包装采用当时首创的平开式盒盖技术，并将名称的标准字(Marlboro)尖角化，使之更富有男性的刚强，并以红色作为外盒主要色彩。

广告的重大变化是不再以女性为主要对象，而是以硬铮铮的男子汉为主要对象。在广告中强调“万宝路”的男子气概，以吸引追求这种气概的顾客。菲利普公司开始用马车夫、潜水员、农夫等做具有男子汉气概的广告男主角。但这个理想中的男子汉最后还是集中到美国牛仔这个形象上：一个目光深沉、皮肤粗糙、浑身散发着粗犷、豪气的男子汉，在广告中袖管高高卷起，露出多毛的手臂，手指总是夹着一支冉冉冒烟的“万宝路”香烟。这种洗尽脂粉味的广告于1954年问世，它给“万宝路”带来巨大的财富。1954—1955年，“万宝路”销售量提高了3倍，一跃成为全美第10大香烟品牌，1968年其市场占有率上升到全美同行第二位。

7.1 市场细分

7.1.1 市场细分的产生、发展与作用

1. 概念

市场细分就是以消费需求的某些特征或变量为依据，区分具有不同需求的顾客群体的过程，也即将一个大市场划分为若干个小市场的过程。

2. 产生与发展

市场细分是20世纪50年代中期美国市场营销学家温德尔•R. 史密斯（Wendell R. Smith）在总结企业市场营销的实践经验基础上首次提出的。因此，它的产生与发展，从一开始就具有很强的实践性，并非纯粹的理论概念。

从总体上看，有什么样的市场条件，就会产生什么样的营销战略思想。市场细分战略作为现代市场营销理论的产物，其产生与发展经历了以下几个主要阶段。

（1）大量营销（mass marketing）阶段。在19世纪末20世纪初，西方经济发展的重心是速度和规模，企业市场营销的基本方式是大量营销，即大批量生产品种规格单一的产品和通过大众化的渠道推销。由于大量营销方式降低了成本和价格，在当时的市场环境下，获得了较丰厚的利润。不难看出，在大量营销的环境下，企业没有必要、也不可能重视市场需求的研究，市场细分战略不可能产生。

（2）产品差异化营销（product different marketing）阶段。在20世纪30年代，发生了震撼世界的资本主义经济危机，西方企业面临严重的产品过剩。市场迫使企业转变经营观念，企业营销方式经历了从大量营销向差异化营销的转变。产品差异化营销较大量营销是一种进步。但是，由于该策略的前提是以企业现有的能够提供的设计、技术为基础进行的生产，结果使企业向市场推出了具有不同质量、外观和品种规格等与竞争者不同的产品或产品线。由于其产品差异化缺乏市场基础，因此不能大幅度地提高产品的适销率。由此可见，在产品差异化营销阶段，企业仍没有重视市场需求的研究，市场细分战略仍无产生的基础和条件。

（3）目标市场营销（target marketing）阶段。20世纪50年代以后，在第三次科学技术革命的推动下，生产力水平突飞猛进，产品日新月异，生产与消费的矛盾更加尖锐，以产品差异化为主导的推销体制已不能解决西方企业所面临的市场矛盾。于是，企业在市场迫使下不得不再次转变经营观念和与之相应的经营方式。由产品差异化营销转向以市场需求为导向的目标市场营销，即企业在研究和细分市场的基础上，结合自身的资源与优势，选择其中最有吸引力和最能有效地为之提供产品和服务的细分市场作为目标市场从事经营，设计与目标市场需求特点相互匹配的营销组合等。于是，市场细分战略应运而生。

市场细分理论的产生，使传统营销观念发生了根本变革，在理论和实践中都产生了极大的影响，以至于被西方理论家称之为“市场营销革命”。市场细分化理论产生之后经过了一个不断完善的过程。最初，人们认为把市场划分得愈细愈能适应顾客需求，从而取得更大收益。但是，自20世纪70年代以来，由于能源危机和整个资本主义市场不景气，营销管理者深感过分地细分市场必然导致企业总经营成本上升，因而导致总收益下降。因此，西方企业界又出现了一种“市场同合化”的理论。这一理论不是对市场细分化理论的简单否定，而是从成本和收益的比较出发，主张适度细分，是对过度细分的反思和矫正。而这一理论在90年代全球营销环境下，又有了新的内涵，适应了全球化营销趋势的发展。总之，这些变化都反映了市场细分化理论的演变，是该理论趋于成熟完善的表现。

3. 作用

市场细分被西方企业称赞为具有创造性的新概念，它给企业营销带来以下作用。

（1）细分市场是企业发展市场机会的起点。在发达的商品经济“买方市场”条件下，企业营销决策的起点在于发现具有吸引力的市场环境机会，这种环境机会能否发展成市场机会，取决于两点：①这种环境机会是否与企业战略目标一致；②利用这种环境机会能否比竞争者具有优势，并得到较高收益。显然，这些必须以市场细分为起点。通过细分市场，企业可以发现哪些市场需求已得到满足，哪些只满足了一部分，哪些仍是潜在需求。相应地可以发现哪些产品竞争激烈，哪些产品较少竞争，哪些产品亟待开发。

（2）细分市场有助于掌握目标市场的特点。如果不进行市场细分，企业选择目标市场必定是盲目的，不认真地鉴别各个细分市场的需求特点，就不能进行有针对性的市场营销。

（3）细分市场是企业制定市场营销组合策略的前提条件。市场营销组合是企业综合考虑产品、价格、促销形式和销售渠道等各种因素而制定的市场营销方案。上述几个因素各自又存在不同的层次，各个因素之间又有多种组合形式。但就每一个企业特定的市场而言，却只有一种最佳的组合形式，而这种最佳组合只能是进行市场细分的结果。

（4）细分市场有利于提高企业的竞争能力。在市场经济的条件下，竞争作为市场经济的内在规律必然发挥作用。一个企业竞争能力的强弱要受到客观因素的影响，但通过有效的营销战略可以改变现状。利用市场细分战略是提高企业竞争能力的一个有效方法。因为，在市场细分后，每一个细分市场上竞争者的优势和弱势就明显地暴露出来。企业只有看准市场机会，利用竞争者的弱点，同时有效地开发本企业的资源优势，用相对较少的资源把竞争者的顾客和潜在顾客变为本企业产品的购买者，提高市场占有率，增加竞争能力。

案例 7-1

联想电脑市场细分

2003年联想果断进行战略收缩和调整。再次回到电脑主战场后，联想在2005年把客户分为两大板块，一类是中小企业和普通消费者，中小企业客户又进一步划分为中型客户和零散型客户；另一类是经常招标购买的大客户，又进一步划分为全球大客户和本地大客户。并且无论商用市场还是消费市场，无论台式电脑还是笔记本电脑，联想的市场细分层次都相当清楚，并在每个细分市场建立了副品牌。拿商用市场的台式电脑来说，前几年商博士、儒博士、网博士、奔月、逐日、双子恒星等一堆略显杂乱的副品牌，已慢慢调整为开天、启天、补天、扬天等"天"字辈系列。其中，开天、启天面对大客户，扬天面对成长型客户，补天是高性能专业型电脑。副品牌下面又有特点各异的产品系列，例如扬天，A是高配置，M是应用全面的数字化办公平台，E是科技时尚，T是经济实用。再以扬天为例，据说2004年销量完成不到计划的一半，品牌还处于濒临撤销的境地，通过深入的市场调查，一系列专门化的价值再造，品牌焕然一新！2006年销量突破130万台，占到了中小企业市场35%的份额，荣列第一。

7.1.2 市场细分的标准

1. 消费品市场细分的标准

消费品市场的细分标准可以概括为地理因素、人口统计因素、心理因素和行为因素四个方面，每个方面又包括一系列的细分变量。

1）按地理因素细分（geographical segmentation）

按地理因素细分，就是按消费者所在的地理位置、地理环境等变数来细分市场。因为处在不同地理环境下的消费者，对于同一类产品往往会有不同的需要与偏好，例如，对自行车的选购，城市居民喜欢式样新颖的轻便车，而农村居民注重坚固耐用的加重车等。因此，对消费品市场进行地理细分是非常必要的。

（1）地理位置。可以按照行政区划来进行细分，如在我国，可以划分为东北、华北、西北、西南、华东和华南几个地区；也可以按照地理区域进行细分，如划分为省、市、县等，或内地、沿海、城市、农村等。在不同地区，消费者的需求显然存在较大差异。

（2）城镇大小。可划分为大城市、中等城市、小城市和乡镇。处在不同规模城镇的消费者，在消费结构方面存在较大差异。

（3）地形和气候。按地形可划分为平原、丘陵、山区、沙漠地带等；按气候可分为热带、亚热带、温带、寒带等。防暑降温、御寒保暖之类的消费品可按不同气候带来划分。如在我国北方，冬天气候寒冷干燥，加湿器很有市场；但在江南，由于空气中湿度大，基本上不存在对加湿器的需求。

2）按人口统计因素细分（demographic segmentation）

按人口统计因素细分，就是按年龄、性别、职业、收入、家庭人口、家庭生命周期、民族、宗教、国籍等变数，将市场划分为不同的群体。由于人口变数比其他变数更容易测量，且适用范围比较广，因而人口变数一直是细分消费者市场的重要依据。

（1）年龄。不同年龄段的消费者，由于生理、性格、爱好、经济状况的不同，对消费品的需求往往存在很大的差异。因此，可按年龄将市场划分为许多各具特色的消费者群体市场，如儿童市场、青年市场、中年市场、老年市场等。从事服装、食品、保健品、药品、健身器材、书刊等商品生产经营业务的企业，经常采用年龄变数来细分市场。

（2）性别。按性别可将市场划分为男性市场和女性市场。不少商品在用途上有明显的性别特征。如男装和女装、男表与女表。在购买行为、购买动机等方面，男女之间也有很大的差异，如妇女是服装、化妆品、节省劳动力的家庭用具、小包装食品等市场的主要购买者，男士则是香烟、饮料、体育用品等市场的主要购买者。美容美发、化妆品、珠宝首饰、服装等许多行业，长期以来按性别来细分市场。

（3）收入。收入的变化将直接影响消费者的需求欲望和支出模式。根据平均收入水平的高低，可将消费者划分为高收入、次高收入、中等收入、次低收入、低收入五个群体。收入高的消费者比收入低的消费者购买高价的产品多，如钢琴、汽车、空调、豪华家具、珠宝首饰等；收入高的消费者一般喜欢到大百货公司或品牌专卖店购物，收入低的消费者则通常在住地附近的商店、仓储超市购物。因此，汽车、旅游、房地产等行业一般按收入变数细分市场。

（4）民族。世界上大部分国家都拥有多种民族，我国更是一个多民族的大家庭，除汉族外，还有 55 个少数民族。这些民族都各有自己的传统习俗、生活方式，从而呈现出各种不同的商品需求，如我国西北少数民族饮茶很多、回族不吃猪肉等。只有按民族这一细分变数将市场进一步细分，才能满足各族人民的不同需求，并进一步扩大企业的产品市场。

（5）职业。不同职业的消费者，由于知识水平、工作条件和生活方式等不同，其消费需求存在很大的差异，如教师比较注重书籍、报刊方面的需求，文艺工作者则比较注重美容、服装等方面的需求。

（6）教育状况。受教育程度不同的消费者，在志趣、生活方式、文化素养、价值观念等方面都会有所不同，因而会影响他们的购买种类、购买行为、购买习惯。

（7）家庭人口。据此可分为单身家庭（1 人）、单亲家庭（2 人）、小家庭（2~3 人）、大家庭（4 ～ 6 人，或 6 人以上）。家庭人口数量不同，在住宅大小、家具、家用电器乃至日常消费品的包装大小等方面都会表现需求差异。

3）按心理因素细分（psychographic segmentation）

按心理因素细分，就是将消费者按其生活方式、性格、购买动机、态度等变数细分成不同的群体。

（1）生活方式。越来越多的企业，如服装、化妆品、家具、娱乐等行业，重视按人们的生活方式来细分市场。生活方式是人们对工作、消费、娱乐的特定习惯和模式，不同的生活方式会产生不同的需求偏好，如“传统型”“新潮型”“节俭型”“奢侈型”等。这种细分方法能显示出不同群体对同种商品在心理需求方面的差异性，如美国有的服装公司就把妇女划分为“朴素型妇女”“时髦型妇女”“男子气质型妇女”三种类型，分别为她们设计不同款式、颜色和材质的服装。

（2）性格。消费者的性格对产品的情爱有很大的关系。性格可以用外向与内向、乐观与悲观、自信、顺从、保守、急进、热情、老成等词句来描述。性格外向、容易感情冲动的消费者往往爱表现自己，因而他们喜欢购买能表现自己个性的产品；性格内向的消费者则喜欢大众化，往往购买比较平常的产品；富于创造性和冒险心理的消费者，则对新奇、刺激性强的商品特别感兴趣。

（3）购买动机，即按消费者追求的利益进行细分。消费者对所购产品追求的利益主要有求实、求廉、求新、求美、求名、求安等，这些都可作为细分的变量。例如，有人购买服装是为了遮体保暖，有人是为了美的追求，有人则为了体现自身的经济实力等。因此，企业可对市场按利益变数进行细分，确定目标市场。

4）按行为因素细分（behavioural segmentation）

按行为因素细分，就是按照消费者购买或使用某种商品的时间、购买数量、购买频率、对品牌的忠诚度等变数来细分市场。

（1）购买时间。许多产品的消费具有时间性，烟花爆竹的消费主要在春节期间，月饼的消费主要在中秋节以前，旅游点在旅游旺季生意最兴隆。因此，企业可以根据消费者产生需要、购买或使用产品的时间进行市场细分，如航空公司、旅行社在寒暑假期间大做广告，实行优惠票价，以吸引师生乘坐飞机外出旅游；商家在酷热的夏季大做空调广告，以有效增加销量；双休日商店的营业额大增，而在元旦、春节期间，销售额则更大等。因此，企业可根据购买时间进行细分，在适当的时候加大促销力度，采取优惠价格，以促进产品的销售。

（2）购买数量。据此可分为大量用户、中量用户和少量用户。大量用户人数不一定多，但消费量大，许多企业以此为目标，反其道而行之也可取得成功。如文化用品大量使用者是知识分子和学生，化妆品大量使用者是青年妇女等。

（3）购买频率。据此可分为经常购买、一般购买、不常购买（潜在购买者）。如铅笔小学生经常购买，高年级学生按正常方式购买，而工人、农民则不常买。

（4）购买习惯（对品牌忠诚度）。据此可将消费者划分为坚定品牌忠诚者、多品牌忠诚者、转移的忠诚者、无品牌忠诚者等。例如，有的消费者忠诚于某些产品，如海尔电器、中华牙膏等；有的消费者忠诚于某些服务，如东方航空公司、某某酒店或饭店等；或忠诚于某一个机构、某一项事业等。为此，企业必须辨别他（她）的忠诚顾客及特征，以便更好地满足他们的需求，必要时给忠诚顾客以某种形式的回报或鼓励，如给予一定的折扣。

案例 7-2

美国钟表公司的市场细分

美国钟表公司决定其经营方向前，仔细地考察了手表市场，对消费者的购买动机进行了细分。他们发现大约 23% 的购买者在购买手表时，希望价格低廉；46% 的人购买经久耐用、质量较好的手表，还有 31% 的人购买可以在某些重要场合显示身份的手表。当时，美国市场上一些著名的手表公司都全力以赴地争夺第三个市场，他们生产价格昂贵的、强调声望的手表，并通过大百货商店、珠宝店出售。美国钟表公司分析比较这三个市场层面后，决定把精力集中到前两个竞争较弱的细分市场，并适应这两个消费者群体的需求特点，设计开发了一种名为“天美时”的物美价廉的手表，选择更贴近目标顾客的超级市场、廉价商店等零售商和批发商为分销渠道出售。正是这一成功的市场细分战略使该公司迅速获得了很高的市场占有率，成为当时世界上最大的手表公司之一。

2. 生产资料市场的细分标准

上述消费品市场的细分标准有很多都适用于生产资料市场的细分，如地理环境、气候条件、交通运输、追求利益、使用率、对品牌的忠诚度等。但由于生产资料市场有它自身的特点，企业还应采用其他一些标准和变数来进行细分，最常用的有最终用户要求、用户规模、用户地理位置等变数。

（1）按用户的要求细分。产品用户的要求是生产资料市场细分量常用的标准。不同的用户对同一产品有不同的需求，如晶体管厂可根据晶体管的用户不同将市场细分为军工市场、工业市场和商业市场，军工市场特别注重产品质量；工业用户要求有高质量的产品和服务；商业市场主要用于转卖，除要求保证质量外，还要求价格合理和交货及时；飞机制造公司对所需轮胎要求的安全性比一般汽车生产厂商要高许多；同是钢材，有的用于生产机器，有的用于造船，有的用于建筑等。因此，企业应针对不同用户的需求，提供不同的产品，设计不同的市场营销组合策略，以满足用户的不同要求。

（2）按用户经营规模细分。用户经营规模也是细分生产资料市场的重要标准。用户经营规模决定其购买能力的大小。按用户经营规模划分，可分为大用户、中用户、小用户。大用户户数虽少，但其生产规模、购买数量大，注重质量、交货时间等；小客户数量多，分散面广，购买数量有限，注重信贷条件等。许多时候，和一个大客户的交易量相当于与许多小客户的交易量之和，失去一个大客户，往往会给企业造成严重的后果。因此，企业应按照用户经营规模建立相应联系机制和确定恰当的接待制度。

（3）按用户的地理位置细分。每个国家或地区大都在一定程度上受自然资源、气候条件和历史传统等因素影响，形成若干工业区，例如江浙两省的丝绸工业区，以山西为中心的煤炭工业区，东南沿海的加工工业区等。这就决定了生产资料市场往往比消费品市场在区域上更为集中，地理位置因此成为细分生产资料市场的重要标准。企业按用户的地理位置细分市场，选择客户较为集中的地区作为目标，有利于节省推销人员往返于不同客户之间的时间，而且可以合理规划运输路线，节约运输费用，也能更加充分地利用销售力量，降低推销成本。

3. 有效市场细分的条件

企业进行市场细分的目的是通过对顾客需求差异予以定位，来取得较大的经济效益。一般来说，产品的差异化必然导致生产成本和推销费用的相应增长，所以，企业必须在市场细分所得收益与市场细分所增成本之间做一权衡。由此，我们得出有效的细分市场必须具备以下条件。

（1）可衡量性。可衡量性是指用来细分市场的标准和变数及细分后的市场是可以识别和衡量的，即有明显的区别，有合理的范围。如果某些细分变数或购买者的需求和特点很难衡量，细分市场后无法界定，难以描述，那么市场细分就失去了意义。一般来说，一些带有客观性的变数，如年龄、性别、收入、地理位置、民族等，都易于确定，并且有关的信息和统计数据，也比较容易获得；而一些带有主观性的变数，如心理和性格方面的变数，就比较难以确定。

（2）可进入性。可进入性是指企业能够进入所选定的市场部分，能进行有效的促销和分销，实际上就是考虑营销活动的可行性。一是企业能够通过一定的广告媒体把产品的信息传递到该市场众多的消费者中去，二是产品能通过一定的销售渠道抵达该市场。

（3）可赢利性。可赢利性是指细分市场的规模要大到能够使企业足够获利的程度，使企业值得为它设计一套营销规划方案，以便顺利地实现其营销目标，并且有可拓展的潜力，以保证按计划能获得理想的经济效益和社会服务效益。如一个普通大学的餐馆，如果专门开设一个西餐馆满足少数师生酷爱西餐的要求，可能由于这个细分市场太小而得不偿失；但如果开设一个回族饭菜供应部，虽然其市场仍然很窄，但从细微处体现了民族政策，有较大的社会效益，值得去做。

（4）差异性。差异性指细分市场在观念上能被区别并对不同的营销组合因素和方案有不同的反应。市场细分的基础是顾客需求的差异性，凡是使顾客需求产生差异的因素都可以作为市场细分的标准。由于各类市场的特点不同，因此市场细分的条件也有所不同。

（5）相对稳定性 。相对稳定性是指细分后的市场有相对应的时间稳定。细分后的市场能否在一定时间内保持相对稳定，直接关系到企业生产营销稳定性的高低。特别是大中型企业以及投资周期长、转产慢的企业，如果细分市场不具有相对稳定性，更容易造成经营困难，严重影响企业的经营效益。

7.2 目标市场选择

7.2.1 评估细分市场与企业实力

战略上完成了市场细分之后，企业就要选择适合自己的目标市场了。任何目标市场的选择都是细分市场的发展前景和企业本身的实力的结合，也就是说，企业要选择适合自身实力的细分市场。因此，企业既要评估细分市场的发展前景，也要评估其自身实力。其中，对细分市场的评估是重点。

1. 细分市场规模和增长率

对细分市场进行评估首先看细分市场的规模和增长率。所谓细分市场规模指的是细分市场的容量有多大，一般用整个市场的年销售额来衡量，销售额越大，市场规模越大。任何市场都必须有一个最低销售额，否则企业将无法达到盈亏平衡点，这个细分市场也就不称其为一个细分市场了。

除了细分市场要有一定的市场规模外，我们还要看细分市场的增长率，即细分市场未来的发展潜力。只有细分市场的增长率越高，其未来的发展潜力才越大，才越值得我们投入。一个增长潜力很小甚至没有的细分市场，是不值得我们作为目标市场选择的。

2. 细分市场的结构吸引力

细分市场的规模和增长率主要是从总量方面进行评估的，除此之外，我们还得对细分市场进行结构评估，也就是看看细分市场的竞争状况如何，是否具有结构吸引力。

3. 企业目标和资源

以上都是对细分市场的评估，要选择目标市场，企业还得对自身进行评估，这主要包括企业目标和自身资源。

（1）企业目标。企业目标就是要创造价值，实现其预期，没有目标的企业是没有希望的企业。企业目标就是企业发展的终极方向，是指引企业航向的灯塔，是激励企业员工不断前行的精神动力。企业目标按时间分可分为当前目标(1年以内)、短期目标(1~3年)、中期目标(3~5年)、长期目标(5年以上);按整体与局部可分为整体目标、部门目标。

企业目标市场的选择主要要与企业的长期目标和整体目标结合起来。

(2)企业资源。企业资源是公司成长的基础。没有充分的优势资源,企业是很难发展的。如果企业不清楚自己的资源构成,也就做不到知己知彼,根本不可能在竞争中取胜。相反,如果对自己的资源构成、竞争者的资源构成都非常清楚的话,就能够准确地对各种形势做出判断,从而立于不败之地。因此,我们要做好企业战略管理工作,就必须清楚企业的资源,知道自己的优势和劣势所在,努力聚集优势资源,推动企业不断向着更高的目标前进。

企业资源一般包括三大类: 企业有形资产、企业无形资产和企业人力资源与组织能力。

有形资产是指可以在公司资产负债表上体现的资产,如房地产、生产设备、原材料等。

无形资产包括公司的声望、品牌、文化、技术知识、专利、商标以及各种日积月累的知识和经验。无形资产在使用中不会被消耗,相反,正确地运用还会升值。无形资产往往是公司竞争优势的基础。比如迪士尼最重要的无形资产便是迪士尼的品牌、米老鼠和唐老鸭的形象等。

人力资源和组织能力,是资产与管理因素的现实的、复杂的结合。其评价指标有更快、更敏捷、更高的质量,它可以体现在精益制造、高质量生产、对市场的快速反应等方面。例如迪士尼认为,合作精神和能力是其取胜的重要组织能力。

7.2.2 选择目标市场

企业有五种可供参考的市场覆盖模式:市场集中化、选择专业化、产品专业化、市场专业化、市场全面化。

1. 市场集中化

市场集中化(专注一个细分市场)是最简单的模式,指的是企业只选择一个细分市场。通过集中营销,企业能更清楚地了解细分市场的需求,从而树立良好的信誉,在细分市场上建立巩固的市场地位。同时企业通过生产、销售和促销的专业化分工,提高经济效益。一旦企业在细分市场上处于领导地位,它将获得很高的投资效益。但对某些特定的细分市场,一旦消费者在该细分市场上的消费意愿下降或其他竞争对手进入该细分市场,那么企业将面临很大的风险。

2. 选择专业化

在这种情况下,企业有选择地进入几个不同的细分市场。从客观上讲,每个细分市场都具有吸引力,且符合企业的目标和资源水平。这些细分市场之间很少或根本不发生联系,但在每个细分市场上都可赢利。这种多细分市场覆盖策略能分散企业的风险。因为即使其中一个细分市场丧失了吸引力,企业还可以在其他细分市场上继续赢利。

3. 产品专业化

产品专业化指企业同时向几个细分市场销售一种产品。在这种情况下,一旦有新的替代品出现，那么企业将面临经营滑坡的风险。

4. 市场专业化

这时企业集中满足某一特定消费群体的各种需求。企业专门为某个消费群体服务并争取树立良好的信誉。企业还可以向这类消费群推出新产品，成为有效的新产品销售渠道。但如果由于种种原因，使得这种消费群体的支付能力下降的话，企业就会出现效益下滑的危险。

5. 市场全面化

这时企业力图为所有消费群提供他们所需的所有产品。一般来讲，只有实力较强的大企业才可能采取这种营销战略。当采用这种营销战略时，企业通常通过无差异性营销和差异性营销两种战略全面进入整个市场。

7.2.3 目标市场战略

1. 无差异性营销战略

无差异性营销是企业把整体市场看作一个大的目标市场，不进行细分，用一种产品、统一的市场营销组合对待整体市场。无差异性营销的特点如下：

（1）最大的优点是成本的经济性；

（2）最大的缺点是顾客的满意度低；

（3）适用范围有限。

2. 差异性营销战略

差异性营销战略是企业在市场细分的基础上，根据自身的资源及实力选择若干个细分市场作为目标市场，并为此制订不同的市场营销计划。

（1）最大优点是可以有针对性地满足不同顾客群体的需求，提高产品的竞争能力；能够树立起良好的市场形象，吸引更多的购买者。

（2）最大缺点是市场营销费用大幅度增加。

3. 集中性营销战略

集中性营销战略是企业在市场细分的基础上，根据自身的资源及实力选择某一个细分市场作为目标市场，并为此制订市场营销计划。特点为：

（1）专业化经营，能满足特定顾客的需求；

（2）集中资源，节省费用；

（3）经营者承担风险较大；

（4）适合资源薄弱的小企业。

7.2.4 选择目标市场营销战略的条件

（1）企业规模和原材料供应。如果企业规模较大，技术力量和设备能力较强，资金雄厚，原材料供应条件好，则可采用差异性营销策略或无差异性营销策略。我国许多大型企业，基本上均采用这两种策略。

反之，规模小、实力差、资源缺乏的一般企业宜采用集中市场营销策略。我国医药工业的整体水平相对落后，即使是国内一流的大型医药企业也难以与国外大医药公司相抗衡。采用集中营销策略，重点开发一些新剂型和国际市场紧缺品种，利用劳动力优势，建立自己的相对品种优势，不失为一条积极参与国际竞争、提高医药工业整体水平的捷径。

(2)产品特性。对于同质性商品，虽然由于原材料和加工不同而使产品质量存在差别，但这些差别并不明显，只要价格适宜，消费者一般无特别的选择，无过分的要求，因而可以采用无差异性营销策略。

而异质性商品，如药品的剂型、晶型、复方等对其疗效影响很大，特别是滋补类药品，其成分、配方、含量差别很大，价格也有显著差别，消费者对产品的质量、价格、包装等，常常要反复评价比较，然后决定购买，这类产品就必须采用差异性营销策略。

(3)市场特性。当消费者对产品的需求欲望、偏好等较为接近，购买数量和使用频率大致相同，对销售渠道或促销方式也没有大的差异，就显示出市场的类似性，可以采用无差异性营销策略。

如果各消费者群体的需求、偏好相差甚远，则必须采用差异性营销策略或集中营销策略，使不同消费者群体的需求得到更好的满足。

(4)产品寿命周期。若产品处于介绍期和成长期，通常采用无差异性营销策略，去探测市场需求和潜在顾客；当产品进入成熟期或衰退期，无差异性营销策略就完全无效，必须采用差异性营销策略，才能延长成熟期，开拓市场，维持和扩大销售量，或者采用集中营销策略来实现上述目的。

(5)竞争企业的营销策略。企业生存于竞争的市场环境中，对营销策略的选用也要受到竞争者的制约。

竞争者采用了差异性营销策略，如本企业采用无差异性营销策略，就往往无法有效地参与竞争，很难据有有利的地位，除非企业本身有极强的实力和较大的市场占有率。

如果竞争者采用的是无差异性营销策略，则无论企业本身的实力大于或小于对方，采用差异性营销策略，特别是采用集中营销策略，都是有利可图、有优势可占的。

总之，选择适合于本企业的目标市场营销策略，是一项复杂的、随时间变化的、有高度艺术性的工作。企业本身的内部环境，如研究开发能力、技术力量、设备能力、产品的组合、资金是在逐步变化的；影响企业的外部环境因素也是千变万化的。企业要不断通过市场调查和预测，掌握和分析这些变化的趋势，与竞争者各项条件之对比，扬长避短，把握时机，采用恰当的、灵活的策略，去争取较大的利益。

案例 7-3

海澜之家目标市场选择

提起海澜之家，大家都会想到“男人的衣柜”，“海澜之家”是海澜之家股份有限公司旗下服装品牌，自推出以来，以全国连锁、超大规模、男装自选的全新营销模式引发了中国服装市场的新一轮革命，其平价优质的市场定位，款式多、品种全的货品选择，无干扰、自选式购衣方式迅速赢得了广大消费者的欢迎，塑造了“海澜之家——男人的衣柜”的鲜明品牌形象。

在起初海澜之家作为一个新的品牌面世，目标群体为成功男士，零品牌、零市场、零模式，在品牌建设这条路上也走了很久。其独特的营销模式打造了它的品牌内涵。

(1)超大型男装卖场、海澜之家的卖场内包括了成年男性从上到下、从里到外、一年四季所有的服饰产品，对于很多男士不喜欢逛街买东西来说，海澜之家为这些人士提供了极大的便利，来一次海澜之家，便不再需要去其他地方了。

(2)高品位、中价位，海澜集团是在国内第一家有完整的服装生产的产业链，所以节省了中间的很多流通环节，没有任何中间商参与，可以有效控制产品的成本与品质，这是为什么海澜之家能比同档次其他品牌的产品价格低，实现了高品位中价位的品牌理想。

(3)无干扰、自选式，男人购物是有需求才会去购买，喜欢就买，就像在超市一样，不喜欢别人在旁边跟着、盯着，为他推荐，海澜之家摒弃了传统的导购模式，为消费者提供了一个清净的购物环境，在卖场内，服饰产品按照品种、号型、规格分类摆放，一目了然。消费者只需根据自己的喜好自主选择，既在繁忙的工作后放松了自己，也可选购自己所需要的东西，让海澜之家给消费者留下时尚便捷的品牌形象，消费者满意度也比较高。

4. 真正的服装连锁品牌海澜之家实行统一形象、统一价格、统一管理、统一采购、统一配送、统一装修、统一招聘、统一培训、统一结算的经营管理方式，每家门店都要按照公司的标准化模式经营，公司每个部门按照标准化的业务流程为门店服务，标准化成了海澜之家不可复制的品牌特色。

7.3 市场定位

7.3.1 市场定位的概念和方式

1. 市场定位的概念

市场定位是在 20 世纪 70 年代由美国营销学家艾・里斯和杰克•特劳特提出的，其含义是指企业根据竞争者现有产品在市场上所处的位置，针对顾客对该类产品某些特征或属性的重视程度，为本企业产品塑造与众不同的，给人印象鲜明的形象，并将这种形象生动地传递给顾客，从而使该产品在市场上确定适当的位置。

市场定位并不是你对一件产品本身做些什么，而是你在潜在消费者的心目中做些什么。市场定位的实质是使本企业与其他企业严格区分开来，使顾客明显感觉和认识到这种差别，从而在顾客心目中占有特殊的位置。

市场定位可分为对现有产品的再定位和对潜在产品的预定位。对现有产品的再定位可能导致产品名称、价格和包装的改变，但是这些外表变化的目的是为了保证产品在潜在消费者的心目中留下值得购买的印象。对潜在产品的预定位，要求营销者必须从零开始，使产品特色确实符合所选择的目标市场。公司在进行市场定位时，一方面要了解竞争对手的产品具有何种特色，另一方面要研究消费者对该产品的各种属性的重视程度，然后根据这两方面进行分析，再选定本公司产品的特色和独特形象。

2. 市场定位的方式

市场定位是设计公司产品和形象的行为，以使公司明确在目标市场中相对于竞争对手自己的位置。公司在进行市场定位时，应慎之又慎，要通过反复比较和调查研究，找出最合理的突破口。避免出现定位混乱、定位过度、定位过宽或定位过窄的情况。而一旦确立了理想的定位，公司必须通过一致的表现与沟通来维持此定位，并应经常加以监测以随时适应目标顾客和竞争者策略的改变。

（1）避强定位。这是指企业力图避免与实力最强的或较强的其他企业直接发生竞争，而将自己的产品定位于另一市场区域内，使自己的产品在某些特征或属性方面与最强或较强的对手有比较显著的区别。

优点：避强定位策略能使企业较快地在市场上站稳脚跟，并能在消费者或用户中树立形象，风险小。

缺点：避强往往意味着企业必须放弃某个最佳的市场位置，很可能使企业处于最差的市场位置。

（2）迎头定位。这是指企业根据自身的实力，为占据较佳的市场位置，不惜与市场上占支配地位的、实力最强或较强的竞争对手发生正面竞争，而使自己的产品进入与对手相同的市场位置。

优点：竞争过程中往往相当惹人注目，甚至产生所谓轰动效应，企业及其产品可以较快地被消费者或用户所了解，易于达到树立市场形象的目的。

缺点：具有较大的风险性。

（3）创新定位。这是指企业寻找新的尚未被占领但有潜在市场需求的位置，填补市场上的空缺，生产市场上没有的、具有某种特点的产品。如日本的索尼公司的索尼随身听等一批产品正是填补了市场上迷你电子产品的空缺，并进行不断创新，使得索尼公司即使在第二次世界大战期间也能迅速地发展，一跃而成为世界级的跨国公司。当采用这种定位方式时，企业应明确创新定位所需的产品在技术上、经济上是否可行，有无足够的市场容量，能否为公司带来合理而持续的赢利。

（4）重新定位。公司在选定了市场定位目标后，如定位不准确或虽然开始定位得当，但市场情况发生变化时，如遇到竞争者定位与本公司接近，侵占了本公司部分市场，或由于某种原因消费者或用户的偏好发生变化，转移到竞争者方面时，就应考虑重新定位。重新定位是以退为进的策略，目的是为了实施更有效的定位。例如万宝路香烟刚进入市场时，是以女性为目标市场的，它提出的口号是：像 5 月的天气一样温和。然而，尽管当时美国吸烟人数年年都在上升，万宝路的销路却始终平平。后来，广告大师李奥•贝纳为其做广告策划，他将万宝路重新定位为男子汉香烟，并将它与最具男子汉气概的西部牛仔形象联系起来，树立了万宝路自由、野性与冒险的形象，从众多的香烟品牌中脱颖而出。自 20 世纪 80 年代中期到现在，万宝路一直居世界各品牌香烟销量首位，成为全球香烟市场的领导品牌。

3. 市场定位的原则

各个企业经营的产品不同，面对的顾客不同，所处的竞争环境不同，因而市场定位所依据的原则也不同。总的来讲，市场定位所依据的原则有以下四方面。

（1）根据具体的产品特点定位。构成产品内在特色的许多因素都可以作为市场定位所依据的原则。比如成分、材料、质量、价格等。“七喜”汽水的定位是“非可乐”，强调它是不含咖啡因的饮料，与可乐类饮料不同。“泰宁诺”止痛药的定位是“非阿司匹林的止痛药”，显示药物成分与以往的止痛药有本质的差异。一件仿皮皮衣与一件真正的水貂皮衣的市场定位自然不会一样，同样，不锈钢餐具若与纯银餐具定位相同，也是难以令人置信的。

（2）根据特定的使用场合及用途定位。为老产品找到一种新用途，是为该产品创造新的市场定位的好方法。小苏打曾一度被广泛地用作家庭的刷牙剂、除臭剂和烘焙配料，现在已有不少的新产品代替了小苏打的上述一些功能。例如，可将小苏打定位为冰箱除臭剂，另外还有家公司把它当作了调味汁和肉卤的配料，更有一家公司发现它可以作为冬季流行性感冒患者的饮料。中国曾有一家生产“曲奇饼干”的厂家最初将其产品定位为家庭休闲食品，后来又发现不少顾客购买是为了馈赠，又将之定位为礼品。

（3）根据顾客得到的利益定位。产品提供给顾客的利益是顾客最能切实体验到的，也可以用作定位的依据。1975 年，美国米勒啤酒公司推出了一种低热量的“Lite”牌啤酒，将其定位为喝了不会发胖的啤酒，迎合了那些经常饮用啤酒而又担心发胖的人的需要。

（4）根据使用者类型定位。企业常常试图将其产品指向某一类特定的使用者，以便根据这些顾客的看法塑造恰当的形象。美国米勒啤酒公司曾将其原来唯一的品牌“高生”啤酒定位于“啤酒中的香槟”，吸引了许多不常饮用啤酒的高收入女性。后来发现，占 30% 的狂饮者大约消费了啤酒销量的 80%，于是，该公司在广告中展示石油工人钻井成功后狂欢的镜头，还有年轻人在沙滩上冲刺后开怀畅饮的镜头，塑造了一个“精力充沛的形象”。在广告中提出“有空就喝米勒”，从而成功占领啤酒狂饮者市场达 10 年之久。

事实上，许多企业进行市场定位的依据的原则往往不止一个，而是多个原则同时使用。因为要体现企业及其产品的形象，市场定位必须是多维度的、多侧面的。

7.3.2 市场定位的步骤

市场定位的关键是企业要设法在自己的产品上找出比竞争者更具有竞争优势的特性。竞争优势一般有两种基本类型：一是价格竞争优势，就是在同样的条件下比竞争者定出更低的价格。这就要求企业采取一切努力来降低单位成本。二是偏好竞争优势，即能提供确定的特色来满足顾客的特定偏好。这就要求企业采取一切努力在产品特色上下功夫。因此，企业市场定位的全过程可以通过以下三大步骤来完成。

1. 分析目标市场的现状，确认潜在的竞争优势

这一步骤的中心任务是要回答以下三个问题：一是竞争对手产品定位如何；二是目标市场上顾客欲望满足的程度以及确实还需要什么；三是针对竞争者的市场定位和潜在顾客的真正需要的利益要求企业应该及能够做什么。要回答这三个问题，企业市场营销人员必须通过一切调研手段，系统地设计、搜索、分析并报告有关上述问题的资料和研究结果。

通过回答上述三个问题，企业就可以从中把握和确定自己的潜在竞争优势在哪里。

2. 准确选择竞争优势，对目标市场初步定位

竞争优势表明企业能够胜过竞争对手的能力。这种能力既可以是现有的，也可以是潜在的。选择竞争优势实际上就是一个企业与竞争者各方面实力相比较的过程。比较的指标应是一个完整的体系，只有这样，才能准确地选择相对竞争优势。通常的方法是分析、比较企业与竞争者在经营管理、技术开发、采购、生产、市场营销、财务和产品等方面究竟哪些是强项，哪些是弱项。借此选出最适合本企业的优势项目，以初步确定企业在目标市场上所处的位置。

3. 显示独特的竞争优势和重新定位

这一步骤的主要任务是企业要通过一系列的宣传促销活动，将其独特的竞争优势准确地传播给潜在顾客，并在顾客心目中留下深刻印象。为此，企业首先应使目标顾客了解、知道、熟悉、认同、喜欢和偏爱本企业的市场定位，在顾客心目中建立与该定位相一致的形象。其次，企业通过各种努力强化目标顾客形象，保持目标顾客的了解，稳定目标顾客的态度并加深目标顾客的感情来巩固与市场相一致的形象。最后，企业应注意目标顾客对其市场定位理解出现的偏差或由于企业市场定位宣传上的失误而造成的目标顾客模糊、混乱和误会，及时纠正与市场定位不一致的形象。企业的产品在市场定位上即使很恰当，但在下列情况下，还应考虑重新定位：

（1）竞争者推出的新产品定位于本企业产品附近，侵占了本企业产品的部分市场，使本企业产品的市场占有率下降；

（2）消费者的需求或偏好发生了变化，使本企业产品销售量骤减。

重新定位是指企业为已在某市场销售的产品重新确定某种形象，以改变消费者原有的认识，争取有利的市场地位的活动。如某日化厂生产婴儿洗发水，以强调该洗发水不刺激眼睛来吸引有婴儿的家庭。但随着出生率的下降，销售量减少。为了增加销售，该企业将产品重新定位，强调使用该洗发水能使头发松软有光泽，以吸引更多、更广泛的购买者。重新定位对于企业适应市场环境、调整市场营销战略是必不可少的，可以视为企业的战略转移。重新定位可能导致产品的名称、价格、包装和品牌的更改，也可能导致产品用途和功能上的变动，企业必须考虑定位转移的成本和新定位的收益问题。

7.3.3 市场定位战略

1. 直接对抗定位战略

直接对抗定位也称为针锋相对定位，指企业采取与细分市场上最强大的竞争对手同样的定位。也就是企业把产品或服务定位在与竞争者相似或相同的位置上，同竞争者争夺同一细分市场。一般来说，当企业能够提供比竞争对手更令顾客满意的产品或服务、比竞争对手更具有竞争实力时，可以实行这种定位战略。如百事可乐与可口可乐的竞争，肯德基与麦当劳的争斗，就是直接对抗定位的例子。由于竞争对手实力很强，且在消费者心目中处于强势地位，因此实施直接对抗定位策略有一定的市场风险，这不仅需要企业拥有足够的资源和能力，而且需要在知己知彼的基础上，实施差异化竞争，否则将很难化解市场风险，更别说取得市场竞争胜利了。

2. 市场补缺式定位战略

这是指企业把自己的市场位置定位在竞争者没有注意和占领的市场位置上的策略。当企业对竞争者的市场位置、消费者的实际需求和自己经营的商品属性进行评价分析后，如果发现企业所面临的目标市场存在一定的市场缝隙和空间，而且自身所经营的商品又难以正面抗衡，这时企业应该把自己的位置定在目标市场的空当位置，与竞争者成鼎足之势。采用这种市场定位策略，必须具备以下条件：

(1)本企业有满足这个市场所需要的货源；

(2)该市场有足够数量的潜在购买者；

(3)企业具有进入该市场的特殊条件和技能；

(4)企业经营必须赢利。

3. 另辟蹊径式定位战略

这种定位战略也叫独坐一席定位战略，它是指企业意识到很难与同行业竞争对手相抗衡而获得绝对优势定位，也没有填补市场空白的机会或能力，可根据自己的条件，通过营销创新，在目标市场上创立起一种明显区别于各竞争对手的新产品或新服务。突出宣传自己与众不同的特色，在某些有价值的产品属性上取得领先地位。

4. 重新定位战略

这种定位是指企业通过努力发现最初选择的定位战略不科学、不合理、营销效果不明显，继续实施下去很难成功获得强势市场定位时，及时采取的更换品牌、更换包装、改变广告诉求策略等一系列重新定位方法的总称。企业重新定位的目的在于能够使企业获得新的、更大的市场活力。

案例 7-4

农夫山泉营销战略

从一句“农夫山泉有点甜”闯入市场，到推出“奥运军团喝什么水”的疑问；从养生堂丢出一颗重磅炸弹“农夫山泉基于对消费者负责的态度考虑，决定退出纯净水市场，全力投入天然水的生产销售”，到农夫山泉在全国范围内造势，矛头对准纯净水厂商，引起水业大战在全国升级，全国各地纯净水企业纷纷联盟，向法院提出诉讼，欲与农夫山泉对簿公堂。农夫山泉的到来，使寂寂无闻的水业多了许多关注的目光；水业大战的一些深层次的问题引起了人们格外的关注。水业大战的核心并不只停留在哪种对身体健康有益的问题上，商业利益才是水业大战的根本问题。商品经济发展至今，市场上的各类商品成千上万，相互竞争空前激烈，稍有失误，一种商品就会被消费者抛弃，而这个企业可能就会被市场淘汰出局。市场中的领先者怕追兵，挑战者们要挑逗，每一个市场竞争的参与者都有朝不保夕的危机感，于是，他们纷纷开拓思路，领先者渴望步步为营，挑战者你追我赶，“市场细分”和“目标市场定位”成为企业获取竞争胜利的法宝。对于农夫山泉的优劣，我们暂且不论，如果您走进千岛湖去平心静气地了解千岛湖，您必须承认农夫山泉确实有一批商界精英，他们把“目标市场定位”策略和“差异化”策略运用得炉火纯青，并且留下许多经典的商界故事。

营销新视野：客户关系管理(Customer Relationship Management，CRM)

企业为提高核心竞争力，利用相应的信息技术以及互联网技术来协调企业与顾客间在销售、营销和服务上的交互，从而提升其管理方式，向客户提供创新式的个性化的客户交互和服务的过程。其最终目标是吸引新客户、保留老客户以及将已有客户转为忠实客户，增加市场份额。

CRM 是一个获取、保持和增加可获利客户的方法和过程。CRM 既是一种崭新的、国际领先的、以客户为中心的企业管理理论、商业理念和商业运作模式，也是一种以信息技术为手段、有效提高企业收益、客户满意度、雇员生产力的具体软件和实现方法。

CRM 的实施目标就是通过全面提升企业业务流程的管理来降低企业成本，通过提供更快速和周到的优质服务来吸引和保持更多的客户。作为一种新型管理机制，CRM 极大改善了企业与客户之间的关系，实施于企业的市场营销、销售、服务与技术支持等与客户相关的领域。

【本章小结】

市场细分是企业根据消费者需求的差异性，把整个市场划分为具有共同特征的子市场的过程。消费者市场细分的主要依据和标准有：人口因素、地理因素、心理因素和行为因素。

企业目标市场的战略主要包括：无差异性市场营销战略、差异化性市场营销战略和集中性市场营销战略三种。

市场定位是指企业及产品确定在目标市场上所处的位置。市场定位的方式有避强定位、迎头定位、创新定位、重新定位。

【关键术语】

市场细分　目标市场营销战略　市场细分变量　定位　重新定位

无差异目标市场战略　差异化目标市场战略　集中目标市场战略

【案例扩展阅读】

案例 1

名创优品："优质低价"的增长秘籍

2015 年，传统零售业在"互联网 +"的扫荡下，经历了过山车般的跌宕起伏，加上电商的持续冲击，各行业实体零售纷纷关闭门店收缩战线。

然而，就在传统零售式微之际，名创优品却不惧互联网冲击，从 2013 年开始逆势涉足百货业，两年来全球火速开店 1 400 多家；2015 年全年销售额 50 亿元，2016 年销售额达 100 亿；2020 年计划开店 6 000 家，营收将破 600 亿。

名创优品的出奇制胜，吸引了财经作家吴晓波的关注。他认为，在实体零售持续萧条的背景下，不做网店，却专攻实体店的名创优品，是 2015 年最引人注目的逆势成长案例。他甚至想将名创优品全球联合创始人叶国富的创业经历专门写成书！

名创优品的成功，有一点很重要——"时机"。叶国富认为，名创优品"抄"了经济形式不好的"底"，在消费更理性的时代变革了商业模式：其品类多达 3 000 多种，用户涵盖范围更广的"泛 85 后"主流消费群。

同时,“名创模式”也解决了市场痛点:撕掉零售终端价格虚高的最后一层纸,革新渠道的陈旧与沉重,通过缩短工厂到店铺的距离,降低价格;依靠优质门店服务,克服电商缺乏体验的弊端,为消费者制造购物乐趣。

新实体逆袭“互联网 +”

“所有的商业模式 99% 都会被革命,不革命就没有办法生存下去。世界那么大,世界观不是想出来的,一定是走出来的,大家应到世界上去走一走。”叶国富曾在 2015 年亿邦动力网举办的“第十届中国网上零售年会”上发出这样的感叹。

从 2008 年到 2013 年,叶国富频繁到美国、丹麦、日本、韩国等零售业发达的国家考察学习,并对这些国家的“精品低价”模式产生了兴趣。

2008 年 9 月,在美国宜家,叶国富曾对着一双拖鞋发呆:拖鞋做工精良,质地很好,而标价只有 1.9 美元。按照收入和汇率水平同比,中国消费者很难以同样价格购进同等品质的商品。

随后,叶国富在日本同样发现有更多这样的零售商店,商品价格仅在 100 ~ 500 日元之间,商品质量好,且绝大部分是中国生产的。此外,日本人也没有像中国一样明确区分线上和线下,反而更关注为消费者提供性价比超高的产品,同时注重服务体验和购物环境。所以尽管在全球电商化趋势下,日本的实体零售仍占主流,而电商只是补充。

受到启发的叶国富开始反思:为什么中国制造已达到国际水准,中国品牌却做不到“优质低价”? 一切皆因线下价格太“暴力”了,将消费者挤到线上,实体店“倒闭潮”也随之而来。

叶国富在接受《中外管理》采访时说,线下零售的“死线”让他决定尝试将这种“又好又便宜”的模式搬到中国来,让中国消费者也能享受“优质低价”的购买乐趣。

2013 年年初,叶国富在日本认识了青年设计师三宅顺也。三宅顺也同样认为,设计和产品价格都应力避浮夸,面向大众。抱着相同的创业理念,二人分头筹资后于同年 9 月领取了日本营业执照,名创优品诞生了。

时至今日,叶国富仍将名创优品当下亮眼的成绩归功于将互联网“短平快”的效率移植于传统实体店,开拓“新实体店”成功逆袭“互联网 +”以及对传统实体店大胆突围的新局面。

叶国富遍访全球,总结出一条规律:低成本、低毛利、低价格的竞争优势一直驱动着零售之轮,美国、英国、日本等发达国家零售业的新型业态,基本也是按照这一规律发展起来的,也只有低成本、低毛利才能创造真正的低价格。

赢在供应链

“优质低价”一直是名创优品的杀手锏。既然概念复制于国外,那竞争对手同样可以。名创优品如何践行“优质低价”零售概念的呢? 拉开与竞争对手距离的核心竞争力又在哪里?

面对《中外管理》追问,叶国富的回答是:用供应链优化整合,从内而外,让商品变得真正“低价优质”。即把“低价”作为消费入口,通过“优质”打造消费场景,从而超越消费者心理预期,并将其转化为消费动力。

首先是精选供货商，以质取胜。名创优品的供货商大都来自广交会的外贸供货商，它们的制造标准普遍高于内销工厂。因为这些供应商仅聚焦欧美、日本等几个大客户，长期执行的是欧美、日本的标准。在名创优品 300 多平方米的店铺里，有 3 000 多个单品，且每个品类不会超过三个 SKU。品类涵盖了日常生活的方方面面，都是流行感、设计感、功能性和实用性兼具的基础商品，以满足大众化的消费需求。而产品在设计完毕后，在生产环节会派人专门在现场跟踪管理，严格按照日本品质管理体系在生产源头把关。

其次是买断制突围，以量制价。低成本、低毛利、低价格是名创优品的经营逻辑。低成本哪里来？一是规模，二是买断。名创优品实行超大规模采购，即使开始只有几家店，一个单品仍以万、十万、百万为单位下订单，以量制价，通过规模采购降低采购成本；同时实行"买断制"，大规模订制的商品卖出与否都自担责任，与供应商无关，且货款快速结清。

再次是精心研发，打造爆款。"优质低价"能让这一模式快速滚动起来，就很容易找到"宝贝"中的"爆款"。名创优品每 7 天会上一次新品，21 天全店货物就可流转一遍。一来紧跟潮流，二来保证新鲜感，让供应商直面市场反应。

最后是快速扩张，规模效应。每个产品都是低毛利，名创优品的商业模式怎么玩？唯一看点，就是规模经济效益。这也是为什么它这两年拼命开店的原因——积累规模和先发优势。因为低价，就必须有"量"的要求，才能有规模利润。薄利必须多销，薄利必然多销。

由于采取去中间化，简化包装，物流体系支撑及薄利多销的模式，名创优品的毛利率仅有 8% 左右。与优衣库相似，叶国富给名创优品的定位是：砍掉不必要的费用，每个单品一定是"刚需"，不做高毛利的小众经济。

"名创优品如今在全国设有七大仓，产品不会经过任何分销层级。再加上低毛利，保证了店里 70% 的产品可做到标价 10 元还有钱可赚。10 元是一个黄金价位，这一定价不会让中国消费者产生任何购买负担，轻松消费，解放一代年轻人。"叶国富如是解释低毛利质疑。

针对外界所谓"名创优品山寨无印良品和优衣库"这一说法，叶国富坦言其认可优衣库的价格，喜欢无印良品的设计。"名创优品定位在快时尚百货，快时尚行业很少有专利，也不会申请专利，但若碰到品牌有专利我们会避开，同时我们自己也有专利，比如香水和杯子。"

制造购物乐趣

既然做实体店，叶国富认为"制造购物乐趣"非常重要。

据名创优品品牌负责人成金兰介绍，名创优品从产品、购物环境到服务等的每个细节均在倡导"开心就好"的生活理念，让消费者可从中选择自己所爱，且毫无消费压力。

比如：名创优品所有店面装修都遵循的是统一的设计风格，货品排列整齐、紧凑，设计风格极简。但是，细心的消费者也会发现，无论其店内外，还是商品外包装和标签上，红底的长方形上都印有"MINISO 名创优品"字样及一个圆圆的笑脸图案，Logo 形式与优衣库有几分相似。

"我不认为名创优品 Logo 是抄袭了优衣库，而是比之更有创意。"叶国富笑言，"我们称之为'开心购物袋',并为之先后注册了30余件商标,这件是主商标。虽然卖的都是小商品,但我们十分重视购物环境,只有营造出舒适的购物环境,顾客才有可能开心购物。"同时为回馈粉丝支持,名创优品还推出了"扫码送袋"活动,这些粉丝聚焦成为名创优品"零广告"时代的强大粉丝基础。

优衣库是叶国富多方面学习的一家企业,他将名创优品与优衣库的相似点归结为"四好"。

一是价格好。叶国富经常研究优衣库,认为名创优品与优衣库在干(同)一件事,即打破"一分价钱一分货"的惯常思维。优衣库经营中一个重要策略——"打造爆款",它十多年间陆续推出了摇粒绒衫、HeatTech、轻薄羽绒服等多个商业成功的爆款。而名创优品的策略也是打造爆款,比如杯子、手机壳……现在卖得最火的商品是眼线笔,10元一支,自开发以来在全球已售卖超过1亿支。这款产品与兰蔻、香奈儿、美宝莲等国际品牌的供应商是同一家,价格却只有它们的1/10。叶国富相信未来成功的企业都要打造各自的爆款,但爆款也不是都能成功,往往需要市场检验。

二是产品好。品牌的核心力在于产品,名创优品之所以能在两年多时间逆势增长,根本是依靠产品在推动。与优衣库打造"精品"的理念相同,名创优品拥有超过10 000种商品,且每件产品都注入日本设计元素,以朴素简约的风格锁定目标消费群。"产品一定要自己设计,要有创意、设计感、流行感,且功能性与实用性兼具。"让年轻人轻松享受到好的产品,是叶国富一直坚持的理念。

三是环境好。与优衣库注重购物环境一致,名创优品一间200平方米的门店装修费用在30万~50万元,且装修取材和设计都是最好的,如货架供货商与LV是同一家,可保证10年不变形、不掉漆。此外名创优品在国内80%的店铺都开在了购物中心,旁边是优衣库、H&M和丝芙兰。"如果一个商品卖10元,购物环境又差,顾客自然不会去。为此我们已进入90%的万达购物中心,目的就是为顾客营造好的购物体验。"叶国富强调。

四是服务好。与优衣库类似,名创优品不会向消费者推销任何商品,店员只做三件事:搞好卫生、做好陈列、做好防盗。

思考:名创优品把市场进行了怎样的细分?如何找到目标市场、抓住目标市场?

案例2

七喜:非可乐

1959年,汤普森委托华特迪博士尼制片厂替七喜设计了几个卡通动物,像"母牛艾莉丝""鲔鱼查理"以及"清新佛瑞迪公鸡"。这些动物虽然活泼有趣,但对七喜的销路却没有帮助。进入20世纪60年代后,七喜放弃了"家庭温馨"的促销理念,改走其他促销路线。这种改变迅速取得了成效,赢得了大众的"眼球"。比如,它在60年代中期推出的"潮湿狂野"系列广告得过好几次大奖,颇受媒体和消费者青睐。

然而当市场调查人员在进行市场调查时,80%的受访者都未提到七喜——而七喜却是全球销售量第三的清凉饮料。这说明了七喜有多方面的形象问题,因为它被消费者认为是这样三种饮料:一是特殊饮料,二是药水,三是调酒用的饮料。

在上述三种情况中,七喜都被当作单独一类的产品,不被消费大众视为某种清凉饮料。更糟的是，七喜常被消费者忽视，以至于七喜的代理广告公司不得不这样告诉经销商们："人们对它（七喜）太熟悉了——而且对它很有安全感，不会觉得它有什么不对劲，但也由于太熟悉、太信任了，所以他们不会经常想到它，而当人们不常想它时，他们就不会常常购买它。"

七喜公司高层开始深入考虑解决七喜的营销问题。他们一致认为，要想解决当前困扰公司的难题，就必须确实地把七喜重新定位在清凉饮料行列当中，同时也要稳住七喜在调酒市场的占有率，不要被当时正蓬勃兴起的很多种调酒饮料抢去市场。唯一的选择，只能是"非可乐"战略。

就在这个时候，七喜公司又突然遭遇到来自经销商的阻力。这些经销商大多数除了经销七喜，另外还经销可口可乐和百事可乐以及它们的姊妹产品。当公司于 1968 年 2 月在芝加哥的经销商大会提出"非可乐"的行销概念时，很多"双面经销商"当即表示强烈抗议，提出了一系列反对的意见，——他们担心这样做会影响到他们的可乐生意。

尽管遇到巨大阻力，七喜公司仍决定坚持推行新战略。让他们颇感欣慰的是，消费者的反应相当好。第一轮"非可乐"广告过去后，在人们的心目中留下了这样的印象："清新，干净，爽快，不会太甜腻，不会留下怪味道，可乐有的，它全有，而且还比可乐多一些。七喜，非可乐。独一无二的非可乐。"

广告的推出恰逢其时。20 世纪 60 年代的美国，不管是在政治上、观念上还是社会问题上，人们都大做"we（我们）"对抗"they（他们）"的文章。所谓"we"代表的是反战、时尚、新潮、进取、不拘一格的年轻一代；而"they"则指的是死板、保守、落伍的群体，是"披头士"歌曲嘲讽的对象。"非可乐"的促销活动正好代表了清凉饮料者的反权威态度。相反，七喜在"非可乐"的广告主题中，把可乐含蓄地定位为"they"，而把自己定位成"we"。这是商界首次采用这种反权威立场进行产品营销。

采取如此大胆的立场，使七喜的销路大增，在一年内就增加了 14%，到 1973 年增加了 50%。这是七喜公司创立以来，知名度首次提高到足以出售附属产品的程度。七喜公司透露，它共卖出 6 万个"非可乐"台灯、2 000 万个倒转过来的"非可乐"玻璃杯，购买这些附属产品的全是 20 岁上下的年轻人。

广告攻势的成功，促使七喜决心保护"非可乐"这个名称。可口可乐连续 4 年诉请法院禁止七喜使用这个名称，但都未成功。1974 年 6 月 20 日，原本只是行销策略口号的"非可乐"终于取得商标地位。两年后，七喜庆祝美国独立 200 周年，在其货运卡车上漆上"非可乐向非英国两百年致敬"。

不久，全美掀起一股热潮，年轻的母亲们担心咖啡因对他们子女会有不良影响，因而采取行动反对含有咖啡因的饮料。几家可乐公司都推出了不含咖啡因的产品，而七喜公司则很自豪地在广告中强调，它的饮料从未含有过咖啡因，它的广告词又变成——"从来没有，永远也不会有"。

思考：七喜成功的秘诀。

案例 3

AK-47 男人鸡尾酒

环顾当今酒业市场，白酒销量缩小，红酒僧多粥少，啤酒则在 2015 年出现了十多年来的首次销量下滑，由此，鸡尾酒的崛起代表了一种时代的全新需求。在崇尚体验感为王的时代，预调鸡尾酒饮品必须要从烈酒加香精加果汁的简单勾兑转变为高品质的专业产品，就需要找到差异化的品牌定位与个性化的产品价值。2016 年 3 月 24 日至 25 日，在全国最具影响力的春季全国糖酒会上，青岛道格拉斯洋酒有限公司为酒业界带来了一匹全新"黑马"—— AK-47 男人鸡尾酒，以其不可取代的差异化和竞争力优势，在男性消费者占约 60% 的预调鸡尾酒市场一鸣惊人。AK-47 男人鸡尾酒把握了男性消费者的三大诉求：酒精度高、口感阳刚、包装硬朗，并推广个性化的生活方式，其基因中的"潮范儿"将是新生代男人的最佳诠释。

纵观整个行业，一个全新的酒类消费细分时代正在到来，AK-47 男人鸡尾酒看到了这种消费的变化，这是一种深刻而必然的趋势。AK-47 男人鸡尾酒的诞生源于青岛道格拉斯洋酒有限公司对行业的思考，它脱离了一味的模仿，将鸡尾酒市场根据不同的性别需求再加以细分，核心目标针对 18~25 岁年龄的新生代男性，开创了男人鸡尾酒这一全新品类，这在酒业界是具有前瞻性的举措。

近几年在中国市场，酒类消费群体结构出现一定迁移：依靠高端政商人群的时代已经过去，大众平民阶层将是主流消费群体。据统计，从 2013 年至今，预调鸡尾酒进入快速增长期，品类迅速爆发，从 10 亿增长至 2015 年的 50 亿 ~60 亿，未来五年持续快速增长，有机会超过 200 亿的规模。在啤酒市场趋于饱和的当下，时尚、即饮、价格亲民的预调鸡尾酒将切开部分市场份额，吸引更多年轻消费者。

预调鸡尾酒行业的巨大发展前景已经引起众多业内公司的高度重视。随着需求和市场的逐渐扩大，中国预调鸡尾酒市场也显现出更深层的商机：首先品牌间竞争单一，目前市场上占主要份额的品牌只有寥寥几家，行业的健康发展急需注入新鲜的血液；其次不同品牌之间同质化严重，无论是几大品牌还是其他新生军，产品的市场定位及营销手段都极其相似，尤其侧重女性消费群体。

在这样的现状下，行业稍显单调。只有更多和更高水平的企业继续加入，才能打造更大更健康的市场，使预调鸡尾酒行业规模增长一个数量级，同时也给消费者更多的选择。由业内公认的曾屡获殊荣的"中国洋酒第一品牌"青岛道格拉斯酒业集团，继 AK-47 伏特加之后，研发创新的又一杰出产品 AK-47 男人鸡尾酒就在这样的市场召唤下横空出世了—— 前期宣传造势的铺垫，加上本届糖酒会的优异表现，使得业内人士称 AK-47 男人鸡尾酒为一匹"来势汹汹的预调鸡尾酒黑马"。

男人对品质鸡尾酒的诉求：高酒精度、低糖度口感，硬朗的包装

AK-47 男人鸡尾酒的研发和调配，重新定义了鸡尾酒行业"苛刻品质"的标准，是全面超越市场上入门级鸡尾酒的新一代产品。道格拉斯酒业与拥有 150 年历史的全球顶级口味解决供应商—— 德乐集团合作，致力于让消费者享受到最为新鲜优质的鸡尾酒味道。此外，AK-47 男人鸡尾酒的生产设备全线进口，所有关键设备均处在世界领先水平，每一

瓶鸡尾酒均可以追溯到使用的原材料和包装的批次,确保其高品质出品。

AK-47 男人鸡尾酒由五种专业洋酒作为基酒搭配调制而成,具有 5% 和 8% 两种酒精度,高于市场中 3%~3.5% 的预调鸡尾酒产品;行业首创 0 色素添加的透明色,健康的同时兼具男人气质。

区别于市场上普遍口感偏甜的预调鸡尾酒, AK-47 男人鸡尾酒的含糖量仅为可乐的 1/ 2。所有鸡尾酒的原材料都为天然有机,每一滴果汁都直接取自有机农场,口味方面除了青柠、西柚、黑加仑、椰子等多种水果味选择,更邀请圣地亚哥的著名调酒师 Guillermo 独创烟熏风味鸡尾酒,迎合了男性的偏好。除此之外,还特地甄选牙买加顶级咖啡豆,经过高科技研磨工艺独创咖啡风味鸡尾酒,为饮用者带来与众不同的新鲜体验。

AK-47 男人鸡尾酒特邀国际顶级包装设计公司 Bravis 精心创作,从 57 款设计中精选了黑色包装以突显男人的潮范;瓶颈和瓶身连接处近 90° 的线条,寓意着男人的肩膀安全可靠;同时,简约酷黑的瓶身,更符合年轻男性都市时尚的审美眼光与时尚品位。

思考:如何在市场中找到定位点?

【营销实践小项目】

1. 作为某一美发连锁企业的营销顾问,企业要求你对儿童这一潜在的目标细分市场进行评估。请根据成功市场细分的标准为你的客户撰写备忘录,讨论你对儿童市场的评估结果。

2. 3~5 名同学组成一个小组,为一个新产品提出创意。描述你要定位的细分市场,并解释你选择该定位策略的原因。

3. 选择一种产品(例如小型运货车),至少列出三种不同的品牌,并指出它们各自的定位战略。每一种定位是怎么传达给目标市场消费者的?

第8章　产品策略

【知识目标】

1. 掌握产品整体概念及主要层次。
2. 理解产品组合策略。
3. 了解产品生命周期各阶段的策略。
4. 熟悉产品品牌与包装策略。
5. 了解新产品开发及对企业的意义。

【技能目标】

1. 能利用产品整体概念进行企业营销案例分析。
2. 能根据产品生命周期理论分析产品以及市场需求状况。
3. 能运用产品策略的知识解决企业营销问题。
4. 能选择适合的产品品牌及包装策略。

【导入案例】

不仅仅是香水

每年,美国露华浓公司都要销售价值10多亿美元的化妆品、护肤品和香品给全世界的消费者。公司各种成功的香水产品使露华浓在40亿美元香品市场中的大众价格细分市场上位居第一。从某种意义上说,露华浓的香水只不过是很好闻的油和化学品的精心混合物。但是露华浓知道出售香水永远不只是出售香水本身,它出售的是芳香的气味给使用香水的女人带来的魅力。

当然,香水的香味决定了它的成功或失败。香水营销商一致同意:“没有香味就没有销路。”许多新的香型都是由“制香专家”在精选的“芳香屋”中研制出来的。尽管180美元一盎司的香水可能其生产成本只需10美元,但是对香水消费者来说,这可不仅仅是只值10美元的配料和好闻的香味。配料和香味以外的许多因素增加了香水的魅力。

事实上,在露华浓设计一种新香水时,香味或许是最后开发的部分。露华浓首先调查女人不断变化的价值观、理想和生活方式相适应的新香水概念。当露华浓找到一种有前途的新概念之后,就创造和命名某种香味使其与该构思相一致。露华浓在20世纪70年代初的调查表明,当时的女人比男人更具竞争力,她们在努力寻求个性。针对这些70年代的新女性,露华浓开发了“查利”(Charlie)——首种“生活方式”香水,成千上万的女人把查利当作是勇敢的独立宣言,因此它很快成为世界最畅销的香水。现在,女人正渴望体现一种女人味。因此,露华浓微妙地改变了一下查利的市场定位:该香水仍然是“独立生活方式”的宣言,但同时又加上了一点“女人味和浪漫”的情形。露华浓研制了一种针对80年代女人的香水:琼秀

(Jontue)。该香水的市场定位以浪漫为主题。露华浓继续精心改进查利的市场定位,通过不断调整但又很精妙的市场重新定位,目前,查利仍然是大众市场的最畅销香水。

香水的名字是产品的重要特征之一,露华浓利用名字,如查利、莺尾琼秀(Fleur de Jontue)、西亚拉(Ciara)和永难忘怀(Unforgettable)等来塑造能够支持每种香水市场定位的形象。公司推出的香水产品中有一款叫“雅奇”(Ajee),意思是“女人的力量”,针对美国黑人妇女市场。这些名字都说明,香水带给你的不仅仅是好闻的香气。在确定了香水名字和市场定位之后,公司才选择一种与该名字和定位匹配的香味。露华浓还必须仔细地包装香水。对消费者来说,瓶子和包装是香水及其形象的最真实象征。香水瓶应该感觉舒服,容易使用,放在商店里展示时能给人以深刻印象。但最重要的是,它们必须支持香水概念和形象。

因此,当一位女人购买香水的时候,她买的远远不只是一些芳香的液体。香水的形象、允诺、香味、名字和包装,以及它的制造公司和销售商店,所有这些都已成为整个香水产品的一部分。当露华浓出售香水的时候,它出售的不仅仅是一种有形的产品,它同时也在出售香水所代表的生活方式、自我表现和别具一格:成就、成功和地位;温柔、浪漫、激情和幻想;回忆、希望和梦想。

产品是企业最重要的市场营销要素,是制定其他营销策略(价格策略、分销策略、促销策略)的基础。企业在制定营销组合策略时,首先必须决定发展什么样的产品来满足目标市场需求。因此,产品的好坏决定着市场营销活动的成败。每一个企业都应致力于提供满足市场需要的产品,提高产品的竞争力,以取得更好的经济效益。

8.1 产品

8.1.1 产品整体概念

传统的产品观念认为,产品是具有某种物质形状、能提供某种用途的物质实体。现代市场营销学认为,产品是指能提供给市场,用于满足人们某种欲望和需要的任何事物,包括实物、服务、场所、组织、思想和理念等。

1. 产品整体概念的层次

菲利普•科特勒将产品分为五个层次(图 8-1):核心产品、基本产品、期望产品、附加产品和潜在产品。

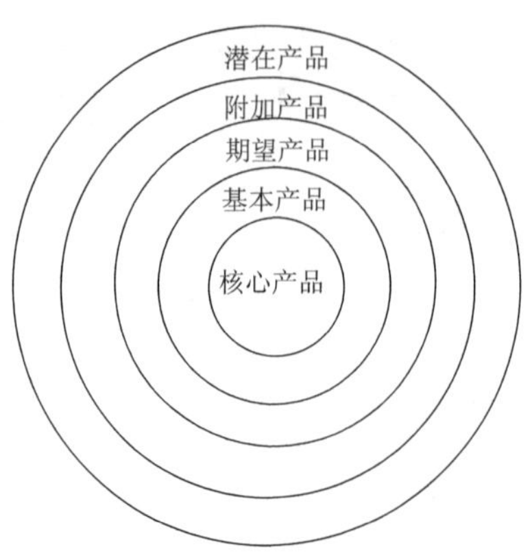

图 8-1　产品整体概念层次图

（1）核心产品。产品的第一个层次是核心产品，也叫实质产品，是指消费者购买某种产品时所追求的基本效用或利益，是顾客真正要购买的东西，在产品整体概念中也是最基本、最主要的部分。从根本上说，每一种产品实质上都是为顾客解决问题而提供的。顾客之所以愿意支付一定的货币来购买产品，首先就在于产品的基本效用，拥有它能够从中获得某种需求或利益的满足。比如，在旅馆，夜宿顾客真正要购买的是"休息和睡眠"。因此，企业营销人员向顾客销售的任何产品都必须具有反映顾客核心需求的基本效用或利益。

（2）基本产品。产品的第二个层次是基本产品，也称为形式产品，是指产品的基本形式，是核心利益的存在形式和载体。产品的基本效用必须通过特定形式才能实现，市场营销人员应努力寻求更加完善的外在形式以满足顾客的需要，这些形式包括品牌、品质、包装、式样、造型、特色等。比如，一个旅馆的房间应包括床、浴室、毛巾、桌子、衣橱、卫生间等。形式产品是顾客决定购买某类产品的重要依据。因此，企业进行产品设计时，也要重视如何以独特形式将这种利益呈现给目标顾客。

（3）期望产品。期望产品是指消费者购买产品时期望的一组产品及其属性或者条件。对一个产品来说，其期望产品的形式是多种多样的。酒店的顾客期望有一张干净的床、新的毛巾以及安静的住宿环境。

（4）附加产品。附加产品，也叫延伸产品，是指顾客购买形式产品时所能得到的附加服务和附加利益的总和，包括保证、咨询、送货、安装、维修等，它能够给顾客带来更多的利益和更大的满足。比如，旅馆能增加它的产品，包括电视机、网络接入、迅速入住、结账快速和良好的房间服务等。随着科学技术的日新月异以及企业生产和管理水平的提高，不同企业提供的同类产品在实质和形式产品层次上越来越接近，而附加产品在企业市场营销中的重要性日益突出，逐步成为决定企业竞争能力的关键因素。

（5）潜在产品。潜在产品是指产品所有可能在未来产生的增加和转换的方面。比如，计算机最初是为了满足一些人计算的需要，但是随着技术的进步、社会的发展，计算机的功能越来越广泛，能够满足消费者从计算到购物、娱乐等的众多需要。

2. 产品整体概念的意义

产品整体概念十分清晰地体现了以顾客为中心的现代营销观念，是对市场经济条件下产品概念的完整、系统、科学的表述，它对于企业的市场营销活动具有重要意义。

首先，产品整体概念以顾客基本利益为核心，以消费者的各种需求为导向，指导着企业的市场营销活动。消费者追求的基本利益包括功能和非功能两方面，这两方面往往交织在一起，并且非功能需求所占的比重越来越大。产品整体概念明确地向产品的生产经营者提出，要竭尽全力通过提供整体产品去满足消费者的一切功能和非功能的需求。

其次，产品整体概念能够拓展新产品和创造特色产品。产品同质化现象日益严重，企业要在激烈的市场竞争中取胜，就必须致力于开发新产品和创造自身产品的特色。改变产品整体概念中的五个层次中的任何部分，都会在顾客心目中形成不同的产品形象，企业可以利用这一特征进行产品局部的改变，增加新产品。同时，产品特色表现在设计风格、品牌、包装、文化等因素上，在产品整体概念的五个层次，企业都可以形成自己的特色，与竞争产品区分开来。

最后，只有通过产品五个层次的最佳组合，才能确立产品的市场定位。随着科技的快速发展，消费者对切身利益更加关注，企业的产品要以独特的形式出现越来越困难，消费者也越来越多地以产品的整体效果来确定自己喜爱和满意的产品。因此，企业的产品能以消费者易觉察的形式来体现消费者购物选择时所关心的因素，越能获得好的产品形象，从而提升企业的市场地位。

8.1.2 产品分类

产品按照购买者的购买意图可以分为两大类：一类是为满足自己及家庭的需要而购买的产品，称为消费品；另一类是以营业或生产为目的而购买的产品，称为产业用品。本书主要讲述消费品的分类。按照不同的方法，产品可以划分为许多种类型。

1. 按消费者购买习惯的不同

（1）便利品。便利品是指消费者购买频率高且单位价值低的消费品，消费者在购买时希望随时方便地购买，不愿意过多地比较和搜寻，如饮料、肥皂等。考察便利品时应注意两个问题：一是便利品多为消费者日常生活必需品，因此，经营便利品的渠道一般都是分散设置在居民住宅区、交通要道的店铺或公共区域，方便消费者随时随地购买；二是消费者在购买便利品之前，对便利品的品牌、价格、质量和出售地点等都很熟悉，所以对大多数便利品只花较少的时间与精力去购买。

（2）选购品。选购品是指消费者在做出购买决定前需要认真了解、比较和搜寻的消费品，如服装、家用电器等。选购品挑选性强、耐用程度较高，不需要经常购买，所以消费者有必要和可能花较多的时间及精力去多家商店物色合适的物品。

（3）特殊品。特殊品是指具有鲜明特征和品牌标记的产品。对这类产品，有相当多的消费者一般都愿意多花时间和精力去购买这类消费品，如汽车、奢侈品、男士西服等。消费者在购买前要对该特殊品的特点、品牌等有充分认识，这一点同便利品相似，但是，消费者只愿意购买特定品牌的某种产品，而不愿意购买其他品牌的某种特殊品，这又与便利品不同。

（4）非渴求品。非渴求品是指顾客不知道或者虽然知道却没有兴趣购买的物品，如墓地、人寿保险、百科全书等。非渴求品需要广告和人员推销的支持，营销人员需要付出更多的努力吸引潜在顾客，扩大销售。

2. 按照消费品使用时间长短

（1）耐用品。耐用品使用时间长，且价值较高或体积较大。消费者在购买此类产品时，比较重视产品的质量、品牌和服务，企业在营销时需要提高产品的质量、提供更多的服务和附加利益，同时选择有一定声誉的终端。

（2）非耐用品。非耐用品是一次性消耗掉或使用时间很短的消费品。消费者需要经常购买且希望能方便及时地购买到，企业应在人群集中、交通方便的地方设置零售网点。

（3）服务。服务是非物质实体产品，是为出售而提供的活动、体验或利益。服务的特点是无形的、易变的和不可存储，服务的营销需要更多的口碑宣传和信用保证。

3. 按产品之间的销售关系

（1）独立产品。独立产品即产品的销售和其他产品销售没有直接关联的关系，如电视机与冰箱。

（2）互补产品。互补产品即产品与相关产品的销售相互依存、相互补充，一种产品销售的增加或减少，就会引起相关产品销售的增加或减少，如打印机和墨盒。

（3）替代产品。替代产品即两种产品之间的销售关系存在着此消彼长的关系，也就是说，一种产品销售量的增加会减少另外一种产品的销售量，如猪肉和牛肉。

营销新视野：全面质量管理（Total Quality Management，TQM）

第二次世界大战后，当德国和日本的经济最终复苏并威胁到美国时，美国全国广播公司向美国大众公布了一部以质量为标题的纪录片《如果日本能够做到，为什么我们做不到?》，同时也向美国的首席执行官们披露了美国产品质量差的情况。由此拉开了美国工业的全面质量管理革命的序幕。

TQM 是一种商业哲学，它要求企业努力发展、维护和持续不断地改进公司运营的各个方面。实际上，许多世界知名的成功企业，像波音和可口可乐这些行业巨头们都赞成全面把控质量。

产品质量是市场营销能够给顾客带来价值的途径之一。不过，比起单纯强调产品质量，TQM 更多的是深谋远虑和有效的经营模式。TQM 企业在员工中推广人人皆为顾客服务的观念——即便是那些从来没有和企业以外的人打过交道的员工。在这种情况下，员工的顾客就是内部顾客——与他们互动的其他员工。如此一来，TQM 试图在不考虑员工职能的情况下，通过带动全部员工来共同致力于不断提高质量。例如，TQM 公司鼓励所有员工，即便是那些收入最低的工厂工人，都为改进产品建言献策，然后奖励那些提出好想法的员工。

8.2 产品组合策略

8.2.1 产品组合概念

1. 产品组合

产品组合(product mix),也称为产品品种搭配(product assortment),是一个企业生产或经营的各种产品线及其产品品种、规格的组合或相互搭配。它反映了一个企业提供给市场的全部产品项目和产品线系列构成,也是企业的生产经营范围和产品结构。产品组合通常由产品线和产品项目构成。

2. 产品线

产品线是产品组合中的一大类,是指能够满足同类需要,在功能、使用和销售等方面具有类似性的一组产品,产品线内一般有许多不同的产品项目。

3. 产品项目

产品项目是指产品线内不同品种以及同一品种内不同的品牌。在企业名录中列出的每一种产品就是一个产品项目。

8.2.2 产品组合的宽度、长度、深度和相关性

产品组合有四个衡量变量:宽度、长度、深度和相关性。以宝洁公司生产的消费品为例,这些概念如表 8-1 所示。

表 8-1 宝洁公司的产品组合宽度和产品线长度

	产品组合的宽度								
产品线长度	洗发护发用品	个人清洁用品	护肤用品	妇女保健用品	口腔护理用品	织物、家居护理产品	婴儿护理产品	食品饮料	纸巾
	飘柔、潘婷、海飞丝、沙宣、伊卡璐	舒肤佳香皂、舒肤佳沐浴露、玉兰油沐浴露、激爽香皂、激爽沐浴露	玉兰油护肤系列、SK-Ⅱ	护舒宝卫生巾	佳洁士牙刷、佳洁士牙膏	碧浪洗衣粉、汰渍洗衣粉	帮宝适纸尿片	品客薯片	得宝纸巾

1. 产品组合的宽度

产品组合的宽度是指产品组合中包含的产品线数目,产品线越多,产品组合宽度就越宽,否则就越窄。表 8-1 表明,宝洁公司产品组合的宽度是 9 条产品线。

2. 产品组合的长度

产品组合的长度是指产品组合中所包含的产品项目的总数。以产品项目总数除以产品线数目即可得到产品线的平均长度。表 8-1 表明,产品组合的长度为 20,平均长度为 2.22。

3. 产品组合的深度

产品组合的深度是指每一品牌不同花色、规格、质量的产品数目。比如，佳洁士牌牙膏有 3 种规格和两种配方（普通味和薄荷味），佳洁士牙膏的深度就是 6。一般来说，加深产品组合的深度，可以占领更多的细分市场，满足更广泛的市场需求。

4. 产品组合的相关性

产品组合的相关性是指各个产品线在最终用途、生产技术、分销渠道和其他方面的关联性程度。产品组合的相近程度大，其相关性也就大；相反，产品组合的相近程度小，其相关性也小。如海尔公司的电冰箱、空调、洗衣机等，均属于家用电器，其相关性较大。五粮液公司的白酒和汽车配件，其相关性较小。

8.2.3 产品组合调整策略

企业为了使产品组合保持动态最优化，应当根据市场竞争状况、销售和利润的变动情况进行适时调整。产品组合调整策略有以下三种。

1. 扩大产品组合策略

一般来说，扩大产品组合可使企业充分利用人、财、物资源，分散风险，增强竞争能力。扩大产品组合包括两方面：一是增加产品线，扩大经营范围；二是增加现有产品线的深度，即在现有产品线内增加新产品项目。

（1）产品线扩展策略。产品线扩展是指企业把产品线延长。促使产品线延长的因素有很多，包括：企业生产能力过剩，推销人员和分销商希望以更全面的产品线去满足顾客的需求，企业希望开拓新市场而谋求更高的销售量和利润等。产品线扩展策略有三种形式。

①向上扩展，是指企业定位于低档市场的产品线中增加高档产品项目。如大众汽车在“大众”品牌下开发的“大众辉腾”。采用这种策略，可以让企业进入利润更高的高端市场，同时增强低端市场消费者的信心，向市场证明企业的技术和品牌实力。采用这一策略也要承担一定的风险，要改变产品在顾客心目中的地位是相当困难的，处理不慎，还会影响原有产品的市场声誉，并且企业的销售代理商和经销商可能没有能力经营高档产品。

②向下扩展，是指企业在高档产品线中增加中低档产品项目。如通用企业在中国市场的中高端定位的品牌是“别克”，推出价格比较便宜的“别克凯越”。实行这一决策，主要是利用高档名牌产品的声誉，吸引购买力水平较低的顾客慕名购买此产品线中的廉价产品，扩大中低档产品的市场份额。这种策略也会给企业带来一定的风险，如果处理不当，低档产品会对企业原有的高端产品的市场形象和声誉造成不利的影响。

③双向扩展，即原定位于中档产品市场的企业掌握了市场优势后，向产品线的上下两个方向延伸，一方面增加高档产品，另一方面增加低档产品，扩大市场阵地。成功的双向扩展战略可使企业成为某类产品市场的领导力量。但是采用这一策略，企业的营销费用和管理费用会相应增加，企业驾驭不同细分市场的难度增加，要求企业具备更强的营销、技术和品牌管理能力。

(2)产品线填补决策。产品线填补策略是在现有产品线的范围内增加一些产品项目，以强化产品线的策略。通过填补产品线，扩大经营增加利润，满足消费者的差异化需求，防止竞争对手乘虚而入，充分利用过剩的产能等。但是采用这一策略，要合理调配企业的各种资源，防止企业新旧产品之间的过度竞争，要根据实际存在的差异需求来增加产品项目，以使消费者能明显感觉到其产品线内各个产品项目之间的差异。

2. 缩减产品组合

较长、较宽的产品组合会在市场繁荣时为企业带来更多的赢利机会，但是在市场不景气或原料、能源供应紧张时期，或者产品线中有使利润减少并有卖不掉的存货时，企业可以考虑缩减产品线，把更多的资源投入到利润率较高的产品线上，以增加产品的获利能力。

3. 产品线现代化

这一策略强调把现代科学技术应用到生产过程中去。在有些情况下，有的企业虽然产品组合的广度、深度和长度都很合适，但是产品线的生产方式已经落后，并且影响了企业生产和市场营销的效率。这种情况下，就必须实施产品线现代化决策，对现有产品线的技术进行更新或改造。

当企业决定实施产品线现代化决策时，有两种方法可供选择：一是逐步实现，二是以最快速度、用全新设备更换原有的产品线。选择逐步实现的方式可以节省资金，但也容易被竞争者发现和模仿；而快速时间线产品线现代化决策，需在较短的时间内投入大量的资金，但可以快速产生市场效果，并对竞争者形成威胁。

案例 8-1

宝马（BMW）

在4年时间里，宝马从1个品牌、5种车型的汽车制造商转变为3个品牌、10种车型的汽车业佼佼者。宝马不仅用MINI Cooper品牌和其小型1系车型向下扩展了产品空间，还用劳斯莱斯（Rolls-Royce）向上扩充了产品线，填补了X3和X5高性能运动型多功能车、Z3和Z4跑车和6系轿车之间的市场空隙。公司成功地使用产品线填补，提高了其对富有者、超级富有者和追求富有者的人的吸引力。

资料来源：菲利普·科特勒，凯文·莱恩·凯勒. 营销管理[M].13版. 王永贵，于洪彦，何佳讯，等，译. 上海：上海人民出版社，2009:385.

8.3 产品生命周期理论

8.3.1 产品生命周期阶段

市场营销学认为，产品是有生命的。任何一种产品在市场上的销售地位和获利能力都处于变化之中，这种变化的规律正像人和其他生物的生命一样。产品生命周期（Product Life Cycle，PLC）是指某种产品从进入市场到被淘汰退出市场的全部运动过程（图8-2）。在产品生命周期的不同阶段，产品的销售额、利润额等都呈现出不同的特点。根据销售额和利润额的变化，典型的产品生命周期一般可分为四个阶段，即导入期、成长期、成熟期和衰退期。

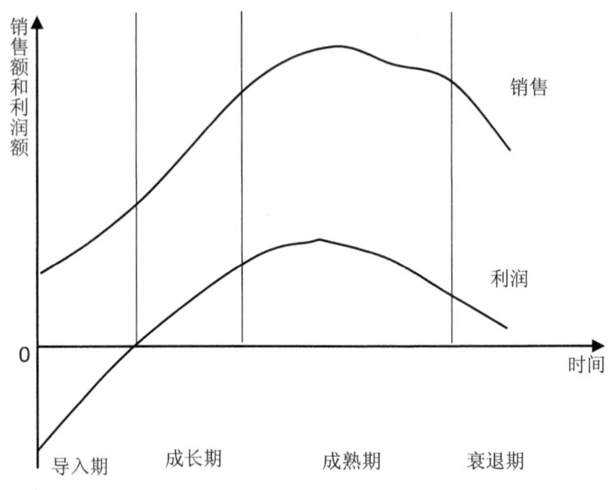

图 8-2　典型的产品生命周期

1. 导入期

导入期，也称为介绍期或引入期，是新产品投入市场的阶段。顾客缺少对产品的认知，只有少数追求新奇的顾客购买，销售量很小。在这一阶段，由于市场及技术方面的原因，不能大批量生产产品，因而成本高，销售额增长缓慢，企业不但得不到利润，反而可能亏损。

2. 成长期

当产品在导入期销售取得成功以后，进入成长期。此时，顾客对产品已经熟悉，大量的新顾客开始购买，市场逐步扩大。产品已具备大批量生产的条件，生产成本相对降低，企业的销售额迅速上升，利润也迅速增长。在这一阶段，竞争者看到有利可图，纷纷进入市场参与竞争，使同类产品供给量增加，需求的迅速增长，使产品价格维持不变或略有下降，市场竞争逐渐加剧。

3. 成熟期

经过成长期后，市场需求趋于饱和，潜在顾客减少，销售额增长缓慢直至转而下降，产品进入成熟期。这个阶段的持续时间一般长于前两个阶段，并给营销管理层带来巨大的挑战。

4. 衰退期

随着科技的发展，新产品或新的替代品出现，将使顾客的消费习惯发生改变，转向其他产品，从而使原来产品的销售额和利润额迅速下降，产品进入衰退期。

8.3.2　产品生命周期的其他形态

产品生命周期基本上对所有产品都适用，但不同的产品类型呈现出不同的产品生命周期形态。下面列出几种产品生命周期曲线的变异情况，如图 8-3 所示。

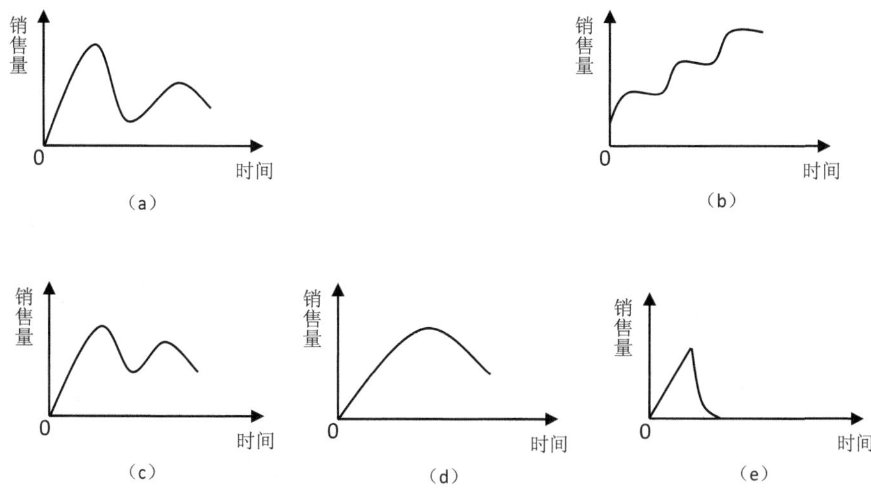

图 8-3　几种常见的产品生命周期变异形态

（a）循环型　（b）扇型　（c）风格型　（d）时尚型　（e）热潮型

1. 循环型

当一种产品进入衰退期，销售量已经出现大幅下滑时，企业为了延长产品的寿命，引入新的技术，增添产品特色，或采用更具吸引力的营销手段，使产品进入一个新的循环周期才（通常规模和持续期都低于第一个周期）。

2. 扇型

扇型是一种常见的产品生命周期变异形态，它基于产品新特征、新用途或用户的不断发现，使得产品的销售量不断呈现波浪式上升。

3. 风格型

风格型是人们活动的某一领域中所出现的一种主要的和独特的表现方式。一种风格一旦形成，会延续很长的时间，在此期间，时而风行，时而衰落。

4. 时尚型

时尚型是在既定的领域里被广为接受的一种风格。

5. 热潮型

热潮型是那些迅速进入公众视线的市场，它们被狂热采用，很快达到高峰，然后又迅速衰退。

8.3.3　产品生命周期各阶段的特征及市场营销策略

1. 导入期的特征及市场营销策略

1）导入期的特征

（1）生产批量小，制造成本高。在导入期阶段，新产品刚开始生产，技术还不够稳定，不能批量生产，产品的次品率较高，市场反应测试、改进费用高，因此，制造成本较高。

（2）营销费用高。在导入期阶段，新产品刚进入市场，消费者对其性能、质量、价格、优点等还不了解，需要企业加大宣传力度，营销费用必然会提高。

（3）销售量较少。新产品刚投入市场，消费者对新产品缺乏认知，只有少数创新采用

者和早期采用者购买产品。因此,销售量较少。

(4)利润低,甚至为负值。在导入期阶段,产品销售量较少,由于投入了大量的新产品开发费用和促销费用,企业几乎无利可图甚至亏损。

2)导入期市场营销策略

在导入期,企业的市场营销策略要突出一个“快”字,使产品尽快进入成长期,市场营销的重点是通过大力促销,缩短市场启动时间。

在产品导入期,根据企业的定价高低和促销广告投入的大小,有四种策略可供选择。如图 8-4 所示。

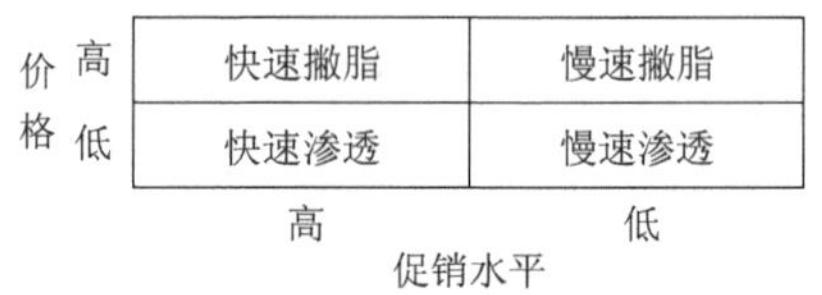

图 8-4　价格—促销矩阵

(1)快速撇脂策略,即以高价格和高促销水平推广新产品。采用高价格是为了在每一单位销售额中尽可能获得更多的利润,高促销费用是为了引起目标市场的注意,加快市场渗透。实施该策略的市场条件是:市场上有较大的需求潜力,目标顾客具有求新心理,急于购买新产品,并愿意为此付出高价,企业面临潜在竞争者的威胁,需尽快树立品牌形象。

(2)慢速撇脂策略,即以高价格低促销费用将新产品推入市场。高价格是为了尽可能多地回收每单位销售额中的利润,低水平促销时为了降低营销费用,二者结合,可以给企业带来更多的利润。实施该策略的市场条件是:市场规模相对较小,竞争威胁不大,市场上大多数用户对该产品没有过多疑虑,适当的高价能为市场所接受。

(3)快速渗透策略,即以低价格和高促销费用推出新产品。目的在于先发制人,以最快的速度打入市场,该策略可以为企业带来最快的市场渗透率和最高的市场占有率。实施这一策略的市场条件是:产品市场容量大,潜在消费者对产品不了解,且对价格十分敏感,潜在竞争比较激烈,产品的单位制造成本可随生产规模和销售量的扩大迅速下降。

(4)慢速渗透策略,即企业以低价格和低促销费用推出新产品。低价是为了刺激市场迅速接受新产品,低促销费用则可以减少费用。实施该策略的市场条件是:市场容量大,潜在消费者对该种新产品已有足够的了解,市场对价格相当敏感,且存在潜在竞争者。

2. 成长期的特征及市场营销策略

1)成长期的特征

成长期是企业批量生产产品和扩大市场销售的时期,是企业产品的黄金时期,其主要特征如下。

(1)消费者对新产品已经熟悉,销售量增长很快。

(2)由于大规模的生产和丰厚的利润,吸引了大批竞争者加入,市场竞争加剧。

(3)由于激烈竞争,市场开始细分,分销店增多,企业建立了比较完善的营销渠道。

(4)产品的技术工艺和关键设备等均比较成熟。

(5)大批量生产使得生产成本下降,市场价格维持不变或略有下降。

2）成长期的市场营销策略

成长期的市场营销策略的重点应放在一个“好”字，即保持良好的产品品质和服务质量，切勿因产品畅销而急功近利，片面追求数量和利润。在成长期，企业可以采用下列营销策略。

（1）改善产品品质。市场竞争日益加剧，产品品质已成为争取消费者、抵御竞争者威胁的关键。为了维持和提高产品的竞争地位，企业应在不断改善产品质量的基础上，通过增加产品功能、更新产品款式和包装等方面与竞争者相区分，满足消费者多样化、层次化的需求，巩固自己的竞争地位。

（2）调整价格。选择适当的时机，适当地降低价格，既可以吸引更多的购买者，又可以阻止竞争对手的进入。

（3）扩展分销渠道。在巩固现有渠道的基础上，拓展和进入新的分销渠道，并加强各渠道之间的联系。

（4）改变促销策略。促销的重点由提高产品知名度转向对消费者的诱导和说服，使其产生购买欲望与购买行为。同时，企业应培育和塑造产品形象和企业形象，使消费者建立起品牌偏好，从而巩固企业的竞争力。

3. 成熟期的特征及市场营销策略

1）成熟期的特征

产品的销售成长率在达到某一点后将放慢步伐，并进入成熟阶段。根据美国著名营销学者菲利普•科特勒的观点，产品成熟期根据其销售量的变化，又可以细分为三个阶段。

（1）成长成熟期：此时期销售渠道基本呈饱和状态，销售额增长缓慢。

（2）稳定成熟期：此时期市场已经饱和，大多数潜在消费者已经试用过该产品，产品销售稳定，如无新购买者则销售增长率停滞或下降，未来的销售受到人口增长的限制。

（3）衰退成熟期：此时期的销售水平显著下降，原有用户的兴趣已开始转向其他产品和替代品。

成熟期的主要特征有：企业生产能力过剩，市场供过于求，产品销售额和利润增长缓慢，逐步达到顶点并开始缓慢下降，并进入一个相对的稳定时期；竞争者数目众多，竞争强度增加，各种品牌和款式的竞争品大量出现；老顾客的重复购买占销售的主要部分，只有少数迟缓购买者进入市场。

2）成熟期市场营销策略

在成熟期，市场营销的重点应放在一个“争”字，即争取稳定市场份额，延长产品市场寿命，以增加或稳定产品的销售。企业可以采取如下的策略。

（1）市场改良策略，即通过开发新市场和推广创新来寻找新用户，以使产品销量得以扩大。

（2）产品改良策略，即通过对产品的质量、性能、特色、式样等进行改良，使顾客对产品产生新鲜感，提高产品的销售。

（3）营销组合改良，即通过改变价格、渠道和促销等方式来延长产品成熟期。如以降价、分期付款、提供信贷等方法来吸引消费者。进行渠道扁平化或增加渠道宽度，调整促销组合，对广告、人员推销、公关和销售促进等策略进行调整。

4. 衰退期的特征及市场营销策略

1）衰退期的特征

当企业销售量的下降速度开始加剧，且利润水平很低时，产品已进入了衰退期。衰退期的主要特征如下。

（1）产品供过于求的矛盾日益突出，企业过去所采用的降低产品价格、增加促销费用等营销策略已基本无效。

（2）因利润单薄甚至无利可图，一些企业陆续退出市场，坚守市场的企业也是惨淡经营。

3）新产品或替代产品相继推出，企业面临的形势更加严峻。

2）衰退期的市场营销策略

在衰退期阶段，企业的营销策略应突出一个“转”字，即有计划、有步骤地转移阵地。企业可以采取的营销策略如下。

（1）维持策略，即继续沿用过去的策略，直到这种产品完全退出市场为止。

（2）集中策略，即把企业的资源集中在最有利的细分市场、最有效的销售渠道和最易销售的品种、款式上。以最有利的市场赢得尽可能多的利润，同时也有利于缩短产品退出市场的时间。

（3）收缩策略，即大幅降低促销水平，尽量降低促销费用，以增加目前的利润。

（4）放弃策略，即做好撤退产品的准备，对于衰退比较迅速的产品，应当机立断，放弃经营。可以采取完全放弃的形式，也可以采取分阶段放弃的形式。

（5）重新定位，通过对新产品的重新定位，为产品寻找新的目标市场和新的用途，使得衰退期的产品再次焕发青春，从而延长产品生命周期或成为一个新的产品。

8.4 品牌策略

8.4.1 品牌

1. 品牌的含义

品牌、商标是商品经济发展的必然产物。由于同一种商品往往由不同的单位、个人生产或经营，商品生产、经营的品种众多，为便于区别，就产生了品牌。

品牌，又称牌号、牌子，通常由文字、符号、图案、颜色等要素的组合构成，用作一个销售集团的标识，以便与竞争者的产品相区别。品牌是一个集合的概念，它是由多种要素组合而成的，为了弄清品牌的概念，必须从以下几方面理解。

（1）产品或服务。产品或服务是企业为满足目标顾客（客户）的需求，而设计生产并向社会提供的物化劳动成果或无形的服务，是品牌物的载体。

（2）产品或服务名称。品牌可以直接用语言表达或称呼的部分，如“海尔”“联想”“长虹”“可口可乐”“奔驰”等。

（3）产品或服务的符号和图案。这是品牌的标记，是品牌中易于识别，但不能直接用语言称呼的部分。如一只鸽子、一头咆哮的狮子等。

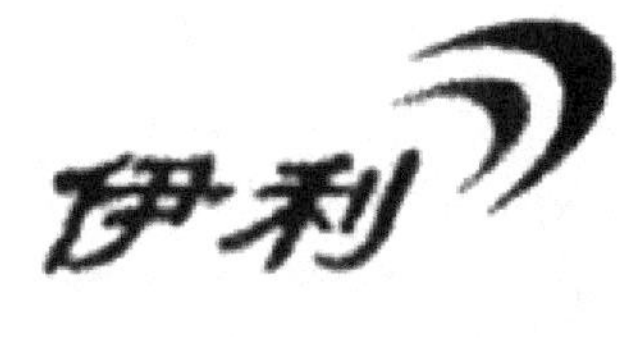

图 8-5 著名品牌标志

（4）商标。企业产品名称的法律界定。商标是经政府有关部门依法定程序注册登记并受法律保护的产品品牌。商标是一个法律术语，经注册登记的商标有“R”标记，或标明“注册商标”字样。

（5）品牌和商标既有联系又有区别。两者共同点在于都用来显示企业产品的特性，区别于其他同类产品。品牌与商标的不同点主要体现在以下几点。

①概念的侧重点不同。品牌是市场概念或管理概念，用来传播企业或产品形象；商标是法律概念，是指受法律保护的品牌或品牌中的某一部分，即经过申请、有关部门审查并批准、受法律保护的品牌。

②管理的重点不同。商标管理的重点在于组成商标的文字、图案、颜色或者其组合的设计和保护；品牌管理的重点在于赋予品牌以形象意义和建立品牌资产，品牌可以说是产品功能属性、情感诉求、商誉和企业形象的综合体现。

③一般来说，商标管理是品牌管理的一个内容。

（6）商号。企业名称，也称字号。有许多企业以家族字号来代表自己的产品品牌，如松下、熊猫、长虹等。许多服务商标也是以企业名称作为品牌使用，如“全聚德”“同仁堂”“迪斯尼乐园”“麦当劳”等。

2. 品牌的作用

美国品牌价值协会主席拉里•莱特说过，拥有市场比拥有工厂更为重要，而拥有市场的唯一途径就是拥有占统治的品牌。在当代，品牌已成为市场竞争的核心内容。品牌的重要性表现以下几点。

1）品牌对生产者的作用

（1）品牌可以提升企业形象，促进产品销售。有效简单的品牌好记好念，便于消费者认识。通过产品的首次尝试，从而被消费者认可，进而产品的品牌也会被消费者熟知。

（2）品牌可以保护所有者权益。如果品牌注册成为商标，就会受到法律保护而具有排他性，从而防止他人冒用。

（3）品牌有利于企业营销活动顺利进行。好的品牌可以帮助企业树立合理的市场定位。同时，企业也可以借助已有的品牌更方便地推出新产品。

（4）品牌作为企业重要的无形资产，比有形资产更有增值能力，可以给企业带来巨大的经济效益和口碑。

2）品牌对消费者的作用

（1）品牌可以方便消费者购买产品。不同品牌可以代表不同厂家的产品属性，便于购买。

（2）品牌有利于维护消费者权益。一旦有了品牌，企业为了强化品牌的市场定位而做出各种努力，不断提高自身的品牌形象，维护自己的信誉，这样消费者在企业品牌管理中获得更好、更稳定的利益。另外，行政部门及其他相关部门也会对企业的品牌实施监督，有效保护消费有权益。

（3）品牌有利于降低消费者购买风险。消费者可以根据自己与他人的购买实践，对于不同品牌做出不同认知与评价，并形成购买偏好，从而大大降低购买的风险。

案例 8-2

72% 的顾客说，为了喜欢的品牌，他们愿意支付比最具竞争力的品牌多 20% 的价格，50% 的顾客愿意多支付 25%，而 40% 的顾客愿意多支付的价格高达 30%。

25% 的顾客表明，如果他们打算购买自己所钟爱的品牌，加价多少并不重要。

大约 70% 的顾客愿意根据品牌来做购买决定，而有 50% 的顾客则完全受品牌驱使。

超过 50% 的顾客相信，知名品牌推出的新产品要比其他不知名品牌推出的新产品更容易获得成功，而且他们也愿意尝试其首选品牌推出的新产品，因为在他们的内心中已经对首选品牌有了认可。

如今，顾客间的互相推荐几乎影响着他们 30% 的购买行为。因此，如果一位顾客对企业的品牌有良好的印象，就可以影响到其他人是否决定购买该企业的产品。

资料来源：约瑟夫　H. 博耶特，杰米　T. 博耶特. 经典营销思想 [M]. 杨悦，译. 北京：机械工业出版社，2004：39-40.

8.4.2　品牌策略

企业的品牌策略，是指企业如何合理地使用品牌，以达到一定的营销目的，企业在进行品牌决策时，一般可以做如下选择，如表 8-2 所示。

表 8-2　品牌策略

品牌策略	类型	说明
品牌化决策	有品牌策略	就是给新产品起名字、设计标志、注册商标
	无品牌策略	特殊情况下，企业可以不使用品牌或注册商标，只注册产地或生产厂家名称，也可使用未经注册的临时商标
品牌归属决策	生产者品牌策略	是指将全部的产品置于生产者品牌之下
	中间商品牌策略	利用中间商的声誉与形象，完善的分销体系，使用中间商的品牌作为企业产品的品牌，为企业在新的市场销售新的产品和服务
	混合品牌策略	部分使用生产者品牌，部分使用中间商品牌
品牌统分决策	统一品牌策略	企业生产的一切产品均使用同一品牌进入市场，让产品具有强烈的识别性，提高企业的声誉和知名度
	个别品牌策略	企业按产品的品种、用途和质量，分别采用不同的品牌，能够区分不同产品和品种，区别质量档次，反映不同的特色，减少企业承担的风险
	多品牌策略	是指企业在同一类产品线上同时使用两个或两个以上相互竞争的品牌
	分类品牌	企业为不同种类的产品或质量不同的产品，设立不同的品牌

品牌扩展策略	企业利用成功的品牌推出新产品或改良产品，可以节省新产品的宣传广告费用，利用消费者对品牌的信任感，使新产品能够顺利地迅速地进入市场

对企业来说，创建品牌是一种极大的挑战，不仅要付出高昂的成本代价，而且要承担经营失败的风险，所以企业需要谨慎考虑该选取何种策略。常用的品牌策略主要有如下几种。

1. 品牌化策略

品牌化策略是指企业首先要决定是否给产品规定品牌名称、设计品牌标志。

对于大部分产品、企业均实施品牌化策略，为其产品确定一个品牌，借以推广到市场。但并非所有企业或产品都需要建立品牌，采用无品牌策略也有很多益处，如可以节约广告和包装费用，价格低廉，增强市场竞争力。通常以下产品不使用品牌：①不因制造商而形成特点的产品，如电力；②临时性或一次性生产的产品；③生产简单、消费者选择性不大的产品，如钉子、纽扣、针线；④原材料或初级加工产品，如木材、沙石等。

案例 8-3

有无品牌商品的比较

20 世纪 70 年代末期，美国的一些超市、连锁店以产品品类名称推出产品。这些无品牌产品的售价一般比制造商品牌低 20%、比中间商品牌低 10%~20%。这些产品对价格敏感型消费者最具吸引力。

散装白酒是我国的一种传统产品，其生产工艺较易掌握，产品同质性较强，所以许多生产白酒的企业都是中小企业，它们大多采用无品牌策略。它们的产品已被广大的消费者所接受，特别是在农村市场上，更加欢迎低价的散装白酒。此外，大企业在快速扩张市场时，也需要委托中小企业生产。

相当于品牌产品来说，无品牌产品虽然在营养成分和功能上并无差别，但其颜色、外观、质量等水准还是稍逊一筹。

无品牌策略显然在一定时期内为企业带来了销售增长，但是随着市场竞争的日益激烈，为迎合消费者的消费倾向，如喜欢到超市买菜和水果，许多无品牌产品开始采用中间商或经销商品牌。

在当今市场下，大部分企业或产品还是采用有品牌策略，因为消费者越来越看重品牌，它给消费者带来的不仅仅是产品，还包括更多的利益和价值。

2. 品牌归属策略

这是指根据品牌的归属不同而决定采用制造商品牌、中间商品牌或制造商与中间商混合使用品牌。

（1）制造商品牌，即以生产者名称或生产者自己的品牌作为产品品牌。这是最为传统的一种做法，至今仍被广泛采用。在制造商具有良好市场声誉、拥有较大市场占有率的条件下，尤其是当制造商的品牌成为名牌后，使用制造商品牌将更为有利。

（2）中间商品牌。即企业决定将其产品大批量卖给中间商，中间商再用自己的品牌将货物转卖出去。中间商在产品与消费者之间起着质量保证和售后服务保证的信誉作用。

中间商使用自己的私人品牌有以下好处：第一，可以更好地控制价格，并且在某种程度上控制制造商；第二，进货成本较低，因而销售价格较低，竞争力较强，可以得到较高利润。因此，越来越多的中间商特别是大批发商、大零售商都使用自己的品牌。

案例 8-4

日本大荣集团的价格优势

日本大荣集团公司的自有品牌商品分为三类：10 000 种优质商品比同类畅销商品便宜 10%~20%，150 种低价商品比一般商品低 15%，另外 40 种商品则比品质相近的品牌低 30%。

（3）制造商与中间商混合使用品牌。一些新产品往往借助知名中间商打开市场，之后再考虑改用制造商品牌，或将两种品牌名称同时打在标签或包装上。企业在进入国际市场时常采用这种方法。

3. 品牌统分策略

品牌，无论其所有权属于生产者，还是属于中间商，对所有产品如何进行命名，是大部分或全部产品都使用同一个品牌，还是各种产品分别使用不同的品牌？企业的决策关乎其品牌运营成败，一般来说，有以下 4 种策略可供选择。

（1）统一品牌策略，企业对所生产的多种产品使用同一品牌。其优点是：企业可以运用多种媒体来集中宣传一个品牌，借助品牌的知名度来显示企业实力，塑造企业形象；不需要为建立新品牌的认知和偏好而花费大量的广告费，有助于新产品进入目标市场。

但是，统一品牌策略也使得消费者容易产生混淆，难以区分产品质量的档次，使得企业很难同时抢占高中低市场。另外，统一品牌容易让人产生“一荣俱荣，一损俱损”的印象，一旦品牌旗下某类产品出现严重质量问题，相关产品容易受到牵连，即所谓的“株连效应”。

案例 8-5

日本公司的统一品牌策略

日本许多著名的公司采用统一品牌策略。雅马哈公司（Yamaha）生产的摩托车、钢琴、电子琴等不同类型的产品均使用“Yamaha”品牌；佳能公司（Cannon）生产的照相机、传真机、复印机、打字机使用“Cannon”品牌。

（2）个别品牌策略，企业对不同产品分别使用不同的品牌名称。优点是：企业不会因某一品牌信誉下降而承担较大的风险；企业为每一新产品寻求最佳的品牌，而不必把高档优质品牌引进较低质量的生产线；每个新的品牌都可以造成新的刺激，建立新信念，有利于企业产品向多个细分市场渗透。其缺点是：产品的促销费用过多，不利于企业创立名牌。

像日本松下公司，其音像制品的品牌是“Panasonic”，家用电器的品牌是“National”；立体音响的品牌则是“Technics”。西尔斯公司将器械产品的品牌名为“肯摩尔”，妇女服装的品牌为“瑞溪”，主要家用设备的品牌为“家艺”。

（3）多品牌策略，企业在同一类产品线上同时使用两个或两个以上相互竞争的品牌。其优点是：在零售的购货架上占用更大的陈列面积，提供几种品牌不同的同类产品，吸引求新好奇的品牌转换者；使产品深入多个不同的细分市场，占领更广大的市场；有助于企业内部多个产品部门之间的竞争，提高效率，增加总销售额。其主要风险在于，不能集中到少数几个获利水平较高的品牌，同时还要协调很多品牌之间的矛盾。

案例 8-6

科龙集团多品牌策略

目前，在广东科龙集团旗下，拥有科龙、容声、华宝、康拜恩等品牌。具体而言，冰箱有科龙、容声、康拜恩等品牌；空调有科龙、华宝、康拜恩等品牌。以冰箱、空调等制冷家电为主业的科龙公司由此形成了一个高、中、低全面覆盖、较有竞争力的品牌阵营。

（4）分类品牌。分类品牌是指企业在分类的基础上对各类产品使用不同的品牌，也就是说将企业的各类产品分别命名，一类产品只使用一个牌子。采用这种策略主要是为了区分不同大类的产品，一个产品大类下的产品再使用统一品牌，以便自己的产品能够在产品领域内树立各自的品牌形象。例如，企业可以将自己生产经营的产品分为工具类产品、妇女服装类产品、主要家庭设备产品等，分别赋予其不同的品牌名称及品牌标志。

4. 品牌扩展策略

品牌扩展亦称品牌延伸，是指企业利用已具有市场影响力的成功品牌来推出改良产品或新产品。例如，百事可乐利用其拥有的品牌知名度推出它的运动休闲服饰系列，以获得一部分消费者的认可。采用品牌扩展策略，可以借助原品牌的知名度，提高新产品的声誉，减少新产品的市场进入费用，同时还可以进一步扩大原品牌的影响和声誉。但是在使用该策略时，应考虑原产品与品牌扩展产品之间是否存在资源、技术等方向的关联性，或者是否具有互补性，否则将难以被消费者接受。只有将品牌扩展策略使用到与其形象、特征相吻合、接近的产品领域，才会有可能成功。品牌名称滥用会失去它在消费者心中的定位。

营销新视野：品牌资产

品牌资产是 20 世纪 80 年代在营销研究和实践领域新出现的一个重要概念。20 世纪 90 年代以后，特别是 Aaker 的著作 *Managing Brand Equity:Capitalizing on the Value of a Brand Name* 于 1991 年出版之后，品牌资产就成为营销研究的热点问题。

品牌资产（Brand Equity）是与品牌、品牌名称和标志相联系，能够增加或减少企业所销售产品或服务价值的一系列资产与负债。它主要包括五个方面，即品牌忠诚度、品牌认知度、品牌感知质量、品牌联想、其他专有资产（如商标、专利、渠道关系等），这些资产通过多种方式向消费者和企业提供价值。

所谓品牌资产就是消费者关于品牌的知识。它是有关品牌的所有营销活动给消费者造成的心理事实。这个定义表明品牌资产具有四个特点。

首先，品牌资产是无形的。

其次，品牌资产是以品牌名字为核心。

再次，品牌资产会影响消费者的行为，包括购买行为以及对营销活动的反应。

最后，品牌资产依附于消费者，而非依附于产品。

8.5 包装策略

包装是商品生产的继续，商品只有经过包装才能进入流通领域，完成销售。商品包装既可以保护商品在流通过程中品质完好和数量完整，还可以增加商品的价值。此外，良好的包装还有利于消费者的挑选和使用。

8.5.1 包装

1. 包装概念与构成

包装是盛放产品的容器或包扎物，是产品整体概念中的重要组成部分，也是产品生产的延续。有一些包装是闻名于世的，如可口可乐的瓶子。许多营销人员把包装（Package）称为第五个P。不过，大多数营销人员还是把包装视为产品策略的一个要素。

产品只有经过包装才能进入流通领域实现交易。包装包括主体包装、中层包装、外包装3个层次。

（1）主体包装，也称基本包装，是产品的直接容器。主体包装在许多情况下是产品使用价值的组成部分，在产品的整个消费过程中，都需要使用，如牙膏的软管、化妆品所使用的小瓶等。

（2）商业包装，也称销售包装、陈列包装。它有两方面的作用：一是保护内包装，使之在营销过程中不会损坏，二是美化产品外观或便于品牌化。因为许多产品的标识物是不能直接安放在产品的实体上的，只能印刷在包装物上。

（3）运输包装，也称工业包装。用于储装较多商品的箱、桶、筐、袋等，主要目的是为了方便储存及运输。

此外，在产品包装上还会印有品牌、标签等。标签一般印有包装内容和产品所包含的主要成分、品牌标志、产品质量等级、生产日期、使用方法，食品、药品等产品还要标明保质有效期，也还会印有彩色图案、照片、产品宣传语等，以促进销售。

2. 包装的作用

随着市场经济的发展和科学技术的进步，包装的方法和技术已演变成一门专门的学科。包装对产品销售的重要性与日俱增，成为企业重要的竞争工具。在现代市场营销活动中，包装的作用主要表现在以下几个方面。

（1）保护产品，便于储运。这是包装最基本的作用。包装的主要目的就是要使产品从生产者到消费者的转移过程中，防止因碰撞、挤压、冲击、震动和硬物擦划以及各种自然因素影响，而遭到残缺、散失、滴漏、挥发、变质、污染及虫蛀等，以保证产品的安全、完整和清洁卫生。同时也为产品的储存、运输、陈列、销售、携带和使用带来方便。因此，除了沙石、煤炭、原木等部分产品受外界影响小而不用包装外，其他绝大多数产品都需要包装来加以保护。

（2）美化产品，促进销售。在现代市场营销中，包装的意义已经远远超出了作为容器或包裹物保护产品的作用，而是成为了产品增光添彩、宣传企业形象、促进和扩大销售的重要因素之一。因为在销售过程中，首先进入消费者视线的往往不是产品本身，而是产品的包装。新颖美观的包装更能引起消费者的注意，因而成为“无声的推销员”。一个优质产品如果没有一个精美的包装相配，就会降低“身价”，削弱竞争能力，企业也就难以提高经济效益。

案例 8-7

包装的作用

英国一家巧克力饼干生产厂在日本销售时，为迎合日本人将饼干作礼品的习惯，采用彩色卡纸礼盒单独包装，价格高出英国3倍左右。

苏州的檀香扇在香港地区市场上的售价原为65元，由于改用锦盒包装，售价提高到165元，销售量大幅度增长。名贵药材人参过去用木箱包装出口，每箱10千克，改用精致小包装后，售价平均提高了30%。

（3）方便使用，指导消费。根据不同消费者的习惯和要求，对不同的产品进行合理包装，能方便消费者使用。同时，对有关产品的成分、性能、用途、功效、用法、用量、注意事项、体积、重量、质量等级、保存方法、生产日期和厂址等，在包装上用文字、图形做介绍说明，能为指导消费者正确地操作和使用带来方便。另外，包装上的条形码是产品的"身份证"，它不仅能方便产品的管理和销售，而且能防止消费者误购假冒伪劣产品。

8.5.2 包装设计的原则

包装要有利于保护和销售产品，要体现出企业的促销思想。因此，包装的设计应符合以下原则。

（1）安全原则。这是包装设计首先要解决的问题。包装材料的选择与包装物的制作必须符合产品的物理、化学、生物性能，以确保产品不损坏、不变质、不变形、不渗漏等。

（2）美观有特色原则。销售包装具有美化产品的作用，因此在设计上要求外形新颖、美观大方，有较强的艺术性、个性。

（3）经济原则。包装应与商品的质量和价值水平相契合，要特别注意防止那种华而不实的经营作风，注意节约，尽量降低包装成本。

（4）要能显示产品的特色和风格。包装上的文字、图案、色彩均应与商品的特色和风格相一致，要考虑到能够直接向消费者展示商品的本身，以便于消费者选购。

（5）要尊重民族风俗习惯和文化背景。不同国家或地区的消费者对图案、色彩有着不同的爱好和习惯，有些甚至截然相反。包装上使用的文字、图案、色彩等，要符合消费者的心理，还要符合民族习惯、宗教信仰、价值观念等。

（6）包装的造型和结构要考虑使用、保管和携带的方便。

（7）符合法律规定。包装必须遵守同家法律法规对于产品包装的要求，避免出现违反法律的包装设计，否则就会给企业带来巨大的损失。

8.5.3 包装策略

一个好的包装，不仅有赖于独特创新的设计，还要使用正确的策略方法，才能有效地促进销售。常用的包装策略主要有以下几种。

1. 类似包装

类似包装，亦称统一包装，是指企业将其所生产的各种产品，在包装上采用相同的图案、标志和色彩或其他共有特征。这种策略的优点是，能使顾客一看到包装便知道是哪个企业的产品，可以壮大企业的声势，扩大影响，促进销售，同时可以节省包装成本。但这种策略一般只适用于质量水平大致相当的产品，如果企业的各种产品品质过于悬殊，将会影响优质产品的声誉。

2. 组合包装

组合包装，亦称多种包装，是指按人们消费的习惯，将多种有关联的产品组合装置在同一包装物中。这种策略有利于顾客配套购买，方便使用，满足消费者的多种需要，也有利于企业扩大销售。如果新旧产品包装在一起，还可以以旧带新，减少新产品的推广费用，但不能把毫不相干的产品搭配在一起，更不能乘机搭售积压或变质产品，坑害消费者。

3. 再使用包装

再使用包装，亦称双重用途包装，是指原包装内的商品用完后，包装物还能移作其他用途。这种策略能引起顾客的购买兴趣，有的顾客甚至只因为喜欢包装物质而产生购买行为。同时，用作其他用途的包装物还可起到广告宣传的作用。但这种包装成本较高，具体采用时需权衡利弊，防止本末倒置。

4. 附赠品包装

附赠品包装是指在包装物内附赠礼品或奖券。这种策略是利用顾客好奇和获取额外利益的心理，吸引其购买和重复购买，以扩大销量。对儿童用品、玩具及食品等较为适宜。

5. 等级包装

等级包装策略指企业把所有产品按品种和等级的不同采用不同等级的包装，例如分为精品包装和普通包装。这种策略的优点是：能突出商品的特点，与商品的质量和价值协调一致，并满足了不同购买水平的消费者的需求，但增加了设计成本。

6. 改变包装

改变包装，是指企业随着产品的更新和市场的变化，相应地改变包装设计，采用新式包装。包装与产品本身一样，也需不断创新。在消费者眼中，不同的包装意味着不同的产品，更新包装可以起到促销的作用。因此，当一种包装形式使用时间过久或产品质量与竞争对手相近而销路不畅时，可以考虑改变包装。但在改变包装的同时，也应注意产品内在质量的提高。另外，轻易改变顾客习惯识别的优质名牌产品的包装，会对企业带来不利影响，故需慎重抉择。

案例 8-8

包装的价值

榨菜原产于四川，大坛装运，获利甚微；上海人买入，改为中坛，获利见涨；香港人买入，小坛出售，获利倍之；日本人买之，破坛，切丝，苯铝箔小袋，获利又倍之，与四川大坛榨菜相比较，获利翻番又翻番矣。

8.6 新产品开发

8.6.1 新产品的概念及分类

什么是新产品，从不同的角度去理解，可以得出不同的概念。市场营销学中所说的新产品可以从市场和企业两个角度来认识。对市场而言，第一次出现的产品是新产品；对企业而言，第一次生产销售的产品也是新产品。所以市场营销学中所讲的新产品同科学技术发展意义上的新产品是不相同的。市场营销学上新产品的概念是指凡是消费者认为是新的、能从中获得新的满足的、可以接受的产品都属于新产品。

新产品从不同角度或按照不同的标准有多种分类方法。常见的分类方法有以下几种。

1. 从市场角度和技术角度分类

从市场角度和技术角度可将新产品分为市场型新产品和技术型新产品两类。

（1）市场型新产品是指产品实体的主体和本质没有什么变化，只改变了色泽、形状、设计装潢等的产品，不需要使用新的技术。其中也包括因营销手段和要求的变化而引起消费者“新”的感觉的流行产品。如某种酒瓶由圆形改为方形或其他异型，它们刚出现也被认为是市场型的新产品。

（2）技术型新产品是指由于科学技术的进步和工程技术的突破而产生的新产品。不论是功能还是质量，它与原有的类似功能的产品相比都有了较大的变化。如不断翻新的手机或电视机，都属于技术型的新产品。

2. 按新产品新颖程度分类

按新产品新颖程度，可分为全新新产品、换代新产品、改进新产品、仿制新产品和新牌子产品。

（1）全新新产品指采用新原理、新材料及新技术制造出来的前所未有的产品。全新新产品是应用科学技术新成果的产物，它往往代表科学技术发展史上的一个新突破。它的出现，从研制到大批量生产，往往需要耗费大量的人力、物力和财力，这不是一般企业所能胜任的。因此它是企业在竞争中取胜的有力武器。如 20 世纪 40 年代的电脑、60 年代的复印机、90 年代的 DVD 等发明。

（2）换代新产品是指在原有产品的基础上，部分采用新技术而开发和制造出来的具有新用途、满足新需要的产品。如在收音机的基础上采用录音技术开发成收录两用机；在黑白电视机的基础上采用彩色显像技术开发的彩色电视机。换代新产品使原有产品发生了部分质的变化。这种新产品的研发相对于全新产品在研发的时间上要短，费用要少。第一、第二种新产品开发方式只占 10% 左右。

（3）改进新产品指在材料、构造、性能和包装等某一个方面或几个方面，对市场上现有产品进行改进，以提高质量或实现多样化，满足不同消费者需求的产品。它的开发难度不大，也是企业产品发展经常采用的形式。如在洗衣粉中推出加酶型或加香型产品；电熨斗加上蒸汽喷雾；电风扇改成遥控开关。 它占新产品的 26% 左右，相比前两种新产品开发方式，是企业较为适合采用的方式。

（4）仿制新产品指对市场上已有的新产品在局部进行改进和创新，但保持基本原理和结构不变而仿制出来的产品。发展中国家对发达国家已经投入市场的产品的仿制，有利于填补国家生产空白，提高企业的技术水平。在生产仿制新产品时，一定要注意知识产权的保护问题。如上海大众在 20 世纪 80 年代引进德国大众公司的“桑塔纳”车型。模仿型新产品占新产品的 20% 左右。

（5）新牌子产品指在对产品实体微调的基础上改换产品的品牌和包装，带给消费者新的消费利益，使消费者得到新的满足的产品。

新产品还可以从其他角度，运用其他标准进行分类，我国理论界大多数是从市场角度和技术角度对新产品进行分类的。

案例 8-9

Walkman

在 Walkman 问世之前，人们只能在家里或在汽车中用立体声录音机欣赏音乐。而事实上，磁带式播放器并非是索尼的专利。世界上第一台磁带播放器出现在 1963 年，当时是荷兰的飞利浦公司为秘书和记者研发了这一产品。

随后，索尼照葫芦画瓢，在 1978 年推出了一台名为 TC-D5 的机器，尽管易于操作，音质也不错，但它太沉了，而且竟然要卖到 1 000 美元左右。

索尼公司的创始人之一井深大无法忍受这个缺陷。“我又要出差了，但是我不打算再使用笨重的 TC-D5，可不可以在 Pressman 上放入立体声电路?” 1978 的某一天，索尼公司的名誉会长井深大对副社长贺说的一句话被贺传达给了录放机事业部长曾根幸三，而贺万万没有料到，正是这句无意间说出的话，在几十年后的今天，竟然改变了全世界人对待音乐的看法。

第一款索尼磁带随身听在 1979 年 7 月 1 日问世。当时索尼给它取了一个并不响亮的名字，叫作 TPS-L2。和我们现在所想象的不一样，这个银白相间的小家伙并不是一上市就大受欢迎，正好相反，一开始大多数人对这个没有录音功能的磁带机并不看好，人们觉得这样一个不具备录音功能的磁带机相对于市场上的其他功能强劲的磁带机并不具有竞争力。

但几个月后，人们渐渐地发现了 TPS-L2 的优点：这个仅重 390 克，与小词典一样大的磁带机能便于人们在散步和做有氧运动的时候携带。相比那些笨拙的老式录音机，TPS-L2 更能满足希望随时随地享受音乐的人。这正应验了 TPS-L2 上市前当时的会长盛田昭夫说的一句话：“这个产品，可以满足一整天都喜欢听音乐的年轻人。而且可将音乐带出门。不需有录音功能，只要做成附耳机的播放专用机种就足以畅销了!”后来，正如当时世界流行的 Superman 一样， Walkman 也由日本开始流传到全世界，并且今天 Walkman 的理念也还在影响着街上每一个戴着耳塞的年轻人。

1986 年， Walkman 出现在了牛津英语辞典中，演变成了一个正式的英文单词。从那以后，人们与音乐的关系发生了质的变化。

8.6.2 新产品的发展趋向

随着时代的发展，消费者的需求也随着科学技术和经济的发展而不断地发展，为了适应这种发展的需要，企业新产品开发必须跟上时代的要求。从总的趋势来看，新产品的发展方向主要表现在以下几方面。

1. 优点相对突出

新产品相对于市场原有产品来说具有独特的长处，如性能好、质量高、价格低等。

2. 适应性强

新产品必须适应人们的消费习惯和人们对产品的观念。

3. 有利于保护环境

新产品属节能型，或对原材料的消耗很低，或者有利于保护环境。

4. 时代感强

新产品能体现时代精神，培植和引发新的需求，形成新的目标顾客和市场。

案例 8-10

“眠之夜”磁带

人人都讨厌听废话，所谓烦到“耳朵都听出老茧来了”云云。可谁会相信，在日本竟有一本录满废话的录音磁带出售，而且非常畅销。其实，这种畅销的废话磁带，也是“创新求奇”的产物。这种名叫“眠之夜”的磁带是向失眠者提供的，上面录着“一只羊过去了，两只羊过去了……”听者渐渐地全身都浸浴在“倦怠”感之中。这产品一反治失眠症吃安眠药、用电刺激等常规的思路，几乎未花宣传费就成了畅销产品。畅销的原因是“它可以使失眠者听着入睡，且没有副作用”。

5. 多功能化

新产品用料少、式样新、用途多，这样既方便购买者的使用，又能提高购买者的购买兴趣。

6. 人体工程化

新产品要以人为本，注重人的保健与娱乐，使其在使用时更方便和舒适。

7. 简易化

尽量在产品结构和使用方法上简单方便并易于维修。

8. 微型轻便化

在保障质量的前提下使产品的体积变小、重量变轻、便于移动，如手机、计算机等，体积越小、重量越轻在市场上越受欢迎。

除上述几种类型外，还有立体型、仿质感型、标准化和配套化等，它们都是新产品的发展趋向。

8.6.3 新产品的开发方式

新产品的开发方式包括独立研制开发、技术引进、研制与技术引进相结合、协作研究、合同式新产品开发和购买专利等。

1. 独立研制开发

独立研制开发指企业依靠自己的科研力量开发新产品。它包括三种具体的形式：①从基础理论研究开始，经过应用研究和开发研究，最终开发出新产品；一般是技术力量和资金雄厚的企业采用这种方式；②利用已有的基础理论，进行应用研究和开发研究，开发出新产品；③利用现有的基础理论和应用理论的成果进行开发研究，开发出新产品。

2. 技术引进

技术引进指企业通过购买别人的先进技术和研究成果，开发自己的新产品，既可以从国外引进技术，也可以从国内其他地区引进技术。这种方式不仅能节约研制费用，避免研制风险，而且还节约了研制的时间，保证了新产品在技术上的先进性。因此，这种方式被许多开发力量不强的企业所采用，但难以在市场上形成绝对的优势，也难以拥有较高的市场占有率。

3. 研制与技术引进相结合

研制与技术引进相结合指企业在开发新产品时既利用自己的科研力量研制又引进先进的技术，并通过对引进技术的消化吸收与企业的技术相结合，创造出本企业的新产品。这种方式使研制促进引进技术的消化吸收，使引进技术为研制提供条件，从而可以加快新产品的开发。

4. 协作研究

协作研究指企业与企业、企业与科研单位，企业与高等院校之间协作开发新产品。这种方式有利于充分利用社会的科研力量，发挥各方面的长处，有利于把科技成果迅速转化为生产力。

5. 合同式新产品开发

合同式新产品开发指企业雇用社会上的独立研究的人员或新产品开发机构，为企业开发新产品。

6. 购买专利

购买专利指企业通过向有关研究部门、开发企业或社会上其他机构购买某种新产品的专利权来开发新产品。这种方式可以大大节约新产品开发的时间。

8.6.4 开发新产品的程序

开发新产品是一项十分复杂且风险很大的工作。为了减少新产品的开发成本，取得良好的经济效益，必须按照科学的程序来进行新产品开发。开发新产品的程序因企业的性质、产品的复杂程度、技术要求及企业的研究与开发能力的差别而有所不同。一般来说，要经历产生构思、筛选构思、概念形成和测试、初拟营销计划、商业分析、产品开发、市场试销和正式上市 8 个阶段。如图 8-6 所示。

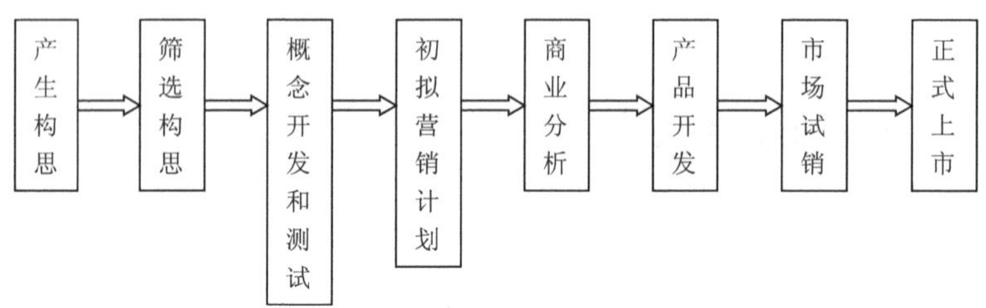

图 8-6 新产品开发的程序

1. 产生构思

产生构思是指新产品的设想或新产品的创意。企业要开发新产品，就必须重视寻找创造性的构思，构思的来源很多，主要有以下 6 个方面。

（1）顾客。生产产品是为了满足消费者的需求，因此顾客的需求是新产品构思的重要来源。了解消费者对现有产品的意见和建议，掌握消费者对新产品有何期望，便于产生构思的灵感。

（2）企业职工。企业职工最了解产品的基本性能，也最容易发现产品的不足之处，他们的改进建议往往是企业新产品构思的有效来源。

（3）竞争对手。分析竞争对手的产品特点，可以知道哪些方面是成功的，哪些方面是不成功的，从而对其进行改进。

（4）科技人员。许多新产品都是科学技术发展的结果。科技人员的研究成果往往是新产品构思的一项重要来源。

（5）中间商。中间商直接与顾客打交道，最了解顾客的需求。收集中间商的意见是构思形成的有效途径。

（6）其他来源。可作为新产品构思来源的其他渠道还比较多，如大学、科研单位、专利机构、市场研究公司、广告公司、咨询公司、新闻媒体等。

案例 8-11

BBA 公司

Bush Boake Alien 公司（BBA），一个全球性的特制香料的供应商，向雀巢等公司供货，提供了一个工具箱让它的顾客开发自己的香料，然后由 BBA 把它制造出来。

通用电气塑料集团让消费者进入公司数据库，了解工程专家意见，使用模拟软件和其他用于设计更好的塑料产品的基于网络的工具。

LSI Logic 公司和 VLSI Technology 公司等为消费者提供 DIY 工具，让他们自己设计专门芯片和定制的集成电路。

让顾客来创意已经成为一种热门的创造价值的新方式。

2. 筛选构思

这一阶段是将前一阶段收集的大量构思进行评估，研究其可行性，尽可能地发现和放弃错误的或不切实际的构思，以较早避免资金的浪费。一般分两步对构思进行筛选。第一步是初步筛选，首先根据企业目标和资源条件评价市场机会的大小，从而淘汰那些市场机会小或企业无力实现的构思；第二步是仔细筛选，即对剩下的构思利用加权平均评分等方法进行评价，筛选后得到企业所能接受的产品构思。

美国一项研究发现，有 20% ～ 80% 的新产品开发是失败的，其中消费品的新产品开发失败率达 40%，工艺品的新产品开发失败率达 20%，服务行业的新产品开发失败率达 18%。美国得克萨斯仪器公司在家用电脑的开发上损失 6.6 亿美元，杜邦公司研究开发坚固的合成皮革损失了 10 亿美元。

3. 概念开发和测试

概念是指企业从消费者角度对产品构思所做的详尽描述。企业必须根据消费者对产品的要求，将形成的产品构思开发成产品概念。通常，一种产品构思可以转化为许多种产品概念。企业对每一个产品概念，都需要进行市场定位，分析它可能与现有的哪些产品产生竞争，以便从中挑选出最好的产品概念。

案例 8-12

宝洁：先有概念后有产品

1993 年年底，宝洁在中国的汰渍品牌小组成立，小组从消费者需求与习惯研究中得到的数据显示，消费者关心的洗衣粉前三个基本功能是日常清洁，去油，衣领、袖口清洁。再通过概念开发座谈会和消费者深度访问后，宝洁确定了两个待选概念：一个是油渍去无痕，另一个是领干净、袖无渍。

在随后的概念测试阶段，由产品研究部开发配方，进行匿名产品测试，通过将品牌总体评价、功能评价、购买意向的测试分数与白猫和活力28比较，得出两个概念皆有上市成功可能的结论。最终品牌小组选择了“去油污”概念。

然而，汰渍在“去油污”概念下销售了一段时间后，发现品牌生成并不理想，概念未能明显胜过竞争对手，真正打动消费者。于是汰渍品牌小组决定，全国推广暂缓，重新选择概念。汰渍再次进行了大量调研发现，领子、袖口是消费者对他人形成印象的一个信号（signal），而当时并没有别的厂家想到这个概念。因此这次他们选择了“领干净、袖无渍”。这一概念获得了很大成功，宝洁随后推出了柠檬汰渍，来推动销量。

在宝洁，永远是先有概念后有产品。宝洁推出的其实不是一个产品，而是一个概念、一个说法。

宝洁先把汰渍要卖什么、要解决什么问题这些概念决定下来，再交给产品研发部门。产品只是概念的载体，如果调研发现消费者确实需要这个产品，宝洁就去开发该产品。这就是为什么在某些国家，汰渍的定位比碧浪低，而在另一些国家，汰渍的定位比碧浪高。在不同国家，汰渍的定位甚至产品本身都可能不一样，一样的只是“汰渍”这个牌子。

宝洁量化的工作流程：①前期概念的筛选过程，访谈、开座谈会、拿出概念原型、量化的调研测试、设计多个不同概念让消费者进行评价、预测消费者的购买情况；②确认产品和概念匹配；③标准化广告测试，确认将概念变为真正要宣传的东西。

4. 初拟营销计划

产品概念确定后，企业就要拟订一个初步的市场营销计划，并在以后阶段不断发展完善。

5. 商业分析

它是指对新产品的销售额、成本和利润进行分析，如果能满足企业目标，那么该产品就可以进入产品的开发阶段。

6. 产品开发

前面部分实际上都是概念化的新产品，只有当商业分析后，新产品才进入实质性开发阶段，即研发部门和技术部门需要将新产品概念转化为实体产品，开发成实际的产品实体。产品开发包括设计、试制和功能测试等过程。这一过程是把产品构思转化为在技术上和商业上可行的产品，需要投入大量的资金。

7. 市场试销

新产品开发出来后，一般要选择一定的市场进行试销，注意收集产品本身、消费者及中间商的有关信息，以便有针对性地改进产品，调整市场营销组合，及早判断新产品的成效。值得注意的是，并不是所有新产品都必须经过试销，通常是选择性大的新产品需要进行试销，选择性小的新产品不一定进行试销。

8. 正式上市

如果新产品的试销成功，企业就可以将新产品大批量投产，推向市场。但由于新产品投入期需要大量广告宣传，企业需要支付大量费用，所以选取进入市场的时机和进入的市场区域非常重要。高露洁公司在全球推广时采取的是“领先地区”市场进入策略，先在澳大利亚、菲律宾、墨西哥推广棕榄洗发水和护发水，然后在席卷欧洲、亚洲、非洲和拉丁美洲市场。当它推出 Actibrush 电动牙刷时，一年后进入 50 个国家，公司快速的市场扩张策略，还没有等竞争对手反应过来就奠定了品牌的市场地位。

8.6.5 新产品的推广与扩散

新产品开发出来后就要在市场上进行推广，在新产品推广过程中，我们必须研究消费者接受新产品的心理规律。一般情况，消费者接受新产品可分为知晓、兴趣、评价、试用和接受新产品五个阶段（如图 8-7 所示）。

知晓 → 兴趣 → 评价 → 试用 → 接受

图 8-7 消费者接受新产品的过程

（1）知晓。知晓阶段是消费者获得信息的初始阶段。获得信息的渠道可以是商业的、个人的、家庭的。在该阶段，消费者对产品的认识还比较浅，只是一般性的了解。营销人员要想方设法让消费者知道有这种产品，运用各种手段引起消费者的注意。

（2）兴趣。兴趣阶段是消费者被新产品宣传激发了购买动机，对新产品产生了浓厚兴趣，并积极寻找有关市场情报资料，并对比分析，研究新产品的功能、用途、使用等。如果各方面都比较满意，消费者可能会实施购买行为。

（3）评价。评价阶段是指消费者对产品进行风险收益评估。消费者在购买商品需要承担的风险与他的享受程度之间做评价，从而促成购买。

（4）试用。这需要和新产品上市试用期结合起来。消费者尝试试用装或者试用期，满意将继续购买，不满意可能会放弃采购商品。

（5）接受。消费者已成功完成试用，收到理想效果，心理上已经了解并认同企业新产品，从此可能会开始重复购买。

企业营销人员应该充分认识到，消费者接受新产品有一个阶段，不是一蹴而就的，因此应该认真分析每个消费者或者消费者群体处于哪一个阶段，有针对性地制定营销策略。

以上是消费者一般的心理活动过程，但不同的消费者接受新产品的态度是不同的，有的人接受得快些，有的人接受得慢些。

营销专家经过调查，将消费者接受新产品的情况按其态度分为以下 5 类。

（1）创新采用者。这类人对新产品敏感，消息灵通，易于接受新事物，有较强的经济实力。产品一上市，他们就会积极购买和使用。他们只占全部采用者的 2.5% 左右。他们的宣传会使新产品被一批早期采用者接受。

（2）早期采用者。这类人虽不及创新者那么敢于冒险，但他们是某些领域中的舆论领袖，往往在新产品的引入期和成长期内采用新产品。这批人约占全部采用者的 13.5%。

（3）中期采用者。他们是态度谨慎，深思熟虑，决策时间长，顺应社会潮流但又比较慎重的“追求时尚者”。这部分人占全部采用者的 34% 左右，他们与晚期大众占总人数最多，研究他们可以加速新产品的扩散，获得较大的市场份额。

（4）晚期采用者。这类人与外界接触少，经济条件较差，一般不主动采用新产品，而是待大多数人证实其效用后才采用，占消费者的34%。他们是营销中的难点，营销人员要多下功夫，用多种手段与方法消除他们的顾虑，关键在于增强他们的购买信心。

（5）最晚采用者，即新产品的最后采用者。他们拘泥于传统的生活习惯与消费模式，不愿意接受新事物，或者收入水平较低，在产品进入成熟期甚至衰退期降价时才会购买，这部分人占全部采用者的16%左右。

我们把新产品采用者的状况和产品生命周期联系起来，进行综合分析，可以看到两者之间具有很强的关联性。因此，我们研究新产品开发和企业营销策略时必须重视两者的关联性。当产品处于试销阶段时，应将最早采用者视为营销对象，并重视其购买中的"领头羊"示范作用；当产品进入畅销阶段时，就要抓住早期采用者和中期采用者，以扩大新产品的市场；当产品进入饱和阶段时，中、晚期采用者（特别是晚期采用者）就成为主要的营销对象；当产品进入滞销阶段时，企业的营销目标只能是最晚采用者。

营销新视野：设计思维（Design Thinking）

IDEO设计公司总裁Tim Brown说："设计思维是以人为本的利用设计师的敏感性以及设计方法在满足技术可实现性和商业可行性的前提下来满足人的需求的设计精神与方法。"

设计思维是一种设计理念，它所关注的重点不再是"使用"本身，而是通过理解用户内在心智模型、用户所处的环境以及观察在心智模型和所处环境双重作用下的使用行为，去设计一种真正能够融入他们的生活且被他们所依赖的产品。

用简单的话来描述，设计思维不单单思考用户如何使用，更多的是理解用户本身以及其所处环境。

设计思维并不是一个新产物，只是自第三次工业革命以来，社会分工的精细化导致了人们工作的局限性，其限制了人的全局性的思考，公司的决策和管理者也倾向于用有章可循的套路和理论来管理庞大的公司。而随着互联网和工业4.0浪潮的到来，技术门槛的降低及消费者需求喜好的多样化，催生了大量人群及环境细分的小公司即团队型公司，创新性、产品开发速度及受欢迎程度对其极其重要。在"快速开发、快速试错、快速接收反馈并调整、快速迭代"的竞争模式下，对公司系统思维和统筹架构能力的要求大大提升，设计思维对于其产品开发及公司发展至关重要。这促使了设计越来越受重视。

今天的设计思维已发展成一个可以学习的创新设计模式，它依靠的不是设计师个人的创意，而是要通过不同专业的人，以不同的角度，共同产生创意，然后设计出一个创新的产品或服务。

【本章小结】

产品是企业最重要的市场营销要素，是制定其他营销策略的基础。现代市场营销学认为，产品是指能提供给市场，用于满足人们某种欲望和需要的任何事物，包括实物、服务、场所、组织、思想和主意等。产品的整体概念认为，产品包括核心产品、基本产品、期望产品、附加产品和潜在产品5个层次。产品组合的宽度、长度、深度和相关性在市场营销策略上具有重要意义。企业在调整和优化产品组合时，可根据具体情况选择适宜的策略。

产品生命周期是指某种产品从进入市场到被淘汰退出市场的全部运动过程。根据销售额和利润额的变化，典型的产品生命周期一般可分为4个阶段，即导入期、成长期、成熟期和衰退期。此外，产品生命周期还存在其他形态，如循环型、扇型、风格型、时尚型和热潮型等。产品生命周期的不同阶段，有各自不同的特征，因此，企业要根据产品生命周期的不同阶段分别制定相应的营销战略和策略。

产品的包装在市场营销中不可忽视，包装对产品有保护、容纳、便利、促销等功能，包装的策略主要有类似包装策略、组合包装策略、再使用包装策略、附赠品包装策略、改变包装策略和等级包装策略。在现代社会人们的日常生活中，品牌是产品不可分割的一部分，品牌是指用来识别一个产品的名称、记号、术语、象征或设计，或这些因素的组合。一般品牌由两部分组成：一是品牌名称，二是品牌标志。品牌决策包括品牌化决策、品牌归属决策、品牌统分决策和品牌扩展策略。

市场上的产品，总是在不断推陈出新，新产品对于企业来说，是活力与利润的源泉。凡是能给顾客带来一种新的满足、新的利益的产品都是新产品。它包括全新、换代、改进和仿制等几种类型的新产品，新产品的开发过程一般为产生构思、筛选构思、概念形成和测试、初拟营销计划、商业分析、产品开发、市场试销和正式上市几个过程。

【关键术语】

产品　核心产品　形式产品　附加产品　耐用品　服务　便利品　新产品　选购品　特殊品　产品组合　产品组合长度　产品组合宽度　产品组合深度　品牌　商标　品牌资产　产品生命周期　包装

【案例扩展阅读】

案例1

今麦郎营销：华龙"升级"奠基战

● 1999年之前，华龙方便面等于农村方便面。

● 1999—2001年，华龙完成了今麦郎弹面的整体营销策略，为华龙全面进军城市高档面市场打下了坚实的基础，帮助华龙真正实现了"农村包围城市"的品牌升级和战略转型。

● 2002年，今麦郎销售额占到华龙整个销售额的20.78%。

● 2003年，华龙集团以超过60亿包的方便面产销量跻身方便面行业第二位，仅次于康师傅。自此，中国方便面市场"康师傅""华龙""统一"三足鼎立的市场格局正式形成。

● 2004年，华龙与方便面"鼻祖"——日本日清株式会社"强强联合"后第一次重磅出击，推出今麦郎VIP和骨汤弹面，致力于开拓中国最高档方便面市场的空白点，让国内著名食品专家和营养学家们为之一振。

● 2005年，今麦郎骨汤弹面一分钟广告在央视黄金时段爆出冷门。以"1分钟！160万！2亿人！"的事件营销效果，创下自央视黄金标段以来第一次一分钟长度播出的历史。今麦郎品牌正以不可遏制的势头迅猛上升，真正成为名副其实的中华面业巨龙。

在农村市场，华龙做了10年，才奠定了不可动摇的品牌地位。在城市市场，从今麦郎正式上市算起，华龙在不足两年的时间里，成功完成从农村市场到全国市场的飞跃，并且真正成为最有影响力的国产方便面品牌，让原本跻身行业第二的统一方便面退居第三，并对康师傅的老大地位形成直接威胁。从今麦郎的成功策划、火爆上市到华龙以今麦郎为切入点，实现品牌升级和集团战略转型，华龙进一步巩固和捍卫了在方便面业不可撼动的市场地位，上演了一场精彩的本土品牌进攻防御战，被食品行业誉为“最具特色的中国营销实战范本”。

华龙的二次创业难关：如何从农村进军城市

20 世纪 90 年代初，康师傅、统一等大的方便面厂家，纷纷将其目标市场锁定中国城市市场，而广大的农村市场，则仅仅属于一些质量不稳定、无品牌可言的地方小型方便面生产厂家，销量极小。作为一个后起挑战者，一方面，华龙看到了中国农村方便面市场蕴藏的巨大市场潜力，另一方面，自己没有实力与大品牌在高端市场正面厮杀。因此，华龙选择了在中低端大众市场，做具有竞争优势的区域品牌。几年下来，华龙不断做大，但到了 20 世纪 90 年代末，事情开始发生变化。

困局：华龙的不安与不满

到 1999 年，整个中国方便面市场形成以“康师傅”“统一”为代表的高端城市市场，和以“华龙”为代表的中低端农村市场两大主流。

经过近 10 年的市场沉淀，华龙在整个中国农村市场的老大地位已经确定。但在城市市场，华龙方便面仍是一片空白。华龙中低端农村品牌的消费印记非常明显，对此，华龙感到深深的不满。

与此同时，“康师傅”“统一”等大品牌也从华龙身上看到了中低端方便面市场的巨大潜力，大有大举渗透农村市场的倾向；而且，在农村市场，华丰、白象等仅次于华龙的方便面品牌，也大有与华龙一较高下的雄心壮志。前有大鳄，后有豺狼，巨大的危机感迎面袭来，让华龙由衷地感到不安。

如何进一步巩固华龙在方便面市场前几名的地位？如何撕开华龙在高端市场的突破口？如何将竞争对手远远地甩在身后？如何拉近与品牌大鳄的距离，树立自己牢不可破的市场地位……

华龙面临第二次创业，急需从农村市场走出来，完成从地域性低端品牌向全国品牌的战略转型和品牌升级！

出路：打造全新副品牌，让华龙走进城市

华龙必须进军城市市场，这是实现企业长治久安的大计。但是进城之路应该怎么走“能不能以华龙为品牌打开城市市场”成为当时华龙内部争论的焦点。

通过对城市市场的深入调研，得出结论：决不能以华龙为品牌打开城市市场。一方面，华龙面中低端形象已经形成，消费者印象深刻；另一方面，华龙只是一个企业品牌，不应该作为具体的产品名。举一个例子，宝洁在全球的产品线极为丰富、产品品类众多，但没有哪一个产品以宝洁为名；宝洁就像一头庄严的大象，它旗下的产品就如同狮子、老虎、豺狼等；宝洁是一面大旗，它代表的是一种强大的品牌实力和企业资源。

因此以创建副品牌的方式进军城市市场，是迅速实现华龙品牌升级、战略转型的实效之道。当时，华龙已经有意识无意识地组建自己的副品牌，推出了“满汉全席”“小康家庭”“大众三代”“红红红”等系列产品。但这些产品仅仅是作为单一的产品线的搭配，相当于锦上添花的装饰，并没有独立出来，更没有上到品牌战略的高度。

对华龙而言，必须利用副品牌亮相的机会，高调入市，完成品牌内涵的全新塑造，让城市人群重新认识华龙、接受华龙，企业才能顺利进军高端市场。

今麦郎弹面：有销售力的产品名＋巨大的新品类市场

华龙想要进军城市市场，显然避免不了与康师傅等一线品牌一争高下。在1999年，康师傅、统一等国内一线品牌已经形成自己的市场经验和营销模式。在这样的情况下，如果华龙靠复制跟进康师傅等的操作模式，显然不合时宜，更是对新产品的长线发展自设牢笼。市场情况表明，华龙必须令辟蹊径，开创自己的营销模式。当时，以韩国、日本为代表的方便面非常具有竞争力，市场操作手法也远远领先国内品牌。因此，学习国外产品先进经验，是最具市场借鉴意义，最可能实现市场突围的可行之道。华龙集团老总范现国先生多次走出国门，到日、韩等进行市场考察。今天，今麦郎弹面乃至整个华龙集团的很多营销手法，便是在杂交组合国外经验的基础上形成的。

以产品名创造销售力：今麦郎的诞生

对于没有生命的食品，名字叫不叫得响，便不便于记忆，能不能产生消费好感，成为影响产品销售成败的重要因素。好名字，字字值千金；好名字带来好销量。在日本考察时，范总发现了一样名为某某郎的方便面极受欢迎，在市场卖得很火。当时，日韩的方便面在消费者心目中，占有非常重要的地位；在某种程度上，甚至还是一种显示身份、地位的奢侈品，它代表了一种消费者渴望。而且受当时日剧、韩剧和卡通片的猛烈冲击，关于郎的叫法（如西瓜太郎、喜之郎等），成为一股不可遏制的时尚潮流，深受青少年喜爱。而青少年绝对是城市方便面市场消费的主力。

因此，大家一致建议新产品也叫某某郎，一方面借势消费潮流，满足消费者心理需求，塑造产品国际背景的幻觉；另一方面，某某郎以拟人化手法，显得活泼、可爱，具有亲和性，适合青少年人群口味，便于拉近消费距离。

在国家权威的面粉质量检测报告上，河北省的面粉一直是国内最好的，而华龙的面粉又是河北省最好的。华龙所在地隆尧是全国优质小麦生产基地，小麦面筋高于其他地区3~4个百分点。因此，华龙一定要在产品名上将面粉的优势直接表现出来。我们和厂家一起，列举了很多表现面粉质量的名字，但都觉得不直接或者太深奥。随后，我们建议采用返璞归真的思路。因为消费者往往对产品一扫而过，能不能在短短的一两秒钟勾起消费者共鸣，显得尤为重要，返璞归真，升华消费者普遍的认知才是可行之道。

我们想起许多关于麦的记忆，最容易想到的就是金色的麦浪，因此，产品便命名为“金麦”。经过进一步推敲，觉得“金”字略显俗气和土气，在华龙高层的直接参与和一致认可下，最后将“金麦”改为“今麦”，就叫“今麦郎”！一个非常洋气、可爱、活泼、联想度极高的品牌由此诞生！

弹面：巨大的新品类市场

农村市场和城市市场对方便面品质的要求肯定不一样。在农村市场，农村人讲实惠，吃方便面主要图便宜、方便和饱肚子。在城市，消费者对面的质感、口感、心理感受尤为看重。因此,我们认为今麦郎应该尊重城市消费者的口味,实现产品技术升级,坚决区别于原来农村市场的产品。

在华龙展示的一大堆面粉证书以及专业人员对各类面粉的细致介绍中,我们发现,劲道是北方人对好面的最高评价,具有不易被拉断、不易煮烂的特点,因此今麦郎一定要用最好的面粉,将劲道发挥到极致。但通过调查,我们发现,劲道属于北方方言,在北方极为通俗,但不便于全国推广,不能展示今麦郎全国品牌的简明大气。为了更好地感受高品质方便面的口感、质感,我们决定“以身试面”。随后几天,我们天天吃方便面,买各类高质方便面吃。我们发现,越是经煮、经泡的方便面,质量就越好,卖得也越好,而这一切都是由面的韧性决定的。因此,韧性成为消费者购买方便面的一大标准。当时市场上最好的方便面,也仍然容易煮断,容易粘锅,这些都在消费者中形成积怨,因此,今麦郎大可以在韧性上再做文章。但韧性方面有余、通俗不足。在反复的试验中,我们欣喜地发现,“弹”最能给人高品质感,最能表现面的韧性。因此,大家提出“弹面”的概念。在随后的调查中,我们发现,消费者,尤其是青少年,对弹面都非常感兴趣,他们认为“弹面”一定比其他面质量更好,而且吃弹面,应该比吃一般的方便面更有趣,能够从中获得娱乐快感。弹面在获得调查认可的基础上,获准诞生。

回头看,弹面其实与质感、口感并没有本质的关联,但它绝对是产品最大的差异化卖点。当时康师傅等华龙的主要竞争对手注重产品的色、香、味,卖的是感官刺激和诱惑,都还沿着“又红又专”的道路越走越远。因此,弹面相当于细分市场,开创了一个巨大的新品类市场。营销的规律使我们相信:在任何一个品类市场形成之际,意味着一个领袖品牌的诞生,做策划和销售,你花再大的力气都不如你发现一个品类市场来得快。弹面是对消费心理的深入研究和准确把握,具有传播成本低、传播效率高的鲜明实效性。现在,今麦郎弹面在北京、上海等市场的成功,再一次验证了细分市场的重要性。

在确定“今麦郎弹面”产品战略的基调上,我们明确规划今麦郎的品牌传播中,应该尽量用“弹”来表现产品魅力,甚至可以采取更夸张的形象和手法来表现。

以文化底蕴的名义将今麦郎弹面包装进行到底

不同地域、不同文化背景有不同的欣赏眼光和审美标准,而产品的包装,就相当于人的外表。我们时常有“因为不喜欢某个人的外表,而不喜欢这个人”的生活体验。因此,在产品丰富的情况下,产品包装能否产生直观的眼球效应,已经成为决定购买的重要因素。

以前,由于农民都喜欢看自己认识的字,华龙在农村市场的包装都是用的标准印刷体,便于加深农民对产品的记忆度。现在,今麦郎弹面进军城市市场,消费人群完全发生了变化。因此,今麦郎不能沿用以前在农村市场的包装设计老路;首先应该解决视觉文化问题,抓眼抓心。

因此,华龙请书法家为今麦郎题写产品名,塑造自己的高端品位。现在我们看到的今麦郎三字,就是华龙集团请书法大师题写的。消费者普遍反映,今麦郎文化味很浓,比其他方便面做得有内涵。

宣传升级:创新传播,提高传播效率

目标市场变了,传播策略也得跟着变。科学、独到而巧妙的媒体运作,不仅意味着节约广告经费,更能提高广告效益,获得理想的广告回报。在竞争激烈的方便面市场,有效传播更是品牌制胜的法宝。华龙进军城市市场,必须采用与城市市场相匹配的传播策略。但什么才是有效传播呢?有效传播必须是有针对性的传播,必须是符合目标市场消费者媒体接触习惯的传播,必须是有差异化、有特色的传播。华龙从农村市场到城市市场,是整个目标市场的大转移,媒体策略也必须随时跟进,实现转移匹配。

从“墙体广告＋地方电视广告”到“央视＋都市报”的转变

多年来,在农村低端市场,华龙主要以“墙体广告＋地方电视广告”的投放策略打开市场。华龙在冀、鲁、豫和西北、东北各省的国道两侧和农村公共场所,书写墙壁广告近万条,面积达 25 万平方米,其数量、质量在全国户外墙壁广告中遥遥领先。这些墙体广告与电视广告结合在一起形成了一种互补的、立体的广告攻势。基本上达到了“乡乡有广告,人人知华龙”的轰动效应。“华龙面,天天见”也一时成为社会流行语。

然而,这套投放策略显然不适宜城市市场,因此,我们为华龙量身订制了“新 1+1”传播模式。

食品行业在央视做广告的很少,还没有几个产品敏锐地觉察到它所产生的巨大传播力和影响力。央视作为全国领袖和偶像级的媒体,在消费者心中具有不可替代和不容置疑的地位;尤其是在广告还没有普及的年月,央视传递的信息非常具有诱惑性和可信性;即使是不怎么样的产品,只要在央视投广告,也能领先同类产品,迅速走红。因此,今麦郎弹面要想做全国高端市场,必须上央视。同时,我们建议,电视广告一定要出奇创新,不论是形象代言人的选择还是广告片的脚本、制作,一定要与产品特质相符合,做得有新意。这在华龙的传播史上是一个革命性的变革。

同时,我们还敏锐地为华龙找到了另一主流实效媒体——都市报。在 20 世纪 90 年代末,报业改革逐渐抬头,都市报成为城市一大亮点,它与市民生活关系紧密,可读性强、信息量大,逐渐成为城市主力消费者最喜爱的信息获取渠道。

直到现在,这种“新 1+1”媒体组合仍在发挥它极大的威力。“今麦郎弹面”正式上市后,高空覆盖的央视广告和地方都市报的强力渗透,让“今麦郎”迅速走入城市主力消费群心中。

不走寻常路:今麦郎价格和渠道突围

当时,康师傅、统一等品牌几乎都是通过超市、商场终端到达消费者手中。在对超市、商场等终端的考察,让我们倒吸冷气。康师傅和统一几乎买断了商超终端的有利位置。今麦郎作为一个全新的品牌,如果走相同的渠道路径,显然是玩不过它们的。

今麦郎弹面,这么好的创意产品,难道就这样被困住了?当时,华龙内部不少激进人士,建议与康师傅、统一等火拼一把,说不定能闯出一条路。显然,这条路非常凶险,华龙集团予以了否定。

今麦郎弹面,能够发现全新的市场,全新的产品为什么不能发现和开创全新的渠道?

通过对消费习惯的进一步研究,我们发现,消费者之所以选择吃方便面,就是出于便利的目的。而商超并不是最便利的场所,相反,社区附近的便利店以及小卖店更具优势而且销售面更广,康师傅等大品牌还没有进军该领域,市场潜力巨大。而且当康师傅等大品牌在商超打点的时候,我们从面上撕开一条口子,避开对手锋芒,更容易实现突破。于是华龙自建新渠道。在此基础上,今麦郎采用价格跟进策略,以略低于康师傅、统一的价格出售,给消费者高质低价的实惠感。

2002年今麦郎上市后,在渠道上,采用以面打点的方式,上演了一场“农村包围城市”的精彩游击战;加上它比康师傅和统一都低的价格,具有相当的诱惑力,成为销售快速增长的有力武器。

品质升级:全力打造与营销策略相符的产品优势

对于新产品而言,今麦郎进军高端市场,不仅需要营销的创新与优势,更需要产品品质的全面升级。今麦郎弹面在营销上已经形成一套创新理论,唯一欠缺的就是产品技术升级的支撑。结合产品品牌高度、市场现状,今麦郎做了四大技术升级。

(1)原料升级:即使是康师傅、统一这样的高端一线品牌,方便面也极容易被煮断、煮烂,这使消费者极为恼火。今麦郎用最好的面粉,让消费者切实感受到弹面经煮、经泡、弹性强的特点,从而鲜明区别于市场同类产品。

(2)料包升级:当时华龙在市场上的方便面,通常只有两包料包,做工极为简单粗糙。作为主打高端市场的产品,今麦郎需要放一些绿叶植物、蔬菜等,范总在日本考察时,发现一种蔬菜脱水技术,从日本引进了一条生产工艺,专门生产蔬菜料包。

(3)拉面设备升级:华龙在农村市场使用的全套设备,离城市高端产品和弹面的定位差距很大。而日韩方便面生产技术一直走在世界行业前列,华龙直接引进了日本生产线。

(4)方便性升级:碗装方便面很多是在办公场所和旅途中食用的。调查显示消费者反映康师傅碗面很好吃,但在泡面时碗盖的铝膜受热后会上翘,必须用东西压住,很不方便。华龙推出今麦郎碗面新品,专门设计扣盖式的碗盖以及相应的面饼防尘防潮密封包膜,解决消费者的这一抱怨点。

现在,今麦郎已经尝到了技术升级的甜头,这使华龙在整个高端市场的产品开发,都一直领先对手,消费者更是越吃越爱吃。

在巨人醒来之前出发

现在,很少有人会因为今麦郎想到华龙,想到这是一个从作农村市场起家的产品。今麦郎等于弹面的消费记忆已经形成。而华龙正在以今麦郎为切入点,全面提升产品形象,实现品牌升级与战略转型。今麦郎成为整个华龙集团战略转型的转折点。对于新产品营销而言,进攻是最好的防御。

今麦郎奠定华龙品牌升级和战略转型的坚实基础

2002年,今麦郎弹面在北京、上海等样板市场正式上市,在短短一年之内,销售额近亿元,成为与康师傅、统一相抗衡的新产品力量。2003年,今麦郎弹面成为华龙销售主力,华龙在央视广告重磅推出“今麦郎”。

2004年,今麦郎不可遏制的销售势头,使康师傅、统一等感到巨大的压力和愤怒,从而大举展开拦截行动:一方面向农村市场积极渗透,与华龙争夺低端市场;另一方面在终端直接拦截(康师傅和统一几乎同时决定,凡销售今麦郎的经销商,就不能销售自己的产品;反之也一样),拉开与今麦郎水火不容的架势。

由于今麦郎在市场上的出位表现,使华龙集团在短短两年获得了飞跃性发展,成为中国面业市场有目共睹的强劲力量,对国外投资力量形成了强大的诱惑。2004 年 4 月 19 日,日清出资 15.54 亿元,与河北华龙面业有限公司合资成立世界最大制面企业——华龙日清食品有限公司。日清独到的制面、调味技术使具有强大市场优势的华龙如虎添翼,在“今麦郎弹面”销售势头强劲的同时,继续投入强大研发力量,致力于开拓中国最高档方便面市场的空白点。

在短短半年多的时间里,华龙就实现了非油炸面饼直接冲泡并达到良好口感这一中国制面技术的重大突破,并结合软罐头(肉包)加工技术、畜产(骨汤)加工技术、家庭厨房风味化调味技术等现代食品加工技术,开发出今麦郎 VIP 及骨汤弹面系列产品。

2004 年 12 月 16 日,华龙日清食品有限公司最新推出的两款新品——今麦郎 VIP 和骨汤弹面,让国内著名食品专家和营养学家们为之一振。集国际领先制面及调味技术于一身的今麦郎 VIP,开辟了中国非油炸面饼 4 分钟即时冲泡食用的先河,同时其浓厚醇香的骨汤配料使工业化产品达到家庭化风味的构想成为可能。今麦郎 VIP 被授予“2004 年度科技创新奖”,今麦郎骨汤弹面系列被授予“2004 年度产品创新奖”。

2004 年 12 月 28 日,极地考察办公室与华龙日清食品有限公司在京正式宣布今麦郎“骨汤弹面”为“中国南极科考队员专用面”。今麦郎真正实现了方便面“从方便到营养”的历史变革,为方便面属于垃圾食品画上了历史句号。

2005 年,今麦郎骨汤弹面一分钟广告在央视黄金时段爆出冷门:1 分钟! 160 万! 2 亿人! 2005 年 1 月 18 日 3 时 16 分,中国南极科考队确认找到了南极内陆冰盖的最高点,这是人类首次踏上南极内陆冰盖最高点。1 月 19 日 19 时 37 分, CCTV1,作为南极科考队专用面,华龙日清今麦郎骨汤弹面一分钟广告,运用独到的事件营销方式在央视黄金标段顺利播出。这支一分钟达 160 万的广告不仅赚足了观众的眼球,大大鼓舞了华龙经销商的士气,更创下了自央视黄金标段以来第一次以一分钟长度播出的历史。

无疑,今麦郎骨汤弹面的事件营销和广告传播创新将增加华龙日清在 2005 年继续领跑方便面行业的筹码,从价格竞争迈向品牌竞争,推动中国面业向世界一流水平迈进,推动农村经济产业化进程。

可以说,今麦郎 VIP 和骨汤弹面的推出是华龙与方便面“鼻祖”——日本日清株式会社“强强联合”后的第一次重磅出击。今麦郎品牌正以不可遏制的势头迅猛上升,随着实力的雪球越滚越大,它不仅将为华龙,也将为整个中国面业市场带来无尽的精彩。

启示:新产品营销,进攻是最好的防御

今麦郎的成功,不仅为华龙带来了史无前例的改变,而且对整个食品行业新产品营销带来深刻的影响,为新产品成功营销和企业二次创业树立了榜样。它再一次证明,本土企业也需要科学的营销;本土企业不仅能做销量也能做品牌;本土企业完全是可以自己掌握自己命运的。

现在,在低端市场上,无数农村小品牌和康师傅等一线品牌已经开始蚕食华龙农村市场。如果没有今麦郎在高端市场的突围,华龙将永远处于防守的位置,只能眼睁睁看着个人独占的市场被蚕食鲸吞。今麦郎的出击,变被动为主动,证明在时机成熟的时刻、在必需变革的时刻,进攻是最好的防御。

今天,华龙已经顺利实现与日清的全面合资,而且获得控股地位,并开始陆续推出更强劲的高端升级产品。如果没有高端市场上今麦郎品牌形成的对康师傅等品牌的强烈冲击,没有它在全国市场难以撼动的地位,可以想象,这将是一场蚂蚁与大象之间没有悬念的游戏。而在不足两年的时间里,今麦郎在市场上稳健的脚步声,已经惊醒了沉睡的巨人。

思考:从华龙到今麦郎的产品不断升级的策略依据是什么?其产品策略未来发展如何?

案例 2

诺基亚产品的生命周期分析

为了分析诺基亚的产品生命周期,首先我们需要了解一下产品生命周期理论。生命周期是指产品从进入市场开始,直到最终退出市场为止所经历的市场生命循环过程。典型的产品周期一般分为介绍期、成长期、成熟期和衰退期 4 个阶段。其判断主要依据销售额与利润额。据此,我们可以对诺基亚产品的生命周期进行简单分析。

一、诺基亚的介绍期(1985—1996 年)

据了解,从 20 世纪 50 年代起,诺基亚就与中国建立了贸易关系。而诺基亚一开始并没有在中国推广,原因是在当时中国尚无手机。介于中国的电子通信技术起步较晚,诺基亚并未首先占领中国市场。而后,随着中国经济的发展,诺基亚发现中国的手机市场潜力巨大,1985 年,诺基亚在北京开设了第一家办事处。

90 年代中期,在华发展期间,诺基亚建立并秉承"携手通行、开创未来"的宗旨。诺基亚通过在中国建立合资企业,实现本地化生产,并逐步将其发展成为诺基亚全球主要的生产基地。1991 年首次全球通话开始,诺基亚就一直是全球通技术的主要开发商。此后,在摩托罗拉于 1993 年抢先进入中国手机市场后,诺基亚很快便跟进。

二、诺基亚的成长期(1996—2004 年)

手机市场报告显示, 2004 年诺基亚成功超越摩托罗拉成为全球第一大手机厂商。在拥有了大量的消费群体的同时,诺基亚牢牢把控了 Symbian 系统 S60 平台,并且迅速成为产品线,最终让 S60 平台成为 Symbian 系统的头牌。2007 年在中国,消费者对摩托罗拉还停留在刀锋 V3 上,诺基亚 6600、7610、N73、5700、E53 等一系列产品已经成为中国消费者耳熟能详的产品。这充分证明了此时的诺基亚正处于成长期。

在此期间,诺基亚在价格方面的优势就使得其成功战胜了其他较高端的品牌,这不是偶然。从 2000 年到 2004 年,诺基亚凭借着较低的价格、较高的性价比一路卖好。同时又通过能够吸引人的创意广告给消费者以极大的震撼,树立了良好品牌的形象。而通过利润回报可以发现,诺基亚前期的巨额投入是很有价值的。此时诺基亚的品牌定位是中层收入者,所以其广告宣传均是贴近生活类型的。准确的市场定位与巧妙的宣传是诺基亚快速发展的主要原因之一。

另外,诺基亚公司运营模式与定价也是成功的关键因素。据了解,诺基亚公司自 1998 年来采取的都是 FD 模式,即省级直控分销商模式,在全国设立了 45 家分销商。这在行业里被称为“渠道下沉、区域化分销”，能够快速消化库存，并且抑制分享商的权利和空间，让诺基亚的产品能够高效、快速、准确送达到客户手中。与此同时，诺基亚还制定了严格的价格体系，保证诺基亚的产品不是“跳水冠军”。这种独创并且领先的分销模式，随后成为中国手机企业以及外资手机企业纷纷效仿的对象，也让诺基亚成为消费者最为信赖的手机品牌。

三、诺基亚的成熟期（2004—2007 年）

根据调研机构数据统计，诺基亚 2007 年第四季度占领全球市场的 40.4%，位居第一。其对手摩托罗拉则只以 11.9% 萎缩至第三。这表明 2007 年诺基亚已经达到了巅峰时代。即诺基亚进入产品生命周期的成熟期。具体表现如下：

（1）2001—2006 年 5 次被《经济观察报》评为中国最受尊重企业；

（2）2004 年赢得中国整体手机市场第一名；

（3）2004—2006 年连续 3 次当选“中国最具影响跨国企业”；

（4）在《财富》中文榜发起的首次“中国最受赞赏公司”评比中进入前十；

（5）与西门子合作建立了世界上规模最大、经验最丰富的服务机构之一；

（6）2006 年的市场份额占有率仍以超过 36% 的成绩远超第二成为第一，成为中国最大外商投资企业之一。

四、诺基亚的衰退期（2007—2012 年）

自 2007 年苹果推出 iphone 以来，诺基亚的市场份额急剧下降。2010 年，在全球品牌排行中，诺基亚在 12 个月内下降了 30 位，仅仅排到了 43 位。2011 年第二季度全球手机市场份额第一、第二位已被苹果、三星所取代，诺基亚连续占有 15 年第一的全球手机市场份额开始急速下降。而今，诺基亚在中东地区和非洲手机销量下降 27%，亚太地区手机销量下滑 7%，拉美地区销量下降 10 万部，而在欧洲当前 2.38 欧元的股价相比 2007 年 27 欧元的高位已是遥不可及。

上述数据表明，无论是从其市场份额或是公司利润分析，诺基亚此时均处于衰退期。所以在 2011 年 2 月 9 日，诺基亚 CEO 埃洛普才会在内部备忘录中大呼：“我们的平台正在燃烧，我们落后了，我们错过了主要潮流，我们丧失了时间优势。在当时，我们认为自己在做正确的决定，但如今，我们却发现已落后数年之久。”

思考：运用产品生命周期理论进行案例分析。

案例 3

中国移动品牌战略

近年来，中国移动在通信市场上，根据不同的消费者细分市场，经过市场的淘汰和选择后，形成了相对成熟、合理、具有一定竞争力的品牌体系，拥有“全球通”“动感地带”“神州行”三大全国统一的主导客户品牌和“移动梦网”、随 E 行等业务品牌。其品牌结构从上至下依次是：企业品牌—客户品牌—业务品牌三个层次。“全球通”作为中国移动发展最早的品牌，经历了先有用户后有品牌的过程 。2004 年“全球通”品牌经过多年的发展，已成为中国移动通信的旗舰品牌，该品牌所追求的核心理念是“我能”。“我能”从客户角度出发，将产品的诉求点从自身转向了客户，为社会精英、商务人士等中高端客户提供了精彩领先的业务和个性贴心的优质服务。“动感地带”是为年轻时尚人群量身定制的移动通信客户品牌，动感地带不仅资费灵活，同时还提供多种创新个性化服务，给用户带来前所未有的移动通信生活。“神州行”是中国移动通信市场上客户数量最大的一个品牌，其客户数量已占中国移动通信客户总数的 70 % 以上，“神州行”品牌主要面向对资费比较敏感的低端大众用户，该品牌是低端市场最强有力的竞争品牌，也是中国移动抵御市场竞争的有效防线 。“移动梦网”是中国移动向客户提供的移动数据业务的统一品牌，它像一个大超市，包括了短信 、彩信 、手机上网（WAP）、百宝箱（手机游戏）等各种多元化信息服务，为客户提供了无线数据应用业务以及引导无线数据应用业务发展的商务网站。

1. 全球通的品牌个性营销策略

“创广州传说，我能”活动从采访著名年轻音乐人赵胤胤开始，并在广州最具影响力的报纸《广州日报》登载，在讲述赵胤胤成长故事的同时，重点突出他坚持不懈、艰苦奋斗的追求理想的精神，通过这位著名音乐大师的成功故事最深刻地诠释了“我能”的理念。波特在其著作《竞争优势》和《竞争战略》中提到，企业可以通过实行成本领先、差异化和目标集中三种基本的战略来建立自己的竞争优势。

2. 神州行的品牌传播和品牌销售营销策略

中国移动公司“神州行”品牌传播策略围绕“轻松由我神州行”的品牌传播主题，以客户体验为中心开展整合营销传播，深化品牌形象的建设与管理，运用低成本、大众化的媒介传播渠道和自由渠道开展品牌传播。品牌传播的要点是品牌驱动力要素，把广告传播和公关传播作为支撑手段，突出重点，点面结合，有步骤、有计划实施。另外，中国移动公司充分利用现有的媒体资源，如报纸杂志、电台广播、数字电视、网络站点等，运用高成本效益加上平民化选择完成产品的覆盖式宣传，以及设计公关互动，促进重点产品的传播推广。

3. 动感地带的客户品牌营销策略

中国移动将以业务为导向的市场策略转向以细分客户群体为导向的客户策略，出台了“动感地带”品牌营销策略。“动感地带”将目标客户群定位于 15~25 岁的追求时尚的年轻人，从心理特征来说，他们思维活跃、渴望沟通、好奇心强、崇尚个性，容易被新事物吸引。他们虽然有强烈的品牌意识，但对品牌的忠诚度较低，消费群落间容易相互影响。从对移动业务的要求来看，他们对业务数据的应用较多，主要用于娱乐和社交。动感的品牌名称、独特的品牌定位、炫酷的品牌语言和闪耀的明星代言，不仅迎合了年轻人消费需求和特点，更是提出了一种独特的现代生活方式与文化方式。

4. 移动 4G 的客户品牌营销策略

第四代移动通信技术的概念可称为宽带接入和分布网络，具有非对称的超过中国移动的品牌策略研究。

62Mbit/s 的数据传输能力。它包括宽带无线固定接入、宽带无线局域网、移动宽带系统和交互式广播网络。

第四代移动通信标准比第三代标准拥有更多的功能。第四代移动通信可以在不同的固定、无线平台和跨越不同的频带的网络中提供无线服务，可以在任何地方用宽带接入互联网(包括卫星通信和平流层通信),能够提供定位定时、数据采集、远程控制等综合功能。此外,第四代移动通信系统是集成多功能的宽带移动通信系统,是宽带接入IP系统。

由于4G通信不仅解决了与3G的兼容性问题,让更多的现有通信用户能轻易地升级到4G通信,而且4G通信引入了许多尖端通信技术,因此,相对其他技术来说,4G通信部署起来就容易、迅速得多。同时在建设4G通信网络系统时,通信运营商们将考虑直接在3G通信网络的基础设施之上,采用逐步引入的方法,这样就能够有效地降低运营成本。目前正在开发和研制中的4G通信将具有以下特征:通信速度更快、网络频谱更宽、智能性能更高、兼容性能更平滑、实现更高质量的多媒体通信、通信费用更加便宜。

思考:移动采用了什么品牌战略,有什么优劣?

案例4

可口可乐昵称瓶

2012年,可口可乐在澳大利亚推出了名为“Share A Coke”的宣传活动,印在可乐瓶、罐上的名字是澳大利亚最常见的150个名字。这还不止,更为这150个名字量身定做了150首可乐歌。活动期间,澳大利亚可口可乐的销量同比增长4%。短短3个月的时间,年轻消费者增长7%。

中国的昵称瓶活动是“Share A Coke”活动的延伸。不过,将创意“本土化”的过程却遇到了一些困难。中国人的名字实在太多了,如果照搬的话,这个创意几乎无法实行每个国家都有自己的文化,西方国家比较重视个人、尊重个人,但是亚洲国家则很重视群体。

李奥贝纳的一项消费者调研显示,一些昵称在社交网站上十分流行。现在的年轻人,往往会在夏天将大量的时间用在网络上,尤其是社交平台上,而忽视了与家人及朋友面对面的交流。当他们见面时,往往不知道如何表达自己的感受——表达、赞美在中华文化里并不那么容易,所以他们更倾向于无论在现实生活还是网络中都使用昵称。快乐昵称的创意就此落地。

基于以上观察,可口可乐想出“昵称瓶”的创意,希望通过这个既具有社交化特色又有文化关联的方式来加强人们之间的联系,鼓励年轻人与好朋友分享,拉近彼此的距离。

活动也正如他们最初所预想的,激发了当下年轻人的分享热情,他们纷纷在社交网站上自发传播与分享——“强烈建议可口可乐昵称瓶再加一个‘小胖子’”“请问有没有关于魏晨的?好想要”“喝完就丢掉了,若是能在瓶盖上做文章或出易拉罐的会更吸引收集”。

正如可口可乐大中华区品牌公关经理王静所说:“快乐和分享是可口可乐倡导的品牌精神。多年来,我们一直尝试用各种新的方式和方法与消费者沟通,贴近他们的生活。”可口可乐放下国际身段,主动与年轻人交“朋友”,加深了与年轻人的情感沟通。

事实上,除了为消费者带来诸多欢乐外,可口可乐“卖萌装”也确实促进了产品的销售。据悉,可口可乐新包装从2013年5月底开始生产,6月中旬完成全面铺货,夏季新装与传统包装相比销量有所上升。北京、上海等地区甚至出现了昵称瓶装缺货的现象。

思考:可口可乐的个性化瓶身包装对其他企业有什么借鉴?

【营销实践小项目】

1. 从消费者的角度来考虑(假设他们正要购买产品),下列产品属于日用品、选购品、特殊品和非渴求品中的哪一类:可口可乐(品牌)、汽车音响、防寒大衣、鞋子、人寿保险、蓝色牛仔裤、汉堡包、洗发水、罐装蔬菜、窗帘。

2. 一家当地的超市要推销他们自有品牌的纸质产品(如纸巾、擦面纸等),这些产品将与其他库存商品一块销售。公司聘请你给出一份报告,说明这样做的好处与坏处。

3. 分成小组,进行集体讨论,主题是"潮湿气候"的新服装产品线。潜在客户会需要怎样类型的产品?准备一份简短陈述向班级其他成员宣读。

4. 根据第5章的竞争分析报告,将个人电脑放在产品生命周期曲线上看一下,给出你将它放在那个位置的理由。

5. 3~5人一个小组,以小组为单位,选择中外让你熟悉的5个品牌,描述对它们的品牌印象,并研究其发展历史,分析中国品牌与世界品牌的差距。

第 9 章　定价策略

【知识目标】

1. 了解影响定价的因素。
2. 掌握初始定价的各种方法。
3. 掌握各种定价策略。
4. 掌握调价策略与价格变动反应策略。

【技能目标】

1. 能根据情况制定初始价格。
2. 具备分析、比较各种定价方法的相对优缺点的能力。
3. 学会在市场环境下灵活定价和选择最优定价方法及各种策略。

【导入案例】

家乐福与沃尔玛的价格策略

尽管家乐福和沃尔玛的价格相对其他超市来说都很低，但两家超市的所谓“低价”还是略有区别的。

在价格策略上，沃尔玛坚持“天天平价”原则，通过降低成本，制定低价格，让利给顾客；而家乐福秉承“高低价”的价格原则，降低部分敏感商品的价格吸引顾客，提高销售和营业额。具体来说，家乐福是坚持“低中取低，高中超高”策略，而沃尔玛是“整体低价”。家乐福不是所有商品的价格都很低，而是高低结合，至于哪些商品是低价，哪些商品是高价，家乐福是在进行充分的市场调研的基础上确定的。沃尔玛的天天平价不是一种或若干种商品的平价，而是所有商品均以低价销售；不是一时或一段时间的平价，而是一年四季均以低价销售；不是一个或一些地区的平价，而是全球各连锁店均以低价销售。

调查表明，零售企业的采购成本要占到企业运作成本的 60% 时，采购进行管理是零售企业管理中最有价值的部分。在采购中节省的每一元钱都会转化为利润。沃尔玛和家乐福都深知这一点，将精力集中在控制采购成本上，通过降低采购成本来增加企业的利润，实现各自的低价策略。家乐福的赢利模式是“不赚消费者的钱，而赚厂家的钱”。除了控制供应价格，家乐福还向供应商收取一定数额的进场费。沃尔玛实施“零进场费”政策，供销直通，优化供应链。具体来说，就是在采购的环节上全面压价，减少一切不必要的开支，即直接向生产厂家进货，不通过中间商，节省付给批发商的佣金。家乐福、沃尔玛采取不同的方法节约采购成本，为它们实施各自高超的价格策略打下了坚实的基础。

价格是直接影响销售收入的因素，十分敏感而又难以控制，是市场营销决策的重要组成部分，直接关系到市场对产品的接受程度。定价所涉及的运作过程与变数相当复杂，如何在变幻莫测的市场环境中制定出对公司最有利、最能吻合消费者消费心理的价格，是一门需要仔细谋划的艺术，是对企业市场营销策划的重大挑战。

企业定价工作复杂，需要采取一系列步骤和措施。一般来说价格策划包括6个步骤，即选择定价目标、估算成本、测定需求的价格弹性、分析竞争产品与价格、选择适当的定价方法和选定最后价格。

本章主要围绕企业如何进行定价这一中心问题，着重论述影响定价的因素、制定价格的方法、定价策略和价格调整策略。

9.1 影响定价的因素

影响产品定价的因素是多方面的，包括营销目标、成本、市场需求、竞争者的产品和价格以及政府的政策法规等。一般来说，产品定价的上限通常取决于市场需求，下限取决于该产品的成本、费用等。在上限和下限内如何确定价格水平，则取决于一个企业的营销目标、政府的政策法规和竞争者同类产品的价格，其中竞争因素构成了对价格上限最基本的影响，企业营销目标则提出了最低限价的问题。

9.1.1 企业的营销目标

企业的营销目标是影响企业定价的首要要素，任何企业制定价格都必须考虑公司目标市场战略及市场定位，而且还要考虑一些具体的经营目标，如利润额、销售额、市场占有率等，它们都会对定价产生重要影响。不同企业的营销目标或同一企业不同时间的营销目标多有变化，归纳起来企业的营销目标如下。

1. 维持生存

如果企业产能、产量过剩或面临激烈竞争，则会把维持生存作为主要目标。为了确保继续生产和存货售出，企业必须制定较低价格，并希望市场是价格敏感型的，只要它们的价格能补偿变动成本和部分固定成本，企业就可以继续生产经营。

2. 利润最大化

有些企业希望制定能使企业利润最大化的价格，通过估计需求和成本，并据此选择一种价格，使之能产生最大的当期利润、现金流量或投资报酬率。利润最大化目标分为三种情况：①长期利润目标，公司制定正常的行业价格，但却生产优质的产品，以期将来可渗透到竞争者的市场中去；②最大当期利润目标，公司一般根据已知的需求和成本情况，制定一个当季或当年可获得最大利润的价格；③固定的利润目标，公司一般来说是制定一个具体的利润目标。但追求利润最大化的营销目标的前期假定是：企业对其产品的需求函数和成本函数有充分了解，借助需求函数和成本函数，便可制定确保利润最大化的价格。

3. 市场占有率最大化

企业为获得市场占有率最大化，往往把价格尽可能定得很低。因为赢得最高市场占有率之后，将享有最低成本和最高的长期利润，所以企业在单位产品价格不低于可变成本的条件下，制定尽可能低的价格，以便把竞争者的顾客吸引过来或驱逐竞争者，追求市场占有率的领先地位。

4. 产品质量最优化

企业如果考虑质量领先这样的目标，需要在生产成本、产品开发研究以及促销方面做出较大的投入，因此需要制定优价弥补这些支出，同时还应辅以相应的优质服务。反过来，高价也会给企业带来产品优质的形象，增加了对追求高档产品的那部分消费者的吸引力。

9.1.2　产品成本

任何企业都不能随心所欲地制定价格，产品成本是企业定价的底线。从长远看，任何产品的销售价格都必须高于成本费用，这样才能以销售收入抵偿生产成本和经营费用。因此企业制定价格必须估算相关成本。对于已有产品，相关成本是指与生产、分销有关的直接成本和分配的间接成本；对于新产品，相关成本是在未来的整个生命周期里的直接成本和分配的间接成本。总成本在构成上分为固定成本和变动成本。固定成本是公司固定开支的总和，如每月必须支付的厂房租金、管理人员薪金、保险费用等，这部分成本与公司的产量无关，不随产品生产或销售收入的变化而变化；变动成本是公司直接用于产品生产和销售的各种费用之总和，是随生产水平的变化而直接发生变化的。

9.1.3　市场需求

成本是制定价格的下限，市场需求是制定价格的上限。市场需求受价格和收入变动的影响。因价格或收入等因素引起的需求相应的变动率叫需求弹性。需求的价格弹性反映需求量对价格的敏感程度，即：需求的价格弹性 = 需求量变动的百分比 / 价格变动的百分比，表明价格变动百分之一会使需求变动百分之几。以下情况可能会使需求缺乏弹性：市场上没有替代品或竞争者；购买者对较高价格不在意；购买者改变购买习惯较慢，也不积极寻找较便宜的产品；购买者认为质量有所提高，或者认为存在通货膨胀等，价格较高是应该的。

9.1.4　竞争者的产品和价格

企业在做价格决策时，必须考虑竞争者的成本、价格及对企业本身价格变动可能做出的反应。企业必须采取适当方式了解竞争者的产品质量和价格，比质比价，以便更准确地制定自己的产品价格。如果质量大体一致，价格一般也应大体相同或略低一些，否则可能卖不出去；如果本企业产品质量较高，价格也可定得高一些；如果质量较低，价格就应低一些。

还应看到，竞争者可能针对本企业的价格策略调整其价格，也可能不调整价格而通过调整市场营销组合的其他变量与本企业争夺顾客。对竞争者的价格变动，要及时掌握有关信息，并做出恰当的反应。

9.1.5 政府的政策法规

企业制定价格还必须考虑政府有关政策、法令的规定。在我国，规范企业定价行为的法律和相关法规，有《价格法》《反不正当竞争法》。

营销新视野——数字化时代的定价

一直以来，价格是买方做出选择的一个主导因素。消费者和采购代理如果能够通过渠道获取价格信息和折扣，他们就会对零售商施加降价压力，零售商则向制造商施加降价压力，从而最终形成一个以大量折扣和促销为特征的市场。由经济环境变化带来的降价压力与技术环境中的某些长期趋势相一致。近年来，互联网已经改变了买家和卖家互动的方式。

下面简单列举互联网如何使卖方差别对待买方，又如何使买方差别对待卖方。

（1）买方可以从成千上万的供应商中获得即时的价格比较。顾客通过上网可以比较多个零售商提供的价格。智能的购物代理程序可以使价格比较更进一步，可以找出成百上千条有关商家的产品、价格和评论。

（2）在购买点查看价格。客户可以在决定购买前使用智能手机进行价格比较，促使零售商匹配或提供更有利的价格，或购买其他商家的产品。

（3）报出价格并实现交易。在互联网的网站上，客户报出他们愿意支付的机票、酒店、租车的价格，网站会查找任何与这一价格匹配的卖方，也有一些购买者数量众多的网站会将顾客的订单累积起来，迫使供应商提供更多折扣。

（4）获得免费产品。开放源代码，这项始于 Linux 的免费软件运动，将挤压软件开发企业的利润空间。微软、甲骨文、IBM 和几乎所有其他主要软件开发商面临的最大挑战在于，怎样和一个可以免费获得的程序竞争。

（5）监控顾客行为并为个人定制价格。大数据时代的到来，企业的大量顾客购买信息可以为顾客提供个人定制价格。

（6）给予某些顾客特价。如唯品会专门做特价。其他企业营销人员已经使用互联网精确控制任一时刻的库存、成本和需求，以便于及时调整价格。

9.2 定价方法

本节仅就具体定价方法做一阐述，企业定价一般来说大体分为四种导向：以成本为导向的定价方法、以利润为导向的定价方法、以需求为导向的定价方法和以竞争为导向的定价方法。

9.2.1 以成本为导向的定价法

成本导向定价法是企业最常见的定价方法，是一种主要以成本为依据的定价方法，包括成本加成定价法、增量分成定价法两种具体方法。其优点是简便、易用。

1. 成本加成定价法

所谓成本加成定价，是指按照单位成本加上一定百分比的加成制定销售价格。所以成本加成定价公式为：

$$P=C(1+R)$$

式中 P——单位产品售价；

C——单位产品成本；

R——成本加成率。

与成本加成定价的方法类似，零售企业往往以售价为基础进行加成定价。其加成率的衡量方法有两种：①用零售价格来衡量，即加成（毛利）率 = 毛利（加成）/ 售价；②用进货成本来衡量，即加成率 = 毛利（加成）/ 进货成本。

2. 增量分析定价法

增量分析定价法主要是根据企业接受新任务引起的增量收入减去增量成本之后的增量利润来确定定价。增量分析定价法和成本加成定价法的共同点是以成本为基础，不同之处在于前者以增量成本为定价的基础，后者以全部成本为定价的基础。

在企业经营中，增量分析法大致适用于三种情况。

（1）生产能力富余，接受新任务不影响原来任务的完成。在这种情况下，企业接受新任务不用追加固定成本，只要增加变动成本即可，定价以变动成本为基础。

（2）为减少亏损，企业可以通过降价争取更多任务。市场萧条时，企业为了争取更多的订单，可以通过削价多承揽一些任务以减少亏损。

（3）企业生产互相替代或互补的几种产品。如果企业生产的产品互相替代或互补，其中一种产品价格变动，会影响到其他有关产品的需求量，因而价格决策可以采用增量分析法综合考虑几种产品的综合效益。

9.2.2 以利润为导向的定价法

1. 目标利润定价法

目标利润定价法是企业定价时预先设定一个具体金额的年目标利润，再据此推算产品售价。

假设一家企业打算运用目标利润定价法来制定销售价格，并且相关数据资料如下：单位可变成本为 22 元；固定成本 26 000 元；年销售量为 1 000 单位时目标利润是 7 000 元。该企业产品的价格计算如下：

$$\text{利润} = \text{总收入} - \text{总成本}$$

$$\text{利润} = P \times Q - [FC + (AVC \times Q)]$$

$$7\,000\text{（元）} = P \times 1000 - [26\,000 + (22 \times 1\,000)]$$

$$7\,000\text{（元）} = 1\,000\,P - (26\,000 + 22\,000))$$

$$1\,000P = 7\,000 + 48\,000$$

$$P = 55\text{（元）}$$

式中：P 为价格；Q 为年销售量；FC 为固定成本；AVC 为单位可变成本。

2. 目标销售收入定价法

上述目标利润定价法方法简单，但缺乏企业为达到该目标在销量上应做出多大努力的标准。因此，有些连锁超级市场公司经常采用目标销售收入定价法来制定价格，使企业获得一个销售量若干百分比表现的利润。假设前述企业决定采用目标销售收入定价法来为企业的产品定价，且其前三个假设数字与前例相同。该企业现在要制定一个目标为年销售量 1 250 单位 20% 收入的产品价格。具体计算如下：

$$\text{目标销售收入} = \text{目标利润} / \text{总收入}$$

$$20\% = (TR - TC)/TR$$

$$0.2 = (P \times Q) - [FC + AVC \times Q]/TR$$

$$0.2 = (P \times Q) - [FC + AVC + Q]/TR$$

$$0.2 = (P \times 1\,250) - [26\,000 + (22 \times 1\,250)]/P \times 1\,250$$

$$P = 53.5(\text{元})$$

其中：TR 为总收入；TC 为总成本；P 为价格；Q 为销量；AVC 为单位可变成本

9.2.3 以竞争为导向的定价法

1. 现行价格定价法

企业运用此方法定价，主要是根据竞争者的价格来制定自己产品的价格，很少考虑自己的成本或社会需求。企业可以制定与其主要竞争者相同、稍高或稍低的价格。现行价格定价法在现实经济工作中相当普遍，当需求弹性不易测量时，企业认为现行价格定价法反映了本行业的集体智慧，这种定价方法既可以产生合理的报酬，同时又可以阻止恶性的价格战。

2. 密封投标定价法

当企业对工程进行投标时也采用以竞争为导向的定价方法。企业采用密封投标定价法定价时，是以设想竞争者将定什么价为基础的，而不是以自己的成本或需求为基础的。企业的目的既然是为了中标，因此其要价必须低于其他企业。相反，企业所定价格越高于其成本，它中标的机会就越小。但是企业的定价不能低于一定水平，如果它把价格定得低于成本就会使自己的经济利益受到损害。

9.2.4 以需求为导向的定价法

需求导向定价法是一种以市场需求强度及消费者感受为主要依据的定价方法，包括感知价值定价法、反向定价法和需求差异定价法。其中需求差异定价法（也称为差别定价）既是一种定价法，又涉及灵活多变的定价策略。在本章第 3 节定价基本策略中专门论述。

1. 感知价值定价法

所谓感知价值定价，就是根据购买者对产品的感知价值制定价格，而不是根据卖方的成本来制定价格的定价方法。该方法本质上是企业利用市场营销组合中的非价格变数，如产品质量、服务、广告宣传等来影响消费者，使他们对产品的功能、质量、档次等属性有一个大致的“定位”，然后定价。

感知价值定价的关键在于准确计算产品提供的全部市场感知价值。企业如果过高地估计感知价值，便会制定出偏高的价格；过低地估计，则会制定出偏低的价格。如果价格大大高于感知价值，消费者会感到难以接受；如果价格大大低于感知价值，也会影响产品在消费者中的形象。

2. 反向定价法

反向定价法是企业依据消费者能够接受的最终价格，计算自己经营的成本和利润后，逆向推算产品的批发价和零售价。这种方法不是以实际成本为主要依据，而是以市场需求为定价出发点，力求使价格为消费者所接受。分销渠道中，批发商和零售商多采取这种定价方法。

营销新视野——免费经济学

电子商务中最令人兴奋的革命之一发生在定价领域。互联网又一次改变着我们做生意的方式。这是因为网络使产品免费赠送成为可能。

一种基于产品价格为 0 或接近于 0 的商业模式实际上获得了利润。例如，像某些歌手意识到如果用户可以在网上免费下载他们的音乐，那么就会拥有很多歌迷。这些歌迷会去参加音乐会并会购买公司产品。许多在线视频游戏对玩家免费开放，因为他们是有广告支持的。

这种免费经济学（Freenomics）下新的商业模式是基于经济学家称之为“外在性”这一观念的。这意味着商家在市场上得到的人们的关注越多，赢利就会越多。例如，使用爱奇艺观看视频的人越多，就会引起越多人的关注，这样广告商就会更乐意花钱到爱奇艺做广告。

如欧洲瑞安航空公司（Ryanair）提供了只需 20 美元就可以从伦敦飞往巴塞罗那的服务。CEO 表示他希望公司所有的航班最终都能免费飞行。不要认为航空公司这样就不会赢利，当它提供辅助服务时，如食物、饮料、预加载的额外费用、行李检查和带婴幼儿飞行等服务，公司就能获得收入。对于信用卡交易和机舱内广告，瑞安还可以多收费。

9.3 定价策略

依据成本、需求和竞争等因素决定的产品基础价格，是单位产品在生产地点或者经销地点的价格，并未计入折扣、运费等的影响。在实践中，企业还需考虑和利用灵活多变的定价策略，修正或调整产品价格。

9.3.1 折扣定价策略

企业为了鼓励顾客及早付清货款、大量购买、淡季购买，可酌情降低基本价格。这种价格策略叫做价格折扣定价策略。价格折扣的主要类型如下。

1. 现金折扣

现金折扣指企业对及时付清货款的顾客的一种减价。例如，顾客在 30 天内必须付清货款;如果 20 天内付清货款,则给予 3% 的折扣。

2. 数量折扣

数量折扣指企业给大量购买某种产品的顾客的一种减价,以鼓励其购买更多。大量购买可使企业降低生产、销售、储运、记账等环节的成本费用。这种策略又分为以下两种。

(1)累计数量折扣,即规定在一定时间内,如果购买总数超过一定数额,按总量给予一定的折扣。例如,一个客户在一年中累计进货超过 2 000 件,每次购货时按基本价格结算收款,到年终,企业按全部价款的 5% 返还给该客户。

(2)非累计数量折扣,即规定顾客每次购买达到一定数量或购买多种产品达到一定的金额所给予的价格折扣。

3. 功能折扣

功能折扣又称为贸易折扣,是制造商给批发商或零售商的一种额外折扣,促使他们执行某种营销功能(如推销、储存、服务)。

4. 季节折扣

季节折扣指企业给购买过季商品或服务的顾客的减价。例如,滑雪橇制造商在春夏季给零售商以季节折扣,以鼓励零售商提前订货;旅馆、航空公司等在旅游淡季给旅客以季节折扣。

5. 价格折让

例如,一辆摩托车标价 4 000 元,顾客以旧摩托车折价 500 元,购买时只需支付 3 500 元,称为以旧换新折让。又如,经销商同意参加制造商的促销活动,制造商卖给经销商的物品可以打折,称为促销折让。

9.3.2 地区定价策略

一般来说,一个企业的产品不仅卖给当地,同时也可能卖到外地。卖给外地顾客,要把产品从产地运到顾客所在地,需要花费运装成本。所谓地区性定价策略就是决定:卖给不同地区(包括当地和外地)的顾客,是分别制定不同价格还是相同价格,也就是说是否制定地区差价。

1. 原产地定价

原产地定价就是顾客(买方)按照厂价购买某种产品,企业(卖方)负责将这种产品运到产地某种运输工具(如卡车、火车、船舶、飞机等)上交货。交货后从产地到目的地的一切风险和费用概由顾客承担。这样定价对企业的不利之处是远地顾客可能不愿购买这个企业的产品,转而购买其附近企业的产品。

2. 统一运送定价

这种形式和前者相反。所谓统一交货定价(又叫邮资定价),就是企业卖给不同地区顾客,按照相同的厂价加相同的运费(按平均运费计算)定价。

3. 分区定价

这种形式介于前两者之间。企业把整个市场(或某些地区)分为若干价格区,卖给不同价格区顾客的产品分别制定不同的地区价格。距离较远的价格区定价较高,同一价格区范围实行统一价格。较近的价格区定得较低，同一价格区范围实行统一价格。

采用分区定价存在的问题：

（1）无法考虑同一价格区顾客的距离差异，距离较近的顾客会感觉不合算；

（2）处在两个相邻价格区边界上的顾客，相距不远，但要按不同价格购买同一产品。

4. 基点定价

所谓基点定价，是企业选定某些城市作为定价基点.然后按一定的厂价加从基点城市到顾客所在地的运费定价，而不管货物实际是从哪个城市起运。基点定价的产品价格结构缺乏弹性，有利于避免价格竞争。顾客可在任何基点购买，企业也可将产品推向较远市场，有利于市场扩展。

基点定价方式比较适合下列情况：

（1）产品运费成本所占比重较大；

（2）企业产品市场范围大，许多地方有生产点生产；

（3）产品的价格弹性较小。

5. 运费免收定价

企业负担全部或部分运费：有些企业认为如果生意扩大，平均成本就会降低，足以抵偿这些开支。运费免收定价可使企业加深市场渗透，并在竞争日益激烈的市场上站住脚。

9.3.3 心理定价策略

1. 声望定价

声望定价是指企业利用消费者仰慕名牌商品或名店的声望所产生的心理，把价格定成整数或高价。质量不易鉴别的商品定价适宜此法，因为消费者崇尚名牌，认为“价高质必优”。

2. 尾数定价

尾数定价是利用消费者数字认知的某种心理，尽可能在价格数字上不进位、保留零头，使消费者产生价格低廉和卖主认真核算成本的感觉，使消费者对企业产品及定价产生信任感。

3. 招徕定价

招徕定价是零售商利用顾客求廉心理，将某些商品定价较低以吸引顾客。一些商店随机推出降价商品，每天、每时都有一两种降价出售，吸引顾客经常光顾，同时也选购其他正常价格的商品。

9.3.4 差别定价策略

所谓差别定价或需求差异定价，是指企业按照两种或两种以上不反映成本费用的比例差异的价格销售产品或服务。

1. 差别定价的主要形式

（1）顾客差别定价，即企业对统一产品或服务的不同顾客制定不同的价格。例如，铁路对于大学生和 1.20 米以下的儿童收取半票，对成人收取整票。

（2）产品形式差别定价，即企业对不同型号或形式的产品，分别制定不同价格，但是不同型号或形式产品的价格差额和成本费用之间的差额并不成比例。

（3）产品地点差别定价，即企业对处在不同位置的产品或服务，分别制定不同价格，即使这些产品或服务的成本费用没有任何差异。差价的原因不仅是因为运输和中转费用的差别，而且由于不同地区市场具有不同爱好和习惯。例如，剧院的不同座位票价有所不同，因为人们对不同座位偏好不同。

（4）销售时间差别定价，即企业对不同季节、不同时期甚至不同钟点的产品或服务分别制定不同价格。例如，电信服务、电力供应在一天中某些时段、周末和平常收费不同。

2. 差别定价的适用条件

（1）市场必须可以细分，而且各个细分市场须表现出不同的需求程度。

（2）以较低价格购买的顾客，没有以较高价格把产品转卖的可能。

（3）竞争者不可能在企业以较高价格销售的市场上低价竞销。

（4）细分市场和控制市场的成本费用，不超过因实行差别价格得到的额外收入，否则得不偿失。

（5）差别价格不会引起顾客反感，放弃购买。

（6）差别价格的形式不违法。

9.3.5 新产品定价策略

1. 撇脂定价

撇脂定价是在新产品上市初期，把价格定得很高，以攫取最大利润，犹如从鲜奶中撇取奶油。

从实践看，具备以下条件时企业可采取撇脂定价：

（1）具有独特技术，竞争者难以跟进；

（2）认可度高，市场需求迫切；

（3）市场需求大，企业短期不能满足。

2. 渗透定价

所谓渗透定价，是企业把其新产品价格定得相对较低，以吸引大量顾客，提高市场占有率。

从实践看，渗透定价需要具备以下条件：

（1）需求对价格极为敏感，低价刺激市场迅速增长；

（2）企业的生产成本和经营费用，会随着生产经营经验的增加而下降；

（3）低价不会引起实际和潜在的过度竞争。

案例 9-1

海澜之家的价格策略

在传统的观念中，价格是作为买者做出选择的主要决定因素。价格是制约消费者购买行为的首要因素。在经济不发达地区尤其如此。但随着人们生活水平的提高，在购物者选择行为中非价格因素变得相对重要，而价格因素的地位也相应降低。然而，价格仍是决定市场份额和赢利率的最重要因素之一。"海澜之家"作为一个服装品牌,在决定打入市场之前,考虑到长期竞争策略,在定价策略方面主要采取的是高端中价法。海澜公司认为,合理制定产品价格,要坚持已获得正常利润为定价标准。定价要面向广大消费者,不能把品牌购买只限制在高消费群中。定价如果过高,即使名牌也会有损该产品的形象。要想走高档中价的经营道路,就必须强化企业硬、软件条件。既要有一流的设备,又要有一流的高素质人才。既要有高素质的服装设计师,又要有优质先进的流行面料,才能达到高品质的服装效果。为此,海澜公司在全国首次提出服装生产新概念即服装开发从原始的羊毛开始,在国内服装界率先形成了从羊毛进来到服装成品出去的完整产业链。在这个过程中,"海澜之家"男装品牌经历了最纯净的流通环节。从牧场到工厂直接进入卖场,全部利用自身资源,没有任何中间商参与,有效控制成本和品质,直接让利给消费者。

9.3.6 产品组合定价策略

当产品只是产品组合的一部分时,必须对定价方法进行调整。企业要研究出一系列价格,使整个产品组合的利润最大化。由于各种产品之间存在需求和成本的联系,而且会带来不同程度的竞争,所以定价十分困难。

1. 产品大类定价

产品大类定价是同时对一组或一系列产品统筹考虑、统一定价。企业通常开发出来的是产品大类,而不是单一产品。企业生产的系列产品存在需求和成本的内在关联性时,为了充分发挥这种内在关联性的积极效应,需要采用产品大类定价策略。具体分为分级定价策略和配套定价策略。

(1)分级定价策略。企业把其生产的产品分成几个档次或类型,然后按级别或类别定价。如家具厂把家具分为大众型、高雅型、豪华型,按型号定价。这样既便于满足不同的消费需要,又使定价简单、合理。运用分级定价的关键是分级要符合目标市场的需要,级差要适当,否则达不到营销目标。

(2)配套定价策略。企业把相关的多种产品搭配成套,按套定价,一起卖出。如家具组合、礼品组合、三件套装等。成套定价和销售,使消费者感到比单件购买便宜、方便,从而促进销售,同时也能保证企业在总体上获利。

2. 选择品定价

选择品是相对主要商品而言的。许多企业在提供主产品的同时,会附带一些可供选择的产品或服务,如汽车用户可订购电子开窗控制器、扫雾器和减光器等。但是对于选择品的定价,公司必须确定价格中应当包括哪些项目,又有哪些项目可作为选择对象。例如,饭店定价,顾客除了饭菜,也会购买酒水。许多饭店酒水价格高,食品价格相对低。食品收入可弥补食品成本和饭店其他成本,酒水收入可带来利润。

3. 互补产品定价

有些产品需要附属或补充品配合才能使用,如剃须刀架与刀片、照相机与胶卷、打印机墨盒或色带。在互补产品系列中,有一个在连带消费关系中起主导作用的产品或服务关系。互补产品价格策略就是降低起主导作用的产品或服务项目的价格,以扩大该产品的销售，促进系列产品的销售。如降低照相机的价格，可使照相机的销售量增加，对胶卷的需求量则自然增加，企业就能获得更多的利润。

4. 分部定价

服务性企业定价采取分部定价，经常收取一笔固定费用，再加上可变的使用费。例如电话用户每月要支付一笔最少的使用费，如果超过使用次数还要再交费。例如，游乐园一般先收门票费，如果游玩的地方超过规定，就再收费。

5. 副产品定价

企业在生产过程中，利用边角废料制造副产品，进行综合利用。比如，在生产加工肉类、石油产品和其他化工产品的过程中，经常产生副产品。如果副产品值低、处置费用昂贵，就会影响主产品定价。如果副产品能带来收入，则有助于企业在应对竞争时制定较低价格。

6. 产品系列定价

企业经常会打包出售一组产品或服务，如化妆品、计算机、旅行社提供的系列活动方案。这就是产品系列定价，也称价格捆绑，目标是刺激产品线的需求，充分利用整体运营的成本经济性，同时努力提高利润净贡献。

在实践中，价格捆绑可有多种形式。

（1）纯粹的捆绑。指只能一次买下所有东西，不能分开购买。如微软将视窗操作系统和 IE 浏览器捆绑。

（2）混合捆绑。顾客可以选择捆绑购买，也可分开购买。通常产品系统的捆绑价格低于单独购买其中每一产品的费用总和。因为顾客原本可能不打算购买所有产品，这一组合的价格有较大降幅，才能推动购买。混合捆绑包括：①混合引导捆绑，消费者全价购买一种产品，则对购买另一产品给予折扣，例如，有线电视顾客全价购买第一个付费频道；②混合联合捆绑，只对一系列产品或服务的组合给出一个价格。

9.4 价格变动

企业处在一个不断变化的环境中。为了生存和发展，企业根据客观环境和市场形势的变化，有时需要主动降价或提价，有时又要对竞争者的变价做出适当反应。

9.4.1 企业降价与提价

1. 企业降价

企业降价的主要原因如下。

（1）生产能力过剩，产品出现积压。当市场供过于求，企业库存积压严重，需要扩大销售，又不能通过产品改进和加强销售等扩大市场。这种情况下，企业就需考虑降价。

（2）在强大竞争压力下，企业市场占有率下降。

（3）企业成本费用比竞争者低，企图通过降价掌握市场或提高市场占有率，从而扩大生产和销售量，进一步降低成本费用。

2. 企业提价

虽然提价会引起消费者、经销商和推销人员不满等负面效应，但是成功的提价可以使企业利润大大增加。引起企业提价的主要原因如下。

（1）通货膨胀导致物价上涨，成本费用提高。在通货膨胀条件下，企业往往采取种种方法提高价格。

①采取推迟报价的策略，即企业暂时不制定最后价格，等到产品制成或交货时规定最后价格。

②在合同上规定调整条款，即企业在合同中加上一定时期内（一般到交货时为止），可按某种价格指数调整价格的条款。

③采取不包括某些商品和服务的定价策略，即在通货膨胀、物价上涨的条件下，企业决定保持产品价格不动，但原来提供的某些服务另行计价。

④降低价格折扣，即削减正常的现金和数量折扣，并限制销售人员以低于价目表的价格拉生意。

⑤取消低利产品。

⑥降低产品质量。即减少产品特色和服务。

（2）产品供不应求，不能满足所有顾客，企业通过提价抑制超前需求。

案例 9-2

格兰仕的降价策略

纵观中国微波炉市场，其发展历程可划分为如下几个阶段。1990—1992 年为市场导入期，1993 年开始进入成长初期，增长速度非常快。1995 年以来，中国家电业开始出现微波炉合资热。国外的跨国公司纷纷将目光瞄准中国刚刚启动的微波炉市场，意欲继空调、彩电之后，再次控制中国的微波炉市场。从需求方面看，20 世纪 90 年代以来，消费者处于购买力的积聚阶段。大家电日趋饱和，而购房购车又无望，消费者手中通常有一笔随时支出的消费资金。这笔资金，在最小的刺激下，有可能迅速用于消费。1996 年国家两次下调存款利率，国债投资无门，股市的大起大落，促成了社会上的一笔数额庞大的游资。这笔游资在一定刺激下，也可实现消费。“格兰仕”认识到，消灭竞争对手的最好办法是在其成熟之前将其打垮，抢占市场份额成为竞争的焦点。自 1995 年以来，格兰仕不遗余力推动的有关微波炉知识的消费引导，已起了明显的作用。消费者对微波炉的兴趣、了解日趋成熟、完善。扩大总需求成为格兰仕加快自身发展，加大市场发展的主要途径。要想扩大总需求，最佳方法是打破消费者的消费壁垒，即解决产品的定价问题。在上述背景下，格兰仕实行价格战是势在必行。

20 世纪 90 年代初，中国市场的微波炉渗透率很低。1992 年，中国微波炉市场容量仅约为 20 万台，且主要集中在上海、广州和北京等大城市，其中仅上海一地就占了 70%。1993 年，中国市场微波炉平均价格超过 3 000 元；而当时中国最富裕的广东省城镇居民人均收入 4 277.23 元。据报道，1995 年，中国城市微波炉购买者的目标价位多集中在 1 000~1 600 元这一区间。

1992 年，格兰仕微波炉进入微波炉市场。1996 年 8 月，格兰仕微波炉第一次降价，平均降幅达40%,当年实现产销65万台,市场占有率一举超过35%。1997年,格兰仕开展大幅降价和让利活动,形成了城市家庭购买微波炉的狂潮,一年之中格兰仕微波炉由几十万台扶摇直上,产销量逼近200万台,占据国内半壁江山,以八成的市场占有率稳稳地坐在这一领域的王位。1996—2003年的7年间,格兰仕共进行了9次大规模降价,其降价的幅度大,每次降价最低降幅为25%,一般都在30%~40%。从1992年格兰仕进入微波炉行业至今,微波炉的价格由每台3 000元以上降到每台300元左右。但是无休无止的价格战、促销战使得这一行业领域硝烟弥漫、纷争不断。国内的诸多企业在这场短兵相接的厮杀中人仰马翻,而一些国际品牌也在这场被称为"世纪末的殊死之战"中溃不成军。

据了解,自2008年全球金融危机以来,原本积极进取的小家电企业也因为业绩回落,纷纷采取了保守的市场策略。格兰仕生活电器2008年在中国市场实现同比增长300%的销量,正是产销规模的高速增长为格兰仕创造了巨大的降价空间。格兰仕通过"价格战",让微波炉从数千元的奢侈品、舶来品变为普通家庭都能轻松消费的日用品,通过"创造性破坏"改写了微波炉行业的游戏规则,成为行业的领导者。

9.4.2 企业对竞争者变价的反应

在现代市场经济条件下,企业经常会面临竞争者变价的挑战:如何对竞争者的变价做出及时、正确的反应,是企业定价策略的一项重要内容。企业考虑改变价格,不仅要重视购买者的反应,而且必须关注竞争者的反应。如果一个行业企业很少,产品同质性强,购买者颇具辨别力与知识,竞争者的反应就越发显得重要。

1. 不同市场环境下的企业反应

在同质产品市场上,如果竞争者降价,企业必须随之降价,否则顾客会转而购买竞争者的产品。如果某一个企业提价,且提价对整个行业有利,其他企业也会随之提价;但是如果有企业不跟随提价,那么最先发动提价的企业和其他企业就有可能不得不取消提价。

在异质产品市场上,企业对竞争者变价的反应有更多选择余地。因为在这种市场上,顾客选择卖主不仅考虑价格因素,而且考虑质量、服务、性能、外观、可靠性等,因而对于较小的价格差异可能并不在意。

面对竞争者的变价,企业必须认真研究以下问题:

(1)为什么竞争者要变价;

(2)竞争者是暂时变价,还是打算永久变价;

(3)对竞争者的变价行为置之不理,对本企业的市场占有率和利润会有何影响;

(4)其他企业是否也会做出反应;

(5)竞争者和其他企业对本企业的每个可能的反应,又会有什么样的反应;

2. 了解竞争者反应的主要途径

企业估计竞争者的可能反应,至少可以通过两种方法:内部资料和统计分析。情报的方法有些是可接受的,有些则近乎于刺探。类似的情报也可由其他渠道,如顾客、金融机构、供应商、代理商等获得。

企业可从以下两方面来估计、预测竞争者对本企业价格变动的可能反应:

（1）假设对手采取老一套的办法应对本企业价格变动；

（2）假设对手把本企业每一次价格变动都看作新挑战，并根据当时的利益做出反应。

3. 竞争者反应的主要类型

竞争者对调价的反应，主要有以下类型。

（1）相向式反应。你提价，他涨价；你降价，他也降价。这样一致的行为，对企业影响不太大，不会导致严重后果。只要企业坚持合理的营销策略，不会失掉市场和减少市场份额。

（2）逆向式反应。你提价，他降价，或维持原价；你降价，他提价或维持原价。这种相互冲突的行为影响很严重，竞争者的目的也十分清楚，就是乘机争夺市场。对此，企业要进行调查分析，还要了解市场的竞争格局。

（3）交叉式反应。众多竞争者对企业调价反应不一，有相向的，也有逆向的，还有不变的，情况错综复杂。企业在不得不进行价格调整时，应注意提高产品质量，加强广告宣传，保持分销渠道畅通等。

9.4.3 企业应变需要考虑的因素

受到竞争对手进攻的企业必须考虑：

（1）产品在其生命周期中所处的阶段以及在企业产品投资组合中的重要程度；

（2）竞争者的意图和资源；

（3）市场对价格和价值的敏感性；

（4）成本费用随销量和产量的变化而变化的情况。

面对竞争者的变价，企业不可能花很多时间分析应采取的对策。事实上，竞争者很可能花了大量时间准备变价。企业必须在几天甚至数小时内明确、果断地做出反应。缩短价格反应决策时间的唯一途径，是预料竞争者可能的价格变动，并事先准备适当对策。

【本章小结】

影响定价的因素包括营销目标、成本、市场需求、竞争者的价格水平以及政府的政策法规等。企业定价目标主要有维持生存、利润最大化、市场占有率最大化、产品质量最优化。定价过程要采取的步骤是：选择定价目标、估算成本、测定需求的价格弹性、分析竞争产品与价格、选择适当的定价方法、选定最后价格。企业定价有四种导向，即成本导向、利润导向、需求导向和竞争导向。

企业定价策略包括折扣定价策略、地区定价策略、心理定价策略、差别定价策略、新产品定价策略以及产品组合定价策略。价格折扣有五种类型：现金折扣、数量折扣、功能折扣、季节折扣、价格折让。地区定价包括原产地定价、统一交货定价、分区定价、基点定价和运费免收定价。心理定价包括声望定价、尾数定价和招徕定价。差别定价的主要形式有：顾客差别定价、产品形式差别定价、产品地点差别定价和销售时间差别定价。新产品定价包括撇脂定价和渗透定价。产品组合定价包括产品大类定价、选择品定价、补充产品定价、分部定价、副产品定价、产品系列定价。

企业处在不断变化的环境中，有时候需要主动降价或提价，有时候又需要对竞争者的变化做出适当反应。

【关键术语】

价格　需求价格弹性　成本　边际成本　盈亏平衡点　固定成本　可变成本　折扣　免费　撇脂定价　渗透定价　原产地定价

【案例扩展阅读】

案例 1

长虹掀起价格战

在发展过程中，长虹通过多次的降价活动，成长为我国的“彩电大王”，同时也成为我国家电行业的一面旗帜，将家电行业带动成为我国最具市场经济特征的行业之一。长虹今天的表现归功于长虹的几次主动降价行动。

第一次，开启自主调价之路。

1988 年彩电严重紧缺，抢购倒卖之风盛行，普通老百姓以高于国家牌价一倍的价格还很难买到彩电。在国家牌价的制约下，出现“百姓多花钱，厂家挣不到钱”的局面。长虹以略高于国家牌价的价格卖给省工商银行一批彩电为开端开始了自己的自行价格调整旅程。1989 年国内彩电生产厂引进了大量彩电生产线，同时国家开征彩电消费税，彩电市场顿时供过于求，厂家彩电积压严重。光上半年长虹就积压近 20 万台彩电，占用资金 3.2 亿，资金严重紧张。在请示省物价局后， 1989 年 8 月 9 日长虹进行自行降价活动，每台彩电降价 350 元，长虹积压彩电一销而空，同时也提升了长虹在彩电行业的地位。为此而受到“不让涨价你涨价，不让降价你降价”的责难，引发了一场“长虹现象”大讨论。1989 年 9 月，围绕 1988 年和 1989 年长虹两次价格调整，由《中国体改研究会通讯》发起，《中国电子报》积极响应的“长虹现象”大讨论在全国范围内轰轰烈烈地展开。1991 年 3 月，国家统计局公布：长虹 1990 年首次荣登彩电行业销售冠军。

第二次，也是一场具有决定意义的降价行动，国产彩电开始“当家作主”。

1996 年，进口品牌在 25 英寸以上大屏幕彩电市场占有绝对优势，在北京、上海、广州的市场份额更是高达 80% 以上，但众多合资厂尚未投入规模生产。 1996 年 3 月 26 日长虹彩电凭借“同样的技术、同样的质量”，祭起降价大旗，首次向洋彩电宣战。面对铺天盖地的洋彩电，长虹宣布在全国范围内降价 18%，带动国产彩电夺取市场份额，由此国产彩电在国内中低端彩电市场占据了绝对主导地位。而长虹的市场占有率由 1995 年的 22% 提高到 1996 年的 27% 左右，彩电销量比上年同期增长 61.96%。长虹在 1996 年发起的价格战对于国产彩电的翻身功不可没。

第三次（1999—2001 年），长虹针对传统彩电的洗牌行动，逐步向高端市场挺进。

对于长虹来说，1998 年是一个转折点。长虹为了遏制对手，从当年 8 月份起大批量购进彩管，最多时控制了国内彩管 70% 以上，使应付款项、票据从 35.51 亿元直线上升到 61.9 亿元，当年长虹计划生产彩电 800 万台，但实际销量只有 600 多万台，到 1998 年年末，长虹库存达到 77 亿元，比上年增加一倍。同时 1998 年郑百文问题爆发，在暴露的时候，这条渠道的销售收入占长虹总营业额的 30%。由于“郑百文事件”， 1998 年上半年长虹的销售费用由 1997 年同期的 1.98 亿上升至 3.46 亿，增加了 14.75%，而销售收入却下降了 14.2%。到 1999 年，长虹销售业绩同比下滑 14.5%，销售成本反而上升 25.5%。“囤积彩管”事件不仅使企业不得不承担起 70 亿元库存的压力，也使 TCL、创维、康佳这三剑客对抗长虹的联盟更加坚固。其结果是，长虹从习惯先声夺人沦为在频繁的价格战中疲于应招。在这一年，长虹主业收入锐减 4 亿元。经过 1997 年和 1998 年由别人发起的价格战，长虹的彩电霸主地位岌岌可危。为了挽回颓势，1999 年 4 月，长虹彩电开始降价行动。但康佳对长虹降价早有应对，降价幅度超过长虹 80~300 元。长虹主营利润由 1998 年的 31.6 亿元下降到 1999 年的 15.7 亿元，净资产收益率仅 4.06%，1999 年下半年长虹利润仅 1 亿多元。

国内彩电市场 2000 年销量为 2 000 万台，而生产能力却超过了 4 000 万台，重复建设导致的过度竞争，迫使产品同质化的企业为了生存，只有不断举起价格利刃展开肉搏。2000 年伊始国内彩电业便笼罩在全行业亏损 147 亿浓重的阴影中。为了避免发生 1999 年惨烈的价格战，2000 年 6 月 9 日，九大彩电企业在深圳召开的“中国彩电企业峰会”上，签下了彩电销售最低价协约，旋即被国家计委叫停。在不到一个月后，各地彩电掀起了规模空前的降价狂潮，29 寸彩电最低跌至 1 680 元，而此时彩电企业峰会上的一纸协定墨迹未干。这之后，同盟军内纷纷“背叛”，同盟者厦华、熊猫率先降价，到了 8 月，盟主康佳和根本没参加同盟的长虹分别宣布大幅度调低彩电售价，其中康佳最大降幅为 20%，而长虹的降幅更高，达 35%。此次彩电降价是 1996 年长虹挑起价格战以来，规模和降价幅度最大的一次。在这次降价中，29 英寸纯平彩电售价不到 2 000 元。截至 2000 年 12 月中旬，长虹销售收入已突破 800 亿元，其中主要产品彩电的销售量已达 4 500 万台。2000 年，长虹彩电总销量 694 万台，索尼彩电销量为 50 万台，但两者的利润却几近相同。长虹彩电 2000 年度再次成为销量第一名，在行业大滑坡的情况下，市场占有率重新回升到 25%。

2000 年，在国产品牌全线降价的同时，进口品牌发起大规模反扑，率先在中国市场推出最先进的产品，并靠越来越接近的价格和已有的品牌优势，将 29 英寸以上大屏幕彩电的市场份额从 15% 提升到 30%，在市场占有率十强中占得三席。虽然经过几次价格战，淘汰了许多彩电企业，但到 2001 年全国彩电行业还有七八十家生产企业，100 多条生产线、5 000 万台的年生产能力，而国内销售量仅有 2 000 万台，经过努力出口达到 1 000 万台，还有 2 000 万台的闲置生产能力。为了夺取被跨国公司占据的市场和进一步清理国产品牌，2001 年 4 月中旬由长虹发起的自称为“五一战役”将这次意料中的价格战提前了半年。4 月 13 日，长虹将其十多个品种的高档彩电在全国范围内大幅度降价，而这些彩电大都是以前被人们认为高不可攀的大屏幕超屏彩电。在市场畅销的 29 英寸大屏幕“国礼精品”彩电从 4 000 元左右直接降到了 2 000 元左右，价格仅为进口品牌同档次机器的 40%~50%。

第四次（2002 年至今），开创国产彩电主导高端之路。

1998 年，我国背投电视销量为 4 795 台，2000 年超过 10 万台，2001 年则达到了 35 万台，连续四年超过 300% 的增幅。2001 年 1 月 1 日，中国首台精密显像电视——长虹精显彩电诞生，从而一举打破了彩电高端核心技术一直由跨国彩电巨头垄断的局面。同年 7 月，领先世界水平的第三代 60 Hz 数字变频逐行扫描背投彩电在长虹诞生，至此中国彩电业在高端核心技术上全面受制于人已经成为历史。2002 年初长虹研制出领先世界水平的第三代 75 Hz 数字变频逐行扫描背投彩电。在长虹产品投放市场以前,彩电高端产品一直是日韩企业的天下。出于技术、利润周期的考虑,日韩企业在背投市场上采用区别对待策略:在发达国家市场投放第三、四代背投,而在中国市场则主要投放第一、二代背投,从而用普通背投延长自己在中国市场的利润赚取时间。2002 年 4 月 29 日,长虹投影公司宣布即日起将全面停止内销第一、二代(即 50 Hz 及 100 Hz)普通背投彩电的生产,将全部精力转移到第三代及第四代 60/75 Hz+ 逐行扫描背投彩电的生产和销售。此时,离 2001 年 1 月 1 日中国首台精密显像电视在长虹成功下线仅 16 个月。2002 年 5 月,长虹率先强力推出精显背投,打响了国内彩电业全面进军高端市场的第一枪;之后,跨国公司才开始向国内企业传让高端背投技术,于是 TCL、创维、海信等国内彩电品牌相继推出了等离子、液晶彩电等高端产品,7 月,TCL、创维先后以 29 800 元的超低价启动了等离子彩电市场。至此,国内彩电企业成功地完成了由低端市场向高端市场的转型。在 2002 年中报中,低迷长达 5 年之久的长虹终于拥有了回到从前的感觉。8 月 10 日公布的中报显示,长虹彩电等主营业务收入同比增长 65.38%,净利润同比增长 435.67%,彩电出口额达 27.96 亿元,同比增长 1 789%,在中国彩电行业中排名第一。另外,长虹精显背投彩电仅用了一年时间,就直逼东芝和索尼,无可争议地成为中国背投彩电的代言人。2001 年 10 月,长虹背投市场占有率不足 1.5%,而 2002 年同期市场占有率则高达 18.5%。

2003 年 4 月 8 日,中国彩电大王长虹在捧回 2002 全国彩电销量冠军后不到半个月时间内,又出重拳,推出"长虹背投普及风暴"活动,在高端市场全面反击跨国背投品牌。长虹精显王背投彩电价格全线下调。平均降价幅度为 25%,最高降幅达 40%。进一步巩固和增加自己背投的市场份额。2004 年 10 月,长虹开始"虹色十月"行动,"虹色十月打造新一代数字阶级"活动在全国如火如荼地进行。

思考:以上的价格战给我们什么启示?

案例 2

京东、苏宁价格战

导语:2012 年 8 月 14 日上午,京东商城 CEO 刘强东在微博称,京东所有大家电将在未来三年内保持零毛利,并将派员进驻苏宁、国美店面。苏宁易购(微博)随后跟进表示,其所有产品价格将低于京东。今日晚间,国美电器(微博)也不甘示弱,称国美电器网上商城全线商品价格将比京东商城低 5%。

这场涉及 3C 品类线上线下三大巨头的电商价格战正式开始。新浪科技梳理了本次事件在微博上爆发的全过程,如下。

刘强东今日上午 10 点的这两条微博成了这场行业价格战的导火索。

10:21 今天,我再次做出一个决定:京东大家电三年内零毛利!如果三年内,任何采销人员在大家电加上哪怕一元的毛利,都将立即遭到辞退!从今天起,京东所有大家电保证比国美、苏宁连锁店便宜至少 10% 以上,公司很快公布实现方法!

10:48 即日起,京东在全国招收 5 000 名价格情报员,每店派驻 2 名。任何客户到国美、苏宁购买大家电时候,拿出手机用京东客户端比价,如果便宜不足 10%,价格情报员现场核实属实，京东立即降价或者现场发券，确保便宜10%！欢迎离退休人员报名，月薪不低于3000元。

当当网CEO李国庆(微博)最先对刘强东的微博进行回应，指其为噱头。

11:33 噱头吧，线上比人家线下价格，算什么价格战啊。和国美、苏宁在线比价啊。当当网出版物和百货价格比线下都便宜10%~35%呢！

苏宁易购执行副总裁李斌于下午4点发微博回应。

16:08 保持价格优势是我们对消费者最基本的承诺，我重申：苏宁易购包括家电在内的所有产品价格必然低于京东，任何网友发现苏宁易购价格高于京东，我们都会即时调价，并给予已经购买反馈者两倍差价赔付。明天9：00开始，苏宁易购将启动史上最强力度的促销，我一定能够帮刘总提前、超额完成减员增效目标。一起努力。

随后，刘强东连发6条微博，京东商城挑起的价格战持续升温。

16:52 从明天上午9点开始，京东商城所有大家电价格都比苏宁线上线下便宜！并且无底线的便宜，如果苏宁敢卖1元，那京东的价格一定是0元！买大家电的人，不关注京东必吃亏！

17：22 赶紧登陆京东商城，收藏好你准备购买的大家电，明天瞅准时机，下手一定要快、准、狠！

在此期间，李国庆宣布"迎战"。

17:24 当当网手机、电脑和小家电等以及当当网、国美在线、大家电旗舰店全品种迎战！欢迎顾客货比三家！

刘强东：

17:44大家觉得京东价格情报员服装设计如何？今天下午已经交付工厂，3周内做出5000套！

19:13 我为什么要打苏宁大家电？因为苏宁大家电毛利率高达25%，也就是你去苏宁店里购买一台5 000元左右的冰箱，苏宁要赚你1250元！而京东只加150元就可以卖！只有大家电才有足够的价格战空间，其他品类即使便宜也就几元钱的事，没意思！要打就几百几百元地降！

19:49 刚刚和各位股东开完会，今日资本、雄牛资本、KPCB、红杉、老虎基金、DST等几个主要股东全部参加了！大家都知道打苏宁的事情。我说这场战争是要消耗很多现金的，你们什么态度？一个股东说：我们除了有钱什么都没有！你就放心打吧，往死里打！

21:11 有人要赖了：开始四处施压供货商要停我们货源！呵呵呵，已经晚了！

晚上10点左右，国美副总裁何阳青就京东商城举动表态，宣告国美也加入这场价格战。

21:43 国美从不回避任何形式的价格战，从8月15日9点开始，国美电器网上商城全线商品价格将比京东商城低5%。

晚上10点左右，苏宁易购李斌再发微博，称将启动三周年店庆月，矛头指向京东的意图明显。

21:58 8月是苏宁易购三周年庆典月，我们将从明天9:00开始，一直到8月20日，启动为期6天的万款商品超级0元购，818款爆款商品三折起抢购，818个品牌旗舰店全面参与的苏宁易购庆生促销活动，8月就看苏宁易购！

刘强东随后再发两条微博，以略显激动的语气回应正面迎战的苏宁和国美。

22:12 搬个板凳坐在国美、苏宁店里，享受着空调暖气，走走路锻炼身体还可以赚钱！退休后干什么？到京东做价格情报员！

李国庆公开力挺国美、苏宁。

22:20 支持国美在线。当当网与国美在线在大家电的战略合作已经取得阶段性战果，我们并肩战斗！

刘强东：

22:48 我的怒不是情绪上的，指的是商业上惨烈竞争！一直心静如水！

思考：是什么催生了电商价格战？其结果是什么？

案例 3

润发 VS 永辉 谁比谁“贱”

大润发（英文：RT-MART）是一家台湾的大型连锁量贩超市，由润泰集团总裁尹衍梁所创设。由于台湾的纺织产业到了 20 世纪 90 年代面临了人工成本高涨、海外低价竞争的威胁，使纺织产业在台湾逐渐步入夕阳工业的命运，而润泰集团的主要企业润泰纺织也面临相同的问题。所以润泰集团也开始寻求转型，因而开始扩大转投资事业的范围与规模，例如转投资保险 、金融事业（如安泰人寿、永丰银行等）及流通事业（如大润发）就是最好的例子。

永辉超市成立于 1998 年，总部设在福建省福州市。永辉超市是中国大陆首批将生鲜农产品引进现代超市的流通企业之一，被国家七部委誉为中国“农改超”推广的典范，被百姓誉为“民生超市、百姓永辉”。公司已发展成为以零售业为龙头、以现代物流为支撑、以现代农业和食品工业为两翼、以实业开发为基础的大型集团企业。

对于零售业而言，低价永远是最具杀伤力的武器。从工业起家的大润发和从农改超中崛起的永辉，它们最大的共同点都在于，通过良好的运营管理和完善的供应链打造，将低价做到了极致。在价格面前，谁更“贱”，谁就能赢得消费者。

“低价”是大卖场的核心价值，为了让东西“便宜、便宜、再便宜”，大润发为此独创了一套“KISS”战略，即“Keep it simple and stupid”。为供应庞大的日常生活用品和食物，大润发大胆采取“包养”策略，大米、猪肉、水果等，能包的尽量从供应端厂商那里包下来。

为了供应水蜜桃，大润发就包下无锡的整座水果山，并每年与果园签订保证收购、保证收购价格等合约书，以取得最好的价格、最优的货源；苹果则是把山东烟台的果园包下来……

这种源头采购策略最大的目的就是缩小供应商到消费者之间的价差，要“低进低出”，绝非“低进高出”。大润发的每一个品类都有一个专业的采购团队。以瓜子为例，采购瓜子的团队，他们可以知道全国各地瓜子的特点、生产成本、竞争的优势和劣势所在。所以他们往往能够选到那些虽然只是二三线品牌，但是内在的品质和竞争力已经不输于一线品牌的瓜子，然后把它推向市场，创造一个个销售奇迹。

大润发成功的另一个关键，还在于打造了一条与供应商利益休戚相关的供应链。当其他超市企业拼命压低供应商价格，甚至敲诈供应商的时候，大润发则反其道而行之，不压榨供应商反而和供应商共同发展建设供应链。

作为主营农产品、生鲜销售的商业企业，永辉超市在经营中采取了一种直采的策略，这也由此成为其最大的优势。

永辉有超过300人的采购团队长年驻扎在全国20多个农村基地,他们同当地农民打成一片,具有丰富的专业知识,在跟农民订货时能非常准确地给出单价。这些采购员一直上溯到采购源头的农田、果园、养殖场和渔船上。如果发现哪家果园果子不错,他会把整个果园包下来,然后亲自监督采摘,对水果进行等级分拣。采购海鲜商品的时候,永辉会直接把采购船开出海向捕鱼者直接采购。

在直接采购的同时,永辉又开始打造一条自身完整的后台供应链。永辉建立了自己的蔬菜基地,其生产的自有品牌的蔬菜通过各卖场的风冷柜进行销售;在当地水果批发市场设立两个摊位, 30人的采购队伍除了定点采购全国水果外,还对其他商家进行批发销售;在永辉,还有专门的豆制品生产加工厂、熟食生产加工、活鱼配送基地、冷冻品中转配送中心……正是这样完善的后台保证了门店充足的货源和差异化经营,也使得永辉生鲜模式大放异彩。

"低价"一向是大润发一贯倡导的口号,这一口号背后隐藏着大润发一些精明的商业技巧。其一,大润发善于选择中低档百货或非食品类商品及供应商。这些商品可比性不强,消费者很难比较,从而巧妙地避开了家乐福等的正面竞争。其二,为了保证低价,大润发每店都配有六七人的快速查价小组,针对门市5千米范围内的竞争对手做市场调查。通过计算机对收集的数据实时分析计算毛利率,从而保持强劲的市场竞争力。其三,实行买断政策。以某酱油供应商为例,其500毫升的酱油正常售价为每瓶8元,卖场的竞争品项售价为每瓶5~15元,大润发采购时的售价低至每瓶3.9元。酱油属于生活必需品,顾客看到这么低的折扣,自然会对大润发产生低价印象。大润发最成功之处在于:每一位顾客都买到了"低价但不低档"的商品。

以生鲜起家的永辉在运营管理上也同样做到细致入微,环环紧扣。永辉的新鲜水果一般在早上10点左右进店,生鲜保鲜期较短,损耗是所有商品中最高的,这就需要一个准确的进货量。永辉的采购员十分专业,他们会根据销售确定进货,除了供应当天销售外,还要存出第二天新货没来之前的货量。

大润发和永辉通过各自的手段将低价做到了极致。大润发在供应链的前端采用"包养"策略,在供应链的后端"低价不低档"将低价推向极致。永辉采用直采策略实现供应链的一体化,将低价推向极致。大润发用工业思想设计商业,而永辉用商业思想经营农业,两者都做到了"老大"的水平。未来两大国产商超巨头的PK,让人充满期待。

思考:永辉和大润发的价格竞争其实质是什么?

【营销实践小项目】

1. 办公家具的制造商决定生产古董风格的书桌,但是又能用作个人电脑台。桌子具有内置的防震保护,提升或下降显示器的平台和其他的一些特性。这种质量上乘用硬质橡木制成的书桌标价远低于同类商品。营销经理说:"我们定出低价,计划用高的销售量来降低风险。"试评论之。

2. 你正在策划为你公司销售的老产品改变价格。写一份备忘录,分析一下你在决策中需要考虑的因素。

第 10 章　渠道策略

【知识目标】

1. 了解分销渠道的含义和作用。

2. 掌握分销渠道的类型以及分销渠道设计、分销渠道组织与管理。

3. 了解各种不同的中间商，特别是批发商、零售商等各种不同类型。

4. 了解物流管理。

【技能目标】

1. 结合分销渠道设计与管理相关理论，能对企业营销中的分销渠道进行策略设计和组织管理。

2. 应用分销渠道理论分析中间商存在的必要性等营销现实问题。

3. 在渠道建设和管理中应用物流管理理论。

【导入案例】

一瓶水的苦剥之旅

“哪怕是一瓶水，超市都恨不得能榨出油来！你们外人根本无法想象现在我们中小型企业要进超市，基本上就是给超市赚钱，已严重影响了我们企业的发展。”广东一家饮料制造商的销售主管如是说。据一项最近的有关机构调查分析，在有的城市大卖场所收取的费用已占到供应商总销售额的8%~25%，最高可达35%。业内人士认为，这种状况如不及时加以规范和控制，将会影响“中国制造”的发展。某饮料企业的销售主管与其老总一起讲述了一瓶水被苦剥之旅：我们在广东省内，主要在百佳、家乐福、好又多等几家超市卖。就拿好又多超市来说吧，跟它打交道一年多，从 1999 年到 2002 年在好又多广东省的 11 家超市卖，3 个系列的费用整 10 万，我们总共卖了才 19 万，这还不算返利、导购，交给超市的费用已经超过了销售额的 50%。2003 年到 2004 年，一直跟百佳超市合作，我们交的费用是 12 万，一年销售额 22 万，差不多也是这个比例。

10.1　分销渠道的含义和类型

产品从生产者到消费者（或用户）的流通过程，是通过一定的渠道实现的。由于生产者同消费者（或用户）之间存在着时间、地点、数量和所有权等方面的差异和矛盾，只有克服这些差异和矛盾，才能在适当时间、适当地点，按适当数量和价格，把产品从生产者转移到消费者（或用户）手中。分销渠道是促使产品或服务顺利地被使用或消费的一整套相互依存的组织。分销渠道执行的工作是把商品从生产者那里转移到消费者手中，它弥补了产品、服务的生产者（提供者）和其使用者之间的缺口。分销渠道是企业管理部门面临的最重要的决策之一，因为企业所选择的分销渠道不仅直接影响到产品销路的通畅，而且还会对其他营销决策产生影响。

10.1.1 分销渠道的概念和作用

1. 分销渠道的概念

在市场营销理论中，市场营销渠道与分销渠道的相关术语被混用或交替使用，实则两者是有区别的。

市场营销渠道是指配合起来生产、分销和消费某一生产者的商品和劳务的所有企业和个人。也就是说，市场营销渠道包括某种产品供产销过程中的所有有关企业和个人，如供应商、生产者、商人中间商、代理中间商、辅助商以及最终消费者或用户等。

分销渠道是指某种商品和劳务在从生产者向消费者转移的过程中，取得这种商品和劳务的所有权或帮助所有权转移的所有企业和个人。因此，分销渠道包括商人中间商和代理中间商，它还包括处于渠道起点和终点的生产者和最终消费者或用户。分销渠道，也称分配渠道或配销通路。分销渠道的起点是生产者，终点是消费者或用户，中间环节包括各种批发商、零售商、商业中介机构（交易所、经纪人等）。

2. 分销渠道的特点

分销渠道就是商品在转移过程中所经过的、由各中间环节连接而成的路径或通道。一般来说，分销渠道有以下四个特点。

（1）分销渠道是由参加商品转移的各种类型的机构，如生产者、批发商、零售商、仓储公司、运输公司、广告公司、银行等组成的。这些组织共同为解决产品现实问题而执行各自不同的职能，从而因共同的经济和社会利益而结成共生伙伴关系；同时他们也有各自独立的经济利益，甚至有时会发生各种矛盾和冲突，从而需要管理来协调。

（2）分销渠道的起点是生产者，终点是消费者或最终用户。分销渠道的结构无论多么复杂，起点都是生产者，也就是说生产者是产品和服务的提供者，是渠道运作的发力者；消费者或最终用户是产品或服务的接受者，即渠道运作的终点。由此可见，渠道的基本功能就是帮助生产者把产品卖出去，让消费者或用户想买就能够买得到。

（3）在分销渠道中，产品运动是以其所有权转移为前提的。产品从产地领域流向消费领域，至少要转移一次商品所有权，即生产者把产品直接卖给消费者或最终用户。但在大多数情况下，生产者需要经过一系列中介机构转卖或代理其产品，即产品在从生产领域向消费领域转移时，要多次转移其所有权。

（4）分销渠道不仅建立与消费者的联系，而且作为企业与消费者联系的纽带，反映着企业的市场运作能力，也是抵御市场风险的重要屏障。研究分销渠道需要认识其无形性，一个畅通稳定的渠道，为企业未来发展提供了运作空间，是企业的无形资产。

3. 分销渠道的作用

（1）分销渠道是实现销售的重要途径。销售是商品从生产者手上转移到消费者手上，同时实现企业的利润。但生产者与消费者客观上存在着供需矛盾（大批量生产与小批量购买之间的矛盾）、时间上矛盾（季节性生产与常年消费或常年生产与季节性消费之间的矛盾）、空间上矛盾（集中生产与分散消费或甲地生产与乙地消费之间的矛盾）等问题，要解决这些矛盾就必须通过分销渠道。

(2)分销渠道是企业了解和掌握市场需求信息的重要来源。在产品销售过程中,企业可以了解产品是否符合社会需要、是否物美价廉、是否遇到了竞争者、是否需要改进等情况。在实际营销过程中,企业可以通过分销渠道,建立与消费者的直接联系,充分发挥其作为企业的"耳朵""眼睛"和"参谋"的作用。因此,分销渠道是企业收集用户反馈信息和市场情报的重要途径。

(3)分销渠道是合理加速商品流通和资金周转、节约销售费用、提高经济效益的重要手段。一个企业如果产品销售渠道不畅通,就会造成产品积压,资金呆滞,企业经济效益下降;反之,如果能正确地选择销售渠道,配置中间商和合理安排储存和运输,就可以保证产品及时销售出去,加速资金周转,提高资金的使用效益;同时,也能节约销售费用,降低销售成本,从而降低销售价格,增强产品在市场上的竞争力。

分销渠道除了上述主要功能外,还具有减少交易次数、降低流通费用、集中平衡和扩散商品、分级分等、提供服务、资金通融等作用。因此,企业在市场营销中,必须科学地选择和培育分销渠道,合理设置中间环节,充分发挥分销渠道的作用,实现货畅其流、物尽其用。

10.1.2 分销渠道的类型

1. 直接渠道与间接渠道

按产品在流通过程中是否有中间环节来划分,可以把分销渠道分为直接渠道与间接渠道。

(1)直接渠道指产品从生产者流向最终消费者的过程中不经过任何中间商转手,直接把产品销售给消费者。直接渠道是工业用品分销渠道的主要类型。在消费品市场,直接渠道也有扩大优势。具体形式有厂商直接销售、派员上门推销、邮寄销售、电话销售、电视销售和网上销售。优点是销售及时,直接了解市场,便于产销沟通,提供售后服务,有利控制价格。不足是销售费用高,销售范围受到较大限制。

(2)间接渠道指产品从生产领域转移到消费者或用户手中经过若干中间商的分销渠道。这是一种多层次的分销。间接渠道是消费品分销渠道的主要类型,有些工业品也采用间接渠道。优点是使交易次数减少,节约流通领域的时间和费用,使企业集中用力搞好生产,可以扩大销售范围。不足是中间商的介入使生产者和消费者不能直接沟通信息,不易准确地掌握消费者需求,消费者也不易了解企业情况。

间接渠道也分为一层渠道、二层渠道、三层渠道等。一层渠道,即制造商和消费者(或用户)之间,只通过一层中间环节,这在消费者市场是零售商,在生产者市场通常是代理商或经纪人。二层渠道,即制造商和消费者(或用户)之间经过二层中间环节,这在消费者市场是批发商和零售商,在生产者市场则可能是销售代理商与批发商。三层渠道,即在大批发商和零售商之间,再加上二道批发商,因为小零售商一般不可能直接向大批发商进货。此外,还有层次更多的渠道,但较少见。

直接渠道也称"零层渠道",即产品从生产者流向最终消费者或用户的过程中不经过任何中间环节。

2. 长渠道与短渠道

长渠道与短渠道是根据产品从生产者向消费者转移的过程中，所经过的中间环节的多少来划分的。

（1）长渠道指生产者利用两个或两个以上的中间商，把产品销售给消费者或用户。一般销售量较大、销售范围广的产品宜采用长渠道。长渠道可以充分利用各类中间商的职能，发挥他们各自的优势，扩大销售。缺点是流通费用增加，不利于减轻消费者的价格负担。

（2）短渠道指生产者利用一个中间环节或自己销售产品。一般销售批量大，市场比较集中或产品本身技术复杂、价格较高的适用短渠道。短渠道可以使商品迅速到达消费者手中，减少商品使用价值的损失，有利于开展售后服务，降低产品价格。不足是生产者承担商业职能多，不利于集中精力搞好生产。

3. 宽渠道和窄渠道

分销渠道的宽度是指分销渠道的每个层次中使用同类中间商的数目，如批发商数量、零售商数量、代理商数量等。宽的分销渠道是指生产者通过许多批发商、零售商将产品在广泛的市场上销售；窄的分销渠道是指生产者只利用较少的批发商或零售商，使产品在有限的市场上销售。

分销渠道的宽度主要有密集性分销、选择性分销以及独家分销三种类型。

（1）密集性分销指生产者在某一市场尽可能多地选择多家中间商推销其产品的模式。它旨在扩大产品的市场覆盖面，让尽可能多的消费者方便购买。一般需求量大的商品，如牙膏、毛巾、洗衣粉等生活必需品适合采用这种宽度模式。

（2）选择性分销指生产者在某一个地区仅选择几个最合适的中间商推销其产品的模式。其重心在于维护本企业的良好声誉，建立稳固的市场竞争地位，既使产品获得足够的市场覆盖面，又可以比密集性分销渠道更容易控制和节省成本。一般而言，消费品中的选购品较适合于采取选择性分销渠道。

（3）独家分销指生产者在某一地区仅选择一家中间商推销其产品的模式。其意图是保持对渠道的高度控制性，如对产品价格、品牌形象和服务等的控制。通常双方要签订独家经销合同，规定中间商不得经营其他竞争者的同类产品，同时生产者也不得再委托其他中间商在该区域销售其产品。中间商最欢迎独家经销，因为这种方式排除了竞争，利润较高，但对生产企业而言，若运用不当，风险较大。

案例 10-1

家电渠道

根据《2009—2010 年中国家电网络购物研究报告》显示，国内家电销售渠道呈现多元化的发展趋势，各个渠道之间的竞争日趋激烈。目前，我国家电销售渠道主要呈现如下特点。

1. 国内家电连锁企业强强联手，垄断零售渠道

作为一线的家电连锁卖场，近年来，国美、苏宁一直以并购、开新店等方式加强扩张，

从而使得家电连锁渠道的垄断性不断加强。家电连锁以其标准化、规模化和复制性的优势，在一二级市场建立起强大的分销网络，并且占到全国三成以上的市场份额，而在特级城市，如北京、上海、深圳、广州，“大连锁”已经占据了七成以上的市场份额。

2. 企业自建渠道与第三方渠道并存，企业谋求加强渠道控制

由于家电连锁的垄断，使得厂商的议价能力大大缩减。为了加强渠道控制，提高议价能力，很多厂商开始自建销售渠道。通过专卖店经营，厂商可以较为自主地控制产品价格，免去了高额的“进场费”，使产品的利润率有所保证。

3. 传统渠道与新兴网络销售渠道并存

随着电子商务的发展，网络销售渠道的优势渐显，家电类商品的网购规模也在持续增长，家电厂商也开始投入到网络销售渠道的建设当中，网络销售渠道主要有三种形式：家电厂商自建电子商务平台、家电连锁卖场建立电子商务平台、第三方电子商务平台。由此，家电零售渠道形成了传统渠道与新兴网络渠道并存的局面。

从以上分类中，我们可以看出，渠道类型除长度问题外，还有宽度问题。不同层次环节的多少是长短问题，即产品流通所经过的中间环节愈多，则渠道愈长；反之，则愈短。因此，从生产者到消费者的直接渠道是最短的，即使地理上相距千里。同一层次的环节的多少是宽窄问题，即同一层次分销环节愈多，则渠道愈宽；反之，则愈窄。因此，独家分销是最窄的渠道。分销渠道的长短、宽窄都是相对的，没有绝对的、固定的模式，都要依具体情况而定。

营销新视野——供应链管理

供应链包含将原材料转化成产品或服务并交到消费者或最终用户手中的一切活动。因此，供应链管理（Supply Chain Management）是在供应链上的所有商家中间进行流动协调，使总利润最大化。这些“流动”不仅包括货物的实际移动，也包括货物信息的共享。也就是说，供应链合作伙伴必须使自己的活动与别人同步。例如，想购买什么货物（采购功能）、计划执行哪些营销活动（这样合作伙伴就能保证有足够的产品应付促销引起的需求增加），还有物流（比如送发货通知单提醒合作伙伴产品正在路上），供应链合作伙伴需要对这些信息进行沟通。通过这些信息流动，公司能够对供应链上从源头到零售的每个环节进行有效的管理。供应链和分销渠道的主要区别在于成员数量和功能的不同。供应链范围更广，它包括提供原材料、零部件和其他生产产品或服务所必需的物品的公司，以及把产品送到最终用户手中的公司。最后一部分——把产品送到最终用户手中的公司——就是分销渠道（Channel of Distribution）。

10.2 分销渠道的设计与管理

10.2.1 分销渠道的设计

分销渠道设计通常包括分析消费者需求、确定渠道目标、设计渠道备选方案、评估和选择渠道方案几个环节。

1. 分析消费者需求

企业营销目标的实现必须以满足消费者的需求为前提。在营销组合中，如果说产品满足是消费者的效用需求，价格满足的是消费者的价值需求，促销满足的是消费者的信息需求，那么渠道则是满足消费者购买时的便利需求及服务需求。所以了解目标顾客群需要购买什么、在哪里购买、怎样购买，他们希望经销商提供什么样的时间、空间的便利条件等，是渠道决策最基础的环节。分析消费者需求的主要内容如下。

（1）购买批量，是指目标顾客一次购买行为购买产品的数量。比如，对于日常生活用品，小工商户喜欢到仓储商店批量购买，而一般消费者偏爱到超市购买。因此购买批量的差异，要求生产者设计不同的分销渠道。购买批量越低，对于分销渠道提供的服务水平要求越高。

（2）等待时间，是指顾客通过某个渠道收到货物的平均时间。如果顾客喜欢快捷交货的渠道，则企业必须提高服务水平，缩短顾客等待时间。因此企业就需要在分销物流系统上加大投入。

（3）空间便利性，是指分销渠道对顾客购买商品的方便程度。空间便利性与出行距离、交通状况和网点密度等有关，网点密度越高，顾客购物的出行距离越短，反之越长。但是不同的商品，人们所能接受的出行距离是不同的；企业在设计分销渠道时，需根据顾客对不同商品的购买特点加以考虑。

（4）商品组合多样化。表示渠道提供的商品花色、品种的宽度。顾客通常喜欢较宽的商品组合，商品的选择范围广，容易使顾客购买到适合的商品。

（5）服务支持，是指分销渠道提供的附加服务，包括信贷、送货、安装、维修等。分销渠道设计者必须了解日常市场顾客需要的服务水平。提供更多、更好的服务意味着渠道成本的增加和消费者所支付价格的上升。折扣商店的成功，表明了许多消费者愿意接受较低水平的服务带来的低价格。

2. 确定渠道目标

确定渠道目标，就是要确定产品和服务以何种最佳渠道模式到达目标市场。在目标顾客期望的服务水准下，为企业的产品送达目标市场建立起一个快速、高效和有效率的系统，使产品和服务在适当的时间和地点，以合适的价格满足消费用求。但是渠道目标的实现，往往会受到诸多因素的影响，主要包括以下方面。

1）产品特点

（1）鲜活易腐产品应尽量减少中间环节，采取最短的渠道，尽可能不经过批发环节，由生产者自销或直达零售商店，最多只经过一道批发环节。

（2）技术性高的产品，特别是使用面窄的或专用的设备，宜于生产者和消费者（或用户）直接见面，尽量减少中间环节。

（3）单位体积大或重量大的产品，最好由生产者直接销售或通过经销、代销商的样品间销售。

（4）单价的高低也影响渠道的选择，单价高的贵重产品可由生产者自销，或只通过零售商。单价低的产品如香皂、牙膏等则必须经过批发环节分类、编配，零售商除极少数大企业外，一般不可能直接从厂商进货。

(5)产品生命周期的不同阶段对分销渠道的要求也有所不同。处于介绍期的新产品、新品牌往往需要生产者自己派人奔走各地，开拓市场，打开销路；成熟期的产品，大批量投入市场，则需要通过中间环节。

(6)某些具有传统特色的产品，如特殊风味的食品、花色式样复杂多变的鞋帽等消费品，宜采取前店后厂、自产自销的方式经营。

2)生产情况

(1)生产的集中和分散程度影响渠道类型的选择。生产在时间或地理上比较集中，而消费分散的产品或生产分散消费集中的产品，必须有中间环节；反之，生产和消费都集中的产品，则可减小或不要中间环节。

(2)生产力布局的变化，会改变产品的流向，引起渠道的宽度或长度的变化。

(3)生产者的产品组合情况，即产品线的长度和深度也影响分销渠道的选择。一般来讲，产品线长而深的产品，适合用宽而短的渠道。

(4)生产者本身的规模、能力、商誉等也影响渠道的模式，因为这涉及生产者能否控制分销渠道以及中间商是否愿意承担经销或代销业务。

3)市场情况

(1)市场潜量和购买力的大小以及零售商规模的大小，与渠道模式有密切关系。购买力高的大城市、大百货商店、超级市场、连锁商，可直接从生产企业进货，采取最短的渠道；反之，购买力低的地区，中小零售商则必须通过批发环节。

(2)出于市场竞争的需要，企业有时选择与竞争者相同的渠道、相似的地点；有时则故意避开竞争者常用的渠道，别出心裁，一反常规，开辟新的渠道。

(3)由于经济形势变化引起市场需求的变化，也影响渠道模式的选择。在经济发展迅速、市场繁荣、需求量上升时，生产者会考虑增加销售点，扩大销售网；而在经济萧条、需求量下降时，则需要减少流通环节，以降低成本和售价。

4)国家的有关法律和规定

企业在选择分销渠道时，要遵守国家的有关法律和规定，使用合法的中间商，采用合法的销售手段；否则，将受到法律制裁。

3. 选择渠道备选方案

分销渠道是在考虑上述因素基础上设计的，选择备选方案主要包括确定渠道模式、确定中间商数目和规定渠道成员彼此的权利和责任等内容。

(1)确定渠道模式，即决定渠道的长度。企业分销渠道设计首先是要决定采取什么类型的分销渠道，是派推销人员上门推销或以其他形式自销，还是通过中间环节分销。如果决定利用中间商分销，还要进一步决定选用什么类型和规模的中间商。

(2)确定中间商的数目，即决定渠道的宽度。这主要取决于产品本身的特点、市场容量的大小和需求面的宽窄。通常有 3 种可供选择的形式：密集性分销、选择性分销、独家分销。

(3)规定渠道成员彼此的权利和责任。在确定了渠道的长度和宽度之后，企业还要规定与中间商彼此之间的权利和责任，如，对不同地区、不同类型和不同购买量的中间商给予不同的价格折扣，提供质量保证和价格保证，以促使中间商积极进货。还要规定交货和结算条件，以及规定彼此为对方提供哪些服务，如提供零配件，代培技术人员，协助促销等。

4. 渠道设计评估

企业在设计分销渠道时，要对可供选择的渠道方案进行评估，根据评估的结果选出最有利于实现企业长远目标的渠道方案。评估主要从三方面进行：一是渠道的经济效益；二是企业对渠道的控制力；三是渠道的适应性。

经济效益方面主要考虑的是每一条渠道的销售额与成本的关系。一方面要考虑自销和利用中间商哪种方式销售量大；另一方面要比较二者的成本。一般来说，利用销售代理商的成本较企业自销的成本低，但是当销售额增长超过一定水平时，用代理商所费的成本则愈来愈高。因此，规模较小的企业或大企业在销售较小的地区，利用销售代理商较合算，当销售额达到一定水平后，则宜于设立自己的分销机构自销。

企业对渠道的控制力方面，自销当然比利用销售代理商更有利。因为销售代理商是独立的商业机构，主要关心的是能为它带来最高收益的顾客，而不是某个企业生产的产品，而且代理商也不一定能完全有效地掌握企业产品的技术细节。

渠道的适应性方面，主要是与销售代理商签订长期合约时要慎重，因为在合约期内不能根据需要随时调整渠道，将会使渠道失去灵活性和适应性，所以涉及长期承诺的渠道方案，只有在经济效益和控制力方面都十分优越的条件下，才可以考虑。

5. 确定分销渠道方案

经过对所选渠道备选方案的经济性、控制性和适应性进行科学评估后，企业通常能够筛选并确定符合自身需要的最佳分销渠道模式。

案例 10-2

渠道为王

在“渠道为王”的今天，家电产品的制造商和商家之间的斗争与冲突格外激烈，并呈现出高频率、公开化和大规模化的特点。国美、苏宁等新家电连锁企业的出现、成长、壮大，以及其在一二级城市市场的扩展，不可避免地引发了整个家电连锁企业与家电制造商之间的冲突与竞争。2004 年因成都国美未经格力允许擅自将其产品大幅度降价，引发双方交恶，不欢而散。2005 年 1 月中旬，因苏宁电器单方面宣布海信彩电大幅度降价，导致制造商和商家发生摩擦。2006 年 3 月 31 日，康佳彩电在国美电器的 20 余家店遭遇“封杀”，暂停销售。此类制造商和商家之间的冲突时有发生。

随着这些家电连锁企业力量的不断壮大，为了谋求更大的市场利益，家电连锁企业凭借其庞大的销售网络、强大的销售能力和对市场的影响力，自定游戏规则，采用制造商痛恨的“霸王条款”转嫁风险，如疯狂的开店费用由供应商买单，收取名目繁多的进场费、促销费、管理费等。

10.2.2 分销渠道的管理

渠道管理也包括以下内容：一是选择渠道成员，即在渠道设计完成后，具体选择哪些中间商作自己的渠道伙伴；二是如何激励中间商并处理好与他们的日常关系；三是适时对渠道成员的工作成果做出评估，并进行调整。

1. 选择渠道成员

制造商对中间商的吸引力，取决于制造商本身的声誉好坏和产品销路的大小。有些企业很容易找到合适的中间商，有些企业则很困难。对一个有吸引力的制造商来说，主要的问题是如何选择渠道成员。一般说来，选择的标准应包括：中间商的历史长短、信誉好坏、经营范围以及销售和获利能力、收现能力、协作精神、业务人员的素质；开设地点、未来的销售增长潜力；顾客属于什么类型、购买力大小和需求特点等。

2. 激励渠道成员

中间商选定之后，还需要对其进行日常的监督和激励，使之不断提高业务经营水平。必须指出，中间商与制造商所处的地位不同，考虑问题的角度不同，必然会产生矛盾，如何处理好产销矛盾，是一个经常存在的问题。制造商要善于从对方的角度考虑问题，要知道中间商不是受雇于制造商的，他是一个独立的经营者，有自己的目标、利益和策略。中间商首先是顾客的采购代理，然后才是制造商的销售代理，只有顾客愿意购买的产品，中间商才有兴趣经营。中间商一般不会对各品牌分别做销售记录，有些原始资料也不一定注意保存，除非给予特殊的激励。因此，制造商要规定一些考核和奖罚办法，对中间商的工作及时考核和奖励，必要时给予惩罚。对经营效果较好的中间商，应争取建立长期产销合作关系，也可派专人驻商店协助推销并收集信息。

制造商同中间商的关系主要有 3 种不同形式，即合作、合伙和分销规划。①多数制造商与经销商建立合作关系，对中间商一方面以高利润、特殊优惠、合作推销、折让、销售竞赛等办法，激励其推销热情和积极性；另一方面对表现不好的或工作消极的中间商予以惩罚。如降低利润率、推迟发货甚至终止合作关系。②较成熟的制造商一般与经销商建立合伙关系，签订协议，在协议中明确规定双方的责任和权利，如规定经销商的市场覆盖面、市场潜量以及应提供的市场信息和咨询服务等。根据协议执行情况，对经销商支付报酬。③分销规划是一种最先进的办法，它是一种把制造商和中间商的利益融为一体的“纵向营销系统”，统一规划营销工作，如决定销售目标、存货水平、培训计划以及广告和营业推广方案等，使产销双方协调一致地完成任务。

3. 评估渠道成员

渠道管理的最后一项工作是对渠道成员的评估。每隔一段时间，制造商就必须考查和评估中间商的配额完成情况、平均库存水平、装运时间、对受损货物的处理、促销方面的合作，以及为顾客提供服务的情况。对表现好的予以奖励；对表现不好的予以批评，必要时可更换渠道成员，以保证营销活动顺利而有效地进行。

4. 渠道的调整

在渠道管理过程中，有时由于情况的变化，需要增加或减少渠道成员，局部修正某些渠道，或全面修正分销渠道系统。

渠道的调整方法，通常有三种。

（1）增减某个中间商。增加或减去某个中间商，对生产企业来说，通常需要做具体的经济分析。涉及的主要经济问题有：增减某个中间商会使企业的利润有何影响；这种调整是否会引起渠道其他成员的反应。一旦决定增减某个中间商，必须要有相应的措施与之配套，以防止一些不必要的矛盾。

（2）增减某个渠道。这种调整不是增减渠道里的某个中间商，而是增减某一渠道模式。例如，某个销售渠道出售本企业的某种产品，其销售密度一直不够理想，企业可以考虑在某个区域或全部目标市场上，剔除这种渠道模式，而另外再增设一种渠道模式。

（3）调整整个销售渠道体系。这种方法调整面广、涉及的问题也多，是渠道调整决策中最困难的一种。生产企业应慎重地考虑，并由企业最高管理层次决定。它不仅要改变整个已经习惯的销售渠道，而且要调整企业已经习惯的市场营销组合，并要制定相应的政策措施。

案例 10-3

娃哈哈的联销体模式

娃哈哈的营销目前走的是一条“联销体”路线。与其他一些大型企业相比，娃哈哈在全国各地的营销员少得让人难以想象，只有200人，而且宗庆后还表示，他不会让这个人数有太大的突破。娃哈哈的营销组织结构是这样的：总部——各省区分公司——特约一级批发商——特约二级批发商——二级批发商——三级批发商——零售终端。

其运作模式是：每年年初，特约一级批发商根据各自经销额的大小打一笔预付款给娃哈哈，娃哈哈支付与银行相当的利息，然后，每次提货前，结清上一次的货款。一级批发商在自己的势力区域内发展特约二级批发商与二级批发商，两者的差别是，前者将打一笔预付款给一级批发商以争取到更优惠的政策。

娃哈哈保证在一定区域内只发展一家一级批发商。同时，公司还常年派出一到若干位销售经理和理货员帮助经销商开展各种铺货、理货和促销工作。在某些县区，甚至出现这样的情况：当地的一级批发商仅仅提供了资金、仓库和一些搬运工，其余的所有营销工作都由娃哈哈派出的人员具体完成。

这是一种十分独特的协作框架。从表面上看，批发商帮娃哈哈卖产品却还要先付一笔不菲的预付款给娃哈哈——对某些大户来说，这笔资金达数百万元。而在娃哈哈方面，则出人、出力、出广告费，帮助批发商赚钱。

对经销商而言，他们无疑是十分喜欢娃哈哈这样的厂家的：一则，企业大，品牌响，有强有力的广告造势配合；二则，系列产品多，综合经营的空间大，可以把经营成本摊薄；三则，有销售公司委派理货人员“无偿”地全力配合，总部的各项优惠政策可以不打折扣地到位。

当然他们也有压力：首先要有一定的资本金垫底，其次必须全力投入，把本区域市场做大，否则第二年联销权就可能旁落他家。

营销新视野——垂直营销体系与水平营销体系

垂直营销系统（Vertical Marketing System，VMS）是渠道成员在两个或者更多的层次之间（生产、批发、零售）存在正式合作关系的渠道。公司建立垂直营销系统是为了削减渠道活动的成本，以更好地满足消费者需求。通常，垂直营销系统能够提供部分常规系统不能提供的合作和效率，使渠道效能最大化，而且能在效率最大化的同时保持低成本。成员之间分享信息并相互服务，因为成员知道当进入某个目标市场时这种协调能让每个人都比较成功。

同样，垂直营销系统也有三类：管理型、公司型和契约型。

（1）管理型。在管理型垂直营销系统中，渠道成员间保持独立，但可以根据单个渠道成员的力量而自愿地合作。强势品牌可以运用管理型垂直营销系统，因为经销商渴望与这样的制造商合作以便能承销其产品。

（2）公司型。在公司型垂直营销系统中，由单个公司进行生产、批发和零售。因此，公司可以完全控制渠道经营。例如，在美国，零售巨头梅西百货拥有全国范围的分销中心和零售商店网络。

（3）契约型。在契约型垂直营销系统中，合作是合同（法律协议）强制的。合同里写明每个成员的权利和责任以及他们如何合作。这样的协议意味着，渠道成员作为一个整体比单个更有影响力。在批发商发起的垂直营销系统中，批发商让零售商们在自己的领导下形成自愿合作链条。链条上的零售商成员共用一个名字，在广告和其他促销上面相互合作，甚至发展带有他们自己标签的产品。

另外，零售商自己也会组织合作性的营销渠道系统。零售商合作联盟是由一群零售商建立的批发公司，以便与大型连锁店进行更有效的竞争。每个零售商都在公司占有一定份额，并有义务从合作联盟购买一定比例的商品。杂货联盟和真价值五金器具商店是零售商联盟的典型例子。

特许经营组织是第三种契约型垂直营销系统。特许经营组织是指特许人（制造商或者服务提供者）允许企业（加盟商）使用其特许的名字和营销规划并收取一定的费。在这些组织中，契约协议对渠道合作进行了明确的界定并要求严格执行。在大部分特许经营协议中，特许人为加盟商提供各式各样的服务，例如帮助培训员工、以较低的价格提供所需材料、选择好的位置等。作为回报，特许人从加盟商的收入里提取一定比例的报酬。通常，加盟商有义务遵循特许人的商业模式以维持经营权。从制造商的角度看，特许经营是广泛分销产品方式，资金风险最小，同时能保持对产品质量的控制。从企业家的角度看，特许经营是对创业有帮助的一种方式。

水平营销系统（Horizontal Marketing System，HMS）中，在同一渠道层次里的两个或多个公司协议合作起来向消费者销售产品。有时候，不相关的企业也会达成协议。大部分航空公司是水平营销联盟的成员，他们相互合作为乘客提供空中服务。

10.3 中间商

中间商是指产品从生产领域向消费领域转移过程中直接或间接转移商品所有权的营销机构，它在生产和消费之间起着桥梁或中介作用。中间商是分销渠道的主体，生产企业的绝大部分产品是通过中间商转卖给消费者或最终用户的，因此，它的出现和存在对于生产企业的分销活动发挥着十分重要的作用。

10.3.1 经销商和代理商

按照中间商是否拥有商品所有权，分为经销商和代理商。

1. 经销商

经销商是指专门从事商品交易业务，在商品买卖过程中拥有商品所有权的中间商。经销商最明显的特点是将商品买进以后再卖出去。由于拥有商品所有权，经销商往往制定自己的营销策略，以期获得最大的效益。

经销商是中间商的主要形式，因为大多数生产企业在其分销活动中都愿意将产品一次性卖给中间商，从而迅速回收资金和投入再生产，并减少呆账和坏账现象的发生。

2. 代理商

代理商是指不拥有商品所有权中抽取一定数量佣金的中间商。按照代理商职权范围大小不同形式。

（1）总代理。总代理是指代理人在指定地区内不仅有权代理销售指定的商品，而且有权代表委托人从事商务活动和处理其他事物的代理商。

（2）独家代理。独家代理是指在特定地区和一定期限内，享有独家代理指定商品专营权的代理商。在该指定地区内，委托人不得再委托其他代理人，并且自己也不得再在该地区销售该商品。

（3）一般代理。一般代理是指不享有专营权的代理商，即在同一地区和期限内，委托人同时委托几个代理人代理销售其产品，并且委托人自己也可以在该地区销售其产品。

3. 经销商与代理商的区别

经销商与代理商的区别主要表现在以下几个方面。

（1）经销商拥有所经营商品的所有权，而代理商只是受生产者委托代理销售业务，并不拥有商品的所有权。

（2）出于经销商要先购进所经营的商品，所以需要预先垫付商品资金，而代理商则无须垫付资金。

（3）经销商赚取的是商品购进价与销出价之间的差额，以此作为企业的经营利润，代理商赚取的是委托销售生产企业按规定所支付的佣金。

10.3.2 批发商

1. 批发商的概念和功能

批发包括一切将货物或服务销售给为了转卖或者商业用途而进行购买的人的活动。批发商和零售商之间在以下方面存在差异：①批发商不太注重促销、环境和地点，因为他们是与顾客而不是与最终消费者打交道；②批发业务量往往比零售业务量大，批发商所覆盖的贸易地区一般比零售商大；③政府对批发商和零售商分别采取不同的法律条令和税收政策。

批发商是联系生产者与生产者，尤其是生产者与零售商的桥梁和纽带。在商品由生产者向用户和消费者转移的过程中，批发商发挥着重要作用。从营销角度看，批发商的主要功能如下。①销售与促销。批发商通过其销售人员的业务活动，使生产者能以较低的成本接触到分散各地的顾客，从而促进销售。②采购与商品编配。批发商能根据客户的要求选购商品以及对商品的各种规格、品种、花色进行编配，节省客户的时间。③整买零卖。批发商可以整批地买进商品，再根据零售商的需要批发出去，从而降低零售商的进货成本。④储存与运输。由批发商储存商品，可以降低供应商和客户的存货成本和风险。由于批发商比生产者更接近客户，可以提供更快捷的运送服务。⑤融资。批发商向零售商实行信用供货时，能弥补零售商资金不足；财力雄厚的批发商，可以用预购方式，以资金帮助生产者。⑥风险承担。由于批发商拥有商品所有权，因此，在其分销过程中，可以承担商品损耗、瑕疵或过时等各种风险。⑦信息传递。批发商能为生产者和顾客传递市场供求、市场竞争、最新产品、价格趋势等方面信息。⑧管理服务与咨询。批发商可以帮助零售商培训销售人员，布置商店，建立会计和存货控制系统，提供技术、广告宣传、定价等咨询服务，从而有助于零售商提高营运水平。

2. 批发商的类型

批发商主要有三种类型，即商人批发商、经纪人和代理商、制造商销售办事处。

（1）商人批发商。商人批发商是指自己进货，取得商品所有权后再批发出售的商业企业，也就是人们通常所说的独立批发商。

商人批发商按职能和提供的服务是否完全来分类，可分为两种类型：①完全服务批发商；②有限服务批发商。

（2）经纪人和代理商。经纪人和代理商是从事购买或销售或二者兼备的洽商工作，但不取得商品所有权的商业单位。经纪人和代理商主要分为以下几种：①商品经纪人；②制造商代理商；③销售代理商。

（3）制造商及零售商的分店和销售办事处。这种批发业务可分为两种类型：①销售分店和销售办事处；②采购办事处。

3. 批发商的选择

选择一个通力合作的批发商对于企业产品的市场开拓关系重大。要考虑下列条件。

（1）区域市场情况。批发商业务范围的地理分布区域与企业目标销售区域是否一致。

（2）渠道网络情况。批发商渠道网络成员的数量和覆盖面，这关系到批发商的市场营销能力,批发商网络广泛,其市场张力强,产品容易扩散出去。

(3)营销实力情况。包括批发商掌握和反馈市场信息的能力、批发商的合作精神和能力、批发商的竞争优势等。

10.3.3 零售商

1. 零售商的含义

零售包括所有向最终消费者直接销售商品和服务,以供其做个人及非商业性用途的活动。广义的零售包括一切向最终消费者直接销售商品和服务,以供应个人和组织及非商业性用途的活动。狭义的零售商是指将商品直接销售给最终消费者的中间商,处于商品流通的最终阶段。零售在流通中处于最后阶段,这个地位决定了零售商在整个分销渠道中扮演了重要角色。零售商的基本任务是直接为最终消费者服务,它的职能包括购、销、调、存、加工、分包、传递信息、提供销售服务等。在地点、时间与服务方面,方便消费者购买,它又是联系生产企业、批发商与消费者的桥梁,在分销途径中具有重要作用。

2. 零售商的类型

(1)百货商店,是指在一个大型建筑物内,根据不同商品部门设立销售区,满足顾客对时尚商品多样化需求的零售业态。其基本特点是:选址位于城市商业中心或历史形成的商业聚集地;商圈一般比较大,目标顾客以追求时尚和品味的流动顾客为主;商品经营门类齐全,综合性强,售卖普遍采取柜台销售和开架面售相结合的方式。

(2)食杂店,是指以经营烟、酒、饮料、休闲食品为主,传统的无明显品牌形象的零售业态。其基本特点是:选址位于居民区或传统商业区内;商圈较窄,目标顾客以相对固定的居民为主;商品结构以烟、酒、饮料和休闲食品为主。

(3)便利店,又称方便店,是指满足消费者便利需求的零售业态。其基本特征是:选址位于商业中心、交通要道以及车站、码头、医院、学校、加油站等公共活动区;商品经营结构以即食食品、日用小商货为主,具有即时消费、小容量、应急性等特点;注重服务,营业时间一般在 16 小时以上。

(4)超市,又称超级市场,是指开架售货、集中收款,满足社区消费者日常生活需求的零售业态。其基本特征是:小型超市一般位于市、区商业中心和居民区;大型超市一般位于市、区商业中心,交通要道或大型居民区;经营结构以包装食品、生鲜食品和日用品为主,大型超市一般可以满足顾客一次性购齐所有日常生活用品的需要;售卖方式采取自选销售,分设出入口,在收银台统一结算;营业时间一般在 12 小时以上,大型超市具备与经营面积相适应的停车场。

(5)专业店,是指以专门经营某一大类商品为主的零售业态,如办公用品、家具、药品、服装、体育用品等各类商品的专业店。专业店是目前世界各国零售业态发展势头良好的一种零售形式。因为它具有如下优势:①满足顾客挑选性的要求,虽然经营的商品种类单一,但是能够提供丰富的品种,商品规格、档次、花色、款式齐全,消费者容易买到称心如意的商品;②经营者以某一顾客群为目标市场,针对性强,对消费者需求反应敏感;③容易树立商店的品牌形象,经营者一般具有较深入的专业商品知识,能够为消费者提供商品使用、维护、保养等方面的专业化建议。

（6）专卖店，是指专门经营或授权经营制造商品牌，适应消费者品牌选择需求的零售业态。其特点是：选址多在繁华商业区、商业街、百货商店或购物中心；商品结构以著名品牌、大众品牌为主；销售上具有量小、质优、高毛利的特点；商店的陈列、装潢、灯光、包装布局、广告讲究；采取定价销售，注重品牌名声。

（7）折扣店，是指提供有限服务，商品价格低廉的零售业态。其特点是：商品齐全，折扣店类似于百货店，但销售的商品主要是家庭生活用品；价格低廉，折扣店的所有商品都标有折扣价，价格大幅度低于一般商店；商店采取自我服务方式，设备简单，很少提供送货服务；选址大多位于物业租金较低且交通又较方便的地区。折扣店能够以折扣价格出售商品，主要是由于商店节约投入费用，而并非是经营质次价高、不合时令的商品。

（8）仓储会员店，是指以会员制为基础，实行储销一体、批零兼营，以提供有限服务和低价格商品为主要特征的零售业态。其特点是：仓库与商场相结合，采用货仓式销售；选址一般在城乡接合部，交通方便，既面向城市中低收入阶层，又方便农民购买；自由选购与导购相结合；投入费用低，以廉价吸引顾客，具有成本优势、价格优势和地域优势。

（9）购物中心，是指多种零售店铺、服务设施集中在一个建筑物内或一个区域内，由开发商有计划开发、管理、运营的为消费者提供综合服务的商业集合体。其基本特点是：购物中心不仅满足消费者购物需求，而且还成为丰富消费者生活的综合服务中心，其中一般设有银行、邮局、医院、剧场、儿童游乐场、理发店、美容店、洗衣店、照相馆等服务设施，能够满足顾客购物、餐饮、娱乐、休闲等“一站终点”的多层次需要。

（10）非商店零售商。它有四种形式：直复市场营销、直接销售、自动售货和购物服务公司。①直复市场营销，直复市场营销是一种为了在任何地方产生可度量的反应和达成交易，而使用一种或多种广告媒体的互相作用的市场营销系统。直复市场营销主要有以下几种形式：邮购目录、直接邮购、电话市场营销、电视市场营销、其他媒体市场营销、电子销售、顾客订货机销售。②直接销售，直接销售主要有挨门挨户推销、逐个办公室推销和举办家庭销售会等形式。③自动售货，使用硬币控制的机器，自动售货是第二次世界大战后出现的一个主要的发展领域。④购物服务公司，购物服务公司是不设店堂的零售商，专为某些特定顾客，通常是为大型组织的雇员提供服务。

3. 零售商的新形式

（1）联合零售。它主要有以下几种形式。①批发联号，是中小零售商自愿参加批发商的联号，联号成员以契约作联结，明确双方的权利和义务。批发商获得了忠实客户，零售商按比例在批发联号内进货，保证了供货渠道。②消费合作社。它是由社区居民自愿出资成立的零售组织，实行民主管理。这种商店按低价供应社员商品，或制定一定价格，社员按购物额分红。

（2）连锁经营。连锁商店是指由一家大型商店控制的，许多家经营相同或相似业务的分店共同形成的商业销售网。其主要特征是：总店集中采购，分店联购分销。连锁商店有三种类型。

①正规连锁店。正规连锁店，同用于某一个总部或总企业，统一经营，所有权、经营

权、监督权三权集中，也称联号商店、企业连锁、直营连锁、总体式连锁店。连锁店较之独立商店具有价格优势，可以通过薄利多销方式获取更大利润。

②自愿连锁。各店铺保留单个资本所有权的联合经营形式。自由连锁的最大特点是成员店铺是独立的，成员店经理是该店所有者。

③特许连锁，也称合同连锁、契约连锁。它是由拥有特许权的特许人（制造商、批发商或服务机构）与接受特许权者（购买某种特许权而营业的独立商人）之间订立契约的关系所形成的组织。它由特许人把自己开发的商品、服务和营业系统（包括商标、商号等企业象征的使用、经营技术等）以营业合同的形式给规定区域的加盟店授予统销权和营业权。加盟店则须缴纳一定的营业权使用费、承担规定的义务。其特点是：经营商品时，受许人必须购买特许经营权；经营管理高度统一化、标准化。麦当劳连锁店一般要求特许经营店在开业后，每月按销售总额的 3% 支付特许经营使用费。肯德基连锁店的这一比例一般在 5% 左右。

（3）网络商店。网络商店是通过互联网进行商品经营活动的一种商店形式。通常所见的网上书城、网上花店、网上订票等以及部分网上拍卖，均属于此网络商店模式。零售商在互联网上开设虚拟商店、建立网上营销的网站，上网的消费者可以根据网址进入网站访问，浏览商店的商品目录等各种信息，找到合意的商品可以发送电子邮件向零售商订货，通过电子转账系统用信用卡付款。零售商则通过邮寄或快递公司把商品送给购物者。

网上购物具有独特的优势。它把购物过程中的时间和距离都压缩为网上的一小段距时间，消费者可在短时间内访问所有商店，将各家商品进行比较选择，大大节省购物的时间和费用。

传统的零售商店存在诸多缺陷，例如营业时间有限制，商店的商圈有一定范围，店铺陈列的商品品种有局限等，而网络商店则可以克服这些缺陷，可以 24 小时不停地营业，服务范围可以拓宽到全球任何一个可以上网的地方，网络上陈列的商品也可以成几十上百倍地增加。因此，传统商店完全可以利用网络扩展自己的业务，目前国内已经有许多商家在这方面做了尝试，相信不久的将来传统的有店铺零售商将借助这一工具使业务有一个突飞猛进的发展。

4. 零售商的选择

鉴于现代零售商类型繁杂，功能差异很大，经营绩效参差不齐，企业在渠道决策中对零售商的选择应持慎重态度。

（1）接近目标市场。生产企业尽可能选择那些经营网点的地理位置及其主要销售对象与企业目标市场的相接近的零售商。中间商的地理位置与需要本产品的顾客相接近，选购者就多，反之就少。生产企业要尽量选择在地理位置上具有有利条件的中间商来经销商品，以扩大销售量。

（2）产品经营情况。分析零售商的产品组合状况、其经营的产品质量档次与价格竞争力、是否适合本企业产品进入其中销售等。另外，还要考虑零售商是否已经经营与本企业产品类似的竞争品、该竞争品对本产品的竞争力强度等。

（3）销售力量。零售商的人员素质及促销能力等是否与销售本企业产品销售目标相适应。

（4）财力与储运服务能力。其进货能力、按时支付贷款能力、维持必要存货量及自提商品应有的运输能力是否符合要求。

（5）售后服务能力。售后服务能力包括提供退换商品、提供必要的产品维修服务和反馈顾客意见信息能力。

（6）管理能力。管理能力包括管理人员才干、组织与计划管理工作、规章制度及业务统计分析等是否处于良好状态。

营销新视野——新零售

2016 年 10 月 13 日马云在杭州云栖大会提出“新零售”。随着互联网发展，电商的发展速度很快，但根据《2016 电商消费行为报告》提供的数据可以看到，电商只占社会总零售额的 10% 左右，绝大部分的流量和消费仍然在线下。

所谓新零售，简单来说，就是以数据为驱动，通过新科技发展和用户体验的升级，来改造零售业形态。

- 以消费者体验为中心的数据驱动的泛零售形态。
- 突破时空界限，重构人、货、场。
- 新零售三大特征：以心为本、零售二重性、零售物种大爆发。

10.4 物流管理

10.4.1 物流的含义和职能

物流（Logistics），原意是后勤（军事）。中国开挖运河是为了运粮、运盐的物流活动，传统的物流达到两个目的，即商品地理位置的转移与商品储存时间的转移，这两个功能必须通过运输与仓储来实现，在不同的经济时代，运输与仓储的方式是不一样的。

物流是指通过有效地安排商品的仓储、管理和转移，使商品在需要的时间到达需要的地点的经营活动。物流的任务，涉及原料及最终产品从起点到最终使用点或消费点的实体移动的规划与执行，并在取得一定利润的前提下，满足顾客的需求。关于物流对满足市场需求的重要作用，伟大的革命先行者孙中山先生早在 1924 年就曾有过精辟论述。他在做民生主义演讲时指出：“运输迅速，交通灵便，然后各处的原料才是很容易运到工厂内去用。工厂内制造的出品，才是很容易运到市场去卖，便不致多费时间，令原料与出品在中道停滞，受极大的损失。”彼得•德鲁克在 1962 年 4 月号的《幸福》杂志撰文指出：物流是当时美国“降低成本的最后边疆”，也正是市场营销“最后的黑暗大陆”。这句话表明，20 世纪 60 年代以来，美国开始关注物流问题。

物流的基本职能是指物流活动应该具有的基本能力以及通过对物流活动最佳的有效组合，形成物流的总体功能，以达到物流的最终经济目的，包括包装、装卸搬运、运输、存储保管、流通加工、配送、废旧物的回收与处理、情报信息。

10.4.2 物流的目标

我们以系统论中的投入、产出概念，阐述企业物流的目标问题。

1. 顾客服务产出与投入

物流的一项基本产出就是对顾客服务的水平。顾客服务水平是用来吸引潜在顾客的有力武器。其基本内容包括：①产品的可得性；②订货及送货速度，包括普通订货速度和紧急订货速度；③存货或缺货的比率；④送货频率；⑤送货可靠性，包括小心照护、轻拿轻放以及损坏补偿等；⑥安装、试车及修理服务；⑦运输工具及运输方式的选择；⑧免费修理或分别计价。

企业一般根据竞争者的现行顾客服务水平来确定自己的顾客服务水平，因为如果它所提供的服务水平低于目前普遍水平，往往有失去顾客的风险；而如果它所提供的服务水平较高，则其他竞争者也会提高服务水平，这样每一企业都面临着成本提高的威胁。

企业为了提供顾客服务，必须承担某些费用，如运送、存货费用。由于许多企业通常对物流不实行集权式管理，同时也缺乏账目的记载，以致很难了解真实的全部成本。因此，为了评估物流的效率，企业应重视成本数据，并注意采取必要的审计手段。

在维持现有服务水平下，如果没有任何投入因素的重新组合能进一步降低物流成本，则现有物流系统就可以称为有效的物流系统。不少企业往往认为自己的物流系统已达到高效率水平，因为存货、仓储和运输单位的决策中心的经营状况良好，并且都能降低各自的成本。然而，如果仅能降低个别单位的成本，而各部门间却不能互相协调，那么总系统的物流成本还不一定能降到最低限度。

2. 各职能部门之间的冲突情况

各种物流成本常常以相反的方向互相影响。譬如，运输部经理比较喜欢用铁路运送方式来代替空运方式。这样虽然能降低运输费用，却使运送速度缓慢，资金周转迟缓，延缓顾客的付款，并可能引起顾客购买其他竞争者的物品。装运部也常趋向于使用便宜的容器包装用品，以降低装运成本，但又会提高运送过程中的物品损坏率，从而影响企业的信誉。存货部比较喜欢减少存货，以降低总的存货成本，而这样做又往往引起缺货、订单延缓履行或装运成本提高等后果。由此可见，企业的各种物流活动具有高度的相关性，企业应从整个物流系统来考虑制定物流策略，而不应只着眼于各个职能部门。

3. 目标

一般来讲，企业往往将其物流目标确定为：对产品进行适时适地的传送，兼顾最佳顾客服务与最低配送成本。实际上，这个目标隐含着内在的矛盾。因为，最佳顾客服务要求最大的存货、足够的运力、充分的仓容，而所有这些都势必增加销售成本。最低的配送成本要求低廉的运费、少量的存货和仓容，而这又势必会降低服务水平。

合理的物流目标，应是通过有效的选择，适当兼顾最佳顾客服务与最低配送成本。具体要求有以下几个方面。

（1）将各项物流费用视为一个整体。在致力于改善对顾客服务的过程中，重要的是努力降低物流成本，而不只是个别项目成本费用的增减。

（2）将全部市场营销活动视为一个整体。在各项市场营销活动中，都必须考虑物流目标，联系其他活动的得失加以权衡，避免因孤立地处理某一具体营销业务而导致物流费用不适当增加。

（3）善于权衡各项物流费用及其效果。为维持或提高顾客服务水平而增加的某些成本项目视为必需，而不能使消费者受益的成本费用则坚决压缩。

10.4.3 物流的规划与管理

每一个特定的物流系统都包括仓库数目、区位、规模、运输政策以及存货政策等构成的一组决策，因此，每一个可能的物流系统都隐含着一套总成本，可用数学公式表示，如下：

$$D=T+FW+VW+S$$

其中：D 为物流系统总成本；T 为该系统的总运输成本；FW 为该系统的总的固定仓储费用；VW 为该系统的总变动仓储费用；S 为因延迟分销所造成的销售损失的总机会成本。

在选择和设计物流系统时，要对各种系统的总成本加以检验，最后选择成本最小的物流系统。一般来讲，企业有以下几种选择。

1. 单一工厂，单一市场

大多数的制造商是单一工厂的企业，并且仅在一个市场上进行经营活动。这个市场可能是一个小城市，如小面包店、小印刷厂等，也可能仅限于一个地区，如地方性的酿酒厂。

这些单一工厂通常是设在所服务的市场的中央，这样可以节约运费。但是在某种情况下，工厂需设在离市场较远的地方，由此导致的高额运费可通过低廉的工地、劳动力、能源和原料成本抵消。将工厂设在靠近市场的地方还是设在易于取得资源的地方，必须根据相对的运输及加工成本来决定。当某些成本发生重大变化时，就会破坏工厂地址利益的平衡。因此，企业在两个设厂地点进行选择时，不仅应审慎地估计目前各战略的成本，更需考虑到未来各战略的成本。

2. 单一工厂，多个市场

当一个工厂在几个市场内进行销售时，企业有几种物流战略可供选择。例如，在中国东南沿海地区有一家制造厂，起初，在广州、深圳开展经营活动，现拟开拓西北市场，可从以下 4 种战略中进行选择：从东南沿海工厂将产品直接运送至西北地区市场；运用整车货运方式将产品运送至西北地区仓库；将制成的零件运送至西北地区装配厂；在西北地区另建一个制造厂。下面，分别权衡上述战略。

1）直接运送产品至顾客的战略

任何一个物流系统都必须考虑服务水平与成本这两项重要因素。直接运送战略似乎在服务及成本上都处于不利地位，因为直接运送比由当地的仓库送货至顾客要慢；再者，通常顾客的订购量很小，运送成本也较高。

不过，直接运送是否真有这些缺点，还取决于其他因素。在某些情况下，自远地的工厂运送可能比自附近的仓储再运送更经济合算。再者，零担订货的直接运送成本虽高，但不一定多于当地存货的费用。因此，企业在决定是否采取直接运送战略时，必须考虑下述因素：该产品的特性（如单价、易腐性和季节性）；所需运送的程度与成本；顾客订货数量与重量；地理位置与方向。

2）大批整车运送到靠近市场的仓库的战略

（1）仓库与直运比较。企业发现，将成品大批运送到西北地区的仓库，再从那里根据每一订单运送给顾客的方式，要比直接从东南沿海运送给顾客所用的费用少。这是因为整车运送与零担运送的费用率不同，前者要小于后者。除了节省运费，在市场地点设立仓库还可以比较及时地向顾客提供送货服务，因此，可以提高顾客的惠顾率。但是，建立地区仓库，企业必须承担从仓库运送达顾客的费用及仓储本身的费用。一般来说，增加地区仓储的最佳准则很简单，即增加新地区仓储所节约的运费与所能增加的顾客惠顾利益如大于建立仓储所增加的成本，那么就应在这一地区增设仓储。

（2）租赁仓库与自建仓库比较。这家企业面临的另一个决策问题是，该仓库应租赁还是自建。租赁的弹性较大，风险较小，因此在多数情况下比较有利。只有在市场规模很大而且市场需求稳定时，自建仓储才有意义。

（3）广泛仓库系统问题。广泛的仓库系统（即范围广大的仓库系统）也引出不少问题。一是企业如何确定最佳数目的仓储点；二是仓储点的最佳位置如何确定；三是不同地点应保持多少存货。这些问题可以通过计算机模拟技术或运筹学中的线性规划及非线性规划技术来解决。

3）将零件运到靠近市场的装配厂的战略

企业可以在西北地区成立一个装配分厂。因为整车运送单个零件，可以降低运费，并且运送中物品的价值还不是很高（因为还没有加上装配的人工成本及其他相关费用）。

一般来讲，成立装配厂要比直接运送或建立地区性仓储更有利。不过，最后的决策仍有赖于对目前及未来成本的详细分析。建立装配分厂的好处是运费较低。此外，建立地区性工厂可提高该地区的推销员、经销商及社会公众对产品的信任，从而增加销售额。建立装配分厂的不利之处是，要增加资金成本和固定的维持费用。所以企业在分析建立装配分厂方案时，必须考虑该地区未来销售量是否稳定以及数量是否会多到足以保证投入这些固定成本后仍有利可图。装配厂的投资不仅比仓库投资所需要的费用更大，而且所冒的风险也较大，这是由于装配厂比较专业化，难以开展有效的营销活动。

4）建立地区性制造厂的战略

企业可以在西北地区建立一个地区性工厂。这也是一般企业用来开拓距离较远的市场，并取得较大竞争利益的最后途径。

然而，建立一个制造厂需要有详细的当地资料以供分析，这时应加以考虑的因素很多，如人力、能源、土地、运输等有关项目的成本、有关的法律与政治环境。其中最重要的因素之一，是该行业是否具有大规模生产的可能性。在需要大量投资的行业中，工厂规模必须足够大才能实现经济的生产成本。如果行业的单位生产成本能随着工厂规模的扩大而降低，则应设立一个足以供应整个地区销售所需要的工厂，其单位生产成本应最低。但是企业不能只顾生产成本，还必须考虑分销成本，因为在产品产量提高的情况下，其分销成本也可能提高。

3. 多个工厂，多个市场

企业还可通过由多个工厂及仓库组成的分销系统（而不依靠大规模的工厂）来节省生产成本费用。这些企业面临两个最佳化的任务：一是短期最佳化，即在既定工厂和仓库位置上，制定一系列由工厂到仓库的运输方案，使运输成本最低；二是长期最佳化，即从长远着眼决定新建工厂的数量与区位，使总分销成本最低。根据不少现代企业的管理经验，线性规划技术在短期最佳化方案的制定过程中，具有重要的应用价值。

10.4.4 物流现代化

物流现代化涵盖物流管理的多个环节，需要多种技术支撑，其中包括条形码、电子货币、电子收款机和电子数据交换。

1. 条形码(bar code)技术

这是一项自动识别技术，是商品国际化的标志，也是实现物流自动化与商品管理自动化的基础。商品条形码可分为原印码和店内码两种。

2. 电子货币

这包括信用卡（Credit Card）、储蓄存款卡（Deposit Card）、扣账卡（Debit Card）、现金卡（Cash Card）、IC 卡等多种金融交易卡，不仅可以减少流动资金积压及大量资金的清点搬运，增加资金周转率，促进销售，而且通过计算机和信息通讯网络可以建立家庭银行（Home Bank），实现家庭购物（Home Shopping）。

3. 电子收款机(Electronic Cash Register，ECR)

电子收款机要求极高的技术性能。电子收款机必须稳定可靠，具备抗一般电器波动、抗干扰信号、抗恶劣环境的能力；运行中基本不出现故障或出现故障后能在不破坏数据的情况下及时排除；在网络或主机出现故障时，能独立运行；必须可接条码阅读器、磁卡刷卡器、电子秤等多种外设设备；必须具有现金、支票、信用卡等多种付款方式和零售、批发等多种交易方式；快速反应和处理能力等。

4. 电子数据交换(Electronic Data Interchange，EDI)

按国际标准组织的定义，电子数据交换是“将商业或行政事务处理按照一个公认的标准，形成结构化的事务处理或文档数据格式，从计算机到计算机的电子传输方法”。简言之，就是按照商定的协议，将商业文件标准化和格式化，并通过计算机网络，在贸易伙伴的计算机的网络系统之间进行数据交换和自动处理。因而被称为“无纸贸易”或“电子契约社会”。在 EDI 的发展中，标准化是至关重要的前提条件。

营销新视野：物流职能的外包——第三方物流和第四方物流

1. 第三方物流

第三方物流（Third Party Logistics，简称 3PL，也简称 TPL），相对“第一方”发货人和“第二方”收货人而言的。3PL 既不属于第一方，也不属于第二方，而是通过与第一方或第二方的合作来提供其专业化的物流服务，它不拥有商品，不参与商品的买卖，而是为客户提供以合同为约束、以结盟为基础的、系列化、个性化、信息化的物流代理服务。最常见的 3PL 服务包括设计物流系统、EDI 能力、报表管理、货物集运、选择承运人、货代人、海关代理、信息管理、仓储、咨询、运费支付、运费谈判等。由于业务方式一般是与企业签订一定期限的物流服务合同，所以有人称第三方物流为“合同契约物流（Contract Logistics）”。

第三方物流内部的构成一般可分为两类：资产基础供应商和非资产基础供应商。对于资产基础供应商而言，他们有自己的运输工具和仓库，他们通常实实在在地进行物流操作。而非资产基础供应商则是管理公司，不拥有或租赁资产，他们提供人力资源和先进的物流管理系统，专业管理顾客的物流功能。广义的第三方物流可定义为两者结合。因此，对物流各环节如仓储、运输等的严格管理，再加之拥有一大批具有专业知识的物流人才，使得他们可以有效地运转整个物流系统。故而，第三方物流又称为“物流联盟（Logistics Alliance）”。

2. 第四方物流

第四方物流是1998年由美国埃森哲咨询公司率先提出的，它专门为第一方、第二方和第三方提供物流规划、咨询、物流信息系统、供应链管理等活动。第四方并不实际承担具体的物流运作活动。

第四方物流（Fourth Party Logistics，4PL）是一个供应链的集成商，是供需双方及第三方物流的领导力量。它不是物流的利益方，而是通过拥有的信息技术、整合能力以及其他资源提供一套完整的供应链解决方案，以此获取一定的利润。它是帮助企业实现降低成本和有效整合资源，并且依靠优秀的第三方物流供应商、技术供应商、管理咨询以及其他增值服务商，为客户提供独特的和广泛的供应链解决方案。

与第三方物流注重实际操作相比，第四方物流更多地关注整个供应链的物流活动，这种差别主要体现在以下几个方面，并形成第四方物流独有的特点。

（1）4PL提供一整套完善的供应链解决方案。第四方物流有能力提供一整套完善的供应链解决方案，是集成管理咨询和第三方物流服务的集成商。第四方物流和第三方物流不同，不是简单地为企业客户的物流活动提供管理服务，而是通过对企业客户所处供应链的整个系统或行业物流的整个系统进行详细分析后提出具有指导意义的解决方案。第四方物流服务供应商本身并不能单独地完成这个方案，而是要通过物流公司、技术公司等多类公司的协助才能将方案得以实施。

第三方物流服务供应商能够为企业客户提供相对于企业的全局最优，却不能提供相对于行业或供应链的全局最优，因此第四方物流服务供应商就需要先对现有资源和物流运作流程进行整合和再造，从而达到解决方案所预期的目标。第四方物流服务供应商整个管理过程大概设计四个层次，即再造、变革、实施和执行。

（2）通过对整个供应链产生影响增加价值。第四方物流是通过对供应链产生影响的能力来增加价值，在向客户提供持续更新和优化的技术方案的同时，满足客户特殊需求。第四方物流服务供应商可以通过物流运作的流程再造，使整个物流系统的流程更合理、效率更高，从而将产生的利益在供应链的各个环节之间进行平衡，使每个环节的企业客户都可以受益。如果第四方物流服务供应商只是提出一个解决方案，但是没有能力来控制这些物流运作环节，那么第四方物流服务供应商所能创造价值的潜力也无法被挖掘出来。因此，第四方物流服务供应商对整个供应链所具有的影响能力直接决定了其经营的好坏，也就是说第四方物流除了具有强有力的人才、资金和技术以外，还应该具有与一系列服务供应商建立合作关系的能力。

(3)成为第四方物流企业需具备一定的条件。能够制定供应链策略、设计业务流程再造、具备技术集成和人力资源管理的能力；在集成供应链技术和外包能力方面处于领先地位，并具有较雄厚的专业人才；能够管理多个不同的供应商并具有良好的管理和组织能力等。

【本章小结】

分销渠道是指某种商品和劳务从生产者向消费者转移的过程中，取得这种商品和劳务的所有权或帮助所有权转移的所有企业和个人。分销渠道有直接渠道、间接渠道、长渠道、短渠道、宽渠道、窄渠道之分。企业需要综合考虑各种影响因素和限制条件来选择合适的分销渠道，分销渠道设计通常包括分析消费者需求、确定目标、设计备选渠道方案、评估和选择渠道方案几个环节。渠道管理包括三方面的内容：一是选择渠道成员，即在渠道设计完成后，具体选择哪些中间商作自己的渠道伙伴；二是如何激励中间商并处理好与他们的日常关系；三是适时对渠道成员的工作成果做出评估，并进行调整。中间商是指产品从生产领域向消费领域转移过程中直接或间接转移商品所有权的营销机构，它在生产和消费之间起着桥梁或中介作用。中间商是分销渠道的主体，常见的中间商有经销商和代理商、批发商和零售商。

【关键术语】

渠道　供应链　零售　批发　物流　水平营销系统　垂直营销系统　独家分销
选择分销　密集分销　渠道的长度　渠道的宽度　一级渠道　二级渠道　物流

【案例扩展阅读】

案例 1

戴尔直销模式

在 IT 行业，戴尔几乎成了直销的代名词。戴尔公司从创建开始就坚持直销，20 年来从未改变，取得了巨大的成功。在销售电脑的产业中，传统方式都是由制造商生产电脑，然后由经销商和零售商卖给企业或者个人客户。而戴尔认为在这种销售方式下，客户对产品一无所知，零售商也不具备相关的专业知识。一种合理的销售方式，应该是把客户真正需要的东西提供给他们。戴尔开始思考改变购买电脑的方式，他们设想把电脑直接销售给客户，取消零售商这个中间环节，这样客户就可以省下原来零售商所赚的利润，从而以较低的价格购买电脑。于是戴尔开始了取消中间商，把客户需要的电脑直接销售到客户手中的经营模式，即让戴尔取得巨大成功的直销模式。戴尔直销，就是戴尔公司建立一套与客户联系的渠道，由客户直接向戴尔发订单，订单中可以详细列出客户所需要的配置，然后戴尔接到订单后按单生产。戴尔的直销模式致力于了解客户真正的需求，所以他们从设计、制造到销售的整个过程，都有客户参与，重视客户的意见，以客户所需为宗旨。这样，直销模式省略了中间商的时间和成本耗费，加强了与客户的直接交流，提供最快最好的服务，深得客户的好评。戴尔公司的直销模式拥有巨大的竞争优势，从而改变了传统的销售过程。戴尔公司迅速成长为世界 PC 界的龙头老大，而直销方式也已经风靡全球。

1. 直销方式

通过直销模式，客户可以直接与戴尔公司沟通互动，针对不同的情况，戴尔的直销方式也不同，主要包括以下几种。

(1)电话直销。电话直销就是通过电话为客户提供戴尔产品的售前咨询，了解客户的需求，帮助客户制定购买方案。这样通过电话，客户可以和公司直接交流，使得公司及时获得客户的信息反馈，缩短两者之间的距离。电话直销为戴尔带来了独一无二的优势，公司营业额迅速上升。

(2)网络直销。网络直销，就是通过网络为客户提供戴尔产品的售前咨询，了解客户的需求，帮助客户制定购买方案，从而进行网络销售。通过网络，戴尔公司能够更好地扩展自己的直销模式，帮助公司接触到更多的客户，以更低的价格提供更多更好的服务。

(3)人员直销。戴尔公司销售电脑所采取的人员直销方式属于单层次的人员直销，戴尔公司的销售人员到企业内部与客户直接会谈，介绍和推销公司的产品，根据客户的特点提供不同的解决方案，完成订购。

(4)邮购直销。邮购直销，也是戴尔直销方式的重要组成部分。戴尔的产品目录直接邮寄给客户，客户根据自己的需要选择了某一型号之后，给戴尔寄款。然后戴尔根据客户的要求生产客户选定的电脑。

这种直接销售的方式使得厂商能够和客户充分而直接地交流，用户不但可以根据自己的需求来选择搭配产品的零部件组装，而且能随时看到相应配置的价位变化。同时，通过“戴尔”网站，还可以随时查询订单的进度。这种方式既为客户提供了个人化的贴心服务，也有效地降低了产品的流通成本，从而为“低成本”占领市场打下了坚实基础。

2. 强大的供应链系统

戴尔卓越的竞争力也来自于它出色的供应链管理。戴尔一直致力于通过供应链把低成本的产品送到客户手中，为客户提高更好的价值。戴尔的供应链系统已经打破了传统意义上的厂家与供应商之间的供需配给，客户是供应链的中心环节。戴尔的供应链中没有经销商和零售商，公司把产品直接卖到客户手中，这使得戴尔公司能够一次性准确迅速地获得订单信息。由于去掉了零售商赚取的利润，公司还可以降低成本，把这些省下的钱回馈给客户，使客户以更低的价格购买电脑。戴尔公司把服务外包，这又降低了一部分运营成本。代理服务商只向客户提供技术服务和支持。这样戴尔公司既能够提供优质的售后服务，同时又避免了公司面临过度庞大的组织架构。通过以上的种种做法，戴尔公司成功实现了与供应商和客户的“虚拟整合”，形成了一条快速、高效的供应链，从而赢得了客户的认可，也赢得了市场。

3. 高效的库存管理

“戴尔”实行按单生产，收到订单后立即启用高效的生产流程和供应链管理机制，在较短的时间内完成配送交换，以实现“零库存”。特别值得一提的是，“戴尔”的库存周期只有 4 天，而国内知名品牌——“联想”的库存周期达到了 22 天，其他普通计算机厂商则高达 60 天。这样不仅节省了时间和成本，培育出了价格优势，而且可以更直接地了解到客户的需求，缔造稳定的客户基础。市场竞争的日益激烈，在行业中谁拥有高效的生产方式，谁能够以更少的时间、更低的成本生产出更多更好的产品，谁就能在竞争中胜出。戴尔无疑是高效的,正是这种高效的商业模式为戴尔带来了极大的成本优势。

戴尔直销模式的关键在于存货管理,对于戴尔来说,直销意味着它要不断从客户那里获得信息,以便对变化的客户需求和市场迅速做出反应。戴尔存货管理的成功,有以下几个方面。

(1)加快存货速度。在戴尔公司,每台电脑的部件都附有一个印刷出来的四位数条码。在流水线上,检查各部件以决定其供应商到电脑成品的完成时间,其中所剩余的时间叫作“存货速度”。戴尔公司一直注重存货管理,正如迈克尔·戴尔所说,他们所面临的主要挑战是将管理上的注意力从“有多少存货”转移到“存货速度有多快”。存货流动快是一种优势,不仅意味着戴尔的产品可以以更低的价格推出,还使得戴尔能够适应市场的突然变化。

(2)零库存管理。“零库存”是指某种物品的储存数量很低,甚至可以为“零”。戴尔为实现“零库存”,公司在接到订单以后,马上对订单进行整合,分拣现有的原材料,把需要的其他原材料向供应商下订单。等原材料到了生产线上之后才和供应商进行交易。产品生产出来之后,由于销售阶段采用直销的方式,产品会马上送到客户手中。接订单生产的产品不需储存在仓库里,从而将库存降至最低。同时,按订单生产系统能够及时从供应商那里获得零部件,从而消除了零部件库存。消除过剩的库存成本,会给客户带来利益。同时,与客户的直接接触能够使得戴尔掌握更多的信息,从而对客户的潜在需求和市场做出更加准确的预测,进一步降低存货数量。戴尔公司存货管理的一条重要原则是:以信息代替存货。掌握准确、全面、迅速的信息,来努力降低存货。

4. 完善的销售服务

对于戴尔公司的成功,大多数人把目光盯在它独特的直销模式上,往往忽略了它“顾客至上,让顾客满意”的核心战略思想。客户是企业生存和发展的基础,市场竞争的实质就是争夺客户资源。戴尔公司非常重视客户,将客户视为关系公司生死存亡的重要因素,坚持以客户为导向。

(1)亲自接触客户。了解客户需要什么样的产品,需要什么样的服务,公司能做到的,马上做到;不能马上做到的,请求客户的谅解,并在最短的时间内尽力完成。

(2)做客户的顾问。许多客户对电脑这种前沿科技技术并不是非常了解,在购买产品时常常犹豫不决,公司总是试着帮助客户做出正确的决策,将含有最新电脑技术和最适合客户实际需要的产品销售给客户。公司应该关注客户的真实需求而不是产品或科技技术本身。

(3)注重信息反馈。关注客户的信息反馈,要实现产品的发展,必须注重客户的反馈意见。迈克尔·戴尔说:所谓最好的顾客,是能给我们最大启发的顾客;是教导我们如何超越现有产品和服务,提供更大附加价值的顾客;是能提出挑战,让我们想出办法后也可以惠及其他的顾客。戴尔公司通过与客户的联系,了解他们的需求与各种意见。然后那些新创意可以在这些客户中试销,并且通过客户的回馈,了解是否可行,是否符合实际情况。戴尔公司根据客户的意见与需求,来设计产品,服务客户,依照客户订货的需求来生产产品,力图为客户提供高品质的产品与服务,与客户维持良好的业务关系。

思考:分析戴尔的直销模式对我们渠道构建有什么借鉴。

案例 2

当当网电子书分销平台

随着阅读器价格的走低，智能手机、iPad 等移动终端的普及。当前中国电子书产业正步入快速增长时期。受此鼓舞，国内汉王书城、盛大云中书城、方正番薯网等电子书运营平台已开始借鉴亚马逊 Kindle 模式，推出自有品牌的阅读器，展开全版权运作并直签作家，抢滩网络出版业务。有消息称，老牌网上书店当当网近期也将推出开放的电子书分销平台，全面进军电子书业务。昨天，当当网 CEO 李国庆证实了该消息，但是他也表明，"当当网既不会直签作家，也不会涉足网络出版，只推电子书分销平台"。

"当当希望能够推动阅读器价格的破冰。"李国庆在接受本报记者采访时表示，目前，当当网正与几家电子书终端厂商协商，希望将终端的价格 从 1 500 元能进一步降到 499 元乃至更低，到时消费者买一本纸质书的钱可以买 3 本电子书。李国庆明确表示："当当网当前和今后都不会直签作家，也不会进入网络出版领域，电子书产业链要专业人干专业事情，作为下游的电子书平台，当当网只承担卖场和分销的角色，最懂出版、数字出版的应该是出版社自己，数字出版的主体应该属于出版社，建议作家与出版社合作。"

同时，李国庆强调，当当网也不会推出自有品牌的阅读器，而是倾向于与 IOS 平台、Android 平台、"电子墨水"手持阅读器、手机移动浏览器等终端厂商合作。李国庆透露说："当当网的数字分销路线主要分为两块，对于上游的版权方，当当网将依托现有传统资源优势，整合发行与电子商务渠道，将内容选题、客户管理、编读互动合为一体；对于下游终端方面，当当网将会支持多种电子书阅读器，但自己不会直接进入终端市场，也不会直接涉足原创网络出版，更不会直签作家。"

数字图书定价方面，李国庆透露："当当网会与上游出版社进行协商，将大众书籍控制在平均 3 折 ，专业书籍控制在 5~8 折。在电子书售出后，作家拿 10% 的版税，出版商拿 10%，当当网拿 10%，大家均分。"分析人士认为，电子书的定价协调，出版社得站出来，定价权要拿在出版社手里，不能像美国，亚马逊开始将电子书价格定得那么低就是为了掩护他们卖阅读器，却牺牲了出版社的利益。中国企业该接受这个教训，当当电子书平台一定是中立的，不能像 Kindle 那样从头吃到尾，又做内容，又卖阅读器。当当网在网上的图书销售已达 12 年之久，具备成为电子书销售主流平台和渠道的基因。如果上线后的当当网电子书分销平台能有更好的内容资源、更折中的 DRM 体系、更好的借力于传统图书营销平台、定位更清晰的终端设备，将会有很大的胜出机会。

案例 3

格力自建门店

2010 年，是格力空调畅销的第 15 个年头。这一年，格力空调以销售收入 600 亿元的成绩，继续领航国内空调业。在家电领域，很多品牌都踌躇不前，而格力却能逆势而上，并且保持较高的利润率。总结格力电器取得的这些成就，总裁董明珠认为应该归功于其 20 多年来建立起来的分销网络，"我们创造出'格力专卖店'这一独特的渠道模式，通过多年经营，逐渐形成了以城市为中心、以地县为基础、以乡镇为依托的三级营销网络，从而保证了在空调市场格力自建渠道提升了对供应链终端的掌控能力。竞争激烈、家电渠道商挤压厂家利润的形势下，销售连年增长。”格力建立起的渠道优势成为其他竞争对手难以追赶的关键所在。

通过区域性销售公司形成渠道利益共同体

格力掌控渠道终端，是被逼无奈的结果。1997 年，格力湖北的四大经销大户，在整个行业空调大战中，为了抢占地盘、追求利润，搞竞相降价游戏，结果导致格力在湖北的市场价格体系被冲得七零八落。格力和经销商两败俱伤。

情急之下，时任格力销售总经理的董明珠提出一个大胆的想法：成立以利益为纽带，以格力品牌为旗帜，互利双赢的联合经营实体，由此，湖北格力空调销售公司诞生。区域销售公司由企业与渠道商共同出资组建，各占股份并实施年底共同分红。它的核心理念是渠道、网络、市场、服务全部实现统一，共同做市场、共同谋发展。在这其中，格力只输出品牌和管理，在销售分公司中占有少许股份。湖北格力空调销售公司在成立后的第二年就使销售上了一个新台阶，增长幅度达 45%，销售额突破 5 亿元。此后 3 年，格力空调的销售实现了飞跃式的增长，销售额从 1997 年的 42 亿元增长到 1999 年的 60 亿元，2004 年时已达 138.32 亿元。

凭借这些区域公司的支撑，格力对零售终端的掌控力度越来越大。2004 年 3 月，格力电器与国美在格力空调的销售上发生争执，格力电器认为成都国美擅自降价破坏了格力空调在市场中长期稳定统一的价格体系，决定停止向国美供货。国美则称由于格力电器在价格上不肯让步，与国美“薄利多销”的原则相违背，要求各地分公司将格力空调的库存清理完毕。争执最终导致格力电器脱离国美的销售渠道。不过，格力销售额并没有就此受到太大影响，那时他们的专卖店已近万家，遍布全国。

格力渠道体系自上而下分工明确、组织严密。格力空调省级合资经销商由省内最大的几个批发商同格力电器合资组成，负责对当地市场进行监控，规范价格体系和进货渠道，以统一的价格将产品批发给下一级经销商；各地市级批发商也组成相应的合资分公司，负责所在区域内的格力空调销售，但格力在其中没有股份。此外，格力公司负责实施全国范围内的广告和促销活动，而当地广告和促销活动以及店面装修之类工作则由合资销售公司负责完成。格力专卖店体系是区域渠道联营体直接管理，由区域联营体或下级经销商自建而成。格力先后在 32 个省市成立了区域性销售公司，这些多分支机构开拓了近万家专卖店。

格力的“股份制区域销售公司”模式，通过相对清晰的股份制产权关系，很好地解决了利益的创造和分享的问题。同时培养了各经销商对格力品牌的忠诚度，统一价格体系，成为利益共同体。

用资本的方式控制经销商

2000 年之后，格力各地经销公司的实力壮大，控制权也随之增强，与格力的“摩擦”又多起来。为此，格力采取了强有力的措施。

2001 年，格力先后在湖北和安徽清理了原有的经销商。2003 年 8 月，格力开始主动对渠道动手术。第一步，格力首次向广州和深圳分公司注入资金，增持两个分公司的股份，达到控股目的。第二步，格力直接从总部派驻董事长和销售主管，总经理也由新股东担任。其三，重新划分销售区域，将从化、番禺、花都和清远等分公司直接划入广州分公司，惠州、东莞等分公司被划入深圳分公司。由此，广州和深圳销售公司势力范围得以加强。此后，在湖北、安徽、广西也采取类似方法。

格力渠道简单说来是“三级体制”规划，厂家—厂商联营体—渠道体。这里面，厂家是决策层，厂商联营体是执行层，渠道体是格力到达最终消费者的平台和桥梁。格力以专卖店作为主导的零售形态，是想让格力专卖店未来的服务走向专业化、标准化。这种专业化、标准化的要求按照董明珠的话来说就是：只要某一个消费者在格力专卖店买一台空调，格力全国营业网点都知道他在哪一家专卖店买了什么型号的空调、什么时候装的机，该消费者所购的空调无论什么时候在什么地方出现质量问题，只要打个电话，格力的服务就能即刻到位。

区域销售公司在品牌以及服务方面的投入按照销售额的比例可以迅速在货款中扣减，这大大增强了经销商层面投入“品牌与服务”的动力。对于格力品牌而言，更是良性推动。有了品牌和品质做支撑的格力专卖店渠道模式不仅有利于提升厂家品牌形象，而且专店专营的营销模式有利于整合优势资源，为消费者提供更为周到和专业的售前、售中和售后服务，从根本上保障了厂家、商家、消费者三方利益。2007 年，格力在专卖店的基础上成立了“4S+1”专业店，通过“4S”的专业服务打造强有力的零售终端。

多元渠道共存

在区域销售公司辖区内，格力空调的终端渠道除了有专卖店，还有家电连锁企业、商场超市，以及批发商、零售商等其他形态，形成以专卖店为主的“多元渠道共存”的销售模式。

家电连锁企业覆盖中国一级城市市场的 70% 左右，二级和三级城市的 30% 左右，因此，虽然在 2004 年，格力“忍痛”割舍了国美，但又曲线实现了与家电连锁企业的合作。格力电器通过家电连锁继续保持在一级市场的增长，2006 年除了继续强化与五星的全面合作外，又与永乐实现了正常合作。同时在区域市场还通过格力电器的代理商进入了苏宁、国美的卖场。对此，董明珠表现出精明的变通：“格力最大的成功在于它能够适应市场的变化。格力选择的是一条能够适应市场需求的路。”

格力空调通过对终端渠道的整合，实现了制造、物流、销售、服务各个环节之间信息的透明共享、风险利益的共担，从而避免了供应商与家电零售企业之间以“价格谈判”为核心的挤压竞争关系，提升了自身对供应链的控制能力。厂商联营的渠道管理模式提高了供应链的整体效率，进而让格力保持较高的利润率。

思考：格力自建渠道对渠道管理有什么借鉴？

【营销实践小项目】

1. 假设一家企业请你为其设计其营销渠道。该公司是专门制造和销售大学生为目标市场的时尚用品。在给公司总裁的备忘录中，请你解释渠道的运作方式。

2. 请为以下产品的分销渠道决定渠道密集程度，是密集型、选择型，还是独家销售，并给出你的理由：劳力士手表、路虎（Land Rover）牌越野车、M&M 巧克力、特别款式的芭比娃娃、佳洁士牙膏。

3. 假设你是一家医院的营销管理人员，请写一份有关医院这一服务机构营销渠道的报告。

第 11 章 促销策略

【知识目标】

1. 了解促销在市场营销中的重要作用。
2. 掌握促销组合和促销策略。
3. 掌握人员推销、销售促进、公共关系和广告策略的内容。

【技能目标】

1. 能根据项目情况制定促销组合方案。
2. 能掌握各种促销策略实际应用,制定各种促销策略。

【导入案例】

日本企业家辛格浩的营销术

日本乐天集团董事长辛格浩,拥有乐天制烟、乐天不动产、乐天电子工业、乐天职业棒球队等 10 多个企业,尤其是他的开山基业——乐天口香糖公司,在日本更是人人皆知。其销量占了日本 70% 的口香糖市场。

他的成功之道是将广告、营业推广等诸多种促销方案联合使用,形成了“多兵种连续攻击术”。第二次世界大战后,他成立了“乐天公司”,开始了他的口香糖奋斗生涯。当时,日本国内已有 400 多家生产口香糖的厂家,而且美国的箭牌口香糖又在日本倾销,要使乐天的产品站住脚,谈何容易!辛格浩决定,用广告来打开产品的销路。1951 年,乐天搞出了嚼过后还能在嘴唇上或竹管上吹出气球的口香糖。当年 9 月,恰逢日本首相吉田茂访美,辛格浩立即就将这种新型口香糖命名为“和平口香糖”,并大做广告。这正迎合了战后人民的心理。产品上市后,果然不同凡响,在日本独占鳌头,供不应求。

20 世纪 50 年代初,美国的西部影片充斥日本,非常卖座。辛格浩又在上面大做文章,推出了 5 日元一包的“牛仔口香糖”,顿时引起了赶时髦的人们和影迷们争相购买,形成了一股“牛仔口香糖”热。

紧接着,辛格浩又利用美国医学科学界发明的叶绿素治疗外伤一事引起的轰动,及时推出“叶绿素口香糖”,在广告宣传下,人们似乎觉得一块叶绿素口香糖在口,虽不会减少灾难,但会多一份安全感。这种联想又一次和消费者心理合拍了。

1995 年 11 月,日本电视首次开播,辛格浩不失时机,掀起了“评选乐天小姐”的热潮。一时间,“乐天口香糖寻找美女”的传闻变得家喻户晓,使得“乐天”又一次名声大振。

1956 年,日本第一支南极探险队准备远征,向乐天公司订购口香糖作为队员的附带食品,乐天公司立即把第一批特制的口香糖全部免费赠送给探险队,成为新闻界的热门话题,此实况经电视和报纸的报道,成为一则很好的宣传材料。探险队回国后,带

回了乐天口香糖在 -50℃不变质的客观证明,而且口味极佳,这为乐天口香糖大树了口碑。

接着,乐天公司又研制出飞行员专用的口香糖。专家指出,嘴嚼这种口香糖能促进中枢神经的正常活动,在高气压下,还能避免耳鸣目眩。乐天公司把第一批这种口香糖免费赠送给自卫队。此后,自卫队就成为乐天公司的长期大主顾。到了 20 世纪 60 年代,乐天公司的促销已达到炉火纯青的地步。配合广告,他们搞了“1 000 万日元奖票特卖”的营业推广活动。买几块口香糖,即使得不到奖,也不至于折大本,但如果……在这种心理驱动下,无论大小商店,只要销售乐天口香糖,无不人头攒动,水泄不通。结果,该月销售额发疯般向上窜。

这场风潮才过去,乐天公司又推出了“巧克力口香糖”,以每周播出 500 次的频率在全日本各大电视台大放广告片,并雇佣了数百名大学生走上街头抛售巧克力口香糖。

1964 年,法国电影明星阿兰·德龙访问日本,乐天公司便邀请他前来参观口香糖工厂。在车间里,阿兰·德龙尝了一口巧克力口香糖,顺口说了一句:“我不知道日本也有这样棒的巧克力!”这句话被乐天公司及时地录了音,从此后又成了电视上每天都出现了这句名言,口香糖更是受日本无数的阿兰·德龙影迷的追捧!

乐天公司还经常举办吃口香糖大奖赛,1962 年举行的大奖赛中,请来了众议院的议长原健三郎等社会名流,观看在新日本大饭店举行的比赛实况。

辛格浩在不断革新产品品种的同时,永无止境地翻出促销新花样,由于他如此善作广告,被称为广告“鬼才”。

11.1 促销与促销组合

11.1.1 促销的含义与作用

1. 促销的含义

促销是促进产品销售的简称。从市场营销的角度看,促销是企业通过人员和非人员的方式,沟通企业与消费者之间的信息,提升品牌形象,引发、刺激消费者的购买欲望,使其产生购买行为的活动。从这个概念不难看出,促销具有以下几层含义。

(1)促销工作的实质与核心是沟通信息。企业与消费者之间达成交易的基本条件是信息沟通。若企业未将自己生产或经营的产品和劳务等有关信息传递给消费者,那么消费者对此将一无所知,自然谈不上认购。只有将企业提供的产品或劳务等信息传递给消费者,才能引起消费者注意,并有可能产生购买欲望。

(2)促销的目的是提升品牌形象,引发、刺激消费者产生购买欲望。在消费者可支配收入既定的条件下,消费者是否产生购买行为主要取决于消费者的购买欲望,而消费者购买欲望又与外界的刺激、诱导密不可分。促销正是针对这一特点,通过各种传播方式把产品或劳务等有关信息传递给消费者,以激发其购买欲望,使其产生购买行为。

(3)促销的方式有人员促销和非人员促销两类。人员促销,亦称直接促销或人员推销，是企业运用推销人员向推销对象推销商品或服务的一种促销活动，它主要适合于消费者数量少、比较集中的情况下进行促销。非人员促销，又称间接促销或非人员推销，是企业通过一定的媒体传递产品或劳务等有关信息，以促使消费者产生购买欲望、发生购买行为的一系列促销活动，包括广告、公关和销售活动中将人员促销和非人员促销结合运用。

2. 促销的作用

促销之所以在企业营销活动中是不可缺少的重要组成部分，是因为促销具有如下功能作用。

（1）传递信息，强化认知。销售产品是市场营销活动的中心任务，信息传递是产品顺利销售的保证。信息传递有单向和双向之分。单向信息传递是指卖方发出信息，买方接收，它是间接促销的主要功能。双向信息传递是买卖双方互通信息，双方都是信息的发出者和接收者，直接促销就有此功效。在双向信息沟通过程中，一方面，卖方（企业或中间商）向买方（中间商或消费者）介绍有关企业情况、产品特点、价格、服务方式和服务内容等信息，以此来诱导消费者对产品或服务产生需求欲望并采取购买行为；另一方面，买方向卖方反馈对产品的价格、质量和服务内容、方式是否满意等有关信息，促使生产经营者取长补短，更好地满足消费者需求。

（2）突出特点，诱导需求。在市场竞争激烈的情况下，同类商品很多，并且有些商品差别微小，消费者往往不易分辨。企业通过促销活动，宣传、说明本企业产品的特色，便于消费者了解本企业产品在哪些方面优于同类产品，使消费者认识到购买、消费本企业产品所带来的利益较大，促使消费者乐于认购本企业产品。生产者作为卖方向买方提供有关信息，特别是能够突出产品特点的信息，能激发消费者的需求欲望，变潜在需求为现实需求。

（3）指导消费，扩大销售。在促销活动中，营销者循循善诱的产品知识性介绍，在一定程度上对消费者起到了教育指导作用，从而有利于激发消费者的需求欲望，变潜在需求为现实需求，实现扩大销售之功效。

（4）培育偏爱，稳定销售。在激烈的市场竞争中，企业产品的市场地位常不稳定，致使有些企业的产品销售起伏较大。企业运用适当的促销方式开展促销活动，可使较多的消费者对本企业的产品产生偏爱，进而巩固已占领的市场，达到稳定销售的目的。对于消费者偏爱的品牌，即使该类产品需求下降，也可以通过一定形式的促销活动，促使消费者对该品牌产品的需求得到一定程度的恢复和提高。

11.1.2 促销组合及促销策略

各种促销方式都有其优点和缺点，在促销过程中，企业常常将多种促销方式并用。所谓促销组合，就是企业根据产品的特点和营销目标，综合各种影响因素，对各种促销方式的选择、编配和运用。促销组合是促销策略的前提，在促销组合的基础上，才能制定相应的促销策略，而促销策略又是促销组合的结果。因此，促销策略也称促销组合策略。

促销策略从总的指导思想上可分为推式策略和拉式策略两类。推式策略是企业运用人员推销的方式，把产品推向市场，即从生产企业推向中间商，再由中间商推给消费者或最终用户，故也称人员推销策略。推式策略一般适合于单位价值较高的产品，性能复杂、需要做示范的产品，根据用户需求特点设计的产品，流通环节较少、流通渠道较短的产品，市场比较集中、集团性购买的产品等。拉式策略也称非人员推销策略，是指企业运用非人员推销方式把顾客拉过来，使其对本企业的产品产生需求，以扩大销售。对单位价值较低的日常用品，流通环节较多、流通渠道较长的产品，市场范围较广、单次购买量少、市场需求较大的产品，常采用拉式策略。

促销组合与促销策略的制定，其影响因素较多，主要应考虑以下几个因素。

1. 促销目标

企业在不同时期或不同地区，经营的目标不同，促销目标也不尽相同。无目标的促销活动收不到理想的效果。因此，促销组合和促销策略的制定，要符合企业的促销目标，并根据不同的促销目标，采用不同的促销组合的促销策略。

2. 产品因素

（1）产品的性质。不同性质的产品，购买者和购买目的就不相同，因此，对不同性质的产品必须采用不同的促销组合和促销策略。一般说来，在对消费品促销时，因市场范围广而更多地采用拉式策略，尤其以销售促进和广告形式促销为多；在对工业品或生产资料促销时，因购买者购买批量较大，市场相对集中，则以人员推销为主要形式，如图 11-1 所示。

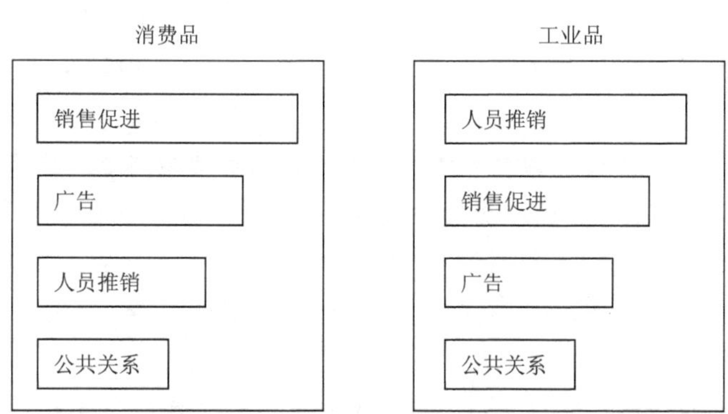

图 11-1　促销工具在消费品和工业品销售中的相对重要性

（2）产品的市场生命周期。促销目标在产品市场生命周期的不同阶段是不同的，这决定了在市场生命周期各阶段要相应选配不同的促销组合，采用不同的促销策略。以赠品为例，在投入期，促销目标主要是宣传介绍商品，以顾客了解、认识商品，产生购买欲望。广告起到了向消费者、中间商宣传介绍商品的功效，因此，这一阶段以广告为主要促销形式。在成长期，由于产品已打开销路，销量上升，同时也出现了竞争者，这时仍需广告宣传，以增进顾客对企业产品的购买兴趣，同时辅之以公共关系、销售促进等形式，尽可能扩大销售渠道。在成熟期，竞争者增多，促销活动以增进购买兴趣为主，各种促销工具的重要程度依次是销售促进、广告、公共关系。在衰退期，由于更新换代产品和新发明产品的出现，使原有产品的销量大幅度下降。销售促进应继续成为主要的促销手段，并辅之以广告和公关手段。同时，为减少损失，促销费用不宜过大。

3. 市场条件

市场条件不同，促销组合与促销策略也有所不同。从市场地理规模看，若促销对象是小规模的本地市场，应以人员推销为主；而对广泛的全国甚至世界市场进行促销，则多采用广告形式。从市场类型看，消费者市场因消费者多而分散，多数靠广告、销售促进等非人员推销形式；而对用户较少、批量购买、成交额较大的生产者市场，则主要采用人员推销形式。此外，在有竞争者的市场条件下，制定促销组合和促销策略还应考虑竞争者的促销形式和策略，要有针对性地适时调整自己的促销组合及促销策略。

4. 促销预算

企业开展促销活动，必然要支付一定的费用。费用是企业经营十分关心的问题，并且企业能够用于促销活动的费用总是有限的。因此，在满足促销目标的前提下，要做到效果好而费用低。企业确定的促销预算应该是企业有能力负担的，同时是能够适应竞争需要的。为了避免盲目性，在确定促销预算额时，除了考虑营业额的多少外，还应考虑到促销目标的要求、产品市场寿命等其他影响促销的因素。

案例 11-1

宝洁公司的促销策略

宝洁公司 1988 年进入中国市场。十几年来，宝洁每年至少推出一个新品牌，尽管产品价格高出同类产品许多，但是这些产品仍然占据了很大的市场份额。1999 年，宝洁在中国内地的销售额已经超过了 130 亿元，当之无愧地成为中国日化市场上的霸主。而在 2003 年，宝洁在中国的销售量增幅突破了 50%。对于这样辉煌的销售业绩，宝洁公司的促销策略可谓功不可没。

广告是一个产品走向成功的重要法宝。宝洁也成功地运用了广告来推出它在中国的第一个产品：海飞丝。1999 年的广告费用超过了 5 亿元。在广告的设计上，宝洁公司也是下足了工夫，不但有特色，而且很有说服力。对于竞争对手的产品，宝洁公司的广告也注重比较，通过广告中的效果比较图，使顾客看到产品间的差异，对宝洁公司的产品产生信任。

宝洁在进入中国市场以后，十分重视与我国政府和人民搞好关系。宝洁公司在中国通过捐助各项社会公益事业，以建立良好的公众关系。

宝洁公司每年都要从美国派 100 多名美国人进驻中国，带来美国宝洁的商业理念，在中国招揽人马，为这些人“洗脑”。而正是这些接受了美国企业管理思维的精英们，为宝洁在中国攻占市场立下了汗马功劳。

宝洁公司从不放弃任何一个节日，针对每个节日开展多种多样的营业推广活动：赠送样品、降价、折扣、有奖销售、表演展销等。这样，不仅挤占竞争对手的市场份额，也加深了顾客对产品的信任感和忠诚度。同时，宝洁公司还针对中间商采取了一系列的推广方法，给予一定的折扣、补贴、销售奖金等，激起中间商对宝洁产品的销售信心，与公司携手促销。

企业想取得市场营销的成功，不仅要开发适合消费者需求的产品、制定适当的价格和选择合适的分销渠道，而且要采取适当的方式进行促销。促销策略是市场营销组合的一个重要组成部分。合理运用促销策略能够实现生产者、经营者、消费者三者之间有关产品信息的良好沟通，激发消费者的购买欲望，促进消费者的购买。

11.1.3 沟通模型

沟通模型可以帮助我们理解任何信息传递的基本原理。在这一模型中，信息源将信息通过某种媒介传递给接收者，接收者听到且理解信息。模型的基本意义是，营销者接触消费者的任何方式都是基本沟通过程的组成部分。

该沟通模型描述了有效沟通的必要元素：信息源、信息、媒介以及接收者。无论营销者如何发出信息，都是为了引起接收者注意并与其需要联系起来的。

1. 信息源编码

我们从头开始观察这一基本模型。编码是指将想法转化成能传达意图的沟通形式的过程。信息源是发出信息的组织或个人。营销者在自己头脑中形成关于产品的想法是一回事，但将想法传达给顾客就没那么容易。为使信息可信或更有吸引力，营销者有时选择一个真人（如微软“Windows7 是我的创意”这则广告中的计算机用户）；有时请一位演员、模特，有时创造一个形象来代表该信息源。在一些案例中，信息源是真实顾客。为应对消费者对丰田大规模召回事件的负面反应，丰田公司推出了广告，其中丰田的顾客讲述他们将继续购买丰田汽车的原因。

2. 信息

信息是信息源向接收者传递的实际内容。它包括用以劝说、通知、提醒或建立关系时所必要的信息。广告信息可以既包括语言元素也包括非语言元素，如漂亮的背景或优美的音乐。营销者需要精心选择这些元素，使信息能够迎合目标市场中最终消费者或商业客户的品位，否则就很难做到有效沟通，组织也只会浪费金钱。

3. 媒介

无论信息如何编码，都必须经由媒介来传递，媒介即到达目标受众群的信息交流工具，可以是电视、收音机、脸书或推特等社交媒体网站、杂志、公司网站、博客、人际关系、广告牌，甚至是印在一个咖啡杯上的产品标志。在选择媒介时，营销者面临两个主要挑战：第一，他们必须保证目标市场能够接触到这一媒介——目标接收者会阅读信息所在的那本杂志或收看信息所在的那个电视节目；第二，被推广的产品的属性应当与媒介相匹配。例如，高声望的杂志能更有效地传递产品整体形象和质量，而专业杂志在传递事实类信息方面更有优势。

4. 接收者进行解码

森林里一棵树倒了，但没人听到它，那它是有声音还是没有声音？除非有接收者在那里收到信息，否则沟通将无法进行。接收者可能是任何截取并解释信息的个人或组织。假设信息引起了顾客的注意，那么顾客就会以自己独特的经验来解释该信息。解码是接收者把意思附加在信息上的过程，即把信息翻译成一种对他有意义的想法。

营销者希望目标消费者会按其期望的方式解码，但只有当信息源和接收者有共同的参照标准时，才会产生有效沟通。但是太多时候，信息源与接收者无法达成共识，结果造成尴尬甚至是灾难。

5. 噪声

我们的沟通模型也承认噪声能阻断信息。噪声指任何对有效沟通造成干扰的东西。如果信息源使用了接收者不理解的词或符号，它就会在编码阶段跳出来。或者接收者可能受旁边的对话吸引，而不去接收信息。当信息在媒介间传递时也可能出现问题，特别是可能被其他营销者的声音所淹没，使我们转而关注其他营销者的信息。营销者通常将信息放在较少干扰或竞争的地方，努力减少噪声。

6. 反馈

沟通的最后一个阶段是信息源从接收者处得到反馈。反馈是接收者对信息做出的反应，它可以帮助经销商评估信息效果，以进行调整。有时消费者迫切希望做出反馈——尤其是他们感到不满意时。他们可能拨打免费电话或给制造商发邮件，寻求解决问题。但是更多时候，营销者需要主动寻求顾客的反馈，以核实公司战略是否发挥作用。

营销新视野——整合营销沟通

现在许多营销专家认为，成功的促销战略需要整合多种营销沟通方式。整合营销沟通（Integrated Marketing Communication，IMC）是指营销者在一定时期内针对目标顾客的整合的、可衡量的、有说服力的品牌沟通活动的计划、开发、执行和评估过程。IMC 方法认为，消费者在购买前、购买中和购买后会通过许多不同的方式与公司或品牌接触。消费者把这些"接触点"——电视广告、公司网站、优惠券、中奖机会及商场展示——都看作一个整体，都是一家公司与消费者的沟通，只是地点和方式不同而已。IMC 营销者认为，要达到营销沟通目标，他们必须有选择地使用一些或所有接触点来向顾客传达一个统一的信息，构成一个多渠道促销战略（Multichannel Promotional Strategy，MPS），将传统的广告、销售促进和公共关系活动与网上的蜂鸣创建式的活动结合起来。这与过去多数传统的营销沟通活动大相径庭，后者很少去协调消费者得到的各种信息。广告与抽奖相互独立，抽奖与 NASCAR 赛车赞助也没关系，这些信息互相冲突，使消费者迷惑，品牌形象含糊不清。在 IMC 方法中，营销者试图理解消费者想要什么信息，希望如何、何时、何地得到信息，然后运用所有可获得的沟通方法，进行最佳搭配后将信息传达给消费者。

11.2 人员推销

11.2.1 人员推销综述

1. 推销人员的作用

（1）传播信息，直接沟通。现代市场营销的经验表明，在人们基本生活、生产需求得以满足的前提下，销售工作与其说是在销售某种产品或服务，还不如说是这些产品或服务所能带给别人的利益，而人们对某种利益的认识又依赖于思想观念的变化。

①企业能否向社会大众成功地传播有关使用其产品或服务的观念。销售队伍把企业产品或服务的各种信息，及时地告诉可能的客户，增进客户对本企业的了解，传播新的消费观念。

②推销人员又可以把客户对企业产品或服务的意见、建议向企业决策部门反映，从而保证企业营销计划的正确执行。尽管其他营销手段有时也具有以上的功能，例如广告、营业推广等，但是能把供需两头的信息都及时准确地加以反馈，只有销售队伍是最有效的方法，从这种意义上讲，无疑推销本身也在做着非常重要的企业公关工作。

（2）推荐产品，达成交易。有一种好的产品，并不一定就会有好的市场销路，关键在于企业通过直接推销（销售队伍）或间接推销（广告宣传等）将自己的产品送达可能的顾客。历史的经验表明，销售队伍可以利用其特有的人情味，与客户保持良好的关系，让客户更深入地了解本企业产品的优势，在温情的气氛中达成交易。当然，销售队伍的成功，还依赖于销售人员个人对各种推销术的熟练应用和不断创新。

（3）收集市场情报，开发新的市场。推销人员是企业市场营销工作的一线人员，通过销售工作，他们直接接触用户，可以观察和询问客户对产品和服务的反应以及市场动态和竞争对手的策略，为企业收集各类市场信息情报，并在此过程中开发新的潜在市场，培养新的客户。显然，这方面工作，直接关系到企业的生存和发展。

（4）提供各种服务，增进客户的信任。随着现代产品复杂程度的加大，市场竞争程度的加剧，客户对企业的依赖程度也随之提高，因此，对企业的售前、售后服务工作的要求也越来越高，服务已经成为销售工作的一部分，从而也要求推销人员具备相当的产品专业知识和维修知识。美国最杰出的汽车推销员坎多尔费说："一旦你下决心真心地为顾客服务，你就会成为一个出色的推销员，并在竞争中显示出绝对优势。""……要承认服务是区别一个公司和另一个公司，一个推销员与另一个推销员优与劣的唯一标准"。所以我们可以发现现代市场营销成功的企业都纷纷举起服务的大旗，只有依靠成功的服务，才能增进客户的信任，培养稳固的关系。

（5）树立良好的企业形象。随着社会营销风气的盛行，企业在市场竞争中获胜，至关重要的是企业的形象。销售人员直接面对用户，不能把销售工作仅仅看成是出卖商品或服务，在整个成交过程中，销售人员本身的工作事实上就代表了公司或企业形象的一部分。因此，销售人员的一举一动与其说是代表了个人，不如说是代表了企业，应该引起销售人员的高度重视。

2. 人员推销的目标

确定人员推销目标的时候，必须充分考虑企业目标市场本身的特点和企业在这些市场上寻求达到的地位这两个因素。不同的企业或公司为销售队伍确定了不同的目标。美国的 IBM 公司销售队伍的职责范围包括销售、安装和改进用户的计算机设备；电话电报公司则负责发展销售和保护客户关系。而我国绝大部分企业除了要求推销员销售产品、发展客户关系、提供适当服务之外，还要求推销员把回收销贷款作为一项重要的任务。在一般情况下，推销员应为企业承担以下一项或几项工作。

（1）寻找——推销员负责寻找和培养新客户。

(2)信息沟通——推销员应能熟练地将公司产品或服务的信息传递出去。

(3)推销——与客户接洽,向客户出样报价,回答客户的疑问并达成交易,所以销售人员必须懂得推销艺术。

(4)提供服务——对顾客的问题提供咨询意见,给予技术帮助,安排资金融通,加速交货等服务项目,推销人员必须认真完成。

(5)收集情报——销售人员要进行市场调查和情报工作,并认真填写访问报告。

(6)分配——销售人员要对顾客的信誉做出评价,并在产品短缺时将稀缺产品分配给顾客。

3. 人员推销的种类和结构

(1)人员推销的种类。随着现代市场营销技术的发展,销售队伍成为整个企业市场营销组合的一部分。销售队伍本身也并非我们过去所理解的:一个推销员在外向可能的顾客单枪匹马销售某种产品或劳务,而是需要市场策划部门和销售部门的方方面面都给予密切配合,因此推销人员的种类比过去大大扩展,我们把以下几类的承担者都理解为是销售队伍的一种。

某一职位,其主要工作是为顾客发货或送货。例如,送牛奶、送液化气罐、送饮料等。

某一职位,其主要工作是在公司内部处理订货,包括制作订单。例如百货公司营业部门的业务人员。

某一职位,虽也处理部分订货业务,但更主要的工作是现场为客户提供服务。例如,产品销售现场的包装员,到客户使用产品的现场帮助安装、调试等。

某一职位,其主要工作并非处理订货,而是为企业建立市场声誉,或对可能的购买者施行"教育",例如,某些技术专家或明星为企业产品的生产和销售给予指导或向外的宣传。

某一职位,其在销售方面的工作,主要是以其专业知识为基础。例如,电脑的销售工程师等。

某一职位,其主要任务是把企业的产品或劳务以创造性的方式向外推销产品。例如企业的市场策划人员、营销顾问以及各种推销员。

(2)人员推销的结构。企业销售队伍的结构是企业销售战略中很重要的一部分,它可能直接地影响企业对市场的作用力。如果企业只有一条产品生产线,只对分布在许多地方的用户销售该产品,企业销售队伍可按照地区进行分配;如果企业尽管生产多种产品,但销售地区比较固定,则销售队伍可按产品进行分配。但事实上,市场情况要复杂得多。现将不同的销售队伍结构形式分述如下。

①按地区结构组织销售队伍(图 11-2)。这是最简单的推销结构,每个销售代表被指派负责一个地区,作为该地区经销该公司全部产品线的唯一代表。

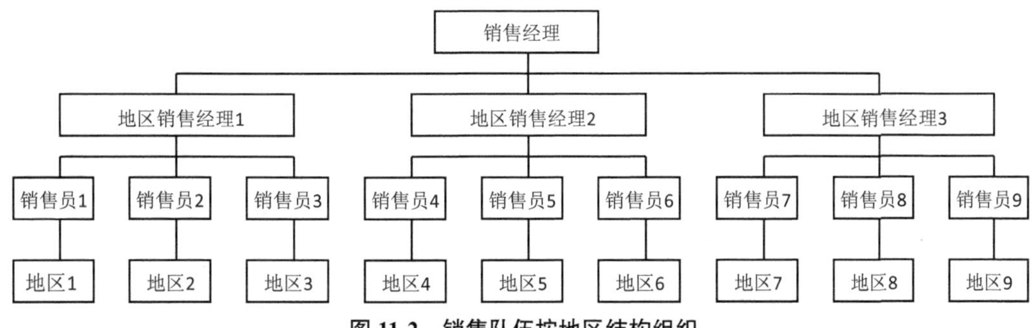

图 11-2　销售队伍按地区结构组织

这种结构形式有许多长处。①推销员的职责明确。由于一个地区只设一个推销员，所以必须承担由于个人推销努力的差别带来的地区销售情况的褒贬。②地区责任能促使推销员与当地客户加强联系，这种联系有助于提高推销效果。③由于每个推销员只在固定的一个地理区域活动，因而差旅费的开支较小。当然，这种结构形式一般适用于产品线比较集中的企业，如果产品线比较分散，一个推销员势必要掌握多种产品的技术知识和推销技巧，这就给企业实行这种结构形式带来了难度。

企业在规划地理区域时，要考虑地理区域的一些基本特征：各区域是否易于管理；各区域销售潜力是否易于估计；每个推销员的工作量和销售潜力是否均等；推销员用于推销的全部时间可否缩短。一般情况下，我们特别注意在区域划分时给予推销员均等的市场潜力或工作量，因为只有通过这种方式，才能在今后考核推销员时给予每个人公正的待遇。

②按产品结构组织销售队伍（图 11-3）。随着产品技术的复杂，产品种类的增加，产品间关联度的下降，推销人员要掌握全部产品的知识越来越困难，因此，许多公司采用了按产品线组织其销售队伍结构。

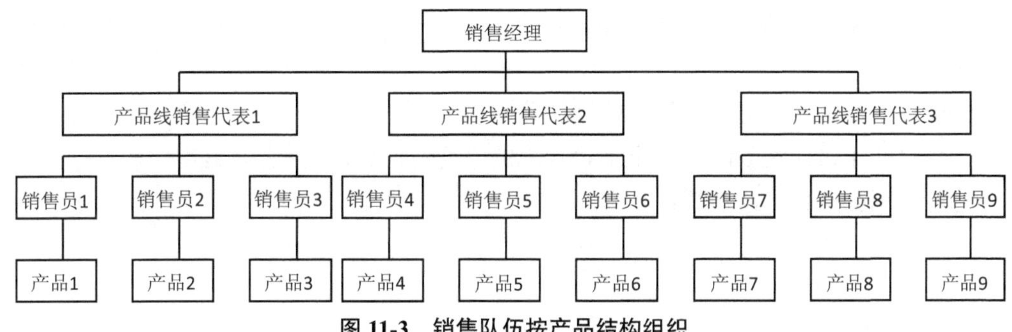

图 11-3　销售队伍按产品结构组织

这种结构形式固然适用于产品组合宽、产品线长的企业，但这并不等于说，产品品种多就足以成为按产品组成销售队伍的理由。

③按顾客结构组织销售队伍。企业往往按照不同行业和客户的大小按现有业务或新业务发展安排不同的销售队伍。

按客户专门化结构组织销售队伍的最明显的优点在于推销人员对顾客的特定需要非常熟悉，从而能更好地做好销售工作。但这种结构的主要缺点是，如果各类顾客遍布全国，那么企业的每个推销员都要花很多的差旅开支，而且正确地划分顾客类型难度亦很大。

④复合的销售队伍结构（图 11-4）。如果企业要在一个广阔的地理区域向许多不同类型的顾客推销多种产品，可以将以上几种组织销售队伍的方法混合起来使用。销售员可以按地区 - 产品、地区 - 客户、产品 - 客户进行分工，也可以按地区 - 产品 - 客户分工。一个推销员对一个或几个产品线经理和部门经理负责。

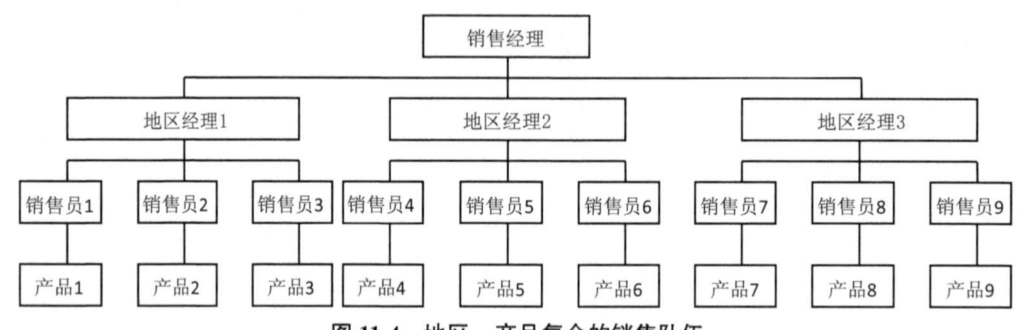

图 11-4　地区 - 产品复合的销售队伍

4. 销售队伍的规模

企业或公司在确定了自己的销售队伍战略和结构之后，就应着重研究销售队伍的规模问题。销售队伍一方面是企业市场营垒中一支极为重要的生力军，但同时又是开支最大的销售成本之一。因此，确定销售队伍的规模就显得尤为敏感和重要。

（1）工作量法。就是根据销售工作的数量决定销售人员的数量。

①将顾客按年销售量分成大小差别。

②确定每类客户所需的访问次数（对每个顾客每年的推广访问次数），这反映了与竞争对手相比达到的访问密度是多大。

③每一类客户数乘上各自所需的访问数便是整个地区的访问工作量，即每年的销售访问次数。

④确定一个销售员每年可进行的平均访问次数。

⑤将总的年访问次数除以每个销售代表的平均访问数，即得所需销售代表数。

也可以用另一种方法计算：

$$S=\frac{(C_1V_1+C_2V_2)\times L}{T}$$

式中　S——销售人员数；

C_1——现有顾客数；

C_2——未来顾客数；

V_1——每年访问现有顾客的次数；

V_2——每年访问未来顾客的次数；

L——每次访问平均时间（以小时计）；

T——每个销售员每年有效工作时间（以小时计）。

（2）增量法。即先把一定数量的推销员集中在企业的主要产品、主要市场，然后随着销售数量或销售地区的扩大而逐步增加销售人员。但是销售数量和销售人员的增加不一定成正比例关系，应按企业的具体情况决定。

5. 销售队伍的费用

销售队伍的费用在整个企业市场营销费用中始终高居榜首，因为销售人员在整个推销活动中，需要花费很多差旅费、交际费，而且其薪金开支、奖金开支也比企业的普通人员大。为了吸引到足够数量的优秀推销员，企业应拟订一个具有吸引力的报酬计划。推销员总喜欢有固定收入，对成绩较好的给予奖励，对他们的经验和工龄在支付报酬时也给予公正的考虑。

（1）销售队伍的报酬一般由以下四部分组成。

①固定金额，可以是薪金和补贴等，用于满足推销收入稳定性的需要。

②变动金额，可以是奖金、红利或利润分成，用来刺激和奖励推销员所做的较大的努力。

③费用津贴，主要用于推销人员进行必要或需要的推销工作。

④福利补贴，如有薪假期，生病或意外事故时的福利、养老金以及人寿保险，即用于提供安全感和工作满足感。通常情况下，推销员 70% 的收入固定，还有 30% 根据绩效浮动。

（2）固定和变动的报酬产生的 3 种基本的推销员报酬方法如下。

①纯薪金制。推销员得到固定的薪金，其各项业务开支由企业支付，偶尔推销员可以得到可自由支配的奖金或销售竞赛的奖金。这种方法的优点是给予推销员很高的安全感，易于为人理解，也易于管理，简化了预计下一年度推销薪金总额的工作，推销人员能保持较高的士气。但主要缺点是缺少刺激作用，不利于鼓励他们去做比平均销售水平更好的工作，从而给评估和奖励推销员的工作带来困难。由于纯薪金制缺少弹性，公司业务下降时，推销费用会成为沉重的负担。

②纯佣金制。推销人员所得报酬完全与其销售额或利润额挂钩，具体挂钩的比例既可以固定，也可以按不同情况予以调整。在这种报酬制度中，一般推销人员所需的各项业务开支，公司已计入给其的报酬之中，费用开支的大小完全由推销人员自己负责。纯佣金制能鼓励推销员尽最大努力工作，使公司的销售费用与现行收益紧密相关，管理人员可根据不同产品、推销员间不同的工作给予不同的佣金，从而对推销员的工作施加影响。但是纯佣金制也要付出一定的代价，例如，管理部门如果安排推销员做一些不能立即获得收益的工作，包括市场调研、报告撰写、提供服务等，往往会遭到推销员拒绝。纯佣金制的巨大刺激也有可能使他们在推销时采取高压战术或不正当的回扣，从而毁坏公司在客户中的信誉。另一方面，采用纯佣金制，公司承担的销售费用较一般为高，推销员工作的安全感相对较低，在销售不畅时，收入的下降有可能挫伤推销员的积极性。

③薪金佣金混合制。企业或公司把给推销员的收入分成两大部分，一部分是相对固定的薪金，包括其基本工资、福利补贴，公司也承担推销员必要的业务开支；另一部分是佣金，与推销员的销售业绩相联系。这种报酬支付方式保留了佣金制和薪金制各自的优点，又尽量避免各自的缺点。管理部门一方面可以利用这种方法，充分鼓励销售人员的工作

积极性和进取心；另一方面，可以利用这种方法，给推销员较高工作安全感，控制推销员非销售本职的工作情况，使那些无法用佣金形式计算的工作得以落实。

11.2.2 销售队伍的管理

企业或公司在确定了销售队伍的结构、规模和报酬之后，应着手推销人员的招聘、挑选、训练、指导、激励和评价。

1. 推销员的招聘与挑选

销售工作要获得成功，关键是选择优秀的推销人员去进行高效率的工作。

1）优秀推销员应该具备的基本条件

（1）从思想素质来讲，一名优秀的推销人员必须具有高度的事业心和敬业乐业的精神，要具备创业精神和崇高的道德品质，要遵守国家的法律和有关政策，并切实从用户利益出发，为他们提供优良的服务。

（2）从身体、个性、语言等方面的素质来看，要求推销员具有身体健康、年富力强、精力充沛的条件，特别是要具有适应外出工作的能力和家庭条件；推销员要具有仪表端庄、举止大方、态度和蔼、作风正派的外表条件，能给用户一种亲切、愉快和满意的感觉；要有较强的语言表达能力，要善于针对不同的性别、年龄、文化、籍贯、职业等类型的用户，灵活地选用不同的语言和讲话技巧。

（3）就智力和工作能力方面的素质而言，要求推销员有比较广泛的兴趣爱好和文化科学知识，具备企业的生产技术和产品方面的基本知识，对市场营销的理论和经验要充分予以掌握，另一方面也要有一定的经济和管理方面的知识，要善于收集及研究市场的信息情报，掌握市场的变化动态，提出自己的市场营销建议。

2）推销人员的招聘和选择

在确定了招聘人员的基本条件之后，企业管理层就可以开始着手具体的招聘和选拔工作。招聘人员的途径很多，可以刊登广告诚招；可以接触相关的大专院校；可以委托就业辅导或其他中间机构；也可以通过各种途径的推荐；还可以从企业或公司的其他部门，甚至是在同行业中进行招聘。

挑选推销员的程序可简可繁。最简单的方法只需进行一次面谈；复杂的则需要进行笔试、面试，甚至在考核高级销售主管时，还得进行情景模拟，进一步测验其实际推销和管理能力。从简单到复杂，各企业可以根据自己的实际情况及应聘人员的情况具体加以选择。

2. 推销员的训练

许多公司在挑选了推销员以后，即提供给他们样品、订单，然后让他们马上上岗推销。然而，这样做的结果却往往效果不好，因为虽然这些经过挑选的人员可能潜质不错，但他们毕竟尚缺乏对许多专业知识的了解，准备不够充分，难免出现一些差错，因此必须加以培训。

培训的内容主要应包括以下部分。

（1）推销员要了解企业并明了公司各方面的情况。一般我们把训练的第一部分主要用于介绍公司的历史和经营目标、组织机构设置和权限情况、主要的负责人员、公司的财务状况和措施以及主要的产品和销售量。

（2）推销员应学习和掌握产品的基本知识。这些知识包括产品的品质、性能和主要特点以及使用和维护知识。

（3）推销员要深入了解本公司各类顾客和竞争对手的特点。推销员要了解各种类型的顾客和他们的购买动机、购买习惯，要了解本公司和竞争对手的策略和政策。

（4）推销员要熟练地掌握销售技巧和展示技巧。他们要接受推销术的基本训练，要学会揣摩用户的心理，用最有效的手段去说服客户。

（5）推销员要懂得推销日常工作的程序和责任。推销员要了解怎样在现有客户和潜在客户间分配时间、合理支配费用，如何撰写报告、拟定有效推销路线。

从培训的方式来讲，可以进行课堂讲授、角色扮演、观看有关销售技术的录像以及参观和跟班实习等方法。在整个培训过程中，要特别强调理论与实践相结合，可以组织优秀的销售员现身说法，或者相互之间进行经验交流，来提高整个培训的效果。

3. 对推销人员的指导

在企业或公司为推销员分配了销售地区，提供了必要的培训，制定了报酬政策之后，并不是就可以放任自流，我们还必须不断地给推销员以指导，希望通过这种指导能帮助和鼓励推销员把工作做得更为出色。

各企业可以根据管理推销员的基本制度、推销员自身的能力以及环境变化的情况，实行不同的指导。一般情况下应该包括以下的内容。

（1）制定现有客户目标和访问标准。可以依据客户的销售量、赢利水平、成长潜力等因素把客户进行分类，例如 A、B、C 三类，从而按照 A、B、C 三类客户的不同情况分别确定需要的访问次数，而确定访问次数的标准，一方面必须考虑到可能增长的销售额和利润额，以及销售成本的上升；另一方面也必须对竞争对手的策略给予高度的重视。

（2）制定潜在客户目标和访问标准。如果我们不明确要求，推销员很可能考虑到去访问潜在新客户劳而无功，访问现有客户多少会有收获而不再去开拓新的市场。所以企业或公司完全有必要规定推销员必须用多少工作时间去与潜在客户接触，并且对在开发新客户方面表现突出的推销员给予奖励。

（3）提高推销员使用时间的效率。如何善于用其有限的时间，发挥最高的效率，对于每一个推销员都十分重要。其基本工具之一就是制订一个全年客户访问的计划，明确各月份应该访问多少数量的现有客户和潜在客户，并且要认真地执行这一计划。另一种思路是对推销员进行“时间与任务分析”。一般来说，推销员的时间除了用于推销的本职工作之外，还必须用于多种非推销性质的工作和事情，例如差旅、等候、餐饮、休息以及文书事务等，实际应用于推销的时间或许总共只占他全部工作时间的 15%。若能把这种比例提高到 20%，则意味着推销工作的时间已提升了三分之一。

4. 推销员的激励

从对推销员的激励而言，一般的方法可以分成两部分，一部分是物质鼓励，另一部分是精神鼓励。就物质鼓励来讲，主要是指推销员的薪金和佣金。

精神鼓励在当今对人力资源管理的工作中所起的作用正越来越大。对推销员的精神激励可以从以下三方面着手。

（1）创造一个重视推销工作和推销员，并有利于推销员充分发挥才干的组织氛围。这主要可表现在企业或公司的领导对推销工作、推销员的表现给予极大的关心，充分考虑推销人员的意见，并能经常主动地与推销员保持沟通和联系，到现场访问或参加他们的销售会议，给表现突出的推销员以肯定，给尚处下游的推销员以指导和鞭策。

（2）应该制定科学合理的销售定额。一般这种定额会略高于销售预测，这样可以促使销售经理和推销员尽最大的努力去工作。

（3）采取公开的、正面的精神鼓励措施。例如，在定期的销售会议上表扬优秀推销员，每年评选最佳推销员，开展销售竞赛，提供更多的晋升机会等。

5. 推销员的考核

对推销员进行有效的监督和指导的前提，就是必须对推销员进行考核，正确评估推销人员的绩效，给予及时的控制和反馈。

（1）考核销售人员的基本思路。建立一套正规的考核推销员的标准，可以帮助管理者拥有明确的标准去判断推销员的绩效，同样也可以使企业或公司的推销员，在公平的制度下与上级主管共同讨论，提出其本身绩效的说明。

①销售人员之间的相互比较。在企业或公司内部，按照推销员的业绩由高到低排定座次，从而鼓励先进，鞭策后进。这种思路的操作简便易行，但问题是由于推销所面临的形势不尽相同，简单的排名可能会有失公平。

②将推销员现在的业绩与其前期的业绩进行比较。这一比较可以直接显示推销员本身的进步。将比较期限拉长，更可观察推销员销售额及利润额的趋向。

③考核一名销售人员不能局限某一两方面的指标，而应全面加以考虑。我们考核销售员决不能仅仅看其销售额的情况，同时也应该注意其销售利润的情况、费用的增长情况、新客户的开发情况、资金的回笼情况和市场占有率情况，以及服务质量等指标，从而能准确反映推销员的工作。

（2）考核推销员的具体指标。

①销售定额完成率＝实际销售额 / 推销定额 ×100%。

②访问次数完成率 = 实际访销次数 / 计划访销次数 ×100%。

③新客户销售率 = 新客户销售量 / 总销售量 ×100%。

④新客户访销率＝对新客户访销时间 / 总访销时间 ×100%。

⑤销售利润率＝销售利润 / 销售收入 ×100%。

⑥市场占有率 = 本公司某产品在某市场的销售额 / 该类产品在产品市场的总销售额 ×100%。

⑦资金周转次数。

⑧销售服务质量。

以上这些指标的考核，可以通过工作报告制度，也可以通过定期的成绩比较，还可以通过突击检查。同时，要求主持考核的人员对顾客情况、市场情况及推销工作情况都有比较深入的了解。有些指标可以定量计算，也有一些指标需要进行定性的调查研究。因此，考核销售人员业绩的信息渠道来源可以分成许多种，包括销售报告、顾客的信件或其他形式的反馈、消费者的调查以及同其他销售人员的交谈等。

11.2.3 推销技巧

人员推销的历史非常古老，人员推销的技巧也十分丰富。成功的推销员是能够把基本的推销原理与自己的实际情况加以结合，并创新出自己的准则充分加以发挥的那一部分推销员。

1. 寻找潜在顾客并鉴定他们的资格

如何发现潜在的客户是整个推销过程中的第一步。一般有以下途径可以得到这方面的信息。

（1）查阅各种二手资料，包括各种工商名录，电话号码簿，专业杂志、资料，先前的各种销售记录、走访报告，从中去发现顾客。

（2）通过各种市场调查的手段去发现顾客，包括邮件、电话查询、实地访问等方法。

（3）通过各种人员的介绍，这些人员可能是你的亲戚朋友，也有可能是你的上级主管或有经验的老推销员，还有可能是一些偶然向公司打听情况的人或其他类型的社会人士。通过人员介绍发现顾客，往往能为后面的推销工作打下较好的基础，与客户保持良好的关系。

（4）通过展示会、展览会、产品陈列等方法去发现潜在的顾客。

（5）通过对现有顾客的询问去发现潜在顾客。

（6）新闻记者有关竞争对手的情况，可能会有很大的收获。

以上发现顾客的途径并非就是全部的渠道，它需要推销员在日常的工作中做有心人，注意平时的市场情况变化和许多细节。更为重要的是，推销员必须懂得如何淘汰那些没有价值的线索。对潜在的顾客，可以通过研究他们的财务能力、业务量、具体的需求、地理位置和连续进行业务的可能性，来衡量他们的资格，从中发现潜在顾客中最有希望的那部分，然后进行更深入的接触。

2. 推销前的准备

为了提高推销的成功率，使效率更高，推销人员在实施推销计划之前，需要进行大量的准备工作，一般应包括以下几项内容。

（1）充分了解国家宏观环境对潜在顾客产生的影响。因此，推销员应仔细研究国家大环境中的各种因素，包括政治、经济、社会、科技、自然等环境，然后对这些因素可能引起的社会走向加以分析，从而对潜在顾客的可能行为做到心中有数。

（2）应尽可能多地了解潜在顾客的情况。先是有关企业或公司，以及个人的总体情况，包括经济状况、经营状况和信誉状况等，并充分考虑发展的前景和潜力。其次是了解潜在顾客的购买决策程序和采购人员的背景，从而能了解潜在客户的购买特点和风格。

（3）制定详细的推销策略和计划。在了解潜在客户背景的基础上，制定正确的推销策略，确定推销的目标。比如确定哪些潜在客户可以作为自己重复的推销对象，其中有哪些有希望在近期达成交易，又有哪些应从建立关系开始，逐步推进。同时必须制订详细计划，从中确定访销路线和方法，它可能是一种私人拜访、电话访问或信函访问。另外还需要选择访问的时机，因为许多潜在客户在一定的时间内十分繁忙，时机可能对推销的结果有很大的影响。

3. 如何接近客户

在进行了充分的准备工作之后，推销员即要开始设法接近潜在的客户。为了最终能够达成交易，为了使客户能很好地接受推销员的推销，首先就必须使客户能接受推销员。所以第一次与客户的见面就异常重要，这会使双方的关系有一个良好的开端。这一切与推销员的仪表、开场白以及随后谈论的内容都有直接的关系。

许多成功推销员的经验告诉我们，为了能够顺其自然地接近客户，并为客户所接受，最初的接触不宜紧紧围绕所要推销的事物，反过来我们应该把谈话的重点摆在双方都有兴趣的事情上，例如客户所喜好的音乐或体育之类轻松的话题，当双方都感到气氛较融洽，彼此已基本接纳时，再转入正题。

4. 讲解与示范

（1）推销讲解。面对琳琅满目的商品和外界五花八门的引诱，客户最终要做出有利于推销员的选择并非是一件容易的事情。为了能让客户充分地了解公司和公司的产品，推销员需要进行讲解和示范来提高推销的成功率。由于一般客户购买某一产品都有一个产生注意、兴趣、欲望和付诸行动的过程，所以推销员在整个过程中应以产品性能为依据，着重说明产品对顾客所能带来的各种利益。推销讲解一般有 3 种方式。

①固定法。推销员将讲解过程中的要点熟记，然后再通过使用正确的刺激性语言、图片、条件和行动等说服顾客购买，期望得到客户应有的反应。

②公式化方法。推销员事先要争取了解买主的切实需要和购买风格，然后同时运用一套公式化的方法向该类顾客推销介绍，说明产品将如何满足顾客的需要。

③需要－满足法。通过与客户的详细交谈，了解他们的真正需要，这种方法要求推销员善于倾听别人意见并能解决实际问题，推销工作的出发点并不是简单地去赚钱，更重要的是帮助客户赚钱。显然，这种推销方法需要推销员做大量细致的调研工作，制订总体的推销计划加以实施并控制。它是一种具有长远眼光的推销术。

陈述某一事实与证实某一事实不能画等号。做示范是向顾客证实你所提供的产品确实具有某些优点的极好方法，而熟练地示范你推销的产品能吸引顾客的注意力，使他们对产品直接产生兴趣。如果某些产品不宜随身携带或操作，则可以借助一些宣传资料、图片、幻灯或其他一些器具，向客户宣传介绍你的产品。凡有可能，让顾客亲眼看一看，亲手摸一摸，亲口尝一尝，这比其他任何一种方法都具有说服力。

（2）推销示范。为了更好地达到示范的目的，在示范之前依然要求推销员能切实了解客户的困难和需要，从而使示范更有针对性。一般情况下示范应遵循以下 5 条基本要求。

①尽可能地普遍做示范。不管顾客是否熟悉你的产品都应做示范，示范得越早，效果越好，这是达成交易的一种保证。产品性能越复杂，越需要通过示范使其具体化。

②注重产品使用过程中的示范以及示范过程的新颖性。仅仅向顾客介绍产品的外观形态是不够的，在条件允许的情况下，推销员应向顾客介绍怎样使用你所推销的产品，说

明有哪些实际功能和特点。

③让顾客亲自参与示范。在条件允许的情况下,让顾客参加示范,要比推销员自己单独示范更能引起顾客的兴趣。顾客会在心里产生一种参与感、实在感。

④要突出重点,集中示范。做示范不要太繁琐,不要太长,不要面面俱到,时间一长会使顾客厌倦。而且示范的动作要规范且熟练潇洒,避免过于紧张小心,造成慌乱。

⑤明确示范目的,使顾客从示范中得出正确的结论。每次示范之前要告诉客户此次示范的目的,做完之后应该检查一下客户的反应,了解示范是否成功和对产品的信服程度,从而能对客户进行正确有效地引导。

在整个推销产品的过程中,推销员不仅应该讲解和示范产品的性能和优点,而且也要宣传公司的信誉和经验。要善于捕捉对方的好恶,投其所好,把双方的关系建立在互利互惠的基础之上。

5. 达成交易并做好后续工作

前面一系列的工作都是为了最后的冲刺——那就是达成交易。推销员必须懂得如何从顾客那里发现可以达成交易的信号,包括顾客的动作、语言、评论和提出的问题。推销员应该有充分的信心,要求客户订货。

签订合同或达成交易之后,并不是推销工作的终点。推销员在达成交易后,就应着手履约的各项具体工作:交货时间、购买条件及其他事项。推销员应制定一个工作日程表,以保证顾客能适当地安装好,及时提供指导和服务。这种后续工作可以发现存在的问题,使客户相信推销员的承诺,减少可能出现的任何认识上的不一致,增加客户的满意程度。

案例 11-2

史密斯先生的推销术

史密斯先生在美国亚特兰大经营一家汽车修理厂,同时还是一位十分有名的二手车推销员,在亚特兰大奥运会期间,他总是亲自驾车去拜访临时想买部廉价二手车开一开的顾客。

他总是这样说:“这部车我已经全面维修好了,您试试性能如何?如果还有不满意的地方,我会为您修好。”然后请顾客开几千米,再问道;“怎么样?有什么地方不对劲吗?”

“我想方向盘可能有些松动。”

“您真高明。我也注意到这个问题,还有没有其他意见?”

“引擎很不错,离合器没有问题。”

“真了不起,看来你的确是行家。”

这时,顾客便会问他:“史密斯先生,这部车子要卖多少?”

他总是微笑着回答:“您已经试过了,一定清楚它值多少钱。”

若这时生意还没有谈妥,他会引导顾客继续一边开车一边商量。如此的做法,使他的笔笔生意几乎都顺利成交。

11.3 营业推广

11.3.1 营业推广的类型和特点

营业推广又称销售促进，是指企业在特有的目标市场中，为迅速地刺激需求和鼓励消费而采取的策略。简言之，是短时间的刺激性强的手段。促销手法多种多样，随不同对象、不同产品变化而变化，如赠送样品、有奖销售、举办展销等，但多数为完成某一时期特定的营销目标而运用的短期的特殊推销方法。

营业推广往往对刺激需求的效果十分明显，因而常被企业用作新产品进入市场的重要策略，若与广告配合使用，则更能相得益彰，有利于缩短产品介绍期，迅速占领市场。这一策略对于购买力迅速增强而广大消费者仍对新产品价格有很大敏感性，以及消费时尚层出不穷的巨大潜力市场有很高的实用价值。而当企业产品进入成熟期后，营业推广又是制造品牌转换者与竞争者争夺顾客的主要手段。

诚然，促销方法运用不当、求售过急会损害商品以及该商品制造商与经销商的形象，特别是像折价、赠送等办法，一些努力维护其产品高品质、高档次形象的企业不会轻易使用，至少不会过度使用。

1. 营业推广的特点

由于营业推广的广泛应用和迅速发展，其特点也发生了很大的变化，见表 11-1。

表 11-1 传统营业推广和现代营业推广的特点

传统促销	现代促销
辅助性手段	重要沟通方式和策略
刺激性	冲击性
针对性	针对性
被动性	主动性
局部性	全面性
时效性	时效性
非经常性	经常性转化为长期性
形象损坏	发展形象
单一销售活动	整体营销活动
	抗争性

表 11-1 中针对性指营业推广是针对企业的产品积压、市场占有率减少等问题展开的；形象损坏指营业推广容易损坏自身形象，容易给消费者不良印象；冲击性指营业推广对消费者、中间商和企业内部的刺激性是非常强烈的；抗争性指营业推广不是应急之策，而是竞争的必要手段；时效性指营业推广见效快、方法灵活，能使消费者迅速对产品产生好感。

传统营业推广往往只是就问题解决问题，而没有预测性，其结果会造成不良循环，如图 11-5 所示。

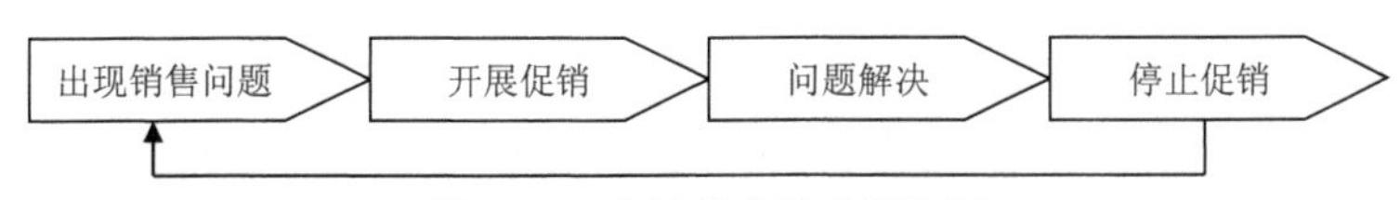

图 11-5　传统营业推广循环图

之所以产生这样的现象，关键是企业管理人员对营业推广的认识有根本错误，只把它看成是一块“敲门砖”。只有当企业销售出现问题时，才想到利用营业推广的手段，这也会给消费者和购买者造成错觉，使他们对公司产品产生怀疑，从而不敢购买产品，如此反复，必将形成恶性循环，见图 11-6。

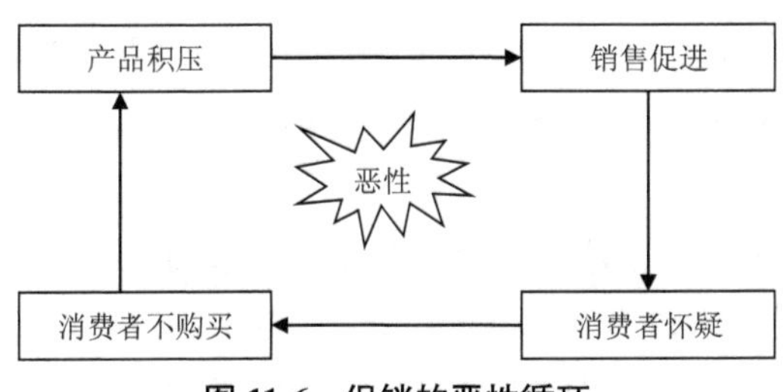

图 11-6　促销的恶性循环

而现代营业推广的高明之处就在于其具有超前性，这种超前性是建立在对竞争的预测分析基础之上的。企业通过不断变换促销手段，使消费者获得多方的刺激，从而使消费者对产品产生依赖感，最终形成良性循环，见图 11-7。

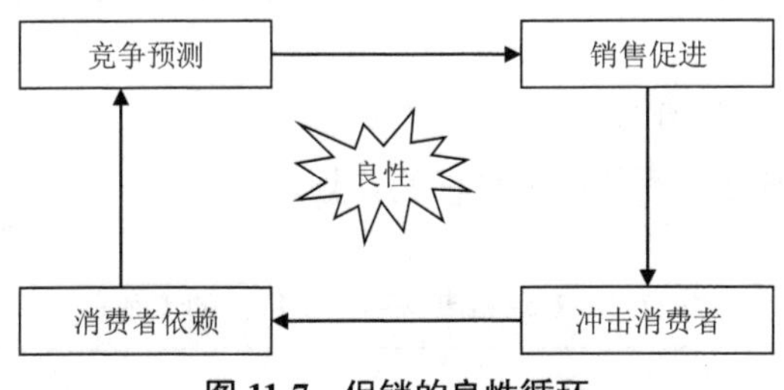

图 11-7　促销的良性循环

案例 11-3

现代促销案

——“康师傅”面霸 120，现金 5 000 好运连环中

“康师傅”把奖项直接放在包装里，打开即知是否中奖。奖项分别是：“现金 5 000 元”“现金 120 元”“再送一箱”等，共 30 000 个中奖机会。

此外，集 2 个面霸 120 空袋寄往指定地点，可以参加“现金 5 000 大抽奖”，总共有 40 名获奖者。

此活动结束后，“康师傅”又推出“面霸”碗面同样的促销活动，奖项稍微降低，分别为“电话卡”100 元、50 元、20 元及“免费再来一碗”，同时中奖机会高达 40 万个。

由上一案例可以看出，促销已从原来的被动应付型发展成主动进攻型。这是传统促销与现代促销最大区别，也是促销策略的难题和核心。

2. 促销的类型

由于促销是除公共关系、广告、人员推销以外的所有沟通方式，因此，其范围是非常广泛的，其分类也会有多种划分方法。可以按促销作用来分，可以按促销针对性来分，可以按促销对象来分，还可以按促销对产品销售的影响来分。

（1）对消费者的促销。这是指对广大消费者进行的促销活动。由于最终消费者大都是利益敏感型或价格敏感型，所以促销的效果一般较好且见效快，这也许是为什么许多企业经常采用此种方法的原因。

（2）对中间商的促销。这是指对中间购买者（包括批发商、零售商）的促销。这种促销有很强的意义，因为中间商是以赚取利润为目的的，他需要的批量较大。这对企业来说销售利润率高，销售成本低，资金周转快。所以很多企业都热衷于这种促销，以便尽快实现经济效益。

（3）对推销人员的促销。这是指对企业内专门从事销售工作的销售人员进行的促销。其优点在于从销售的根本问题入手，影响深远。它与企业的管理工作紧密结合在一起，反映了“以人为本”的思想。其缺点是促销结果不能立竿见影。

11.3.2 营业推广的目标

企业运用营业推广一般要根据目标市场的需求、企业的营销计划来确定，它具有针对性和灵活性的特点，不仅要明确营业推广的对象，而且要有明确的营业推广目标，借此才能有效地运用具体的战术。

1. 对消费者营业推广的目标

表 11-2 所示为对消费者各种促销目标的计划表。

表 11-2 对消费者各种促销目标的计划表

目标	一般采取的计划
短期目标	
促使顾客试用新产品	样品赠送、价格优惠、附赠等
鼓励顾客重复购买	价格折扣、数量折扣、赠品等
鼓励偶尔型顾客改变购买习惯	优惠券、陈列、折扣、赠品等
长期目标	
应付竞争	展销会、抽奖、竞赛等
巩固与扩大市场份额，增强知名度	主办活动

1）短期目标

（1）促使顾客使用新产品。对于新产品，顾客常表现出犹豫和观望。如果顾客对产品本身的性能存在疑虑，则可让他们免费试用新产品的样品，只要顾客愿意尝试样品，他们中的相当部分就可能会愿意不断购买这种新产品。诸如香皂、牙膏、简易剃须刀之类的产品常以这种方式打开市场。

对于价格敏感的顾客来说，在某一段时间内，以优惠价销售新产品或将新产品与其他产品组合采用“以卖附赠”的方式搭配销售，是十分常见且有效的手段。

在国外，制造商还经常使用“退款优待”的方式来鼓励顾客对新产品的第一次购买。即顾客从零售商店按正常价格购买商品，而后把某种证明寄给制造商，即可获得制造商寄回的一定数额的现金，其退款数额的大小取决于顾客购买的商品数量。

（2）鼓励重复购买和改变购买习惯。要让顾客重复购买、多购买某种商品，先要使顾客对该商品产生好感，向顾客赠送一些印有公司印记的精美纪念品和小礼物，如钢笔、日历、手袋等是一种常见的方式。

利用发放奖券来造成公司产品与竞争者之间差异，使顾客改变购买习惯，也是一条有效的促销途径。有时奖券设计成顾客可以凭积累一定数量的奖券来换取相应的具有一定价值的奖品，这就鼓励了顾客重复购买或一次大量购买。

2）长期目标

当市场上同类商品不同品牌之间的竞争十分激烈时，有许多方式可以刺激顾客在品牌之间的转换与选择。赠奖与折价能在短期内创造很高的销售反应。举办展销会、陈列会、博览会也是创造销售机会的重要手段，它可以使消费者了解产品，对产品产生兴趣，这是取得竞争优势的重要条件。

2. 对中间商营业推广的目标

制造商除了对顾客要以营业推广手段来推动其购买外，推动中间商，特别是零售商的营销工作，对于最终实现商品价值，建立制造商和商品品牌声誉、提高市场占有率具有重要意义。如表 11-3 所示为对中间商各种促销目标的计划。

表 11-3　对中间商各种促销目标的计划

目标	一般采取的计划
促使中间商参与制造商的促销活动	价格折扣 津贴 免费商品
激励中间商更多购买	数量折扣 免费赠送 价格折扣 销售竞赛 目录
帮助中间商改善营销工作	培训人员 人员激励

（1）促使中间商参与制造商的促销活动。制造商策划与掀起的促销活动，如果没有中间商的响应、参与支持，常常会事倍功半。许多制造商为此向零售商提供交易补贴，用以弥补零售商陈列产品、制作零售广告所支出的费用，也有的给中间商以各种交易馈赠，包括陈列品馈赠、互补品馈赠等。

生产胶卷的公司常要求专业性照相器材商店或照相馆专售该公司胶卷，并在其橱窗内做陈列宣传，公司愿意承担这些费用或以优惠供应胶卷的方式对此予以弥补。公司还可能向这些经销商优惠供应该公司的照相器材、洗影液、相机等。

（2）激励中间商更多购买。激励中间商更多地购买的最有效的方法可能就是给予价格折扣，主要是数量折扣。或者，与此相类似，当中间商订货达到一定数量之后，就免费赠送他们一部分产品。

销售竞赛是另一种有效的刺激中间商的方式。制造商设立奖金，奖励最好的商品陈列点、销售额最高的或进货额增加最多的中间商。

制造商以目录形式在其商品广告中详细列出各零售商的名称、地址，这不仅用于推销该种商品，也可以促进零售商的销售业务。

（3）帮助中间商改善营销工作。为中间商培训推销人员、维修服务人员，使中间商更好地向顾客示范介绍产品、为顾客做使用培训以及保证产品售后服务质量，对于有效地促进中间商的营销工作，吸引广大顾客购买具有积极作用。这种促销支持实际上是向中间商提供一种资助，即为中间商承担了额外的营运费用。这种情况在计算机、高档家电等领域广泛使用。

3. 对推销人员营业推广的目标

对推销人员的营业推广不单是指制造商对本企业推销人员的营业推广，也包括制造商对中间商推销人员的营业推广。其目标显然是鼓励推销人员积极工作，努力开拓新市场，增加产品的销售量。对于推销人员进行促销不仅有助于将新产品打入市场，也有助于推销落令商品或滞销商品。制造商对本企业推销人员的促销手段主要有销售提成、销售竞赛、推销培训，对中间商推销人员除培训、销售竞赛外，常见的还有馈赠礼品。

11.3.3 营业推广的工具

一项工具可以同时为几项目标服务，而一项目标有时又需多项工具的支持，对营业推广来说，亦是如此。而且市场营销发展到今天，营业推广的工具层出不穷、多种多样。因此，营业推广的策划者在选择推广工具时，要综合考虑市场营销环境、目标市场特征、竞争者情况、促销的对象和目标、工具的成本效益等因素，还要特别注意将促销同其他沟通策略如广告、公共关系、人员推广等的互补配合。

1. 对消费者营业推广的工具

对消费者营业推广的工具很多（图 11-8），但往往需要与广告配合，否则很难在某种促销策略实施的有效时间内让更多消费者获知这一消息，并立即做出反应，从而造成营业推广的效率损失。

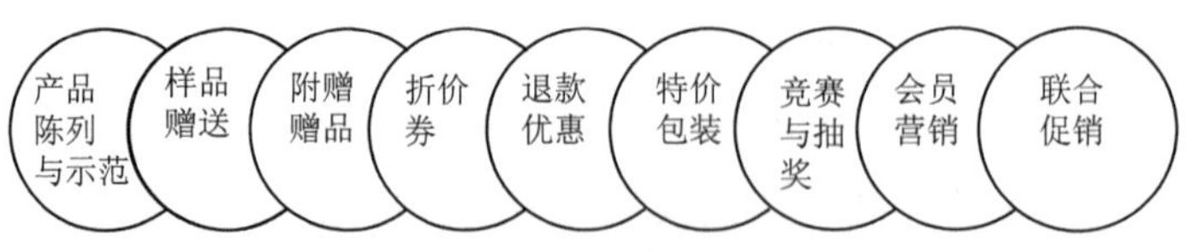

图 11-8　对消费者营业推广的工具

（1）产品陈列与示范。制造商在零售店占据有利位置进行橱窗陈列、柜台陈列或流动陈列，有时同时进行操作使用示范，以展示产品的性能与特长，打消顾客疑虑。这种方法在新产品进入市场，以及在食品业、家用电器、化妆品业等方面都有广泛应用。如有些化妆品制造商派专门的人员占据一些大商店的位置，为顾客测试皮肤性能，而后根据皮肤的不同，向顾客介绍相应护肤品及其使用方法，甚至让顾客试用来劝说顾客购买。

（2）样品赠送。向消费者免费赠送样品，通过他们了解效果，传播信息来争取扩大销量。如联合利华在推出其夏士莲产品时，推出了免费试用样品，包括黑芝麻洗发露、天然润白霜、润肤香皂等。这些产品在广告播放的同时，向居民家中派发样品以供试用。这些样品通常都是少量的试用品，其分量只够消费者认识该产品的特点所在，尽管如此，它仍是最为昂贵的促销工具之一。

样品赠送适用于价值低廉的日用消费品，那些易于小包装、差异明显，且目标客户群能区别的产品可以通过消费者亲身试用来提高接受度。该方法特别适用于新产品导入市场期，不少情况下是改变其他品牌忠实消费者的唯一方式。另外，样品赠送能提高入市速度。广告需反复诉求才能达到效果，但总不如“眼见为实”来得更有说服力，但开展样品赠送活动时，必须有足够的广告加以支持，这样才能达到预期的效果。

（3）附赠赠品。附赠赠品是顾客购买某种特定产品后，免费或以极低价格获得产品。它与样品赠送不同，前者是为有市场基础的产品而设的，主要为了争取竞争性产品的消费者转移到使用促销者的产品，也是为了防止竞争者侵入促销者的产品市场。因此，赠品必须让消费者有深刻的印象和一定的实用价值。赠品的优势是明显的，它可以创造产品的差异化、传达品牌概念、增加产品的使用频率和购买量。但不少附赠赠品失败的最主要原因是赠品太差，当赠品的吸引力不够、品质欠佳时，反而会使本想购买该产品的顾客打退堂鼓，从而导致销售量的下降。因此赠品的选择是非常重要的。

（4）折价券。折价券是持有人的一种凭证，在指定地点购买某种商品时，可免付一定金额的钱。这种方法一般用于已有一定品牌声望的商品当中，但这种产品应该是一次性使用，周期较短，顾客需经常购买或一次性购买量较大的产品。如果在购买率较低的产品上使用折价券，通常反应冷淡。在实际操作过程中，企业应慎重考虑兑换率的问题，因为它影响到促销的预算及其分配。另外应注意不要过于频繁地使用折价券，以免影响品牌形象。

折价券可以邮寄，或附在其他商品中，或在广告中附送，但一般是由制造商发出的，因此该策略要取得预期效果，必须得到零售商的支持、配合，并要给他们以适当的补偿。

（5）退款优惠。退款优惠运用的方式非常简单，通常指制造商在消费者购买商品后，消费者邮寄特定产品的购买证明，可以得到部分全额或超额退款的一种促销方式。该产品主要用于鼓励试用新产品。

这种促销方法投资成本低，有利于收集客户资料，而且能激励消费者购买一些不易销售的高价位商品。但是邮寄购买证明费时费力，因此消费者真正利用此项优惠的比例往往很小，回收兑换率低，自然会影响到促销效果。

（6）特价包装。制造商对其产品的正常零售价格给以一定的折扣优惠，并把原正常价格与限定的优惠价标明在商品包装或标签上。特价包装的形式，可以是将同种商品包装起来减价出售，如“强生”沐浴露产品的促销包装，不论外形、款式都与平时的相似，但容量更大了一点，包装瓶上清楚地标明“加送200毫升”。包装也可以采取组合包装的形式，将两件或多件相关商品包装在一起，如“白猫”将其系列产品（佳美洗衣粉、洗洁精、百洁布、卫生纸等)组合销售,原价为43元,活动期间消费者只需25元就可买到。

特价包装用于非耐用消费品、购买频繁、价格较低的商品。对于短期促销它比折价券更能刺激消费者。这种方法操作简易,容易控制,并能塑造"消费者能以较低的花费买到较大、较高价值的产品"的印象。

(7)竞赛与抽奖。竞赛就是让消费者按照竞赛要求,运用其知识技能来赢得现金、实物或旅游奖励,这种竞赛不完全依靠一个人的本领,还需要借助运气,而竞赛题目或内容又总与主办者自身特征或多或少地联系或结合。

抽奖是指消费者凭其资格证明,如购物发票或以此换取的对奖券,所使用的商品标记,如包装纸、瓶盖等,向主办者申请获奖机会。而主办者根据事先公布的准则、程序,以一定比例从参加者中抽取获奖者,向其颁发奖金或奖品。

竞赛和抽奖的诱惑力还是很高的,它有助于增强广告吸引力,强化品牌形象。但竞赛活动参加率低,无法普及,设计创新的难度也较大;抽奖虽然普及面高一些,但它通常需要大量的媒体经费进行宣传才能达到一定的效果,而且很难事先对活动效果进行完善的效益评估。

(8)会员营销。会员营销又叫俱乐部营销,它是指企业以某项利益或服务为主题,将各种消费者组成俱乐部形式,开展宣传、促销和销售活动。加入俱乐部的形式多种多样,可以是交纳一定的会费,也可以将产品与特定消费者联系起来。

会员营销易培养消费者的品牌忠诚度,缩短厂商与消费者之间的距离,加强营销竞争力。另外,由于这种促销直接与消费者接触,是"暗中"进行的,企业的一举一动不易被竞争者察觉。但会员营销的回报结果较慢,费用较高,而且由于俱乐部的服务是否真正受欢迎,只有看俱乐部运转一段时间后的效果,因此其效果是难以预计的。

(9)联合促销。联合促销是指两个或两个以上的公司合作开展促销活动,推销他们的产品或服务,以扩大活动的影响力。这种方法的最大好处是可以使联合体内的各成员以较少的费用,获得最大的促销效果。

联合促销最大的好处在于降低促销成本,促销活动中的广告费、赠品等各项成本均可由联合各方分摊,大大降低了各自的促销投资。另外,选择目标顾客已接受的品牌作为联合促销的合作伙伴,可使本产品快速接触到目标消费者,加快本产品的推进速度。

当然,联合促销需估计到合作各方的利益,协调有一定困难;而且促销中多品牌的出现可能影响本企业产品形象的突出,因此,联合促销中的新产品尤其要注意配合相应的独立广告,以补充说明产品的利益点。

2. 对中间商的促销工具

对中间商的促销工具包括:产品展览、展销、订货会议,销售竞赛,价格折扣,赠品,采购支持。

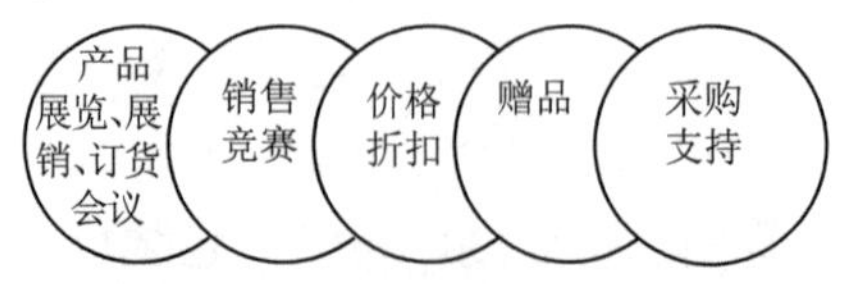

图11-9 对中间商的促销工具

1)产品展览、展销、订货会议

生产厂商,无论是消费品生产厂商还是工业品生产厂商,都可以利用产品展览、展销、订货会议等多种方式来陈列其产品并做示范操作。生产厂商的推销员可以在会上同前来参观的消费者、有购买影响力的客户代表以至于高层决策者进行直接洽谈,接受询价,引导进一步消费行为。参加或发起主办这些展出的卖主可以由此获得多方面的利益,如招徕顾客,发展顾客,向准顾客与既有顾客介绍新产品,与老顾客加强联系并劝导他们购买更多的产品。

要有效地运用这一促销策略,使其实现生产厂商的预期目标,还有赖于生产厂商对参加展出的准备,包括布置展览摊位、介绍资料、印制产品宣传、利用传播媒体开展广告与公关宣传活动等。若是自己发起组织的展销会、订货会,则还要做好来客的迎送接待工作,任何细节方面的不妥都会影响促销效果。

2)销售竞赛

生产厂商为了激励中间商竭尽全力推销其产品,规定一个具体的销售目标,凡在实现这一既定目标过程中的优胜者可以获得生产厂商的奖励。竞赛优劣通常以销售额、销售增长率、货款回笼速度、售后服务质量等一系列指标为标准,而奖励的形式也多种多样,除可获得生产厂商的财务支持、福利支持外,还可获得更多的促销支持。

生产厂商规定的竞赛目标对于中间商而言既要有一定的挑战性,又要现实合理,这样才能吸引尽可能多的中间商投入竞赛。因为,每一参赛者所实现的小幅度销售增长,汇总起来将是相当可观的,而生产厂商为竞赛所支付的促销费用相对来讲就可能微不足道。虽然这一促销策略也难以有持续性效果,但它对于促进与改善生产厂商与中间商的合作关系却有不容忽视的作用。

3)价格折扣

这是一种运用非常普遍的促进中间商大量进货的方法。包括制造商给予中间商数量折扣或职能折扣两种基本形式。前者是指购货者在一定时期内进货到达一定批量即可享受一定的价格折扣率,后者是指当中间商为产品做了广告宣传而给予其费用补偿或对中间商特意陈列产品而给予相应津贴。一般而言,对于做出同样贡献或提供同样服务和促销支持的中间商,应给予同样的待遇。执行统一的促销政策才能使中间商感知受尊重并受激励,由此而化为对产品的促销努力。

为了将一种新产品导入市场,或者鼓励中间商尝试推销其从未销售过的产品,或者为了吸引中间商加入制造商组织的整个地区的联合促销活动,价格折扣往往是不可避免的选择,只是数量折扣的效果相对具有持久性,可作为一种日常的促销手段,而职能折扣更具有瞬时性效果。

4)赠品

赠品不仅是刺激消费者的有力工具,而且对于中间商来说,也是一种重要的刺激手段。首先,它表现为一种实际的利益;其次,它又可表现为制造商对中间商的一种感恩情结,有利于增进与稳定合作关系。因此,对中间商的赠品选择更加广泛,它可以是促销产品本身或样品,也可以是各种有价值的文具用品、日用品乃至纪念品,在这些赠品上篆刻上公司的名称或产品品牌是值得考虑的一项策略。

5)采购支持

采购支持是指企业为了帮助中间商节约采购费用和库存成本等,而采取的一系列帮助采购的促销活动。它的具体形式如下。

(1)库存支持系统。在这个体系中,企业一接到中间商的需求通知就立即送货。这种方法在库存如此重要的今天尤其被中间商看中。但这样企业可能开销太大,因此可根据情况对某些产品,在某段时间采用这种方式。

(2)自动订货系统。企业向中间商提供订购的各种表单,并通过计算机与中间商保持紧密的联系,一旦需要订货,企业马上提供。这种方式在计算机特别是网络技术普及的今天越来越受到重视。它的优点是联系性强,交货时减少了必要的沟通费用。但这个系统必须通过一定时期人员的感情联系才能正常运转。

(3)报销采购费用。企业对中间商人员到本单位提货的住宿费、差旅费、运输费均给予报销,以此来吸引中间商的采购人员。

3. 对推销人员的促销工具

对销售人员的激励手段,长期以来最有效的莫过于销售提成,广泛的事实证明,销售人员的报酬与其销售实绩挂钩总比销售人员只享有固定工资更有激励性,销售人员会更主动、积极地工作,销售实绩会不断体现销售人员的潜力。只是制造商对其自己的销售人员易实行提成制,而要沿用于中间商的推销人员则难度较大。

销售竞赛既可以一年评比一次,也可以配合一阶段的促销活动而进行,无论对制造商还是中间商的推销人员,只要宣传深入、目标明确、评选公平、奖励富有吸引力,都是可行的。给予推销人员的奖励一般只是其创造的额外收益的一小部分。

制造商的推销人员会更多地重视培训机会——这将证明他受肯定、受重视以及富有发展潜力——为此,他们可以付出更多的努力,争取更多的销售实绩。制造商有计划地设置培训课程、确立培训目标,并将此与推销人员的职位、薪水收入有机结合,可以焕发起推销人员极大的工作热情,不仅可以由此发现与培养优秀推销员,而且也会给企业带来实际业务增长与稳定的客户关系。

11.3.4 营业推广策略的制定

营业推广策略是一个复杂多样的系统工程,它包含营业推广目标的确定、营业推广工具的选择、营业推广规模的确定、营业推广媒介的确定、营业推广时间及时机的确定以及营业推广预算的确定。

1. 营业推广目标的确定

营业推广目标在前文已提到,在确定营业推广目标时要注意对效果进行综合全面的策划,对于希望在多大时间内维持这种效果也要有必要的平衡,长期目标与短期目标的实现还需要不同的促销手段组合运用。

2. 营业推广工具的选择

营业推广工具在前文已有详细描述,在选择营业推广工具时要注意营业推广目标的影响。如将一项新产品引入市场与对一项已进入成熟期或衰退期、市场竞争极其激烈的产品进行推广时，前者会倾向于选择产品陈列、展销、对中间商和消费者赠送样品、有奖销售、向中间商提供职能折扣等，后者则倾向于发放折价券、奖券、给中间商以较大的数量折扣等。

不同的促销对象，应选择的激励手段也会不同，对中间商提供的价格折扣中会有职能折扣这一重要因素，这比向消费者提供折扣更富有目的性，而推销培训只是适用于对推销人员的激励，对于消费者则是大可不必的。

不同的促销效果（如希望短期内创造很高的市场需求、营业额迅速增大，或希望长时间内保持稳定、可观的销售记录）要求所选择的促销策略会明显不同。一般来说，对推销人员展开的推广活动时效性很长，而对消费者的刺激一般只能帮助实现阶段性目标。

3. 营业推广规模的确定

以多大的费用投入来刺激消费者需求决定着销售业绩。如果要促销成功，一定的最低水平的刺激是不可或缺的，随着刺激强度的增强，销售量会增加，但到了一定程度后，其效应是递减的。所以一个营销经理不仅要了解各种促销手段的效率，还要认清刺激强度与销售量变化的关系，以争取合理、预期的推广效果。

4. 营业推广媒体的确定

以怎样的途径来传递促销信息、实施促销手段，这对促销的效率起着至关重要的作用。一种新型食品上市期间优惠 5% 的折价券，可以放在零售商处分发，可以邮寄，可以放在包装袋里，也可以附在报纸、广告上。显然，每一种分发方法的效率和成本都各不相同：以包装为媒体，只能刺激曾经消费过的顾客，零售点宣传资料可以烘托促销气氛，影响力却只局限于该零售店内的顾客，邮寄可以达到特定的顾客，用得过滥或顾客消费意识成熟，反应就可能不理想，广告有利于大范围快速传播，影响大但成本高。

5. 营业推广时间及时机的确定

促销时间应有一定的持续性，但要恰当：持续时间太短，一些顾客将由于无法及时重新购买而失去享受优惠的机会，由此会导致其今后购买重复率降低，持续时间太长，则促销的号召力逐步递减，起不到刺激消费者马上购买的作用，如赠品促销一般维持在 8~12 周，优惠券维持 6~8 周，抽奖以 2~4 个月为宜。安排促销时间，应考虑选择一个理想的起始日，并保持一个合适的持续时间，同时它应置于整体营销策略之中来筹划，以求与整体营销活动相协调，创造一个预期的销售高潮。

时机的选择对促销效果来说也是很重要的，不同的促销方式选择的促销时机各不相同。样品理想的运用时机是旺季来临前且商品的铺货率到达 50% 以上；优惠券促销选择在旺季或旺季来临前，有时企业为维持淡季的生产任务，在淡季也加以使用。

6. 营业推广预算的确定

1）预算方法

营业推广方案的制定最终要落实到预算上，常用的预算方法有 3 种。

（1）参照上期费用来测算本期费用。这种方法简便易行，在促销对象、手段、预期效果都不变的情况下可以采用，但许多主观因素和客观因素都在不断变化，故运用这种方法必须考虑对一些费用构成予以调整。

（2）比例法。根据一定的比例从沟通费用中提取促销费用的额度，再将它按不同百分比分配到各个产品或品牌上。对不同的产品、不同品牌的促销，在不同市场上的促销，其费用预算的百分率是不同的，而且还要受到产品生命周期的不同阶段及该市场上竞争者的促销投入的影响。如果一个公司的某种产品有若干个品牌，则哪种品牌需要促销，哪种不需要，应该很好地统筹与协调，在预算上也必然反映为不同的百分比。

（3）总和法。即先确定每一个促销项目费用，然后汇总得出该次促销成本总预算。促销各项目的费用主要包括：优惠成本，如免费赠送样品、奖品成本、折价券折让成本等，运作成本，如广告费、印刷费、邮寄费等管理费用。显然，在预算制定过程中，对促销期间可能售出的预算数量的估计是必不可少的。

2）预算应注意的问题

进行促销预算时特别要注意量力而行、留有余地，要做到这一点，应对以下两点加以注意。

（1）切忌赌徒心理。有的公司在市场上碰到困难时往往只想通过组织一两次促销活动来解决公司面临的问题，从而把“宝”完全压在促销上，这样做会导致公司将大量资金投入在促销上，而一旦促销未到达效果，不仅原有问题没解决，还会使公司背上新的财务包袱。另外，在赌徒心态的驱使下，公司决策者必然会被焦躁心理所支配，这很容易失去“平常心”，做出种种错误判断。

（2）事先对资金的安排做出周密计划。在活动开始之前，公司应清楚自己投入的资金回报如何。如果是增加销售额，那么增加多大公司投入的资金才能取得可接受的回报？因此，公司就必须确定一个切实可行的目标，根据目标调整资金投入的数量。

案例 11-4

伊利与 2012 年伦敦奥运会

伦敦奥运会，伊利是本届奥运会中国国际奥委会合作伙伴，伊利的奥运营销战略便伴随着“伊利品质，奥运见证”——3.15 消费者参观伊利工厂活动在各地的工厂全面开展。活动贯穿整个 3 月，跨越黑龙江、湖北、广东等全国近 20 座城市。活动期间，消费者走进伊利的核心厂区，通过讲解员的解说，“零距离”体验伊利奥运牛奶的生产过程。

在线下伊利将消费者请进来亲身参与，线上伊利则大力推动“做自己健康冠军”的奥运主张。无论是联手代言人孙杨、刘翔、李娜三个真正意义上的奥运明星推出系列公益广告，还是通过“一起奥林匹克”民间健康标杆评选及视频征集，选拔四组草根明星形象推上伦敦大巴；抑或是发起“伊利邀你来奥运”的互动活动，借奥运之风，伊利将奥运营销资源最大化，在提升品牌影响力的同时，将更多目光集中于对目前国人生活方式的关注和改善。

奥运战略中，消费者互动是最为关键的一环。在奥运期间，伊利携手各大商超，在终端开展一系列以奥运为主题的体验活动。通过和老百姓一起看奥运赛事、体验奥运游戏、感受奥运精神，向公众倡导绿色健康生活理念、传递“更快、更高、更强”的奥运精神。

为更好地输出国人的健康形象和打造品牌形象，伊利首次开创性地利用当地资源，借助伦敦标志性的双层红色巴士，在伦敦街头上演了“平凡中国人的不平凡故事”，这四组地地道道的平凡人——727骑行团、花甲背包客夫妻、跑吧老李、花式篮球教练韩炜，向世界讲述中国人对于生命和健康的新理解，而他们独特的东方面孔和亲切有力的汉字，不禁勾起了当地华人及在英华裔游客无限的思乡之情，一股浓浓的归属感与民族自豪感油然而生。

11.4 公共关系

11.4.1 公共关系的含义和作用

1. 公共关系的含义

公共关系是由英文“Public Relations”翻译而来的，中文可译为“公共关系”或“公众关系”，不论是其字面意思还是其实际意思基本上都是一致的，都是指组织机构与公众环境之间的沟通与传播关系。在市场营销学体系中，公关关系是企业机构唯一一项用来建立公众信任度的工具。公共关系是指企业在从事市场营销活动中正确处理企业与社会公众的关系，以便树立品牌及企业的良好形象，从而促进产品销售的一种活动。

2. 公共关系的特性

公关关系作为促销组合因素之一，在刺激目标顾客对企业产品或服务的需求，增加销售，改善形象，提高知名度，都起着十分重要的作用。

公共关系具有如下特性。

（1）高度真实感。由于新闻报道是由记者写出来的，体现企业外部公众的利益和看法，所以，顾客认为它具有高度客观性和真实性。在顾客看来，新闻报道是属于真实客观的信息，而广告则属于自吹自擂的主观信息，影响效果不同。

（2）没有防御。对企业广告或者推销人员不予以理睬的顾客，一般不会对公共关系报道反感，因为这是一种新闻活动，而不是企业推销的信息传播，在心理上不必时时担心受骗上当。

（3）戏剧化表现。公共关系和广告一样，都具有把企业及其产品呈现在顾客面前所产生的潜在作用，远比人员推销的影响效果好。

11.4.2 公共关系的活动方式

公共关系的活动方式，是指以一定的公关目标和任务为核心，将若干种公关媒介与方法有机地结合起来，形成一套具有特定公关职能的工作方法系统。按照公共关系的功能作用不同，公共关系的活动方式主要有以下五种。

（1）宣传性公关。这种公关是运用报纸、杂志、广播、电视等各种传播媒介，采用撰写新闻稿、演讲稿、报告等形式，向社会各界传播企业有关信息，以形成有利于企业形象的社会舆论，创造良好气氛的活动。这种方式传播面广，对推广企业形象效果较好。

（2）征询性公关。这种公关方式主要是通过开办各种咨询业务、制定调查问卷、进行民意测验、设立热线电话、聘请兼职信息人员、举办信息交流会等各种形式，连续不断地努力，逐步形成效果良好的信息网络，再将获取的信息进行分析研究，为经营管理决策提供依据，为社会公众服务。

（3）交际性公关。这种公关这种方式是通过语言、文字的沟通，为企业广结良缘，巩固传播效果。可采用宴会、座谈会、招待会、谈判、专访、慰问、电话、信函等形式。交际性公关具有直接、灵活、亲密、富有人情味等特点，能深化交往层次。

（4）服务性公关。就是通过各种实惠性服务，以行动去获取公众的了解、信任和好评，以实现既有利于促销又有利于树立和维护企业形象与声誉的活动。企业可以以各种方式为公众提供服务，如消费指导、消费培训、免费修理等。事实上，只有把服务提到公关这一层面上来，才能真正做好服务工作，也才能真正把公关转化为企业全员行为。

（5）赞助性公关。赞助性公关是通过赞助文化、教育、体育、卫生等事业，支持社区福利事业，参与国家、社区重大社会活动等形式来塑造品牌及企业良好形象，提高品牌及企业的社会知名度和美誉度的活动。这种公关方式，公益性强，影响力大，但成本较高。企业的赞助活动可以是独家赞助（或称单一品牌赞助），也可以是联合赞助。

11.4.3 公共关系活动的程序

整个公共关系活动是有计划的。同样，公共关系也并非是一种随心所欲的活动。公共关系活动的工作程序也由四个部分组成：调查、策划、实施、评估。

1. 公共关系活动调查

公共关系活动调查的目的和内容具有特殊性。由于公共关系活动是要通过树立企业良好形象来促进销售，因此公共关系活动调查与市场调查是相辅相成的关系。其主要调查内容有：①企业形象地位调查。重点了解企业的产品形象和服务水平；②促销环境调查，包括政治环境、社会环境、经济环境和科技环境；③公众舆论调查，着重了解消费者对企业各类产品的意见、态度、倾向；④公众动机调查，着重了解消费者是否购买以及购买本企业产品的动机；⑤公共关系活动效果调查，主要包括传播效果调查和销售效果调查。

2. 公共关系活动策划

（1）确定目标。有了明确的公共关系活动目标，就有了奋斗方向，可以实行目标管理。根据公众心理活动过程，公共关系活动目标有：①以知晓为目标（或以信息传播为目标），即主要通过信息传播，让公众知晓企业的政策、行为、产品和服务，知晓某一事实或问题的性质；②以联络感情为目标，主要通过正常公关活动和频繁的交往、赞助等活动，来联络与加深企业与公众之间的感情；③以改变态度为目标，不仅通过传播交往，而且要通过利益调节和劝说活动，来改变公众原有的态度，或形成更有利的态度；④以改变行为为目标，在原有工作的基础上，进一步通过宣传、劝说和激励，引起公众产生对企业的有利行为，主要是购买行为。

(2)制定行动方案。围绕着公共关系活动目标，有多种行动方案可供选择。方案包括主题、项目、策略与时机等多种内容，这里着重讨论如下几个问题。

一是设计主题。公关活动主题是对公关活动内容的高度概括，具有重要的指导作用。围绕公共关系活动的总目标，往往可以设计几个主题。例如一家运动器械公司的公共关系活动目标是，维持消费者对公司的信心，在现有的和潜在的顾客中建立公司和产品的优良声誉，吸引更多的消费者。据此，该公司公关部拟定出以下几个工作主题：公司的产品价廉物美，是运动、保健和休息娱乐的好伴侣。公司不惜花费巨资、人力和时间，从事研究开发，因而产品不断改进，也更加安全可靠。公司注重审美和娱乐价值，使产品迎合不断变化的大众需要和社会时尚。公司鼓励更多的人，不分男女老幼，积极参加各类运动，借以增进国民健康，公司业务遍及各地，已成为一个全国性的大公司。这些主题相互独立，又都为目标服务。由于企业的资源有限，公众接受信息的能力有限，因而在短时期内，公关主题最好只有一个。

二是确定公众细分策略。同一主题既可能面对所有公众，也可能由于特殊的促销目标和资源限制，只有面对部分公众。因此，企业往往要确定公众细分策略。首先要进行公众细分。按一定细分变数进行细分，从而划出许多种类的公众。其次，要鉴别公众的权利要求，公众要求和消费心理的共同点和特殊性。最后，就是确定目标公众。目标公众是指企业决定作为自己公关活动主要对象的那部分公众。有三种策略可供选择：一是普遍性目标公众策略，即以一切公众，或某一大类的全部公众（如全部顾客）为目标公众；二是选择性目标公众策略，即选择几部分公众（如青年男性消费者、集团消费者）作为目标公众，此时，公关主题既可以相同，也可以不同；三是集中性目标公众策略，即以一部公众（如青年男性消费者）为目标公众。显然，以上三种策略与市场细分策略有内在联系。

(3)选择公共关系活动的方式。要把公共关系活动主题表达出来，必须借助于一些公公共关系活动的方式，还要选择传播媒介，把握好策略与时机。

(4)编制预算。公共关系活动要花费一定人力、物力和财力。编制预算可以验证方案的可行性，并保证方案的实施。可以用销售额提成法、投资报酬法、目标作业法来确定预算总额。

3. 公共关系活动计划的实施

公共关系活动计划的实施就是在公共关系活动计划被采纳以后，将计划所确定的内容变为现实的过程。实施环节是最为复杂多变的环节。事实上，计划不可能十分详尽周到，突发事件会经常发生。这就要求公关实施人员在实施过程中完善计划，制定具体实施方案，协调各方面关系并对计划的实施加以控制，充分发挥实施人员的灵活性和创造性。

4. 公共关系活动评估

公共关系活动评估主要是效果评估。与一般公关效果评估一样，它的评估标准也包括：接受、了解信息的目标公众数量；改变观点、态度的公众数量；发生期望行为的公众数量等等。比较特殊的评估标准主要是顾客的惠顾率和具体购买动机。惠顾率可以反映重复购买本企业产品的人次，而重复购买能在一定程度上反应公共关系活动的效果，即企业信誉的吸引力。具体购买动机是复杂的，如果顾客购买本企业产品是因为企业信誉卓著，或是为了回报本企业的优良服务，则也反映了公共关系活动的效果。

11.5 广告策略

11.5.1 广告的概念

1. 广告的概念

广告(Advertising)一词源于拉丁语(Adverture)，有"注意""诱导""大喊大叫"和"广而告之"之意。广告作为一种传递信息的活动，它是企业在促销中普遍重视且应用最广的促销方式。市场营销学中探讨的广告是一种经济广告。亦即，市场营销学中的广告是广告主以促进销售为目的，付出一定的费用，通过特定的媒体传播商品或劳务等有关经济信息的大众传播活动。从广告的概念可以看出，广告是以广大消费者为广告对象的大众传播活动；广告以传播商品或劳务等有关经济信息为其内容；广告是通过特定的媒体来实现的，并且广告主要对使用的媒体支付一定的费用；广告的目的是为了促进商品销售，进而获得较好的经济效益。

2. 广告的种类

根据不同的划分标准，广告有不同的种类。

1)根据广告的内容和目的划分

(1)商品广告。它是针对商品销售开展的大众传播活动。商品广告按其目的不同可分为 3 种类型。一是开拓性广告，亦称报道性广告。它是以激发顾客对产品的初始需求为目标，主要介绍刚刚进入投入期的产品的用途、性能、质量、价格等有关情况，以促使新产品进入目标市场。二是劝告性广告，又叫竞争性广告。它是以激发顾客对产品产生兴趣，增进"选择性需求"为目标，对进入成长期和成熟前期的产品所做的各种传播活动。三是提醒性广告，也叫备忘性广告或提示性广告。它是指对已进入成熟后期或衰退期的产品所进行的广告宣传，目的在于提醒顾客，使其产生"惯性"需求。

(2)企业广告，又称商誉广告。这类广告着重宣传、介绍企业名称、企业精神、企业概况(包括厂史、生产能力、服务项目等情况)等有关企业信息，其目的是提高企业的声望、名誉和形象。

(3)公益广告。公益广告是用来宣传公益事业或公共道德的广告。它的出现是广告观念的一次革命。公益广告能够实现企业自身目标与社会目标的融合，有利于树立并强化企业形象。公益广告有广阔的发展前景。

2)根据广告传播的区域来划分

(1)全国性广告。它是指采用信息传播能覆盖全国的媒体所做的广告，以此激发全国消费者对所广告的产品产生需求。在全国发行的报纸、杂志以及广播、电视等媒体上所做的广告，均属全国性广告。这种广告要求广告产品是适合全国通用的产品，并且因其费用较高，也只适合生产规模较大、服务范围较广的大企业，而对实力较弱的小企业实用性较差。

(2)地区性广告。它指的是采用信息传播只能覆盖一定区域的媒体所做的广告，借以刺激某些特定地区消费者对产品的需求。在省、县报纸、杂志、广播、电视所做的广告以及路牌、霓虹灯上的广告均属地区性广告。此类广告传播范围小，多适合于生产规模小、产品通用性差的企业和产品进行广告宣传。

此外，还有一些分类。例如，按广告的形式划分，可分为文字广告和图画广告；按广告的媒体不同，可分为报纸广告、杂志广告、广播广告、电视广告、因特网广告等。

11.4.2 媒体的选择

在广告传播活动中，公司都希望能以最小的成本获得最好的广告效果。在广告媒体运用时，如何选择媒体、媒体组合及把握媒体的推出时机，都牵涉广告预算及广告效果评价，因此，必须精心策划，从众多广告媒体中做出正确的选择。

1. 广告媒体类型

广告媒体就像大海中的一叶扁舟，将信息传递给大海两岸的消费者。而广告媒体的发展也是日新月异，种类不断增加，形式不断变化。

(1)报纸。报纸是一种历史悠久的广告媒体，我国全国性和省一级的报纸有100多种，分成日报、晚报、隔日报、周报，并按报纸内容分成综合性和专业性等不同种类。由于报纸与广大消费者的生活密切相关，它成为我国最重要的广告媒体之一。

(2)杂志。我国共有5 000多种杂志，可分为周刊、半月刊、月刊、双月刊、季刊以及年刊，专业领域分布从政治、经济、军事，到文化、教育、生活、娱乐等多方面，有些是完全专门性的，有些是综合性的。杂志广告中封面和封底的价值最大，其次是封二、封三，中间插页以及其他部位。

(3)广播。广播在我国有70多年的历史，是我国覆盖面最广、消息传递最迅速的媒体。广播广告完全通过语言和音响效果来表达广告的意境，要求广告语言自然、简短易记，并有很高的播音技巧。

(4)电视。电视集声音、形象、音乐于一体，作为现代社会信息传播中最具魅力的工具，其广告效果也是最为明显的。电视广告的表现方式丰富多彩，可以通过故事式、名人推荐式、解决问题式、引证式、示范式、警吓式、赋予广告以生命力的幽默式等形式，提高电视广告的吸引力。

(5)户外广告。户外广告主要包括路牌、霓虹灯、旗帜、招贴、灯箱等形式。如果我们能在城市的主要交通路口、人群汇集地选择引人注目的地方，用独特的方式进行户外广告，效果是非常好的。

(6)网络。随着Internet的发展，网络广告越来越得到广泛的运用。据报道，英国前100家最大的广告主中有83家做网络广告，全球最大的500家企业中有400家在环球网上注册了网址，目前中国也逐渐重视网络广告的作用，越来越多的企业采用了上网做广告的形式。

以上6种媒体可谓各具特色，它们的优缺点见表11-4。

表 11-4　6 种媒体优缺点比较表

媒体形式	优点	缺点
报纸	读者广泛、稳定、覆盖面广；传递及时、可长期保存、反复研究；收费低，改稿容易	寿命短，因为报纸很少重印；内容多，易分散注意力；清晰度低，美感少
杂志	灵活性高；寿命长，能重复出现；宣传对象准确，效率高；转读率高，可保存	时间长，往往失去良机；杂志广告隐于书中，不易被发现；影响较小
广播	不受交通限制，传播信息快；灵活性高；范围宽广；费用低	电波转瞬即逝，不易保存；只有声音不见形象，不能给消费者以深刻的印象
电视	可利用各种艺术手法，给消费者强烈的感染力；较高的灵活性；范围广；不受时空限制，及时迅速	费用高；受外界干扰少，使广告的针对性下降；有时播放不当，容易引起消费者的反感
户外广告	展示时间长；表现手法灵活；不受竞争对手干扰；费用低	很难有特别的创意；可选地方受限制；难修改，时效性差
网络	速度快，制作成本低；跨越时间、空间限制；动态及时；反馈的可测性高；与消费者的互动性强	目前网络广告点击率还不高，这使宣传范围受限；技术含量要求高；在中国，网络广告还受种种限制

2. 具体广告媒体选择

在进行具体广告媒体选择时，一个最基本的指标是千人成本标准，即计算某一特定媒体工具触及 1 000 人的平均成本。如某日报整版套红印刷的广告费用为 8 800 元，其读者约有 300 万人，则广告触及每 1 000 人的平均成本是：（8 800×1 000）/3 000 000=2.9 元。又如，甲乙两种性质相同的报纸，对同一广告的收费分别为：5 万元和 3 万元，甲报的读者量为 1 000 万人，乙报的读者量为 500 万人，用千人成本法比较：

甲报千人成本 =（50 000×1 000）/10 000 000=5（元）

乙报千人成本 =（30 000×1 000）/5 000 000=6（元）

由上可看出，选择千人成本较小的甲报作为广告媒体更合算。

当然，单就某种媒体每千人的成本就立即断定哪种媒体是最佳似乎还不够，我们还需要根据以下几方面的情况进行修正。

（1）根据这一媒体的观众性质进行修正，这就是指你的目标公众和你所选的媒体的观众是否一致。

（2）广告媒体的展示价值应根据观众注意的程度加以修正，例如时装杂志的读者对广告的注意率比某某学报的读者对广告的注意率高得多。

（3）展示的价值还要根据媒体的声望和编辑质量加以修正，因为每一种媒体在公众心目中的可信度和接受程度对广告最后的影响力起到至关重要的作用。

（4）展示的价值还要考虑不同的广告地位并加以修正，在印刷媒体中，这种不同的地位意味着广告刊登的不同部位，其中对报纸来说，报眼的地位最高。

3. 广告媒体组合

每一种媒体都有其短处和长处，将两种或两种以上的媒体组合起来，优势互补，克服弱点，使广告达到最佳效果，这是媒体组合的根本指导思想。

1）广告媒体组合的优势

广告媒体组合策略之所以能使商品产生轰动效应和良好的促销效果，主要由于具有以下三方面的优势。

（1）重复效应。由于各种媒体覆盖的对象有时是重复的，因此媒体组合的使用将使部分广告受众增加，广告接触次数增多，也就是增加广告传播深度。消费者接触广告次数越多，对产品的注意度、记忆度、理解度就越高，购买的冲动就越强。

（2）延伸效应。各种媒体都有各自覆盖范围的局限性，假若将媒体组合运用则可以增加广告传播的广度，延伸广告覆盖范围。广告覆盖面越大，产品知名度越高。

（3）互补效应，即以两种以上广告媒体来传播同一广告内容，对于同一受众来说，其广告效果是相辅相成、互相补充的。由于不同媒体各有利弊，因此组合使用能取长补短，相得益彰。

2）媒体组合策略的方式

（1）瞬间媒体与长效媒体的组合。瞬间媒体指广告信息瞬时消失的媒体，如广播、电视等媒体，由于广告一闪而过，信息不易保留，因而要与能长期保留信息，可供反复查阅的长效媒体配合使用。长效媒体一般是指那些可以较长时间传播同一广告的印刷品、路牌、霓虹灯、公共汽车等媒体。

（2）视觉媒体与听觉媒体的组合。视觉媒体指借助于视觉要素表现的媒体，如报纸、杂志、户外广告、招贴、公共汽车广告等。听觉媒体主要借用听觉要素表现的媒体如广播、音响广告，电视可以说是听视觉完美结合的媒体。听觉媒体更抽象，可以给人丰富的想象。

（3）大众媒体与促销媒体的组合。大众媒体指报纸、电视、广播、杂志等传播面广、声势浩大的广告媒体，其传播优势在于“面”。但这些媒体与销售现场脱离开来，只能起到间接促销作用。促销媒体主要指招贴、邮寄、展销，户外广告等传播面小、传播范围固定，具有直接促销作用的广告，它的优势在于“点”，若在采用大众媒体的同时又配合使用促销媒体能够点面结合，起到直接促销的效果。

4. 媒体时机决策

媒体时机的决策是指对广告发布时间和广告使用方式的规划与安排。

1）广告发布的时间形式

广告发布时间一般可分为集中式、连续式、间歇式。

（1）集中式是指广告费用集中于一段时间使用，以便在较短时间内形成强大的广告攻势。这种方法常用于开拓新市场、新品上市等情况。如“恒源祥”在推出其羊绒线时在中央电视台频繁做广告，每隔 5 分钟观众就能听到“羊羊羊”的声音，给人深刻的印象。

（2）连续式是指在一段时间内均匀地安排广告发布时间，使广告反复地出现在观众面前，以逐渐加深消费者对产品的印象。这种方法在对顾客不因季节变化而购买的产品中经常使用。如可口可乐和百事可乐几乎每天都活跃在电视上，而且经常变换着广告的形式，日积月累，红色的可口可乐和蓝色的百事可乐在消费者心中已根深蒂固。

（3）间歇式是指做一段时间广告，然后停一段时间，这样反复进行下去。这种方法在季节性产品及广告费用不足时经常使用。比如各种品牌的空调在夏季广告攻势较强，在冬季则很少。

2）广告发布的使用方式

广告使用方法可分为水平式、上升式、下降式、交替式。

水平式指均匀使用广告；上升式指开始使用强度小，然后逐渐增强；下降式则指开始使用强度大，然后逐渐减弱；交替式指使用强度交替变化。

图 11-15 清晰显示了广告发布时间和广告使用方法的组合。

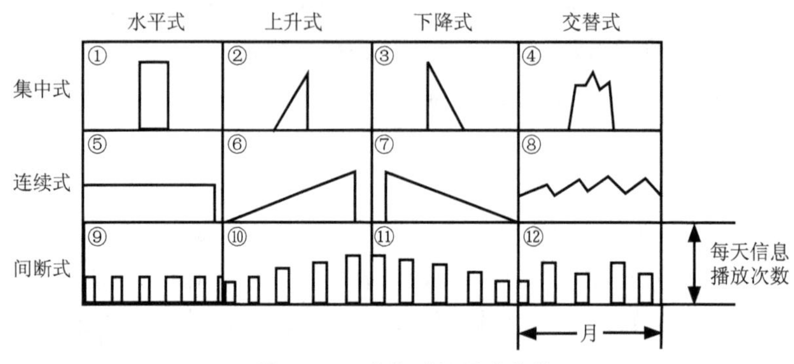

图 11-15　广告时机形式分类

3）影响广告发布方式的因素

图 11-15 所示 12 种不同的组合，究竟哪一种是最佳安排呢？这可能需要考虑 3 个因素。

（1）购买者周转率，这是指新顾客在市场上出现的速率，速率越高，广告越应该连续不断。

（2）购买频率，这是指某一时期内购买者平均购买产品的次数，购买频率越高，广告越应该连续。

（3）遗忘率，这是指购买者遗忘某种产品的速率，遗忘率越高，广告越应该连续。因此，一定时期内是均匀地安排广告还是不均匀地安排广告并没有一个定论，一般的选择方式是根据经营者对购买者的认识和经验决定。

11.5.3　广告的设计原则

广告效果，不仅决定于广告媒体的选择，还取决于广告设计的质量。高质量的广告必须遵循下列原则来设计。

1. 真实性

广告的生命在于真实。虚伪、欺骗性的广告必然会丧失企业的信誉。广告的真实性体现在两方面。一方面，广告的内容要真实，包括：广告的语言文字要真实，不宜使用含糊、模棱两可的言词；画面也要真实，并且两者要统一起来，艺术手法修饰要得当，以免使广告内容与实际情况相符。另一方面，广告主与广告商品也必须是真实的，如果广告主根本不生产或经营广告中宣传的商品，甚至连广告主也是虚构的单位，那么广告肯定是虚构的、不真实的。企业必须依据真实性原则设计广告，这也是一种商业道德和社会责任。

2. 社会性

广告是一种信息传递。在传播经济信息的同时，也传播了一定的思想意识，必然会潜移默化地影响社会文化、社会风气。从一定意义上说，广告不仅是一种促销形式，而且是一种具有鲜明思想性的社会意识形态。广告的社会性体现在：广告必须符合社会文化、思想道德的客观要求。具体来说，广告要遵循党和国家的有关方针、政策，不违背国家的法律、法令和制度，有利于社会主义精神文明，有利于培养人民的高尚情操，严禁出现带有中国国旗、国徽、国歌标志、国歌音响的广告内容和形式，杜绝损害我国民族尊严的甚至有反动、淫秽、迷信、荒诞内容的广告等，如“用黑社会交易来反映产品紧俏、短缺以劝诱购买”的广告创意是不足取的。

3. 针对性

广告的内容和形式要富有针对性，即对不同的商品、不同的目标市场要有不同的内容，采取不同的表现手法。由于各个消费者群体都有自己的喜好、厌恶和风俗习惯，为适应不同消费者群的不同特点和要求，广告要根据不同的广告对象来决定广告的内容，采用与之相适应的形式。

4. 艺术性

广告是一门科学，也是一门艺术。广告把真实性、思想性、针对性寓于艺术性之中。利用科学技术，吸收文学、戏剧、音乐、美术等各学科的艺术特点，把真实的、富有思想性、针对性的广告内容通过完善的艺术形式表现出来。只有这样，才能使广告像优美的诗歌、像美丽的图画，成为精美的艺术作品，给人以很高的艺术享受，使人受到感染，增强广告的效果。这就要求广告设计要构思新颖，语言生动、有趣、诙谐，图案美观大方，色彩鲜艳和谐，广告形式要不断创新。

11.5.4 广告效果的测定

广告效果的测定，不仅能对企业以前的广告做出客观的评价，而且对其今后的广告活动起到指导作用。因此广告的评价活动是广告策略不可或缺的一部分。一般评价活动包括沟通效果评价和销售效果评价，沟通效果的评价可以采用预试的方法，而销售效果的评价，更多地需要考虑实际的市场反应，难度也会大一些。

1. 沟通效果评价

沟通效果的测试主要是判断广告是否在有效地传播信息。它包括事前测试和事后评价两种。

1）事前测试

（1）直接评分法。就是邀请学者、专家或其他有代表性的顾客来评价广告的效果。一般是通过广告评价单（表 11-5）来进行测评，即根据广告每一项目评价得分，再根据评分判断是否是好广告。

（2）市场试验法。该方法是选择两个以上试验市场，进行广告效果测定的一种方法。具体做法是选择两个情况基本相同的地区销售同一种产品，一个地区运用甲广告，另一个地区运用乙广告，然后比较两个地区的广告效果，总结经验，扬长避短。该方法优点在于真实可靠，但耗费大量人力物力。

（3）仪器测定法。广告研究人员利用各种仪器来测量公众对于广告的心理反应，如心跳、血压、瞳孔放大以及流汗情景，这类试验只能测量广告的吸引力，而无法测量公众对广告的信任、态度或意图。

表 11-5　广告评价单表

评价项目和依据	权数	广告打分 Y											评分
	X	0	1	2	3	4	5	6	7	8	9	10	X×Y
因广告引起的立即购买行为	0.2							√					1.2
对广告宣传重点的认知	0.2											√	2.0
对广告的好感程度	0.1							√					0.6
能否知道广告的全部内容	0.1						√						0.5
广告引起的兴趣程度	0.1										√		0.9
广告吸引注意的程度	0.2							√					1.2
广告所唤起的潜在能力	0.1									√			0.8
合计	1.0												7.2

2）事后评价

（1）广告触及率测定。这里的触及率指的是接触过广告的人数占被测总人数的百分比。如某广告发布后，经测定，看过的人数为 5 000 人，被测人数为 10 000 人，其广告触及率为（5 000/10 000）×100% ＝ 50%。

（2）知名度测定。知名度通常是以广告接受者对企业名称、广告品牌、商标等的记忆程度为测定内容。通过诸如“你看过夏士莲的广告吗?”等问题来统计品牌的知名人数，然后以知名人数占测定人数的百分比作为知名度进行测定。

（3）理解度测定。理解度通常以广告接受者对广告内容、产品作用、功能等的了解程度作为测定内容。如某产品经过广告宣传后，经测定，品牌理解人数为 5 000 人，被测定人数为 10 000 人，则理解度为（5 000/10 000）×100%=50%。

2. 销售效果测定

在现实的市场营销过程中，人们可以发现一个具有好的沟通效果的广告，并不一定就能带来好的沟通效果。很明显，决定市场销售的因素异常复杂，可能是来自广告，也可能来自产品本身或价格，或销售渠道。一个好的广告可能迅速提高了某一产品的知名度，增加了公众的偏好，但究竟能提高多少销售量，也是一个难以准确回答的问题。一般有两种方法来测试广告的销售效果。

（1）统计法。统计法是运用先进的统计技术，推算广告费用与产品销售比率，以此来测定广告宣传效果的方法。比如，可以用“广告费用 / 销售额”来计算广告费用比率，广告费用比率越低，广告效果越好；又如，可以用“销售额增加率 / 广告费用增加率”来计算广告效果比率，广告效果比率越高，广告宣传效果越好；另外还可以用“广告利润效益法”进行测定，广告利润效益：（广告后销售量－广告前销售量）× 每件产品利润额－广告费用。广告利润效益越大，广告宣传效果越好，当其为负值时，广告是亏本的。

（2）实验法。即把市场划分为不同的细分市场，这些细分市场有些是同质的，有些是异质的，研究人员可以在这些同质和异质的细分市场上投资不同量的广告，然后观察细分市场的反应，从而确定哪种广告投资在不同的细分市场上最适合。例如，美国著名的杜邦公司，它的颜料部将 56 个销售区域分成高、中、低 3 种市场份额的区域。杜邦公司在其中 1/3 区域采用正常数额的广告费；在另一个 1/3 区域花正常数额的 2.5 倍的广告费；而余下的 1/3 区域中花正常数额的 4 倍的广告费（表 11-6）。

杜邦公司先前认为较高水平的广告支出可创造更多的市场份额。然而，试验的结果却发现，较高的广告支出所产生的销售增长呈递减趋势，即使在原来市场份额较高的区域，较高的广告支出所带来的市场销售增长也很微弱。因此对广告的支出应抱谨慎态度，应把注意力更多地集中于市场的实际反应。

表 11-6　测试 3 种不同水平的广告支出对市场份额影响的实验设计

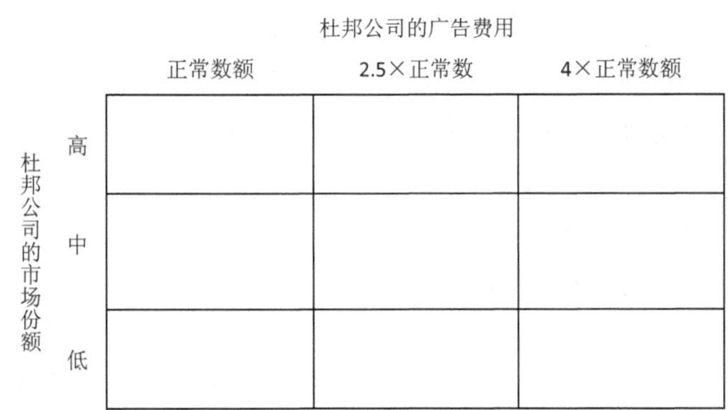

营销新视野——蜂鸣营销（Buzz Marketing）

蜂鸣营销，俗称“口头宣传营销”，是传统的“口耳相传”方法在新经济下的创新营销方法。口头宣传营销的英文术语“Buzz Marketing”中的“Buzz”，意即“叽叽喳喳的声音，或嗡嗡声”，因此，也有人将 Buzz Marketing 译成“蜂鸣式营销”。它是一种主要通过人们（可以是消费者，也可以是企业的营销人员）向目标受众传播企业产品（或服务）信息而进行的非常廉价的营销方法，蜂鸣营销主要基于人们对于企业产品和服务的直接体验。

蜂鸣营销的理念是产品或服务是有新闻价值的——它们创造了口碑。就像蜜蜂飞回蜂巢，跳着有节奏的蜜蜂舞蹈，告诉其他蜜蜂哪里有新的鲜花一样，意见领袖回到朋友中间，谈论其发现的最新产品或服务。这些信息对于接收者很有帮助，他们将“头蜂”视作专家，视作关注该类产品、经常上网了解这些新东西的人。意见领袖们（头蜂）帮助接收者节省了他们自己上网搜寻信息的时间。此外，因为意见领袖们更为专业，相对于接收者，他们能更有效地对信息分类。况且，这种信息传递对意见领袖们有益——他们享受了充当意见领袖的过程，通常他们相信把产品的专业知识告知给自己在发挥作用的表现。

【本章小结】

促销是促进销售的简称，是企业通过各种方式和手段向目标市场之间传递有关企业及其产品信息，引发、刺激消费者的消费欲望和兴趣，使其产生购买行为的活动。促销的方式主要有人员促销和非人员促销，非人员推销又可分为广告、公共关系和销售促进3种。

人员推销是指企业通过派出销售人员直接向顾客推销商品和劳务的一种促销活动。人员推销是销售人员帮助和说服购买者购买某种商品或劳务的过程。人员推销活动体3个基本要素：推销人员、推销对象和推销品。其中前两个是推销的主体，推销品是推销的客体。

销售促进又称营业推广，是指企业运用折扣、展示、有奖销售等各种短期诱因促使消费者采取立即购买的促销方式。

公共关系是指企业等社会组织在经营活动中正确处理与社会公众的关系，以便树立企业的良好形象，从而促进产品销售的一种活动。公共关系是从英文“Public Relations”一词翻译过来的，简称“PR”或“公关”。公共关系是一种社会关系状态，同时也界定了公关传播行为。

广告是广告主以促进销售为目的，付出一定的费用，通过特定的媒体传播商品或劳务等有关经济信息的大众传播活动。

【关键术语】

促销　促销组合　整合营销传播（IMC）　沟通模型　推式促销　拉式促销　广告
公共关系　口碑营销　人员推销　营业推广

【案例扩展阅读】

案例 1

蛙叫与鸡鸣

《墨子》里有这样一则故事。一次，子禽问他的老师墨子：“多说话有好处吗？”墨子答道：“青蛙白天黑夜叫个不停，弄得口干舌燥，可是没有人去听它的。你再看那公鸡，在黎明时啼叫几声，大家就知道天快亮了，都很留意。多说话有什么好处呢？只有在切合时机的情况下说话才有用。”

这则故事告诉我们，说话要注意时机和方式的把握，有时滔滔不绝说了太多，只会造成反效果，得不偿失。品牌传播亦如此，广告满天飞，视觉轰炸等，这些硬广告就像蛙鸣一样，有时只会让叫者有心，听者无意，甚至使听者避之唯恐不及。而只有在适当的时间采取适当的方式，品牌传播才能真正触动受众，才能让企业品牌在消费者心中落地生根。这就是鸡叫的力量。

我听到一些老板抱怨现在投广告越来越难了。这个“难”并不是没钱投，而是不知道怎么投。当今的媒介形式越来越多，已经不再是十几年前电视、广播、报纸的三分天下，各种新媒体你方唱罢我登场。企业面对如此纷繁的媒介形式，如何投放广告成了让老板们头痛的事情，投得太多，蛙鸣一片，效果不见得好，钱却花了不少。

其实，这个问题不难解决，找到你最想沟通的那部分人，把他们的需求和你的产品合理地嫁接起来,他们在哪儿你就去哪儿。如果他们喜欢晚上在家看电视,那就投电视;如果他们喜欢通过互联网看视频,那就把广告阵地转移到互联网上;如果他们喜欢使用手机客户端,那就拿出一部分费用投到手机客户端。所以,抓住你的消费者,把你的理念和想要传播的信息,用他们愿意接受的方式传递出去,这样才能让企业的传播达到鸡叫的效果。

红极一时的王老吉高举怕上火的大旗,让凉茶摆脱了“中药汤”的阴影,迅速红遍大江南北。其实,它只做好了两件事:抓住消费动机(怕上火)和消费时空(餐桌),然后找准消费者关注的媒介形式大力度投放。反观天地壹号,上市初期也将目光锁定在餐桌上,然而打出的旗号却是“吃饭喝啥? 天地壹号”。这样的主张,着实让消费者摸不着头脑,喝酒、喝茶、喝饮料,喝什么都可以,为什么要喝醋? 自然,天地壹号的市场迟迟无法突破。痛定思痛之后,天地壹号改变了思路,打出了“给健康加道菜——第五道菜”的主张,主打“调节酸性体质,保持人体酸碱平衡”概念。这一招既避开了与饮料大鳄们的直面竞争,又给了消费者明确的消费理由。之后的结果自然可以想象,当消费时机和消费时空都有了准确的定位之后,围绕餐饮做足文章的天地壹号,在很多餐饮中的销量甚至超过了可口可乐。

鸡叫其实不难,抓住“清晨”时机,抓住“鸡鸣而起”的消费需求,锁定“闻鸡起舞”的消费人群,让消费者接受你的产品,认可你的品牌,便是水到渠成之事。

案例 2

六个核桃:解码单品冠军

食品饮料无疑是过度竞争性行业,本土饮料品牌有两种主流商业模式:一是娃哈哈、农夫山泉、达利园等极少数企业走的大食品路线,横跨多个品类获得成功;二是更多的企业鉴于谋略或者资源,以单一品类切入市场,建立心智竞争壁垒,形成单品冠军,或隐形冠军。这其中,养元凭借六个核桃核桃乳 2011 年跻身 10 亿元俱乐部,它有什么样的独门秘籍呢?

品类第一,品牌后行品类是指消费者心智对信息的归类并存储的命名。消费者面对成千上万的产品信息,习惯于把相似的产品进行归类,而且通常只会记住该类产品的代表性品牌。形象地说,品类就是消费者心智中储存不同类别信息的“抽屉”。植物蛋白饮料属于大饮料概念的一个重要分支,在植物蛋白饮料这个范畴内又细分了多个“二级抽屉”,在六个核桃成为单品冠军之前,占据这层品类抽屉的有椰树椰汁、露露杏仁露、银鹭花生奶,三者都是各自细分品类的冠军。可以说,在植物蛋白饮料这个大抽屉里,本土品牌占据最有利的位置。出品六个核桃的河北养元是一家中小型饮料企业,在找到“核桃饮品”专业定位之前,与国内 99% 的企业一样,采取跟随策略,品项杂乱,产品线宽泛,什么都做,什么都没做好。

事实证明,作为处于补充地位的蚂蚁规模型企业,创新品类可能是最佳突围捷径,“喜之郎果冻布丁、香飘飘奶茶、张仲景香菇酱”等莫不如此。品类:核桃乳 PK 核桃露。品类名称要求通俗、容易理解、具有通用性,“核桃乳”被确定为品类名。为什么不叫“核桃露”?“露”容易让人联想到“露水”,显得水分更多一些;“乳”容易让人联想到“乳汁”,就像牛奶一样嫩白浓郁,似乎更有营养。从字面上消费者的联想可能会是:核桃乳营养成分比例大,干货多,下料足,相反核桃露则显得稀、薄、水。品牌:从养元到养元六个核桃。品牌名要求独特、简单、顺口,寓意品类的某种特性。以前“养元”作为品牌名,不具有独占性与行业性,直到“养元六个核桃”被确定,“六个核桃”会给消费者心智什么感觉?当然是这种饮料里核桃成分含量特别多。没有人会追究这一罐饮料里是否真有六个核桃的含量。当然,缘于国家现行法律法规,“六个核桃”不能够被作为独立商标使用,但这并不重要,消费者就认“六个核桃牌子”的核桃饮料,在定位理论里,你是谁并不重要,关键是消费者认为你是谁。“好的品牌自己会说话”六个核桃的这一极具个性化和差异化的品牌命名策略,既易引发品类的直观联想,又朗朗上口,易记易传播,在没有更多的高空广告拉动条件下,单凭品牌自身就形成很强的冲击力和穿透力。为了适应顾客的识别认知,在图文表现上,“六个核桃”被绝对的放大,“养元”则成了前缀。营养还是解渴?寻找消费者心智中的概念饮料从对人体效果作用上来讲分成两大类,一类是以“解渴与清凉”为主诉求的“解渴型饮料”,主要是“减与排”功效,比如纯净水、可乐、汽水、冰茶、凉茶等;与之相对应的是以“补充营养”为主诉求的“营养型饮料”,主要是“加与补”功效,比如果汁、植物蛋白、营养维生素饮料、运动饮料,包括其他补益类功能性饮料。

“经常用脑,多喝六个核桃”,这句广告语,明显的诉求就是营养,是对人的大脑的补益产品。这个诉求也是符合消费者心智认知的。六个核桃产品的机制是什么?六个核桃用怎样的一套逻辑自我证明?核桃享有“干果之王”的美誉,传统中医学“以形补形”理论也进一步说明,核桃形似人脑,有益大脑健康。核桃在国外被叫作“益智果”,核桃仁中含有的不饱和脂肪酸,是大脑组织细胞结构脂肪的良好来源,能够为大脑提供新鲜血液,提高生理功能,而磷脂则对脑神经有良好的保健作用。为了表达出六个核桃是核桃饮料的精品中的上品,河北养元从企业实力、工艺的先进性、原料的保证形成这么一套说辞。企业实力:河北养元是中国核桃乳饮料行业标准起草单位。工艺先进:建立“5-3-28”核桃饮料独有工艺,这套工艺由“5个关键环节、3项独有技术、28道工序”组成。采用研磨萃取工艺,运用细胞破壁技术,既充分保留了核桃的营养成分,又有效去除了核桃的涩和腻。

原料保证:六个核桃全部采摘自太行山深处的优质生态核桃基地。其他蛋白产品的诉求是什么呢?承德露露的“更滋润”、椰树椰汁的“白白嫩嫩”,还是银鹭的“白里透红”,都集中在美容养颜的功效诉求,集体偏向食补养颜。既然诉求是美容养颜,它有其他品类两个代替品,一个是化妆品,另一个是美容类保健品。

六个核桃的益智补脑,鲜有替代品,就是药店贩卖的卵磷脂类保健食品,普通消费者不大分得清保健食品与药品的真正分野,认为药店出售的东西就是药,“是药三分毒”这个根深蒂固的认知几乎没有可能打破。因此,核桃乳成为最健康最普众的健脑品。顾客不等于消费者,或者说购买者不一定是消费者,这个错位就是礼品市场存在的基础。六个核桃聚焦人群为“学生、白领、财智人群”,中高端的价格定位显现出高于一般饮料的尊贵,自然切入礼品市场。央视及各地卫视的六个核桃广告,以知性主持人鲁豫的倾情推介、中国驰名商标背书,提升了六个核桃在人们心目中的形象,“大品牌、有面子”也使得六个核桃在礼品市场愈加火爆。落地执行的营销之道,在六个核桃的战术执行上,竟然找不到独特的亮点，都是一些老生常谈的套路，突出的关键词有：做正确的事情、简单的事情重复做、循序渐进不贪婪、避实就虚、打根据地树立样板、要有过程的结果、适度等。避实就虚，利基市场法则。当饮料巨头把注意力投向一线城市时，正在成长起来的乡镇市 场就成为中小饮料企业的乐土。六个核桃以广大的三、四级市场为根据地，切入覆盖扎住根基，再逐步向二类地级市和核心城市市场渗透。立足大本营，面向全国。养元企业以所在地衡水为大本营，以河北省内区域为中心，在周边500千米以内的省外区域步步为营，最大限度地做透周边市场，打造赖以安身立命的根据地，然后实施营销模式的滚动复制，稳扎稳打，精耕细作，最终形成大范围市场优势。

聚焦资源打样板。要使有限的营销资源发挥最大的市场效力，必须选择最为活跃的重点市场进行重点投入，六个核桃筛选出最具价值的地、县、乡级市场作为战略区域市场，进行扎实的精耕细作，打造出一批样板市场，进而以点带面，谋求区域强势。

价格高开方可低走。新品牌、小品牌、弱品牌大多采取强势竞争跟随定价策略，结果十有八九只能纠结地活着，真正能够后来居上的品牌，要敢于定价，定高价，就是比第一品牌高一点，当然从产品品质或者概念上要找到站得住脚的解释。由于核桃的原材料比杏仁贵，同样作为能健脑的饮品，在逻辑上应该比其他植物蛋白饮料的价格要高。所以六个核桃的定价选择比一般的蛋白饮料高，整箱零售价要高于市场一线品牌5元以上。高价不仅是产品品质和功效的保障，同时还是品牌档次联想的直接营销武器。当然，高定价策略也给渠道留足了运作空间。这种逆向思维的定价策略对于小品牌来说是冒险！但这种高价策略不但没有影响六个核桃的市场推广，反而进一步塑造了品牌的高品质形象，确立了产品的地位。 合作伙伴就是找对人，做对事。六个核桃开发一系列有针对性的渠道运营管理办法，把营销渠道打造成为金牌渠道运营体系，承诺“零风险经营”，建立新型厂商关系，“星级助销服务”实现厂商共赢，一系列举措获得了渠道回报。

六个核桃通过建立战略合作伙伴型新型厂商关系的渠道理念，迅速抓住了渠道建设的核心点和关键点，这也成为企业可持续发展的重要根基。地面推着，天上拉着。养元六个核桃针对不同营销阶段采取不同的传播推广策略，在营销传播推广策略的大与小之间的权衡利弊，核心区域投入营销力最大的是都市报，刊发软文弥补电视受众留下的空白，因此，阶段性的软文见诸河南《大河报》、河北《燕赵晚报》等。在电视广告投放上，采取“央视＋战略市场卫视”交叉覆盖策略，2012年央视广告招标会上，六个核桃10 354万元成功中标央视《新闻联播》后标版一、四单元广告，为六个核桃传播奠定了一个新的高度。

在中国做快消品，特别是食品饮料，是否在央视投放广告是判断一个品牌级别的绝对标准，但是“什么时机上”是判定“豪赌”还是“有魄力”的相对准绳。初期的广告是打给经销商看的，只有品牌商敢打广告，经销商才敢打款给厂家；后期的广告才是打给消费者看的，引导顾客进行消费。这其中的玄机就在于怎么界定“前期与后期”。前期打了广告，经销商迟迟不动致使品牌出师未捷身先死的案例不胜枚举，也有经销商跟进了，但是产品不动销，就是消费者不买账的情况发生。因此，电视广告，特别是央视广告只能起到锦上添花的作用。六个核桃就是在建立起了战略区域市场后，启动央视广告投放，对于品牌美誉度的提升无疑是乘数效应。

案例 3

“陈欧体”：一个成功的 SEM 案例

广东品牌策划公司龙狮解读：2013 年 2 月，源自聚美优品 2012 年度广告的“陈欧体”受到广泛关注与模仿。其句式如“你有 ××，我有 ××。你可以 ××，但我会 ××，但那又怎样，哪怕 ××，也要 ××。我是 ××，我为自己代言！”而各种模仿版本更是层出不穷，例如甄嬛版：你只看到本宫的寿康宫，却没看到本宫的凌云峰，你有你的气度，本宫有本宫的本事。你可以轻视本宫的存在，本宫会让你见识糙米薏仁汤的口感。回宫注定是一段孤独的旅程，路上少不了三姑六婆，但那又怎样，即使是滑胎，也要滑得漂亮。本宫是甄嬛，本宫为自己代言。自此，陈欧的广告词继一年多前“我是陈欧，我为自己代言”曾红遍微博后再次红遍网络界。对于此次“陈欧体”的走红，广东品牌策划公司龙狮有以下几点看法。

这是一个经过策划的成功网络营销案例。虽说“陈欧体”是通过电视广告而走红的，但是如果没有社会化媒体和网站的助力，它的传播范围也不会扩散得这么广，效果也不会这么明显。从前互联网公司和站长们热衷于通过 SEO 来推广自己的网站或者产品。但现在 SEM 似乎距离主流的网络营销推广方式越来越近。“陈欧体”不能不说是一个成功的 SEM 典范。

何为 SEM？SEM 是一种新的网络营销形式。真正成功的 SEM，或者说是真正意义上的 SEM 都是低成本，是以低成本获得高访问量，相比于传统的展示广告而言，SEM 应该是更具传播力，更具精准性，而成本却应该是传统营销推广方式的数分之一。聚美优品这次通过陈欧代言的广告再次火了一把，赚足了网民们的眼球，其实其做法跟前几年的“凡客体”是有几分相似的，但其比“凡客体”更为成功。凡客花巨资请韩寒和王珞丹等代言才有此效果，而聚美优品连形象代言人都免了，除了陈欧倾力出演，广告中的普通演员都是由公司高层客串的。

广东品牌策划公司龙狮认为，聚美优品的成功在于紧紧抓住了用户的心。有网友表示陈欧的这则广告中闪现了考试录取、职场奋斗、恋爱表白等场景，穿插“你只闻到我的香水，却没看到我的汗水”、“梦想注定是孤独的旅行，路上少不了质疑和嘲笑”等励志的广告词。以梦之名来讲述奋斗故事，既道出了当前年轻人所遇到的困难，也展现了年轻人的理想与憧憬，引起很多大学生的共鸣。随着聚美优品电视广告的播出，其在天涯论坛、百度贴吧等知名 BBVS 大量发帖，要求网民根据所谓“陈欧体”对出自己的陈欧体。同时，微博营销、SNS 营销也紧随其后。通过推广手段，一下子让陈欧体在社会化网站中变成了流行语。

由此看来，聚美优品在类似人人网 SNS 网站上面也是做足了功课。聚美优品这次成功的“陈欧体”网络营销其实带给了我们很多启示，譬如要抓住用户的兴奋点，激发网民的兴趣才是最好的推广；进行 SEM 的时候要利用好微博、人人网、开心网等社交网站；进行营销推广的时候，需要定位好方向，制订详细的营销推广计划，比较莫名其妙就能出名的案例是少之又少的，想要火爆的效果就要精心策划；营销应该多元化发展，将传统的社会化站点与新的社会化站点相结才是王道，要善于整合资源；对于创业者要学会利用媒体渲染自己的产品和网站。

【营销实践小项目】

1. 公司正在给青春期少女设计的系列化妆品进行宣传，经理要求你判断制定何种促销组合——广告、公共关系、营业推广和个人销售——来进行化妆品促销。你的促销预算有限。设计一项促销方案，阐述你选该种组合的原因，要考虑产品性质、产品生命周期、目标市场特征、购买决策类型、资金来源以及选用的推进或拉动策略。

2. 讨论营销沟通整合的重要性。列举一些实例说明实行或未实行营销沟通整合的企业。

3. 为一个饮料的新品牌设计一整页的杂志广告。你要好好构思新产品的名称及包装设计。在另一张纸上，注明广告中所要强调的产品优势或产品吸引力。

附录　营销案例学习与分析

市场营销是一门科学、一门艺术，也是一种经济活动。市场营销学的概念、原理与策略都是人们实践的结晶。市场营销案例教学是引导学生在掌握市场营销理论知识的基础上，进一步了解社会和企业的实际，并从中发现问题、分析问题，提高解决问题、处理人际关系和增强学习能力的一种十分有效而独特的教学方法。

“案例”译自英文单词 case，医学上译作“病例”，法学上译作“案例”或“判例”，在商业或企业管理的教学中，往往译作“个案”“实例”“案例”等。

案例教学法是指以案例为教学媒介，在教师的指导下，运用多种方式启发学生独立思考，对案例提供的客观事实和问题分析研究，提出见解，做出判断和决策，从而提高学生分析问题和解决问题能力的一种理论联系实际的启发式教学方法。

有“总经理摇篮”美称的美国哈佛大学商学院从 1924 年首开案例教学风气之先河。自此以后，哈佛 MBA（工商管理硕士）在学习期间必须修完 800 多个案例。通过这种将学生置于一个实际经营者的立场来学习经营管理的方法，哈佛造就了一批美国有史以来最有适应能力和解决问题能力的“职业老板”。截至 1974 年，该院 49 届毕业生有 1/5 的人已成为百万富翁，有一半以上的人在各大公司担任总经理或首席业务主管的要职。目前美国最大的 500 家公司总经理，有 1/5 是从该学院毕业的《幸福》杂志称颂该学院为“豪富之班”。许多成功之士在回忆大学生活时，都认为案例教学使他们受益匪浅。由于哈佛大学案例教学的成功，使纽约大学、哥伦比亚大学、斯坦福大学、弗吉尼亚大学等美国著名大学纷纷仿效，案例教学法得到广泛的普及。

案例分析是案例教学的关键环节，它主要包括以下技能技巧问题。

1. 案例分析的角度、过程、方法与技巧

1）案例分析的基本角度

案例学习者面对的是已发生的人和事。案例分析的有效途径是将自己置于案例涉及的组织中，是当事人而不是局外人。因此案例分析有两个基本角度：一是当事者的角度。在案例分析时，有意将自己融会于案例所描述的情景之中，站在案例中主要角色的立场去观察思考，才能有真实感、压力感和紧迫感。二是主管者的角度。这是为了使案例分析具有全局性和综合性，学习者应直接把自己当作主管者，站在此高度去观察、分析、处理问题。

2）案例分析的一般过程

案例分析包括以下几个步骤。

（1）找出案例的主要矛盾，即关键问题是什么。

（2）找出与关键问题相关的背景、内容与重点。

（3）选择适合本案例的一般分析方法。

(4)有明确分析的系统及主次关系,并找出建构自己分析逻辑的依据。

(5)从案例提供的大量而杂乱的信息中,归纳出条理与顺序,并提出初步解决思路。

3)案例分析的一般方法

在案例研究中常用的分析方法有以下三种。

(1)系统法。系统法将案例中的组织看作一个整体,用系统的观点去分析这个组织及某个工作系统的各个组成部分和它们的相互联系、因果关系,有助于深刻理解有关行动和更清楚地看出问题,这是系统法的思维模式。系统法的工作模式则多采用图示工具,因为用图能帮助人们厘清系统的有关过程、各有关因素在系统中的地位和作用,如决策树形图、因果关系图等。

(2)行为法。着眼于分析组织中各种人员的行为和人际关系,因为组织是由人组成的,有关的组织因素和技术因素也是由人的行为来体现的。人们的认识、信念、态度、个性等心理因素,人在群体中的表现,人与人之间的交往、沟通、冲突和协调,组织中人与外界环境的关系,他们的价值观、行为规范和社会结构等,都是行为法所要关注的。

(3)决策法。对于用系统法分析的结论,向已构成的决策树提出多种备选方案,采用一些规范化、程式化的模型和工具,进行定量分析或定性分析,进行对比和评价,为经营管理决策提供有力的依据。

4)案例分析的基本技巧

案例分析的基本技巧包括如下两个方面。

(1)对案例进行深刻而有意义的分析,包括找出案例所描述的情景中存在的问题与机会,找出问题产生的原因及各问题间的主次轻重关系,拟订各种针对性备选行动方案,提供它们各自的支持性论据,进行权衡对比后,从中做出抉择,确定最后的决策,并作为建议供集体讨论。

(2)表演与说服他人。如何把你的分析变得有利于课堂陈述及表达,这是案例分析的又一种专门的技巧。没有这方面的技巧,前面分析的质量即使再高,也很难反映在你参与讨论所获得的成绩里。因此,要做到:第一,设法把你所说的东西形象化、直观化,例如把你的发言要点用提纲方式简明而系统地列出来;第二,可以把你的分析与某一次经历联系起来,以利用联想与对比,便于大家接受与理解;第三,要保持灵活,不要把思想约束在某一个问题上等。

2. 案例分析中学生的学习过程

学生是案例分析的主体,案例分析的过程基本上是学生通过自己努力来逐步领悟的过程。换句话说,案例分析过程,对学生来讲既是一种收集分辨信息、分析查找问题、拟订备选方案和做出最后决策的纵深演进的过程;同时,也是从个人阅读分析到小组学习讨论,再到全班交流,达成共识的过程。

从总体上讲,学生在整个案例分析过程中要做好以下几方面工作。

1)学习准备

(1)案例阅读。这一步骤是在课外完成的。先由教师指定某一案例,并推荐相关的参考文献,围绕特定案例布置几个思考题,引导学生去“读”案例。阅读分两步走。第一步是粗读。案例粗读，首要的是抓住背景知识和所面临的关键问题及机会，这往往就在案例的开头或结尾；此后快速浏览其他内容和有关图表，以达到总揽全局、突出重点的目的。第二步是精读。精读时学会做眉批和夹注，主要是点出自己阅读思考的发现、心得和体会，所涉及的是与进一步分析有关的概念、方法、内容以及案例的事实之间的因果关系、逻辑关系等。

（2）分组预备讨论。在学生个人阅读分析的基础上，根据教师划分或学生自由组合的小组进行全班课堂讨论的准备工作。学习小组规模大小，应视情况而定，一般是 4 ～ 6 人。学习小组的组织与管理是这个环节能否取得成效的关键。组织管理的关键因素表现在：一是强调小组成员的责任感和纪律性，每位成员都负有为小组的案例研究分析做贡献的责任；二是预先明确小组讨论的主题，使每位成员有备而来；三是推选组长，负责召集、联络、协调；四是组内明确分工，如课堂讨论的主发言者、补充发言者。或按准备工作，谁收集背景资料，谁负责分析图表，谁负责决策模型讲述等；或按内容，谁负责财务分析，谁负责市场分析等来进行分工。

2）课堂讨论

这个环节是案例教学的重要部分，是师生教和学所做努力的集中体现，也是学生主动参与、积极思考、相互合作以发挥他们分析问题能力的关键。这一阶段应注意的问题如下。

（1）课堂讨论包括的步骤。首先是“摆事实”，由学生简要回忆案例中的主要情节；然后是“找问题”，问题可能不止一个，这就要在各组讨论发言中罗列并分清主次。下一步就是“查原因”，找出问题产生的根源，于是便可对症下药，提出有针对性的对策和措施。每一小组所列对策必须有两个或两个以上，权衡比较后就可“做决策”了。

（2）注意倾听别人的发言。课堂讨论是学习案例的极好机会，而“听”正是讨论中学习的最重要的方式。听之所以重要，是因为课堂讨论的好坏不仅决定于每一个人的努力，而且也取决于全班的整体表现。集体的分析能力是因全班而定的，它的提高不仅依靠个人经验的积累，也要靠全班整体的提高。重要的是要使全班同学学会自己管理好自己，自己掌握好讨论，不要离题万里，将讨论引入歧途。

（3）要积极参与、主动进取。足球界有句名言：“一次良好的进攻就是最佳的防守。”这话对案例讨论完全适用。要在讨论中收到理想的结果，使每个学生在这个过程中都有所收益，需要所有学生的积极参与。学生要努力做到敢于发言、善于发言和不怕发言不当。你不敢发言，无非怕出了差错，丢了面子。你总想等到万无一失、绝对有把握时再发言，可惜这种机会是极为罕见或根本没有的。积极参与的精神能使学生勇于承担风险，而做好营销工作是不能不承担风险的，这种精神正是优秀营销主管最重要的品质之一。

（4）记录学习心得。养成记录学习心得的习惯，对于案例学习研究乃至以后实际工作至关重要。如此聚沙成塔，持之以恒，即会收到量变到质变的效果。心得既有个人阅读中的体会，也有课堂讨论中别人发言的新颖观点和独到之处。

3）撰写书面分析报告

经过阅读分析、小组研究和课堂讨论几个阶段后，案例学习的认识、收获由浅入深，由少到多，这时教师会要求每个人上交书面报告。以下提出几点如何写规范书面报告参考意见。

（1）一般在 2 500 字以内，最多不超过 3 000 字。

（2）报告格式：基本结论——包含案例的关键问题，主要解决办法。这一部分要求文字精练、观点明确；论点——概括分析问题的关键所在，选择解决方案的理由；论据——用图表、统计数据等支持上述论点。

微信辅助教学

课程配套微信公众号

公众号名称：营销悦读乐享俱乐部

微信号：enjoy-marketing

请微信扫描订阅

参考文献

[1] 菲利普•科特勒. 营销管理 [M].13 版. 上海：格致出版社，2009.

[2] 菲利普•科特勒. 营销管理 [M].15 版. 上海：格致出版社，上海人民出版社，2016.

[3] 菲利普•科特勒. 市场营销原理 [M].14 版. 北京：清华大学出版社，2013.

[4] 卡尔•麦克丹尼尔，小查尔斯• W. 兰姆，小约瑟夫• F. 海尔. 市场营销学 [M]. 上海：格致出版社，上海人民出版社，2009.

[5] 迈克尔•所罗门，格雷格•W. 马歇尔，埃尔诺•W 斯图尔特. 市场营销学 [M].7 版. 北京：电子工业出版社，2013.

[6] 吕一林，冯蛟. 现代市场营销学 [M].5 版. 北京：清华大学出版社，2012.

[7] 吴健安. 市场营销学 [M].5 版. 北京：高等教育出版社，2014.

[8] 郭国庆. 市场营销通论 [M].5 版. 北京：中国人民大学出版社，2013.

[9] 方光罗. 市场营销概论 [M]. 大连：东北财经大学出版社，2002.